刘 敏 编著

"龙门书院·上海中学"书系 冯志刚 总主编

跨跃之桥

——科学课程初高中衔接中西比较实践探索

上海教育出版社
SHANGHAI EDUCATIONAL
PUBLISHING HOUSE

走在世界一流研究型、创新型学校发展新起点上

（代总序）

上海市上海中学的前身是创始于 1865 年的龙门书院。一百六十年来，学校秉承"储人才，备国家之用"的办学宗旨，坚守"自强不息、思变创新、乐育菁英"的龙门之魂，为国家的发展与民族的振兴培育了一批又一批英才。

进入中国特色社会主义新时代后，上海中学持续走在构建世界一流研究型、创新型学校发展的新起点上，比肩世界名校，不断深化国际视野下不同领域拔尖创新人才的早期培育之内涵，持续为师生营造研究氛围、

搭建创新平台,力求在基础教育领域的探索与引领方面继续发挥应有的作用。

现将一些思考与实践作为办学与文化的积累,形成了本套"龙门书院·上海中学"书系。

立足于人力资源强国建设与创新型国家的建构,我们将"世界一流研究型、创新型学校"理解为:以培养具有国际视野、本土情怀的拔尖人才的早期培育为基础,倡导独立思考敢于质疑的精神,构建师生感兴趣的良好研究领域,鼓励创新,包容失败;以学校独具特色的、可选择的课程体系建设为载体,集聚起大量高层次教学与科研能力的创新型师资,同时利用社会资源,做好高校、科研院所等与基础教育阶段的学校在研究与创新方面的有机衔接,不断释放师生的研究激情与创新活力。

建构"世界一流研究型、创新型学校"的实践,重在搭建一个核心平台——"培养具有国际视野、本土情怀的拔尖创新人才的早期培育实验";追逐两个发展关键点——"研究型"与"创新型",前者以"研究氛围的营造"为切入点,注重以研促学、以研促教;后者重在创新平台的搭建,以教学创新、课题创新、项目创新来推进,并以教育教学、学校管理的创新作为支撑,其内核是思想与方法的创新。"研究型"强调氛围营造与机制支撑,重在土壤培育;"创新型"强调目标驱动与平台建设,重在学问之道。

"世界一流研究型、创新型学校"力求教育教学质量的高水平和人才培育的高素养,不局限于传统课程和教材内容的传授,而以提升人才核心素养与 21 世纪所需关键能力为着力点。打破学生发展的学段培养之时限、打破课堂空间之局限,为终身学习,读好书本与实践两本人生之"大书"打基础,着眼于学生的生涯规划与人生之路的可持续发展。

为此,学校把握时代发展的脉搏,注重在"传承中发展、在发展中谋划",在传承上海中学原校长唐盛昌先生的诸多改革思想的同时,在育人方式、办学理念、管理机制、治理体系、人才培养模式,乃至校园文化诸方面皆与时俱进,不断创新。

世界一流研究型、创新型学校的建设,有其固有的一些特质。需要在传承与发展的基础上,强化以创新为核心的文化基因,提倡教学与研究并重,在优势学科教学与研究上逐渐形成品牌;需要搭建大量的基于科学技术、体现时代特征的创新平台,促进学生个性潜能的发展、提升阶段最佳发展取向的选择能力;弘扬"不走寻常路"的学校精神;展示教师的学术领导力。在世界一流研究型、创新型学校发展的新起点上,我们需要不断强化这些特质,不断寻求学校发展的"新支点"。

我们将一如既往,坚持"守得住理想、耐得住寂寞、干得成事情"的办学精神,坚守中国本色、强调国际特色、促进中西高端教育的融合,努力提升教学的学术水平,为学生创建一片多课程、多课题、多项目的"海洋",让他们在"游泳"中去发现自己的兴趣、特长与潜能之所在,成长为一个有理想、有本领、有担当的时代新人。

当下,上海中学已经走在世界一流研究型、创新型学校发展新起点上,需要在坚守理念与做好顶层设计的基础上做很多事情,"龙门书院·上海中学"书系的持续推进就是一项重要工作。它是为教师拓宽视野、探究育人、追求学术、提升专业所创设的一个发展平台,意在促进教师的反思与顿悟;它也是为学生提供聚焦志趣、激发潜能、提升素养、展示才华的舞台,意在为他们攀登高峰搭梯子;它更是一个为中国特色、世界水平的现代教育先行先试学校的实践记录,为同类学校有特色的多样化发展提供我们的思考,促进彼此的交流。

　　是为序。

上海市上海中学校长、国家督学、正高级教师

2022 年 7 月于上海中学

目录 Contents

下编 初高中科学课程衔接的 学校实施与探索

上编
国际视野下初高中科学
课程衔接的研究与借鉴

第一章 国际视野下初高中科学课程 衔接的要素分析与价值探索

本章在国际视野下，从探讨科学教育本质出发，以教授科学知识、研究科学方法、培养科学精神为主线，从科学思维的提升和课程结构的变化两个维度，探讨初高中科学课程衔接中的主要关注点。其中针对科学思维的提升，我们要结合初高中科学课程的变化，帮助学生加深对科学本质的理解；通过自然科学的核心特点"探究性的实验"来促进学生科学思维的进阶；结合学科本质特征，帮助学生形成有效的思维方式和学习方法，促进科学思维的进阶。对于科学课程结构这个维度，我们从分析几种课程的优劣势、发展历程入手，分析在初高中阶段，如何做到从综合—分科—跨学科的螺旋式递进，发挥课程结构变化的优势，帮助学生做到顺利衔接。本章还从初高中教育一体化、学生的生涯探索、对我国初高中衔接的积极探索三个方面，阐述了科学课程衔接的重要意义，为衔接项目的顺利开展奠定了价值基础。

一、初高中科学课程的两个重要衔接点

（一）在科学思维培养中引导学生完成从低阶到高阶的跨越

关心如何发展学生的思想和思维，这是教育最为永恒、远大的一个愿望，绝非为了赶时髦。

——Swartz and Perkins

思维是人脑对客观事物间接的、概括的反映，是认知过程的核心，能够认识事物的本质和事物之间的内在联系。[1] 所谓科学思

---

① 夏丹：《国家教师资格考试专用教材·教育知识与能力·中学》，世界图书出版公司，2012，第126页。

维,就是人脑对自然界中的事物,包括对象、过程、现象、事实等的本质属性、内在规律以及自然界中事物间的联系和相互关系的间接的、概括的和能动的反映。[①] 科学教育的一个重要目的就是要促进学生思维能力的发展。在教学活动中让学生体验规律形成的过程,启发学生的思维,锻炼学生的思维,提高学生的思维,使学生形成自己的思维方式。针对青少年科学思维发展的研究结果表明:中学生的科学思维能力随年龄递增不断发展,存在关键期和成熟期。高中初始阶段是中学生科学思维能力从低阶到高阶迅速发展的时期,到高二科学思维能力的发展趋于成熟。因此,如何抓住学生科学思维发展的关键期,通过初高中课程的有效衔接来引导学生的思维完成从低阶到高阶的跨越,具有十分重要的意义。

对高阶和低阶思维技能的区分源于布卢姆的思维技能分类学。它将知识习得、理解与应用划为低层次技能,将分析、综合和评价划为高层次技能。[②] 高中开始要着重学习掌握高层次思考技能,而不是简单地记忆学习内容。高阶思维作为一种以高层次认知水平为主的综合性能力,是超越既定信息的能力、问题求解的能力、元认知能力以及作为自主学习者的能力,也是对事物或现象作出合理判断的能力。与低阶思维相比,高阶思维难度更大,要求更高,独创性强,并且对学习者大脑处理信息的要求极高。而高阶学习,是指运用高阶思维进行有意义的学习。这种学习通常是主动的、有目的的、建构的、真实的和合作的。在初高中科学课程衔接阶段,教学不仅仅是更高难度知识的传授,更重要的是高阶学习的构建。我们应该关注学生自主学习能力、自主学习管理能力、合作精神、协作能力以及探究精神和能力的培养,这些高阶能力的培养

---

① 胡卫平、林崇德:《青少年的科学思维能力研究》,《教育研究》2003 年第 12 期,第 19—23 页。

② 安德森:《布卢姆教育目标分类学:分类学视野下的学与教及其测评》,蒋小平等译,外语教学与研究出版社,2009,第 5 页。

为高阶学习的实现提供了可能,通过高阶学习,学生的思维实现了从低阶向高阶的跨越。

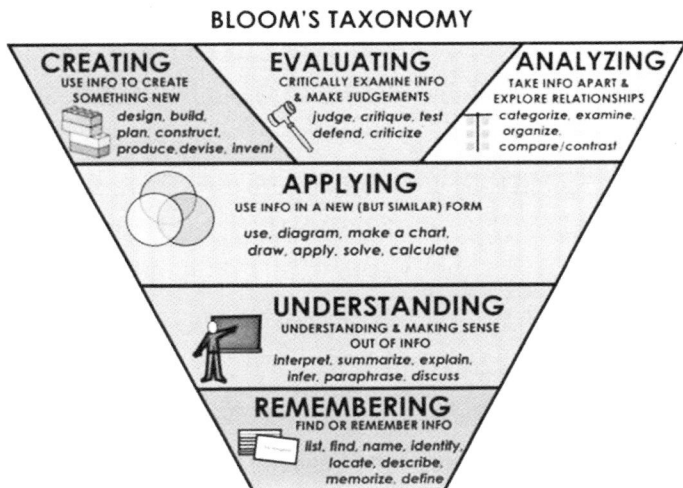

图 1.1 高阶思维布卢姆分类法

1. 科学本质教育助力学生科学思维的发展

科学本质教育是近年来国际科学教育改革关注的热点话题。无论是 2013 年正式发布的《美国新一代科学教育标准》(*Next Generation Science Standards*)(以下简称《新标准》),还是国际文凭(IB, International Baccalaureate)课程体系,有一个共通性值得我们关注:那就是《新标准》与上一代标准——1996 年颁布的《美国国家科学教育标准》(*National Science Education Standard*)相比,将科学的历史和本质提炼为科学本质教育,而 IB 课程体系的 MYP(Middle Years Programme,中学阶段)和 DP(Diploma Programme,大学预科阶段)均进行了科学本质的探讨。中学科学课程应该是体现科学本质的课程,应引导学生逐步认识科学的本质。认识科学本质有助于促进学生科学认知和科学思维的发展。初中阶段,关于科学本质的探讨重点是学生的探究行为以及科学相关的核心概念，而非科学本身的学科特质；高中阶段，这些关于科学本质的核心要点——科学方法论、科学理论和法则、数据处理和分析、科学合作和科学伦理以及科学文献和促进大众科学认知，成为科学课程中至关重要的组成部分。科学是格物致知的一种路径，其基本特点是以实证为判别尺度，以逻辑作论辩的武器，以怀疑作审视的出发点。[①] 学生应该加深对什么样的东西是科学、什么样的东西不是科学、科学能够做什么、科学不能做什么以及科学如何在文化中起作用等问题的认识。高中阶段需要引导学生在科学本质的探究过程中，逐渐建立不同认知方式之间的有序联系，通过科学思维习惯的养成凝练出强有力的认识世界的方式。

以科学方法论为例，传统的科学学科按研究对象划分为物理、化学、生物和自然地理。每门学科都有自己独特的研究方法，但研究方法也具有共通性，就体现在科学方法论上。科学方法是一种系统地寻求知识的程序，涉及以下三个步骤：问题的认知与表述、通过观察和实验收集数据、假说的构成与测试。科学方法是科学家进行科学研究的一个系统的方法，也是科学家验证其他科研成果的普遍方法，可适用于所有的科学领域。科学方法是从发现问题开始，在已有知识的基础上对问题进行分析，提出可能解决问题并可通过实验验证的假设，然后建立实验方法、进行数据采集，通过对数据的分析得出结论，证实或反证提出的假设。这个过程不是一次性的，而是要经过多次循环和改进，然后总结出自然定理或者理论模型，后者可用于预测更多的实验结果，也要在实验中不断进步和完善。人类运用科学方法发现科学理论的经典案例是原子结构理论的发展。国外中学化学教材几乎都引用了原子结构理论

---

① 美国国家研究理事会：《美国国家科学教育标准》，戢守志等译，科学技术文献出版社，1999，第 32 页。

的发展史。同时,国外高中科学教材的起始章节往往都会结合本学科的特征向学生介绍科学方法的理论和应用,让学生了解这是新的科学知识被发现的普遍方法。例如,在美国高中化学教材《物质和变化》(*Matter and Change*)第一章的第三节单独列出了科学方法(Scientific Method),高中《物理》教材第一章的第一节科学的本质(Nature of Science)同样介绍了科学方法。基于科学方法论,高中教师在自然科学的教学中注重引导学生在感性认识的基础上,运用概念、判断、推理等形式,通过科学方法的运用和实践以及科学发展史的探讨将许多分立的事实联系起来,置于一个逻辑的、易于掌握的结构中,帮助学生建立不同认知方式之间的有效联系,从而培养学生强大的科学思维能力。

2. 探究性实验助力学生科学思维的提升

实验学科的核心特点在于实验活动,尽管科学方法是通过多种方式呈现出来的,但作为以实验为特征的学科,通过实验探究来研究和应用科学方法是最有效的。据研究,实验进行时,实验者的思维活动大致可分为三种情况:思维落后于实验进程、思维紧随实验以及思维走在实验之前。[①] 如果能做到思维走在实验之前,那么实验的质量就是高水平的,因为这样经过缜密思维、有预见在先的实验,可以使实验者集中注意力发现新现象,并且作出防止实验失败的种种预判。那么,如何通过高中实验教学来引导学生实现从思维紧随实验到思维先于实验的转变呢?

科学实验和研究都是有目的的,而实验观察的目的就在于捕捉实验过程的成功、意外和失败之处,为新概念的提出提供事实依据。实践证明,要做到善于观察并不是那么容易的,需要学生具备较熟练的实验技能。初高中衔接阶段,首先要在初中基础上,针对各门学科的特点和要求,对学生进行系统的实验训练,而这种实验

---

① 王欲知:《科学研究方法论》,《真空》2003 年第 4 期,第 1—7 页。

训练,包括实验仪器入门、实验安全训练、实验操作练习、实验报告撰写等各个方面。

在具体探究实验中,以化学学科为例。在"化学反应速率的影响因素"的探究中,首先,学生利用各种资源预习课本相关知识,自主选择一个化学反应,通过两人小组线上合作设计实验方案,研究影响该化学反应速率的因素。在此期间,教师列出了一系列启发性问题供学生思考。例如,(1) 需要用哪些量来计算该反应的反应速率? 如何测量这些量以及应该进行多少次测量? (2) 实验中的哪些量应该保持不变? 为什么? (3) 如何记录实验数据并分析数据结果? (4) 实验设计是否存在明显的误差从而显著影响实验结果? 如果存在,如何避免它们? (5) 实验设计中应考虑哪些安全注意事项? 学生完成设计后,在教师的引导下对方案进行充分的讨论和修改。学生不仅初步掌握了理论知识,还锻炼了设计科学实验的能力。之后,学生进入实验室,实施并验证实验方案。同时,教师给出若干思考题,引导学生带着问题进行实验,在实验过程中不断改进、完善实验设计。例如,(1) 实验设计中的化学反应或反应原料是否适合研究反应速率? 为什么? (2) 如何准确地通过计算得出反应速率和影响因素之间的关系? (3) 除了实验设计中已经探究的因素以外,本实验中还有哪些因素会影响反应速率? 如何影响? 通过实验实践,学生对于"化学反应速率"有更加直观的认识,体会到实验与理论相结合的过程,也搜集到原始数据,为后续的数据分析和数据处理打下基础。之后学生在教师的引导下运用课外知识对"化学反应速率"进行更深入的探究。学生借助数据处理软件深度分析实验数据,撰写科学研究报告并且报告中要求包括:(1) 对原始数据进行系统分析,找出数据变化的趋势和模式,分析并评估数据变化的相互关系。(2) 探索反应速率变化的情境和可能的结果,并提供结论或建议的理由。(3) 通过创新使用不同的形式来展示科学数据和结论,使读者能够理解数据所反映的意义。完成报告后,学生再回到课堂,结合单元知识和其他学科知识论证科学报告的合理性和科学性。

在初高中衔接阶段的实验教学中,既关注实验的基本训练,注重学生在实验前、中、后思维能力的培养,又强调通过综合型、研究型和创新型的实验项目,创设一种能激发学生积极思维的情境,培养学生的探究性思维能力以及分析和解决问题的能力,充分发挥学生的主动探究精神。在实验项目探究过程中,教师给学生独立研究问题的机会,引导学生把已掌握的知识、技能进行广泛的迁移,运用到了解新情况、解决新问题中,强化对学生思维规程与思维策略的训练,引导学生加强自觉思维的习惯,创造性地解决问题,即综合应用各种方法或通过发展新方法、新程序等来解决无结构的、无固定答案的问题,开展项目研究。

3. 有效学习策略助力学生科学思维的进阶

学习策略是指学习者为了提高学习的效果和效率,有目的、有意识地制订的有关学习过程的复杂方案,分为认知策略、元认知策略和资源管理策略。[①] 与初中阶段相比,高中学科的学习内容是螺旋式上升的,同时形成了明确的学科类别。学生想要从本质上提高学习效率,就需要在思维方式和学习方法方面进行调整。为了能够帮助学生更好地适应高中学习生活,在学生原有认知的基础上实现思维由低阶向高阶的跨越,我们应该依据高中学科分类,分别开设专门的指导课程,从学科方法论的角度,帮助学生理解学科的本质特征,了解不同学科及学科不同部分内容之间的逻辑关系,为学生学习效能的提升提供针对性的策略指导。

在初高中衔接阶段,从科学通用思维来讲,关注的焦点应该落在元认知、反思和批判性思考上,与之所对应的学习策略也强调各种相

---

① 夏丹:《国家教师资格考试专用教材·教育知识与能力·中学》,世界图书出版公司,2012,第165页。

关的方法和技能,如认知策略中的组织策略,各种元认知策略以及资源管理策略。帮助学生掌握一系列的方法和技能成为发展他们思维能力的一项要素。其中,元认知作为高层次的思考,涉及学生积极掌控学习中所发生的认知过程,因此提升元认知是提升所有其他技能的基础。在高中阶段通过元认知策略的指导将帮助学生更加清楚地认识到处理信息、发现模式、建构概念性理解、记忆关键事实和思想观点的方式、方法。当学生认识到他们正在运用技巧和策略来完成学习任务之后,他们就有可能进一步思考是否存在更有效或更高效的方法来取得相同的结果,因此他们开始反思自己的学习。反思和元认知一样,是一种在学习中发挥着极其重要作用的思维技能。学习中有计划、有安排的反思活动不仅可以促进学生的学习,更能引导学生进行更深刻的思考,而只有经过深刻的、批判性的思考,学生才有可能进行更深层次的学习和迁移,去挑战,去创造。

表 1.1   初高中衔接科学通用学习策略指导

学习策略	分　类	指　导　课　程
认知策略	精细加工策略	如何有效记笔记
	组织策略	如何组织团队完成项目、如何用分类和思维导图做知识归纳
元认知策略	计划策略	如何计划课题研究、如何制订复习计划
	监控策略	如何有效地参加课堂讨论
	调节策略	如何反思学习过程、如何有效阅读课程补充材料、如何调整回答问题的策略
资源管理策略	时间管理策略	如何有效管理时间
	环境管理策略	如何利用教室以外的环境学习
	资源利用策略	如何利用学校图书馆和在线资源

（二）在课程结构中实现综合—分科—跨学科的螺旋式递进

1. 对综合科学、分科课程及跨学科实践的概念界定

综合科学

综合科学是一门整合的课程，它比较模糊学科的界限，强调各学科领域知识的相互渗透和联系，以帮助学生从整体上认识自然和科学，促进学生科学素养的发展。在综合科学课程中，环境科学、天文学、地球科学、空间科学等与生命科学、物质科学一样都是课程内容的重要组成部分，从而拓展了学生的学习空间。同时，综合科学充分体现科学知识、科学过程与方法和自然界的内在统一性，注重科学、技术与社会的联系。1972 年，联合国教科文组织再次给综合科学课程下了定义："凡是科学概念和原理的阐述是为了表明科学思想在本质上的统一性，而避免过早地或不适当地强调各个科学领域的区别，都可以认为是综合科学课程。"费依克又作了进一步的说明："综合科学就是'非割裂科学'，它用看待自身的整体方式看待自然。"还有学者补充说明："综合科学课程的最重要特征可能是强调过程而不是内容。"从这些定义来看，综合科学课程强调科学知识内在的统一性、课程内容的整体性和有机联系。

分科课程

分科课程是一种单学科的课程组织模式，它强调不同学科门类之间的相对独立性，强调一门学科的逻辑体系的完整性。分科课程的理论基础最早就是 20 世纪 50 年代布鲁纳的结构主义课程理论。布鲁纳认为，任何学科都有一个基本的结构，这个结构具有内在的规律性，其外在的表现就是各种定义、原理和法则，[①]使学生掌握学科的基本结构是整个教育的核心所在。对于同一个主题的理解，不同学科有着不同的侧重点和不同的深度。例如，物理学

① 鲜兰：《布鲁纳的结构主义课程理论及其时代解读》，《湖北科技学院学报》2020 年第 8 期，第 152—156 页。

家、生物学家和化学家对于呼吸的理解角度可能会大不相同,他们会强调与各自学科领域相关的重要概念。物理学家可能会强调动能学,而不强调产生呼吸现象的生命体。生物学家可能会从人的角度来强调呼吸,侧重细胞中呼吸的发生机制。而化学家可能会更侧重于研究人体内与之相关的化学反应对呼吸造成的影响。

从课程开发来说,分科课程坚持以学科知识及其发展为基点,强调本学科知识的优先性;从课程组织来说,分科课程坚持以学科知识的逻辑体系为线索,强调本学科自成一体。因此,分科课程具有以下优点:第一,有助于突出教学的逻辑性和连续性,它是学生简洁有效地获取学科系统知识的重要途径;第二,有助于体现教学的专业性、学术性和结构性,从而有效地促进学科尖端人才的培养和国家科技的发展;第三,有助于组织教学与评价,便于提高教学效率。

跨学科实践

"跨学科"是近年来教育界非常流行的一个词。按照一般人的理解,"跨学科"中的"跨"是动词,是主体在"跨越"不同学科。跨学科实践是指主体跨越两个或者多个学科的研究,"跨学科"是一种行为。跨学科指的是超越单一的学科边界而进行的涉及两个或两个以上学科的知识创造与传播活动。跨学科实践是整合两种或两种以上学科的观念、方法与思维方式以解决真实问题、产生跨学科理解的课程与教学取向。事实上,在真实的问题情境中,当任何单一学科无法解决此问题时,需要运用两种或两种以上学科的观念与方法解决它,并由此产生新的理解。从解决问题层面看,在发现和解决实际问题的过程中,单一学科的知识和方法不够用时,才产生跨学科的需要。但是,仅用单一学科就可以发现和解决的实际问题大量存在,没必要为了形式上的跨而跨。无论如何,单一学科核心概念的理解和掌握是基础,离开了学科基础,跨学科也很难开展。

2. 综合科学、分科课程及跨学科实践的发展历程

《三国演义》开篇云："天下大势,合久必分,分久必合。"学科的进化似乎也有这种规律,但是理由却不相同。学科本来是为了研究问题而出现的。最初的学科比较概括与综合,研究者都是百科全书式的学者。如此所看到的自然、社会和人自身虽然是比较全面的,但也是比较模糊的。随着社会发展需要,为了进一步深化认识,学科慢慢细化,人的精力有限,百科全书式的学者不可能存在,只有某个领域的专家,甚至是只知道某个非常小领域的专家,才可能把某一类专业问题研究透彻。这就产生了逐渐细化的学科,就科学来讲,根据研究对象的方法的不同,主要分为物理、化学、生物、自然地理、天文等学科。而分科课程随着时代的发展,也暴露出很多缺点。例如,它容易导致轻视学生的需要、经验和生活,容易导致忽略当代社会生活的现实需要,容易导致将学科与学科彼此之间割裂,从而限制了学生的视野,束缚了学生思维的广度。尤其是随着近年来科技的高速发展,单一的分科课程已经不能满足解决复杂社会问题的需求,从而跨学科的实践运用应运而生。一切研究是以问题为导向的,要么是理论问题,要么是现实问题。我们之所以跨学科是因为一个问题涉及多方面,所以从多个视角来看问题才能看到问题的实质。在跨学科的实践研究基础上,根据社会发展现实需要,又产生了很多交叉学科,如生物化学、环境科学等。

3. 课程结构实现综合—分科—跨学科实践的螺旋式递进

不管是综合课程、分科课程还是跨学科实践都存在一定的优势和劣势,从教育角度讲,关键是要考虑什么样的年龄阶段适合什么样的课程或者是怎样做到合理比例的课程组合。课程结构设置最重要的考虑因素是要符合学生的认知发展规律。从科学教育的角度讲,在人受教育的历程中,在早期的义务教育阶段,根据认知发展理论,学生的思维方式仍以形象思维为主。此阶段的学生习

惯从整体上观察认识事物,学习科学课程时,应该避免过早进入以逻辑思维为主的系统学科学习,而是应该以学生可以接触到的自然界现象为出发点,启发学生的好奇心,以科学探究的方式学习科学的知识,理解科学的核心概念,培养科学的素养。知识和技能在这个阶段只有在具体的情境中才能更容易理解,并且更易于迁移。这时,课程结构应该是以通识教育为主,也就是综合自然科学课程,其中包括物理、化学、生物、地理、天文等多方面的知识内容。到了高中,随着学生思维能力的提升,已经具备了相当的抽象思维能力,从不同科学领域的逻辑体系出发深入学习研究该领域的核心内容。这时候,课程结构应该以分科课程为主。每个学科从学科本质特征入手,按照本学科的逻辑体系,引导学生用不同的学科思维研究科学。等到学生具备了一定的学科知识基础后,学校应该通过各种形式,如问题式学习、大型项目式学习帮助学生进行跨学科实践,从多学科的角度解决一些靠单一学科无法解决的复杂问题。到高中的后期,学校还可以通过选修课的形式为学生开设一些交叉学科的课程,进一步启发学生的科学思维,培养他们的科学素养。

所以,整个中学阶段大致上讲,应该是从初中阶段的综合科学,发展到高中阶段的分科课程,再到以此为基础的跨学科的实践运用,以及高中后期交叉学科的学习。但这个过程并非线性,而是相互交错,相互渗透,是一个螺旋式递进的过程。初中阶段以综合科学的主题板块展开,其中会接触到分科领域中的很多科学核心概念;到了高中阶段,科学的学习进入明确的分科领域,能从纵向上让学生在每一学科内部深入发展知识和技能;在此基础上的跨学科实践能从横向上把不同学科融合,让学生更投入地学习,打通学科边界,连接课程学习与社会生活,进一步激发每个学生的学习兴趣。跨学科学习要做到融会贯通,离不开分科教学的知识储备;反之,在跨学科实践过程中,学生感受到的某一学科知识欠缺,也会强化他的分科学习。几种不同结构的课程组织形式在整个中学阶段以相互交融、螺旋上升的方式帮助学生不断加深对科学知识的理解和科学素养的提升。

在初高中衔接的过程中，从课程结构变化的角度，要注意引导学生从综合科学到分科课程的变化，要引导学生开始有意识地进入不同科学领域的学习，要从最开始就尝试抓住每门科学课程的本质特征，理解每门课程的逻辑链。既能够发现不同科学课程相通的点，又能找到不同科学课程独特的思维方式和学习方法，为后期的跨学科项目式学习和交叉学科的学习打好基础。分科教学本身没有问题，它是综合思考和分析能力、跨学科学习的基础，不把这个基础打牢，再多的综合也会停留于表面。

目前，上海中学国际部采用的科学课程体系就是从初中的综合科学课程到高中的分科课程，再到以此为基础的跨学科实践，以及高中后期的交叉学科内容的学习。初中阶段使用的是综合科学课程教材，包含生命科学、物质性质、地质科学等各方面与生活相关的科学知识。高中阶段的分科课程教材是完全按照学科逻辑结构编写的，每门学科在整个高中阶段使用一本教材。以化学为例，教材中包含了本学科的核心内容：原子理论、化学计算、元素周期律、化学键、物质的状态和能量、化学动力学、化学平衡、酸与碱、氧化还原反应以及有机化学。初中科学课程强调通过本课程的学习，学生能用所学知识解释生活和生产中的有关现象，解决有关问题；高中科学课程则强调关注每门科学课程核心概念的学习、核心观念的建构；在高中分科课程的学习基础上，我们还会通过项目式学习、科创比赛、科技类社团等多种平台帮助学生进行跨学科实践，培养学生具备一些高级认知技能和问题解决技能。

二、科学课程初高中衔接的价值探索

（一）有助于初高中教育教学一体化

对课程衔接的关注可以追溯至拉尔夫·泰勒，泰勒（Tyler，

1949)在谈到学习经验的组织时认为:"当我们探讨五年级地理与六年级地理所提供的经验的关系时,我们便在研究其纵的关系,而当我们在探讨 5 年级地理与 5 年级历史所提供的经验间的关系时,我们便在研究其横的关系。这两方面的关系对于教育经验的累积效果有重大的影响力,如果 6 年级地理所提供的经验适当地建立在 5 年级地理所提供的经验之上,那么有关地理的种种概念、技能等方面的发展便会具有更大的深度与广度。如果 5 年级地理的经验与 5 年级历史的经验有适当的关联,它们便会互相增强,提供更重大的意义和更统一的观点,从而变成一个更为有效的教育方案。反之,如果经验之间互相冲突,它们便会彼此抵消;或者说,如果它们彼此之间没有明显的关联,那么学生所学的经验便是支离破碎的东西,而在处理本身的日常事务时,也不能以有效的方式使其彼此发生关联。"①虽然泰勒谈到的是学习经验,但其中暗含了课程的纵向衔接与横向衔接对学生学习所产生的重要意义。基于标准的科学教育系统应该在各方面都是连贯的。系统在横向上是连贯的,主要是指不同学科在课程设置、教学目标以及评价相关的政策和实践都应与标准保持一致,并共同有助于学生知识的发展和对科学的理解;系统在纵向上是连贯的,学生的发展是连贯的,即考虑跨越不同年级、学段的概念,所有层面上的系统都对科学教育的目标有着共同的理解,并且评价的目标和运用是统一的。

1. 初高中科学课程衔接现状

初高中是基础教育的重要阶段,但长期以来,世界上各个国家的科学教育都存在着一个普遍问题:学段间缺少沟通,从教学目标、内容、方法到评价上,形成了各自为政、相互割裂、相对低效的局面。随着学生年龄逐渐增长以及义务教育阶段的结束,初升高

①   周仕德:《课程衔接:亟待研究的课程视域》,《教育理论与实践》2010 年第 30 卷,第 57—60 页。

衔接得到的关注度相对比幼升小、小升初又明显减少。但其实初高中在知识的难度、广度和应用度上都有很大的提升,对学生的思维要求也有非常明显的跨越,很多学生面对突如其来的变化,思想意识和学习方式都没有及时转变,在短时间内没办法适应高中的学习,造成学习成绩下降、学习内在动力不足,进而形成了恶性循环的局面。根据美国相关部门的统计,高中初期的辍学案例已经明显超过了义务教育的所有阶段。所以,深化课程改革,促进学段统筹,构建基础教育一体化体系,实现初高中教育有效衔接,是很多国家基础教育面对的一个棘手但必须突破的教育改革难题。

在国际课程体系中,9 年级作为高中的起始阶段,对于每个学生来说都是全新的开始,一方面他们对高中课程和活动充满期待,另一方面他们逐渐意识到自己点点滴滴的努力和成长将会影响三年之后的大学申请。他们积极地拥抱高中生活,但是一段时间后,各种问题开始出现。很多学生感觉到高中课程的学习难度和重点无从把握,努力后没有达到期待中的理想效果,同时承受着来自家长和同伴的压力,心理上出现各种焦虑。很多学生在短时间内找不到合理有效的方法提高,自信心因此受到严重打击,造成学习及其他方面行为的滑坡。所以,如何面对高中课程的高难度、高广度及高应用性,如何调整心态找到适合自己的学习方法,尽快地适应高中生活,这是很多高中新生必须面对的问题。

对于这些问题,我们以上海中学国际部为例,针对不同群体进行了访谈,访谈提纲大致如下:

高中新生调查问卷:

• 你从思想意识上准备好开始高中的学习、生活了吗? 你觉得最大的挑战将是什么?

• 你认为初高中阶段存在衔接问题吗? 在你看来存在哪些问题?

• 你认为初中和高中的科学课程的最大区别是什么?

• 在初中与高中的衔接过程中,学生最应该注意的问题有哪些?

• 如何通过不断提高思维能力,从而更好地适应高中学习?

• 你可以熟练地运用科学方法解决现实中的科学问题吗?

• 刚开始接触科学分科课程学习,你感觉适应学习方式吗?学习哪门课程遇到的困难最大?为什么?

高中教师调查问卷:

• 您认为初高中阶段存在衔接问题吗?在您看来存在哪些问题?

• 您对初中科学课程了解吗?相关学科内容包括哪些?

• 您认为目前的高中新生课堂学习中遇到的最大困难是什么?

• 您认为初中的综合科学课程和高中的分科课程有哪些区别?

• 为了更好地衔接高中课程,您认为初中的科学教学应该注意哪些问题?

• 如何帮助学生不断提高思维能力?

• 如何帮助学生在分科学习的基础上,进行跨学科实践?

• 围绕这些困难,针对初高中衔接,您有哪些建议?

初中教师调查问卷:

• 您对高中科学课程了解吗?您认为高中科学课程与初中科学课程最大的区别是什么?

• 您怎样看待初中的综合科学课程?您认为综合科学课程有哪些值得肯定的优点?有哪些需要改进的地方?

• 您认为初中的科学课程让学生收获最大的方面是什么?

• 您认为在教学过程中,采取哪些措施才能让学生更好地适应高中科学学习?

经过总结,发现存在的主要问题如下:

从学生角度:

• 学生发现初高中科学课程知识内容的难度差距很大,高中科学课程对逻辑思维能力的要求明显提高。

• 初中的科学课程与日常生活更加相关,较为直观有趣,而高中的科学课程更偏重理论,更注重学科本身的逻辑性。

• 初高中教师的教学方式存在比较大的差异,初中教师教学时相对更加细节化,而高中教师教学时相对更加宏观。

• 初高中科学课程的评价方式和内容上差异很大,初中阶段学习内容与考试考点相关性较强,而高中科学课程则更加注重对知识点的分析、综合和在新情境中的灵活运用。

从教师角度:

• 部分学生没有意识到从初中到高中的转变,没有树立成长意识,形成为自己负责的态度。

• 部分学生的主动意识不够强,对教师的依赖性非常大,等着教师画重点,自己不肯动脑筋。

• 部分学生的学习方式没有及时转变,仍然以模仿和记忆为主要学习模式,缺乏对知识的分析、综合和运用。

• 部分学生没有理解初中综合科学到高中分科学习的主要区别,学习方法没有及时调整。

• 在科学方法的应用方面,部分高中新生还不能做到基于一定的信息提出新的问题,形成自己的想法,并进行深入的探究,更不要说将学到的知识运用到新的场景中。

• 一些学生的心理状态不稳定,遇到一点困难就自乱阵脚,甚至产生自暴自弃的想法。

2. 初高中科学课程衔接改进方案

学生层面:主动意识的确立

进入高中,学生自我管理意识明显增强,能够对学什么、如何学、何时学以及达到何种学习结果等产生明晰的认知意识和自我体验。初高中衔接过程中,首先要强调主动意识的转变。由于年龄阶段的特点,初中阶段的学习方式更多的是来自教师的引领和传授。只要学生紧跟教师的步伐，通常就会取得比较好的效果。而到了高中，则更强调学生主动学习意识的确立。这个主动意识可以分为两个层面。第一个层面主要是思想根源上确立的责任感，也是一种成长意识，要意识到自己已经长大成人，要开始学会为自己的将来负责。不管是学业还是课外活动都是自己主动且有意义的选择，并能够为之努力奋斗。同时，通过高中科学课程的学习，培养自己的学术兴趣，并且不断志趣聚焦，为将来专业和职业的选择打好基础。第二个层面是指要主动意识到初高中科学课程的差异性，从"低阶到高阶思维的提升"和"科学课程结构的转变"两个方面出发，根据自己的实际情况，不断调整改进自己的学习方式和方法，尽快适应高中的科学课程学习。当然，很多学生在意识到初高中的差异性和高中学习的重要性之后，从主观意识到真正的行动之间，往往还有一段不小的差距，这就需要教师和家长给予及时的介入和引导。

学校层面：尝试构建初高中科学课程衔接项目

科学教育除了从国家战略层面自上而下地推动之外，各学段还应该充分发挥自身主动性，自下而上推动不同教育阶段之间的衔接。现在初高中之间还是有很多脱节的地方，其实我们都是朝着自己的目标在努力，但方向可能不尽相同，或者说彼此之间并不是很清楚各自进展到什么程度。我们认为初高中需要创建形式多样的平台，通过一些实质的形式，包括研讨会、经验交流会，相互观摩教学、教改实践来交换想法、梳理概念、明确目标，这样有助于打通两个学段之间的壁垒，形成一个具有整体性、开放性、动态平衡性的可持续发展系统。

其实，学习总是在一定的知识和认知基础上进行的，学生的已有知识结构对后续学习会产生影响，在教学过程中充分运用前后知识间的内在联系，才能够促进学生的高效学习。从初中科学到高中科学，在知识内容上有承继，在思想方法上有连续，在思维方式上有跳跃，本质上是一个从静态到动态、从定性到定量、从相对形象到相对抽象的"爬坡"过程。初高中衔接要从教学目标、教学内容、教学方法、教学评价等方面出发，以遵循生命成长规律和教育教学规律为原则，保持初高中教学的一致性、连续性和有效性，促进学生形成可持续的发展能力。

很多美国学校针对初高中衔接做了很多尝试，如给9年级学生一段时间的"缓冲期"，时间长度由各学校自行决定，但不宜超过半个学期，来逐步调整并适应高中科学课程的学习。要教会学生从自然科学的角度进行认知（思维）方式的进阶，要让学生认识到他们的智力是可塑的，而非固定的。在这段时间，要向学生强调主动意识的转变，高中的科学学习更强调学生的主体性，首先是要学会学习，其次要学会构建自己的科学概念，并在此基础上，将核心概念连接起来，从而形成自己的科学学习网络。

3. 初高中科学课程一体化原则

培养目标的一致性

科学教育的一个明确目标就是建立一个有很高科学素养的社会。良好科学素养的一个重要方面，是对科学主题（也就是与物质科学、生命科学和地球科学特别相关的知识）的理解达到一定的广度和深度。良好的科学素养还包括人文科学方面，科学事业以及科学在社会和个人生活中所起的作用。随着现代社会的迅猛发展，科学技术已渗透到人们的工作、生活乃至四维空间等各个方面，每个公民都面临着如何对待、如何运用科学处理社会和日常生活中的各种问题。因此，科学素养已不仅仅是科学家的专属，作为一名合格的公民来说，基本的科学素养和对科学本质的理解是必不可少的。初高中的科学课程承担着培养未来公民科学素养的任务，把培养学生的科学素养作为根本目标。[1]

---

[1] 美国国家研究理事会：《美国国家科学教育标准》，戢守志等译，科学技术文献出版社，1999，第32页。

　　科学探究是培养学生科学素养的重要手段,科学家是在寻求有关自然界各种问题的答案的过程中积累知识、深化认识,而学生也要像科学家一样,在积极地参与科学探究的过程中逐渐对自然界有所认识。初高中科学课程都非常注重科学与自然、社会的关系,凸显科学探究在自然科学中的地位,通过实验培养学生科学探究的能力,关注和鼓励学生积累学习的经验,促进学生科学素养的全面提高。

　　总体来讲,初高中科学课程在培养目标上保持着很大程度上的一致性,从探讨科学教育本质出发,以教授科学知识、研究科学方法、培养科学精神为主线,注重提高学生的科学素养,强调学生个体的可持续性发展,倡导教学方式和评价方式的多样化。课程目标的一致性有利于衔接教学的开展,而其中的差别成为衔接教学的着手点。初高中科学课程一体化有利于形成各学段既统一又有各自特点的科学素养体系,有利于促进学生科学素养的进阶形成,逐步提高及不断发展。

以学生为主体,顺应学生发展

　　促进初高中一体化的进程中,一个重要的理念就是"以学生为主体,顺应学生发展"。学生的主体原则主要是指在课程学习中,我们始终要把学生的发展作为根本原则,根据学生发展需求随时调整和设计教学进程,充分利用多样化手段,激发学生学习的积极性和参与性,使学生改变学习方式,主动参与、乐于探究,培养学生搜集和处理信息的能力、获取新知识的能力、分析和解决问题的能力以及交流与合作的能力。

　　皮亚杰的认知发展理论为"以学生为主体,顺应学生发展"的初高中衔接提供了必要的理论基础。在教育过程中,教师要不断打破学生的认知平衡,使他们处于一种平衡—失衡—平衡的不断循环往复的状态。[1] 在教育过程中,教师不仅要向学生提供与他们

---

　　① 　皮连生:《学与教的心理学》,华东师范大学出版社,2009。

已有知识结构系统类似或相关的知识内容,使学生通过知识的同化丰富认知,而且还应提供比他们自身认知更高的内容,使学生通过知识的顺应发展来完善认知结构。这样既巩固了学生已有的知识经验,又使得知识在已有的基础上得到进一步的发展。通过一步步打破学生已有的认知平衡,逐渐建立新的、更高层次的平衡状态,最终促进学生认知的不断丰富和发展。教育应该遵循学生的认知发展阶段论,既要尊重学生在各认知发展阶段的特点,又要考虑儿童思维前后两个认知发展阶段的联系,以此为基础来选择合适的教育活动。同时,结合维果茨基的"最近发展区"理论,教育内容和方法的选择不宜过难,远远超越学生现有的知识水平,也不宜过于简单,缺乏一定的教育意义。以此为基础做好学段间的衔接工作,才能更好地推动教育的发展。①

　　具体到初高中衔接阶段,初高中在知识和能力的要求上有较大差异,初中学生处于青春期发育初期,生理和心理的发展还不成熟,具有一定的依赖性,逻辑思维能力相对较弱。根据初中生的特点,在科学课程中,教师应该提供较多的动手操作机会,让学生在体验中学习,在学习中体验,增强学生的求知欲和对科学的兴趣,发挥学生的能动性,提高学生的积极性。处于这个年龄阶段的学生的抽象思维能力不强决定了学习科学主要以感性认识为主,还无法达到理性认识的水平。而到了高中,学生已经处于青春期后期,各项发展均趋于成熟,认知水平也达到了一定程度,科学学习由综合课程进入分科课程。分科课程具有较强的逻辑性和系统性,这时候教师要根据不同学科的特征,开始培养学生的学科素养。科学教师要根据学生不同时期的特点,有针对性地设计教学活动,帮助学生发展思维能力,在解决问题时运用分析、综合、归纳

　　① Newman Stephen, "Vygotsky, Education, and Teacher Education," *Journal of Education for Teaching*, Volume 47, Issue 1, (2021): 4-17.

等科学方法,并不断培养学生的质疑精神、批判能力和创新意识。同时,作为科学教师,我们还必须明白,学习是学生获得理解所经历的一个能动的过程。根据学生的认知结构,我们必须清楚哪些东西他们会学得比较快,哪些会花些力气。我们不仅需要对学生容易误解的地方有所预见,也需要对所教概念的难易程度是否适合学生的发育水平作出判断。① 在设计课程时,要注意在初高中重复讲同一个概念时,能够做到螺旋式上升,以便随着学生的成长,他们有机会不断地加深理解。此外,科学教师还必须对背景、经历、动机、学习方式、能力和兴趣各不相同的学生如何学习科学课程有所了解。教师要利用这些信息对学习目标、教学策略、评价要求和课程材料等各方面问题作出恰当的判断和及时的调整。

（二）有助于学生的生涯探索

根据舒伯的生涯发展图谱②,处于初高中衔接的年龄段（15—16岁）属于生涯发展的"探索阶段",人的才能和能力都有了进一步的成长,这时候人应该逐步形成自己独立性的发展,明确自己的学业、活动计划,通过各种渠道找到适合自己的专业和职业,并发展相关的专业技能,为后续"建立阶段"奠定基础,确定在整个事业生涯中属于自己的位置。高中生仍然处于青春期,这是身体、智力、情感、社会意识萌芽和发展的关键时期,也是通过各种活动对自身的能力、兴趣进行自省的重要阶段。这一时期学生应初步懂得社会生产和生活;有职业和专业兴趣,开始更多、更客观地审视自身各方面的条件和能力;开始注意职业角色的社会意义,以及社会对各个职业的需求,并在此基础上将自己感兴趣的职业所需要具备的知识储备和自己现在的学习有机地结合。

---

① 美国国家研究理事会:《美国国家科学教育标准》,戢守志等译,科学技术文献出版社,1999.

② 周红霞:《美国:从着眼当下到投资未来》,《上海教育》2018年第6期,第53—55页。

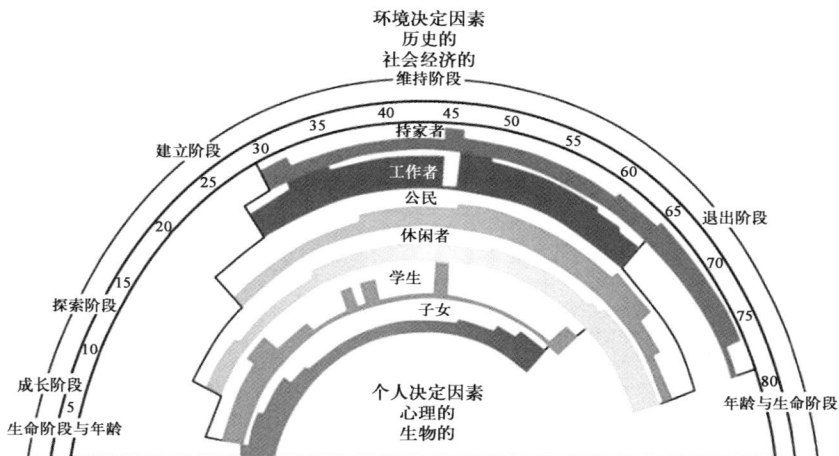

图 1.2 舒伯的生涯发展图谱

根据这一理论,研究初高中科学课程的有效衔接,需要与学生的生涯规划相结合,并以此为宏观指导。学生需要结合自己的志趣,以发展的观念看待自己的学习目的。学校应健全以学科为基础的学生发展指导机制。在初高中衔接阶段,通过学科教学渗透、开设指导课程、举办专题讲座、开展职业体验等多种形式对学生进行指导。同时,注重利用高校、科研机构、企业等各种社会资源,构建学校、家庭、社会协同指导机制。通过健全指导机制帮助学生建立学科学习与生涯规划之间的关系,帮助学生逐渐志趣聚焦。

1. 促进学生发现并发展学术志趣

初高中衔接阶段,通过设置专门课程、学科课程及跨学科实践几种形式交互开展的方式,有助于学生发现并发展学术志趣。从科学通用领域来讲,通过案例加深学生对科学本质的理解,通过科学探究活动激发学生学习科学的兴趣和求知欲,通过科学通用学习策略的学习,帮助学生抓住学习科学的有效方法。从科学具体学习领域来讲,通过专门课程和学科课程的学习,帮助学生掌握学科学习方法论,理解不同学科领域研究的内容、特点和方向,在此过程中,学生可以通过自身体会,不断发现、明确并发展自己的学术志趣。同时,初高中衔接阶段,在做好从综合科学到分科学习的转变中,我们还要通过项目式学习、科创比赛、科学社团等方式培养学生跨学科思考和实践的能力,使其成为一种有意义的教育形态,来促进学生个性与潜能的发展。

高中阶段,学生将面临多次选择,科学课程在初期分科必修课程的基础上将逐渐细化,以多种选修课的形式呈现。学生应该充分了解初高中在课程要求方面的主要区别,并积极主动地迎接和拥抱这些变化。从整个高中阶段学习来看,我们不鼓励学生在高中初期过早地断言"自己不擅长"某某学科继而放弃努力,我们认为只有当学生在高中初期了解每门学科的基本思维方式和相应的正确的学习方法后,才可以进行真正意义上的试错,才能对自己的兴趣和能力有相对清晰的自我认知和判断,只有这样才能顺利地进行志趣聚焦,使自己在高中后期的 IB(国际文凭课程)、AP(美国大学先修课程)、A-level(英国高中课程)等课程体系中作出真正适合自己的课程选择。同时,只有在高中初期对每门学科的框架结构、知识内容形成足够清晰认知的基础上,才能够做到灵活自如地跨学科运用各领域知识,解决真实世界的复杂问题。

2. 促进学生对未来专业及职业的选择

为确保学科学习与生涯规划相衔接,学生应当明确学科学习中的"为什么学",以及通过该学科学习能获得怎样的能力等问题,明确梳理出学科学习的本质意义。通过介绍与学科相关的专业分支、前沿领域、相关学科群以及未来相关职业,梳理学科学习与生涯规划之间的关系,能够帮助学生聚焦志趣。我们将研发开设"学科与未来"系列课程,形成"学科与未来"指导手册,探讨各个学科与生涯规划的关系,将未来专业、职业与学科学习相结合。同时,在学校原有的生涯规划咨询、走进大学、企业参访、职业日等活动的基础上,寻找合力,赋能学生,激发学生内在的学习动力。

从申请大学的角度看,注重培养学生对科学本质的理解、对不同学科领域的探索以及从事科学探究的能力,都为未来大学学习做好铺垫。而回到申请大学的过程,学生需要在了解不同大学招生要求的基础上,根据自己学科能力和兴趣特点作出适合自己的学业、课外活动的选择,最终进入适合自己的大学。如果一个学生只是拥有很高的高中课程成绩,而对喜欢什么类型的大学和专业、对将来的职业规划等问题一无所知,显然不太符合大学的招生要求。学生从高中开始获得的这些信息和能力,然后通过9年级到12年级层层推进,逐渐完成自我探索,到了毕业年级,自然可以写出全面而有特点的个人申请文书,助力大学申请。

3. 促进学生未来人生品质力的形成和发展

从初中升入高中,随着年龄的增长,学生心智逐渐成熟,开始真正成为自己学习的掌控者,也开始学会为自己的将来负责。高中阶段与初中阶段相比,高中科学学科的学习内容是螺旋式上升的,在知识深度、广度及应用三个方面都进行了极大的拓展。面对这种情况,学生要克服畏难情绪,从主动意识上拥抱这种变化,在思维方式和学习方法方面进行调整,了解学科不同内容之间的逻辑关系,从本质上提高学习效率。有效、成功的初高中衔接项目赋予学生面对困难、变化时迎难而上、主动寻找方法解决问题的能力,对学生未来人生的成长有着至关重要的意义。

通过初高中衔接项目的实施,学生增长了大学、职业及生活所需的技能。在21世纪的工作场所和大学中,成功不仅需要学生具备基本的知识和技能,更需要学生学习如何采取行动和承担责任,建立自信,解决问题,加强团队合作,提高沟通能力以及更有效地管理自己,这些能力对构建未来社会起到非常重要的作用。初高中衔接中各种项目的实施,可以帮助学生达到既定标准,为实现培养未来社会全人目标提供了有效方法。

（三）有助于我国科学教育初高中衔接的积极探索

在我国教育部最新颁布的《义务教育课程方案和课程标准（2022年版）》中，明确指出现行的学段纵向有机衔接不够，课程标准缺乏对"学到什么程度"的具体规定，教师把握教学的深度与广度缺少科学依据，课程实施要求不够明确等，必须有针对性地解决这些问题。因此新修订的《义务教育课程设置实验方案》中，课程标准对学段衔接作出明确的要求：依据学生从小学到初中在认知、情感、社会性等方面的发展变化，把握课程深度、广度的变化，体现学习目标的连续性和进阶性。了解高中阶段学生特点和学科特点，为学生进一步学习做好准备。[①] 2005年，世界经济合作与发展组织（简称OECD）发布了《核心素养的界定与遴选：行动纲要》，OECD界定核心素养的逻辑起点是成功的生活和健全的社会。把"素养"界定为：素养不只是知识与技能，它是在特定情境中，通过使用和调动心理社会资源（包括技能和态度），以满足复杂需求的能力。[②] 我国2017年版2020年修订的普通高中学科课程标准也都详细描述了本学科的核心素养，其中物理、化学、生物和自然地理等科学课程的核心素养中都包含了科学方法的应用、科学素养和科学探究能力的提升。通过基础教育阶段的科学教育，我们并不期待学生在高中毕业以后记得多少科学知识，铭刻在心的唯有科学精神、思想方法、研究方法、推理方法和看问题的着眼点，这些都会随时随地发生作用，让他们终身受益。

1. 更加关注科学素养和思维能力的提升，而不是知识内容的提前学习

在我国基础教育中，很长时间人们认为幼小衔接就是提前学习小学的知识内容，小初衔接就是提前学习初中的课程，初高中衔

---

① 《义务教育课程方案和课程标准（2022年版）》，中华人民共和国教育部，2022。

② 经济合作与发展组织：《核心素养的界定与遴选：行动纲要》，2005。

接就是提前学习高中的课程内容。初高中课程衔接要避免长期以来形成的这种误区。知识的提前学习,除了造成焦虑之外,并没有多少实际意义。因为一个国家 K-12 的课程标准通常是由专家根据学生不同年龄段的思维发展能力、认知特点而设计实施的。课程的提前学习很明显违反了学生的认知规律,而且会造成正常学习后的炒冷饭,让学生失去新鲜感,继而对学生的学习兴趣、学习动力产生消极影响。真正有效的初高中衔接是引导学生关注初中到高中科学思维能力的提升、科学方法的进阶应用、学习策略的转变,为未来高中的学习提供方法论的指导。

国家在近期出台"双减"政策,正是契合了这一理念。"双减"表面讲的是要减轻学生的作业负担和校外培训负担,但其实深层次的逻辑是应该关注要培养什么样的人。我们在基础教育阶段,期待通过科学思维和科学素养的培养,让每个公民都能成为一个有科学素养的人,能够在未来的社会中争取面对并解决科学问题。从另一个角度讲,初高中衔接通过思维能力和学习策略的提升,实现了学生升学过程从"突变"到"渐变"的转变,为从本质上减轻学生的学习压力、减轻学生课业负担提供了有效的实施路径。

2. 更加关注学科整体方法论的衔接

我国以往的初高中衔接,关注点主要在于知识点和知识内容的衔接。通过知网搜索"初高中科学课程衔接",搜索结果中绝大多数的文章是对具体知识内容和技能展开详细讨论的。但随着 21 世纪以来,世界各国的课程改革都以核心素养的培育为目标,进入了素养时代。随着课程目标由知识本位转向素养本位,传统的基于"课时""知识点"的教学设计难以匹配素养目标。落实到高中阶段,我们应该着眼于通过学科整体方法论的探讨来提升学生的科学思维能力和科学素养。高中阶段,我们谈的是学科核心素养,区别于义务教育阶段的课程核心素养。这是因为义务教育阶段更关注人,淡化学科。义务教育阶段有一些课程不是一个学科,是一类学科群,如科学和艺术,所以讲学科核心素养也不恰当。而结合初中到高中科学课程从综合课程到分科课程结构的变化,科学课程被划分成了物理、化学、生物等明确的学科领域。这时,我们更应该从学科本质特征及思想方法入手,培养学生的学科思维和学科素养。以化学学科为例,首先,我们应该基于化学学科的学习内容,探讨高中化学学科的特点,如宏观辨识与微观辨析相结合、变化观念与平衡思想、符号语言等几个方面,帮助学生学习在解决化学问题中所运用的分析、综合、比较等科学方法,培养构建模型并推测物质及其变化的能力;其次,指导学生化学学习中,应该注重运用哪些学习方法,如何进行概念驱动学习,如何注重知识点连接,形成基于某一核心概念的知识结构网络,化学学习中如何运用探究方法,并将其灵活运用到实际问题解决中;再次,比较同为实验学科,学习化学与学习物理、生物在思维方式上的差异;最后,探讨高中化学相比初中化学在评价方式上的不同,帮助学生取得事半功倍的效果。

3. 更加关注生涯意义的引领

我国在《关于新时代推进普通高中育人方式改革的指导意见》中提出,要强化学生综合素质培养、培养终身的学习者,为学生适应社会生活、接受高等教育和未来职业发展打好基础等重要指导思想。初升高的年龄阶段属于青春期的后期,已经逐渐形成了自己的人生观价值观,开始学会设计并掌控自己的人生。这个时候的科学教育要从关注教学到更加关注教育。其中一个重要的问题就是要关注学生学习科学的志向和兴趣,也就是要解决为什么学的问题。我们要通过"科学与未来"等系列讲座帮助学生打开视野,将自己现在的学习与未来的人生、未来的社会、未来的世界相联系,从而增强内在的学习动力。我国在进入素养时代以来,也非常关注学生的生涯教育,改变了学生盲目学习科学知识的状况,但生涯教育相对宏观,建议可以更加关注科学本质意义,从学科出发,从不同角度探讨与未来的关系,帮助学生在学习知识的同时,更多地关注学习的本质和意义。

第二章　IB课程体系从MYP到 DP的衔接概述

本章将详细探讨 IB 课程体系中从中学阶段(MYP)到大学预科阶段(DP)科学课程的衔接。首先,概括介绍 IB 课程在不同年龄阶段的主要课程体系,探讨 MYP 与 DP 课程体系的架构理念以及在贯彻 IB 核心思想上的承接关系,并具体介绍 IB 的学习者培养目标。然后,通过综述 IB 科学学科的整体框架,重点对比探讨 MYP 与 DP 科学学科的关系与差异,包括培养目标、教学方法、教学内容、科学的本质、评价方式等五个主要方面。最后,在理解 MYP 与 DP 科学课程核心思想的基础上,重点探讨 MYP 与 DP 科学课程的衔接,并提出可行的衔接方案,包括概念式学习、探究—行动—反思的循环式学习方法、学科组到具体学科的过渡、"科学的本质"的教育、评价方式的过渡等几个方面。

一、IB 课程体系综述

(一) IB 课程体系背景、思想与结构

国际文凭组织(IBO,International Baccalaureate Organization)成立于 1968 年,是经联合国教科文组织注册的非营利性教育基金会,总部设在瑞士日内瓦,课程发展中心和考试评价中心在英国加的夫。尽管第一批 IB 学校主要是私立的国际学校,但发展到今天,世界上超过一半的 IB 学校是公立学校。截至 2018 年 11 月 6 日,世界上有 153 个国家的 4954 所学校教授 IB 课程,超过 125 万名学生正在接受某一项 IB 课程的教育。

IB 课程体系分为三个阶段,即小学阶段(Primary Years Programme,简称 PYP)、中学阶段(MYP)、大学预科阶段(DP),其中 DP 阶段成立最早(1968 年),MYP 和 PYP 阶段分别在 1994 年和 1997 年成立。这三个阶段在教育理念上具备连续性,并针对不同年龄阶段的学生设计出合理、有效、包容的课程体系。本文所探讨的范畴聚焦于 MYP 至 DP 的科学课程,在此首先对这两个阶段的课程体系作一个综合性的概述。

　　IB DP 课程(国际文凭大学预科项目)是国际文凭组织的高中课程(16—19 岁),是一套要求学生发展综合素质,并为大学做准备的严谨的大学预科课程。学生毕业时需完成全球统一的由国际文凭组织命题和批阅的考试。所有 DP 课程的注册学生需要选择六个学科群中的一门课程。这六个学科群分别是:第一语言(母语)、第二语言(外语)、社会人文、实验科学、数学或计算机、艺术。同时,学生还必须完成专题论文(Extended Essay,简称 EE)、认识论(Theory of Knowledge,简称 TOK)、创造/活动与服务(Creativity, Activity, Service,简称 CAS)这三个核心模块。IB 课程体系强调培养学生在综合素质上的平衡发展,注重科学与人文并重,培养学生的探究能力和国际化的视野。DP 课程并不要求学生成为某一学科的专才,而更重视学生本身综合素质的提高。如图 2.1 所示为 DP 课程的核心模块图谱:

图 2.1　IB DP 课程的核心模块图谱

IB MYP 课程(国际文凭中学项目),主要面向中学阶段的学生 (11—16 岁)。MYP 课程体系的建立要晚于 DP 课程很多年,其建立的初衷是为了探索出一套适用于青少年的教育体系,并在理念和课程设置上能与 DP 保持一致,为顺利地衔接到 DP 课程的学习打好基础。如图 2.2 所示为 MYP 课程的核心模块图谱:

图 2.2　IB MYP 课程的核心模块图谱

对比 DP 与 MYP 两个模块的图谱,可以看到 DP 与 MYP 在贯彻 IB 核心理念上的统一性,包括以下几点:

• 从 IB 学习者培养目标出发,沿着教学法、课外活动、学科群、国际情怀向外辐射的模块结构。

• 涵盖的学科群范围基本相似,注重学生的平衡发展。

• 国际情怀模块作为学习的共同语境。

同时,DP 与 MYP 针对不同年龄段的学生,在课程图谱的设置上也各有侧重:

• MYP 将"概念"置于与"教学方法"平行的核心位置,强调课程教学中以概念性学习(Conceptual Learning)为出发点的理念。

• MYP 在教学和评价中强调"全球语境"（Global Context），这点在 DP 中并没有突出呈现。

• MYP 中有明确的"体育与健康教育"，这符合青春期时期学生身心发展的必要要求。

• DP 学科群设置更加倾向于学科之间的分界，以及学科化的深入性教学，为大学专业学习打好基础。而 MYP 则作为 DP 学习的基础，其学科群设置更具备跨学科的性质。

• DP 具备三个核心课程，即认识论、专题论文、创造/活动与服务；而 MYP 则以行动/服务、社区设计/个人设计与之对应。

（二）IB 学习者培养目标

IB 学习者培养目标（IB Learner Profile）是 IB 所有课程体系的核心出发点，在此有必要作一个简要的介绍。无论 DP 或 MYP，都以此作为培养学生的目标，这也是保持 IB 各个年龄段课程体系统一、连贯的基础。

IB 学习者培养目标强调所有学生皆为具有国际情怀的人，承认人类共有的博爱精神，分担守护地球的责任，并开创一个更美好、更和平的世界。为此 IB 学生将努力做到以下十种特质：

• 积极探究

• 知识渊博

• 勤于思考

• 善于交流

• 坚持原则

• 胸襟开阔

• 懂得关爱

• 勇于尝试

• 全面发展

• 及时反思

这十项培养目标渗透在 IB 的课程设计、教学方法、评价方式等方方面面,需要认真地体会。例如,在科学教育中,"积极探究"是科学研究的必要前提,"善于交流"则是科学工作者表达观点的重要能力,"勇于尝试"也是科学家需要具备的探索精神。

对于学习者培养目标的理解不能停留于表面化,如"勇于尝试",并非意味着无畏的冒险,而是一种基于责任心下的理性尝试,能够同时勇于承担冒险带来的结果。"善于交流"并不等于出口成章,而是能够准确、严谨、有效地运用相关术语进行表达。

基于学习者培养目标,IB 列出了适用于各年龄学科阶段的五项学习方法类别,这也是学生在学习过程中需要不断发展的认知技能、元认知技能和情感掌控技能:

思维技能　　　交流技能　　　社交技能　　　自我管理技能　　　研究技能

图 2.3　IB 学习者的五项学习方法类别

这五项学习方法类别需要在教师设计课程项目时重点考虑,同时也是学生反思自己学习效果的重要参考。

(三) IB 科学学科的整体框架

由于本章的探讨范畴是 MYP 至 DP 科学教育的衔接,在此有必要先介绍一下 IB 科学学科的整体框架。

IB 科学课程体系遵循从小学至大学预科阶段保持连续、统一的原则。在 PYP 阶段,着重培养学生对于自然界各个方面的好奇与探索,并培养基本的科学探究技能和对于科学概念的理解。在中学阶段,学生将进一步发展主动学习的技能,并在国际情境下提出与科学相关的探究问题,形成研究报告与课题。通过 MYP 阶段的科学学习,学生具备了进一步深入 DP 阶段科学学科学习的重要素养和技能。

IB 的科学课程在各个阶段都具有共同的信念和价值观,包括:

● 国际性：即科学超越性别、政治、文化、语言、民族和宗教界限的国际情怀和自由思想。

● 审美性：科学的复杂性、精密性、瑰丽性所带来的审美体验，这可以引发学生对于科学的好奇心。

● 伦理性：科学对于伦理、社会、政治、文化和环境带来的影响，学生需要形成个人的伦理立场。

● 通过调研开展学习：注重学生在探究、实践、反思中学习。

● 协作：在科学学习和实践中培养合作精神，并养成安全和负责任的工作习惯。

如图 2.4 所示为小学项目（PYP）、中学项目（MYP）、大学预科项目（DP）连续统一的路径图谱。从中可以看到，在 PYP 阶段培养学生对科学的基本概念，并未形成科学学科的明确分组。在 MYP 阶段，科学学科组被确立，但并不强调具体学科的独立学习，而是被当作整体的学科组来对待，鼓励跨学科的探究，教学素材的选择相对自由，并不需要严格按照学科自身的逻辑顺序来安排。在 DP 阶段，物理、化学、生物分学科的概念被进一步地确立，并按照不同学科的特性展开深入、系统的教学。

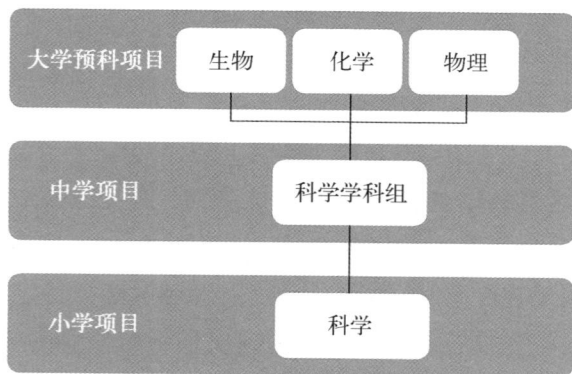

图 2.4　通向国际文凭大学预科项目生物、化学、
物理等学科连续统一的路径

下面,将具体对比介绍 MYP 与 DP 的科学课程体系,并探讨 IB 是如何衔接 MYP 与 DP 的科学学习。

二、MYP 与 DP 科学课程学习的对比讨论

在这一部分中,通过探讨 MYP 与 DP 科学课程的对比与关联,有助于理解 IB 科学课程在两个阶段的异同,并进一步厘清如何衔接 MYP 与 DP 科学课程的思路。

（一）MYP 与 DP 科学教育的培养目标

表 2.1 中列举了 MYP 与 DP 科学课程的教学目的,来源于 IB 官网发布的课程指导说明,以此作为讨论的主要对象。

表 2.1　MYP 与 DP 科学教育的培养目标

MYP 科学教育的培养目标	DP 科学教育的培养目标
<ul><li>理解和认同科学及其意义</li><li>将科学作为人类的一项既有益又有局限性的努力探索</li><li>养成善于分析、勤于探究和机敏灵活的心智来提出问题、解决问题、形成解释和判断论点</li><li>发展各种技能以设计和开展调研、评价证据并得出结论</li><li>建立开展有效协作与交流的意识</li><li>在各种各样的真实生活情境中应用语言技能与知识</li><li>发展对有生命和无生命环境的敏锐感觉</li><li>对学习体验进行反思,从而作出明智的选择</li></ul>	<ul><li>认同在全球语境下,由激励和挑战性的机遇带来的科学研究和创造力</li><li>获取大量科技相关的知识、方法、技术</li><li>应用和使用大量科技相关的知识、方法、技术</li><li>发展分析、评估与整合科学信息的能力</li><li>能够批判性地意识到科学活动中有效合作与交流的需要和价值</li><li>发展实验与调研的科学技能,包括使用当下的技术</li><li>在科研中发展与应用 21 世纪的交流技术</li><li>作为世界公民,批判性地认识到科技中的伦理内涵</li><li>逐渐认识到科技的可能性与限制</li><li>逐渐理解科学学科与其他学科知识间的联系及影响</li></ul>

对比以上列表,可以总结以下几点:

• MYP 培养对于科学的理解与认同,并初步发展出科学学习的必要技能与核心素养。

• DP 更关注科学的本质与应用,对科学本质的相关方面有深入的探讨,并对科学技术的应用能力有较高的要求。

• MYP 注重培养对于客观世界的敏锐,并能提出问题、解决问题、形成解释和判断结论。

• DP 强调对科学知识、技能的深入理解和应用。

可以说,DP 进一步发展了在 MYP 科学学习中获得的科学素养与技能,并在更细化、深入的学科学习中,培养学生进入大学专业甚或作为科研工作者所必需的科学素养和技能。基于 MYP 与 DP 培养目标的递进关系,MYP 与 DP 在教学方法、教学内容、评价方式这几方面也有所不同,并以保持 MYP 与 DP 的连续、统一为原则。

（二）MYP 与 DP 科学课程的教学方法

IB 的教学方法论在几个课程阶段是具备统一性的,如都强调探究性学习、概念性学习等。但对于不同年龄阶段学生的情况,MYP 与 DP 的教学侧重点也有所不同。在 MYP 阶段,虽然已经开始对物理、化学、生物学科进行分类讨论,但是还没有形成系统的学科概念,并没有基于学科本身的独立教学体系,对学科的专业深度要求也要远低于 DP。因此,以核心学科概念为出发点组织开展教学,是更适合 MYP 的教学方法。在 DP 的科学课程中,概念性理解依然非常重要,但并非组织课程的核心依据,DP 的科学课程有属于自己的一套比较完整的体系,概念性理解融于学科的内容框架之中。

MYP 与 DP 的概念性理解

一个概念即是一个"重要思想观点",一种经久不变的原理或观念,其重要意义超越特殊的起源、主旨或时空（Wiggins and

McTighe，1998）。例如，"火车"是一类事物，而非一种概念，因为火车在一千年前是不存在的，并且火车是一个具体的东西，而非某种原理或观念。"变化"则是一个概念，它可以超越时间、空间、知识领域的限制，是一种抽象的观点。

概念一般具备跨学科的属性，如"变化"这个概念在音乐学科里可以指从一个节奏型转变为新的节奏型、从 C 大调转到 G 大调；而在化学里，"变化"可以指从反应物到生成物的转变等。概念这种跨学科的属性，能够将不同的知识领域联系起来，成为有力的学习工具。表 2.2 中列出了 MYP 中的重大概念，其中阴影部分的三个重大概念（即变化、关系、系统）与科学密切相关。

表 2.2　MYP 中的重大概念

审　美	变　化	交　流	群体/社区
联系	创造	文化	发展
形式	全球互动	特征/认同	逻辑
观点	关系	系统	时间、地域和空间

注：阴影部分为科学的三个重大概念。

重大概念可以拓展学科知识的广度，并建立跨学科知识间的联系。例如，MYP 定义"变化"这个概念为"从一种形式、状态或价值向其他形式、状态或价值的转变、转化或移动"。按照此定义，教师布置探究任务，学生可以将不同的学科知识联系在一起，如音乐、物理、化学、体育等，这符合 MYP 教学中不强调学科边界的属性。

概念也可以细化到单独的学科，也就是所谓的相关概念。相关概念给予探索学科知识的深度，有助于开展具有更加明确学科属性的教学。表 2.3 中所示为与化学相关的主要概念，这些概念更加具体，并且与化学学科的内容有更直接的对应关系。

表 2.3　MYP 中化学的相关概念

化学中的相关概念		
平衡	条件	转移
结果	能量	证据
形式	功能	相互作用
模型	移动	模式

例如,可以用"平衡"这个概念作为教学的出发点,然后引申出化学反应中的动态平衡、能量守恒、化学方程式配平等相关的教学内容。再如,"模型"这个概念,可以引申出原子模型、理想气体模型等相关教学内容。相关概念相较重大概念更加具体,并根植于学科本身,因此是 MYP 与更加学科化的 DP 教学体系之间的一个重要桥梁。

MYP 学生在科学学习中,关注的重点在于探究外部世界,并提出、解决问题,而非学科本身的深入挖掘。从学科相关的概念出发,避免了学科学习的逻辑顺序,让 MYP 学生能够顺利地切入学科相关的知识内容中。

在 DP 的课程学习中,这些学科相关概念被进一步地深入学习,并在更加体系化的学科框架内实现。概念性学习有助于在新知识和旧知识之间建立联系,是学生顺利过渡到 DP 学科学习中的必要手段。

概念、内容、技能的三位一体式教学

概念式学习贯穿于 IB 各个阶段,是 IB 的核心教学方法之一。但是在不同的课程阶段,概念式学习的具体实施方式有所不同。MYP 从概念入手切入教学内容,而 DP 则更倾向于从规范化的学科内容入手。无论是何种方式,MYP 与 DP 的概念式学习都遵循

"概念、内容、技能"三位一体式的教学思路。

如果在教学中仅强调概念的理解,而缺乏内容的支撑,必然导致教学的空洞和抽象。只有在具体内容的支撑之下,才能真正对概念予以理解。同时,学生需要通过掌握某种技能来实践、检验所学习的概念。概念、内容、技能在教学实践中的关系如图 2.5 所示。

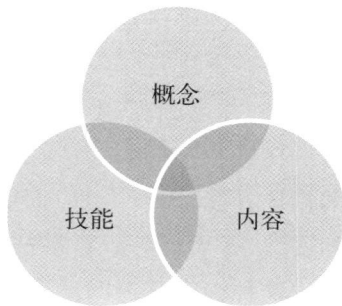

图 2.5 概念和内容、技能的相互关系

以化学学科中的"模型"概念为例,教师给学生布置的探究题目可以是原子模型的发现与演变、元素周期表、理想气体模型等。从这些探究题目入手,学生可以展开具体的探究式学习,学习相应的课程内容。教师以学生掌握的实际技能作为检验学习成果的标准,如运用量子模型分析原子中的电子排布、运用元素周期表预测元素的性质、运用理想气体模型分析气体压力随温度变化的程度等。

持续探究、行动、反思的动态循环

IB 强调学习的状态是动态循环的,而非线性的。如图 2.6 所示,学生从探究学习(Inquiry)开始,并通过行动(Action)来实践学习的过程,然后在一定阶段后进行必要的反思(Reflection),并通过反思来持续激励、修正探究与行动。这个动态循环是 IB 学习方法论的精华思想,需要被自始至终地贯穿各阶段的学习中。

对于 MYP 的科学课程,由于 MYP 的教学更倾向于从概念入手,学生对于学习的内容有较强的主动权,

图 2.6 持续探究、行动、反思的动态循环

可以根据教师指定的某一个概念,让学生提出探究问题,然后在教师的指导下进行深入的学习。学生通过行动,主动探究、实践学习的内容,并不断反思学习的过程,促进学习的动态循环有效地运转。在这个过程中,教师要给予学生必要的学习方法、知识与技能的指导,同时需要合理规划教学的时间和空间,将课堂教学、学生的实践、课后任务等紧密结合在一起。

这种探究学习的动态循环方式在 DP 的艺术、文科教学中也得到比较广泛的运用。因为艺术类与文科学科的内容是相对比较开放的,缺少科学学科那种更加严密的课程内容框架,更适合以探究课题的方式学习。

而对于 DP 的科学学科,由于其学科内容具备更体系化的结构,则需要教师能够结合学科的章节内容,布置合理的探究任务。探究学习的动态循环可以作为一种教学的有效方式,而不是主导方式,帮助学生更加有效地学习。

同时,DP 科学课程的内部评估(Internal Assessment)以及专题论文(EE)要求学生能够独立开展科研课题,并形成研究报告。在这个环节采用探究、行动、反思的循环式学习方式是必要的,并且探究循环学习的过程需要被反映在最后形成的研究报告或论文中。

(三) MYP 与 DP 的教学内容安排

MYP 的科学学科内容与 DP 最主要的区别在于,MYP 并没有某一门科学学科的独立体系。例如,MYP 中没有明确设立化学或物理学科,而是将化学、物理、生物等学科统一归为科学学科组。由于 MYP 中没有科学的分学科概念,也就没有基于学科本身特质的体系化的课程。因此,如前面所讨论的,MYP 更适用于从概念出发组织教学。MYP 教学内容的组织逻辑根植于重要的学科概念,并且教学内容有时是以学科组的形式出现,而非孤立的某一个学科。

MYP 的五年教学周期可分为两个阶段。第一个阶段是第 1—2 年,在这两年内,着重培养学生的科学素养和对于重大概念的理解。而在第 3—5 年的阶段内,则以基于学科的相关概念为出发点展开教学。以图 2.7 中的第一阶段(1—2 年级)课程安排为例。

Modular sciences overview for years 1 and 2

The subject-group overviews show the units taught in each year in each discipline. They include the unit title, key and related concepts, global contexts, statements of inquiry, objectives, ATL skills and the content (if any).

Year 1

Unit title and teaching hours	Key concept	Related concept(s)	Global context	Statement of inquiry	Objectives	ATL skills	Content
Movement (Physics) 15 hours	Relationships	Movement Consequences	Personal and cultural expression: the ways in which we discover and express ideas	The application of force has consequences for an object's movement that can be expressed scientifically.	B C	Thinking: creative thinking Self-management: reflection Social: collaboration Research: information literacy Self-management: affective	Define distance, time, speed and acceleration. Define force using the relationship between cause and consequence. Plot graphs of distance against time and speed against time, based on given data. Explore real-life situations using kinematics and force concepts and the equation: speed = distance/time Use kinematics concepts and graphs to develop experimental work according to the student's level. Solve simple problems involving kinematics.

图 2.7　MYP 科学课程第一年的课程单元安排节选

从图 2.7 中可以看出,在第一年的物理教学中,首先引入的是重大概念"关系",然后拓展为相关概念"运动""结果"。在这一单元提出的探究问题为"用科学表述,作用在物体上的力引起物体运动"。这是 MYP 设计教学内容的标准形式:从概念出发→提出探究问题→开展教学内容。

这种教学方式的设计与 DP 存在比较大的差异。DP 科学学科由于具备完善的学科体系,并且作为大学预科课程与升学考评联系紧密,因此需要教师相对严格地按

Syllabus

Syllabus content

	Recommended teaching hours
Core	**95 hours**
Topic 1: Stoichiometric relationships	13.5
1.1 Introduction to the particulate nature of matter and chemical change	
1.2 The mole concept	
1.3 Reacting masses and volumes	
Topic 2: Atomic structure	6
2.1 The nuclear atom	
2.2 Electron configuration	
Topic 3: Periodicity	6
3.1 Periodic table	
3.2 Periodic trends	
Topic 4: Chemical bonding and structure	13.5
4.1 Ionic bonding and structure	
4.2 Covalent bonding	
4.3 Covalent structures	
4.4 Intermolecular forces	
4.5 Metallic bonding	
Topic 5: Energetics/thermochemistry	9
5.1 Measuring energy changes	
5.2 Hess's Law	
5.3 Bond enthalpies	
Topic 6: Chemical kinetics	7
6.1 Collision theory and rates of reaction	
Topic 7: Equilibrium	4.5
7.1 Equilibrium	

图 2.8　DP 化学课程指导手册中提供的教学大纲节选

照指定的教学内容组织安排。概念性学习更多的时候是作为一种学习方法融入课程的框架之中。图2.8为DP化学课程指导手册中提供的教学大纲节选。

从中可以看出,DP化学课程的安排符合化学学科的体系逻辑,和其他教学体系(如大学本科、AP、A-level的化学教材等)是保持一致的。各个章节的逻辑顺序严格按照学科的教学规律来制定,不似MYP是根据概念展开教学内容的。例如,元素周期表(Topic 3)这一章,一定要紧随着关于原子结构的章节(Topic 2)。

同时,DP的各学科都包含普通水平(Standard Level)和高水平(Higher Level)两个档次。高水平会有额外的学习内容,主要面向那些学科学习水平更高的学生。这种分层学习的做法是由于高中学生对于不同学科的学习开始有明显的倾向性。有些学生更擅长科学,而有些学生更擅长文科,因此分层次搭配不同学科水平可以让学生更有倾向性地规划自己的学习,平衡自己的志趣与学业间的关系。这种做法也与大学的专业选择更匹配,如准备在大学修习理工科的学生,往往会选择高水平的科学与数学课程。图2.9为DP化学课程为高水平学生增加的内容节选。

Additional higher level (AHL)	**60 hours**
Topic 12: Atomic structure	2
12.1 Electrons in atoms	
Topic 13: The periodic table—the transition metals	4
13.1 First-row d-block elements	
13.2 Coloured complexes	
Topic 14: Chemical bonding and structure	7
14.1 Covalent bonding and electron domain and molecular geometries	
14.2 Hybridization	
Topic 15: Energetics/thermochemistry	7
15.1 Energy cycles	
15.2 Entropy and spontaneity	

图2.9   DP化学课程指导手册中提供的教学大纲节选

这些增设的高水平内容在深度和广度上都要高于普通水平，如化学键的章节（Topic 14）增加了杂化轨道的概念。除了设置不同水平层次的内容，DP 科学课程还要求学生学习学科的拓展选项（Options），这些拓展内容分为几大领域，学生选择其中的某一领域进行学习。在化学学科里主要包括以下几个拓展选项：

- 材料科学
- 生物化学
- 能量
- 药物化学

这些拓展内容更具有当下的实用性，与化学工业的应用结合紧密，并且具备跨学科的属性。例如，"能量"选项就是结合了化学、物理、环境等多个学科，并具备现实意义和国际视野。这一点与 MYP 以全球语境（Global Context）作为背景开展探究学习是相通的。

总的来说，DP 的教学内容集中体现了科学学科的专业性、广度和深度，DP 培养学生的科学素养的同时，也为学生准备进入大学学习做好了必要的专业准备，让学生能深入接触专业学科的核心内容。而 MYP 则为了学生进入 DP 科学课程的学习打好基础，以探究式的概念性学习为出发点，培养基础的科学素养、知识与技能。

（四）DP 课程体系中对于"科学的本质"的强调

"科学的本质"（Nature of Science）在 MYP 和 DP 科学课程的指导手册中均有专门的文章段落讨论。MYP 中仅用了不到一页纸的篇幅阐释"科学的本质"，并着重强调探究在科学学习和工作中的核心地位：

探究是中学项目科学学科体系框架中的核心要素，该框架旨在指导学生通过研究、观察和实验，独立或协作地对各种问题进行调研。中学项目科学学科的课程必须探索科学与日常生活之间的联系。当学生对科学应用的真实案例开展调研时，他们将会发现科学与道德、伦理、文化、经济、政治以及环境之间紧密和依赖的关系。

科学探究还会促进学生对研究和设计工作的批判性和创造性思考，以及对假设和替代性解释的识别和认定。学生应学会欣赏和尊重他人的思想观点，掌握良好的伦理推理技能，并进一步发展他们作为当地和全球社区成员的责任感。

从以上节选内容可以看到，MYP 关于"科学的本质"的探讨重点是学生的探究行为，而非科学本身的学科特质。这与 DP 科学课程中关于科学本质的探讨是有所不同的。DP 科学课程指导手册（Subject Guide）中不仅有大量的篇幅详细探讨"科学的本质"的方方面面，而且将这些内容融入评估学生的各项测评中。

DP 科学课程手册中，关于"科学的本质"的探讨，主要从以下几点展开，这些核心要点渗透入具体课程设计中，成为科学课程教学中不可缺少的部分：

- 何为科学以及何为科学活动？
- 关于科学的本质、科学方法论等深刻的核心问题
- 对于科学的理解
- 关于科学理论和法则
- 科学的客观性
- 关于数据处理和分析
- 科学中有关人的一面
- 关于科学工作者之间的合作，以及科学相关的伦理问题
- 科学文献与大众认知
- 关于科学文献以及如何有效地促进大众对于科学的认知

"科学的本质"在 DP 的核心课程"认识论"（Theory of Knowledge）中有专门的探讨与考核。DP 要求学生能够理解"科学

的本质"所涉及的重要观点,并应用于他们的科学学习过程中。"科学的本质"作为科学素养的核心内容,是学生进入大学进而成为科学工作者所必备的理论基础。

（五）MYP 与 DP 科学课程的评价方式

评价方式在 IB 的课程体系中占据重要位置,作为指导课程设计的纲领。MYP 与 DP 在评价方式上既保持着 IB 评价原则的统一性,又存在目的和形式上的明显差异。

基于评估标准的评价方式（Criterion Based Evaluation）

MYP 与 DP 都以基于评估标准的方式（Criterion Based）对学生的学习成果进行评价。评估标准本身具有一定的绝对性和包容性。依照 MYP 科学课程的评估标准,针对学生所预期达到的能力和学习质量进行评估,分为若干个档次。学生可能达到的成绩分成八个水平(1—8),它们分为四个水平段:

- 差(1—2)
- 尚可(3—4)
- 良好(5—6)
- 优秀(7—8)

MYP 科学学科的评估标准共有 ABCD 四条,每一条都按照这四个水平段来划分学生的学习表现。这四条评估标准分别是:

- 标准 A:认识与理解

此项考核学生对于科学知识的掌握与理解。

- 标准 B:探究与设计

此项考核学生探究与设计科学问题的能力。

- 标准 C:处理与评价

此项考核学生处理、分析、评价数据的能力。

- 标准 D:反思科学的影响

此项考核学生反思科学问题的意义以及学术表达的严谨性等。

MYP 要求至少对每一位学生在每个学年就以上四项标准评估两次。评估一般由执行教学的学校教师来完成。MYP 为学校教师提供严格的评估准则,教师应根据这个准则来评判学生的成绩。下面以 MYP 第一学年的科学学科评估标准 A 为例。

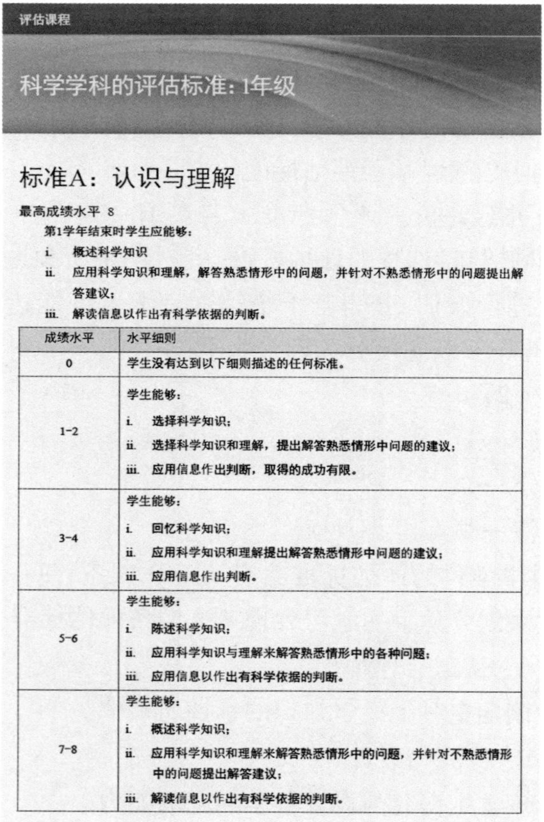

图 2.10　MYP 第一学年的科学学科评估标准 A

由图 2.10 中所示可以看到,MYP 首先提出了对于学生在第一年结束时的学习预期,然后根据预期中的 i、ii、iii 三点,提出具体的评估标准。值得注意的是,这四个成绩水平细则保持了同样的文法方式,并且在程度上保持递进的关系。细则中的黑体字是 MYP 科学学科的指令术语(Command Term),具有重要的指导意义,是判断学生学业水平的决定性依据。例如,1—2 档中,要求学生能够"**选择**科学知识";而在 3—4 档中,要求学生能够"**回忆**科学知识",这对学生提出了更高的要求。

　　MYP 依照这些细则对学生的学习成果进行划档,得到相应的成绩。这种评判方式看似开放,其实也具备权威性,因为细则是写明标准的。这对于执行细则的教师来说,也是一种考验,教师需要深刻理解细则的内涵,并能把握好打分的分寸。例如,3—4 档的细则中涉及了三点要求:

　　i. 回忆科学知识

　　ii. 应用科学知识和理解提出解答熟悉情形中问题的建议

　　iii. 应用信息作出判断

　　如果学生做到了 i、ii 两点,而对第 iii 点还有所不足,这时教师可以根据判断给学生打 3 分。如果三点全部满足,并且达到要求,则可以打 4 分。

　　这种依据评估标准来评分的方式也在 DP 中普遍存在,但是 DP 科学课程的外部评估(External Assessment)往往会采用考卷的客观打分模式,只有在内部评估时(Internal Assessment)时才会更依赖评估标准。尽管如此,DP 的考卷也是依据 IB 的科学学习目标来制定的,因此和 MYP 的评价方式在原则上是基本一致的。

MYP 与 DP 科学课程的评价形式

　　MYP 评价形式主要以教师根据学生的学习表现,按照评估标准在每年进行两次以上的打分。学生参与评估的学习成果可以是多样化的,由教师在学校布置的任务所决定。另外,在 MYP 的第五年学习中,学生可以参加机考(eAssessment),根据 IB 提供的多媒体形式的考题进行解答。

MYP 教师对学生的评价来自学生平时的整体表现，包括学生的作业、任务、项目、实验、考卷成绩等，这些项目的综合成绩形成了一个整体性的评估。然后按照 MYP 的评估标准进行打分。这种方式看起来似乎并没有特别明确的标准，事实上 MYP 教师的教学形式和考评形式的自主权比较大，关键看教师是否能真正贯彻 MYP 的教学理念，并在平时布置给学生的任务中设计出符合 IB 原则的评估标准。学生的各项成绩需要被仔细地记录，作为最后打分的依据。例如，图 2.11 中的科学探究任务是关于纳米技术的，教师给出评判后，将根据 MYP 的评估标准进行打分。

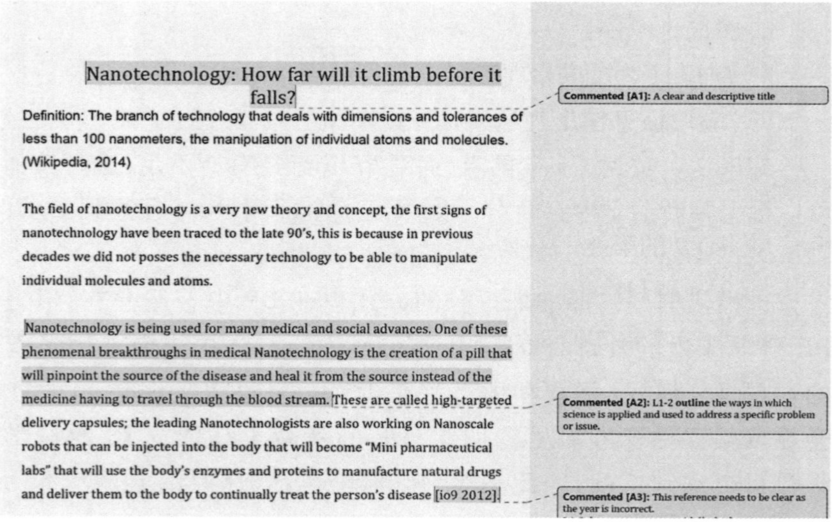

Nanotechnology: How far will it climb before it falls?

Definition: The branch of technology that deals with dimensions and tolerances of less than 100 nanometers, the manipulation of individual atoms and molecules. (Wikipedia, 2014)

The field of nanotechnology is a very new theory and concept, the first signs of nanotechnology have been traced to the late 90's, this is because in previous decades we did not posses the necessary technology to be able to manipulate individual molecules and atoms.

Nanotechnology is being used for many medical and social advances. One of these phenomenal breakthroughs in medical Nanotechnology is the creation of a pill that will pinpoint the source of the disease and heal it from the source instead of the medicine having to travel through the blood stream. These are called high-targeted delivery capsules; the leading Nanotechnologists are also working on Nanoscale robots that can be injected into the body that will become "Mini pharmaceutical labs" that will use the body's enzymes and proteins to manufacture natural drugs and deliver them to the body to continually treat the person's disease [io9 2012].

Commented [A1]: A clear and descriptive title

Commented [A2]: L1-2 outline the ways in which science is applied and used to address a specific problem or issue.

Commented [A3]: This reference needs to be clear as the year is incorrect.

图 2.11 MYP 学生的科学探究任务——纳米技术，以及教师给出的评价

根据 MYP 科学学科的评估标准 D：反思科学的影响，这位学生得到了 3 分。图 2.12 中，教师清晰地提供了评分的依据，并将报告的要求和 MYP 的标准联系在一起。这种按照 MYP 评估标准进行评价的方式适用于 MYP 科学学科的各种作业和考试任务。

Criterion D:　**Reflecting on the impacts of science**
Maximum: 8

Achievement level	Level descriptor	Task-specific clarification
0	The student does not reach a standard described by any of the descriptors given below.	You did not reach a standard described by any of the descriptors given below.
1 - 2	The student is able to: • **outline** the ways in which science is applied and used to address a specific problem or issue • **outline** the implications of using science to solve a specific problem or issue interacting with a factor • **apply** scientific language to communicate understanding but does so with **limited success** • **document** sources, with **limited success**.	You were able to : • **outline** a way in which science is applied and used to address the need for nanomaterial or nanotechnological products • **outline** the implications of using science to solve a medical, a technological or an energy issue. • **apply** scientific language to communicate your understanding but you do so with **limited success** • **document** sources, with **limited success**
3 - 4	The student is able to: • **summarize** the ways in which science is applied and used to address a specific problem or issue • **describe** the implications of the use of science to solve a specific problem or issue interacting with a factor • **sometimes apply** scientific language to communicate understanding • **sometimes** document sources correctly.	You were able to: • **summarize** the ways in which science is applied and used to address the need for nanomaterial or nanotechnological products • **describe** the implications of the use of science to solve a medical, a technological or an energy issue. • **sometimes apply** scientific language to communicate your understanding • **sometimes** document sources correctly.

图 2.12　MYP 学生的科学探究任务——纳米技术：教师根据 MYP 评估标准的打分

在 MYP 的第五年时,学生可以申请参加某一学科的 eAssessment。eAssessment 题目由 IB 指定,采用多媒体的互动方式,是一种终结性(Summative)评价学生科学学业能力的方式。MYP 的 eAssessment 同样参照 MYP 科学学科的评估标准来打分,如图 2.13 所示。

Task	Task marks	Main criteria assessed	Criterion marks
Knowing and understanding	25	A	25
Investigation skills	50	B	25
		C	25
Applying sciences	25	D	25
Total marks			**100**

图 2.13　MYP 科学学科 eAssessment 评估标准

MYP eAssessment 的考试形式与科学类笔试考试不同,往往针对全球背景下的热门主题进行探究式的问答。例如,图 2.14 中的问题就是针对新型冠状病毒的全球热门主题而出的题目。其中,学生可以运用互动工具,在屏幕上测量细菌和病毒的大小,并通过数据分析回答相应的问题。

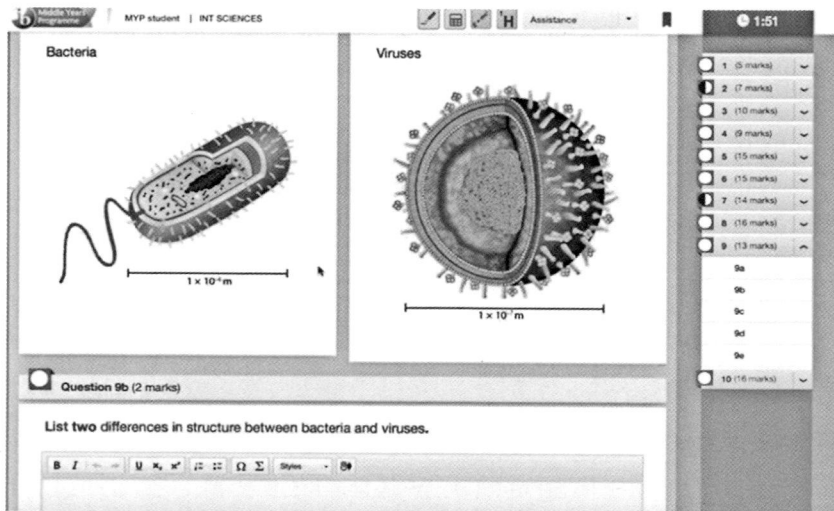

图 2.14　MYP 科学学科 eAssessment 生物学科样题

与 MYP 相比,DP 的评估形式更加固定和专业化。有必要先简单介绍一下 DP 学科评估的基本模式。

DP 所有科目都采用内部评估(Internal Assessment)和外部评估(External Assessment)两种评价形式。内部评估是指由 IB 指定任务,然后由任课教师进行打分,随后被取样送往 IB 进行审核。在DP 的科学学科中,内部评估的形式主要针对独立开展的科学研究报告。学生在两年的 DP 科学课程的学习中,形成自己的科学研究课题,然后展开实验并形成研究报告,类似于科研论文的形式。

DP 科学课程的外部评估主要采用学科考卷的形式,题目由 IB

统一制定,以客观题为主,考核学生对于学科知识、技能、素养的综合表现。DP 的考卷专业性比较强,是大学预科的水平,对学生的解题能力也有一定的要求。外部评估在 DP 课程第二年学习接近尾声时,按全球统一时间开始(注:南、北半球分不同时间段举行考试),类似我国的高考,属于终结性的考评方式。

每一位学习 DP 科学课程的学生都必须完成内部评估和外部评估。科学类课程中,内部评估占的百分比要小于外部评估,如化学学科内部评估占总成绩的百分比是 20%,而外部评估为 80%。可以看出,DP 科学的评估更注重学科的专业知识,也是作为大学升学的一项选拔性考试,需要有更加严谨和标准化的考核方式。相较而言,MYP 更注重科学基本素养和技能的评估。

三、MYP 与 DP 科学课程的衔接

综上详细讨论了 MYP 与 DP 在科学教育中的异同,可以总结以下几点关于 IB 是如何将 MYP 与 DP 进行衔接的。同时,也将总结其中的一些经验,为国内的初高中科学教育提供一些可供借鉴的思路。

(一)以概念式学习作为衔接 MYP 与 DP 科学课程的重要手段

在 MYP 阶段培养出的概念式学习方式,为学生升入 DP 阶段起到了关键的桥梁作用。尽管 MYP 缺乏学科的系统性和深度,但是概念式学习却能让学生一窥科学学科的某些方面,并在不同知识领域间以及新旧知识之间建立起联系。概念式的教与学为初高中衔接提供一种非常有借鉴价值的方法论,适用于国内外相似年龄段的各种教学体系。

根据初中生的知识储备和智力发展水平,不宜过早系统地学习某一科学学科;更为普遍的做法是,从某些领域的科学知识入手,让学生首先接触科学学科的一些重要概念。然而这种方式的

隐患在于,容易使知识的传授碎片化,流于表面的科学现象,而忽略了知识背后的概念以及知识之间的联系。从概念入手,可以有效地将知识的碎片整合,让探究的学习过程更有逻辑性和目的性。

在 MYP 科学学习的头两年,往往以重大的科学概念作为教学的切入点,然后在 MYP 的高年级阶段引入更多与学科相关的概念。例如,在 MYP 第一年引入"关系""变化""系统"这三个适用于所有科学学科的重大概念。以此为出发点,让学生根据某一个重大概念开展探究学习。以"变化"这个概念为例,可以引申出物理中的能量转换概念、化学中的化学反应、生物学中的进化论等。"变化"这个概念激发了学生探索科学学科中的重大发现的兴趣,并在不同领域的科学知识间建立联系。这有助于学生形成基本的科学素养,并为深入学习学科知识做好准备。

概念本身也可以是分层次的,可以是重大的概念,也可以是与学科相关的更加具体的概念。在 MYP 的高年级阶段,学科相关的概念使学生能够深入学习该学科的知识。例如,化学中的"平衡"概念,能够让学生深入探究化学反应中的动态平衡,对能量、质量、反应速率、反应条件等都有更深入的学习。

概念也不是孤立存在的,将不同的概念组合在一起,可以有效拓展学生的探究视野,并形成综合学习的能力。例如,"平衡"与"条件"这两个学科相关概念可以作为探究化学反应的出发点。这两个概念又同时统一在"系统"这个大的概念之下,并与其他学科产生更广泛的联系,如图 2.15 所示。

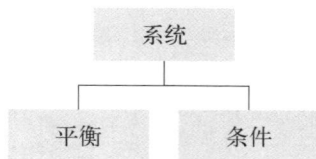

当学生掌握了科学中的一系列重要概念之后,他们已经具备了在高年级科学学科学习所必需的知识和技能。DP 课程延续了 MYP 的概念式学习,但是在更规范的学科框架之下展开,这时

图 2.15　概念之间的联系

学生需要将这些在 MYP 中积累的概念转移到 DP 的学科框架之内。因此,在 DP 阶段教师需要继续强化学科的相关概念,并渗透到自己的教学之中。而学生则需要在 DP 的学习中时刻保持对于概念的主动意识,让学习内容与概念之间保持着共生共长的紧密联系。

一种可以尝试的学习方法是采用思维导图(Mind Map)。思维导图可以有效地将概念与学科内容联系在一起,并能帮助学生有效地掌握某一单元的学习脉络。例如,在 DP 化学课中的化学键单元,可以通过思维导图帮助自己学习。

如图 2.16 所示,化学键可以作为一种"模型"概念的具体体现,在具体的学习中,可以启发学生探究不同的化学键"模型",如球棍模型(ball and stick model)、空间模型(space filling model)、路易斯结构模型(Lewis structures)等形式。这种学习方式可以有效地在 MYP 与 DP 学习之间建立桥梁,并进一步加深对于概念的理解。

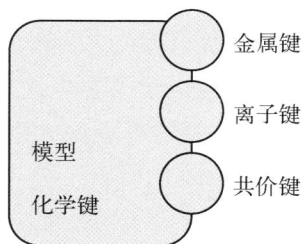

图 2.16　运用思维导图,在概念与知识之间建立联系

（二）以持续探究—行动—反思的循环,培养学生的探究式学习方法

"持续探究—行动—反思的循环"(简称"循环学习法")是 IB 的核心学习法,贯穿于 IB 各个阶段的学习之中。循环学习法在 IB 各个阶段的通用性,也使得 MYP 学生能迅速地适应 DP 的学习。在 MYP 阶段,需要教师尽可能创造这种循环学习法的环境,给予学生具体、有效的引导,让学生能够培养出独立学习的强大能力。

在 MYP 阶段,学生在概念的指引下,独立提出探究问题,进而开始探究—行动—反思的循环学习。以化学为例:

• 首先,通过"系统"这个重大概念衍生出相关概念"平衡""守恒",由此引出的探究问题可以是"化学反应中的质量守恒""摩尔"等。

- 然后,按照这些探究问题,学生进一步探索实践,如进行化学实验、比较反应前后的质量差别、预测化合物的摩尔质量等。
- 之后,通过检验实验结果,反思实验过程和探究问题,进行调整和进一步的探究。

由此可见,这种学习方式是动态、螺旋式的,学生的能动性、批判思维、反思的能力起到决定性的作用。教师在这个过程中担当了导师的角色,通过合理安排教学的进度和任务布置,时刻把控学生的学习过程。

"循环学习法"除了使学生能够更积极、独立地开展学习活动之外,也给予了学生差异化学习的机会,让学生能够在自己的兴趣和优势领域有更深入的发展。这一点尤其适用于 DP 阶段的独立研究。在 DP 阶段,每个学生都需要参与独立的科学研究活动,对学生探究式的学习能力有更高的要求。

当学生进入 DP 阶段的学习后,由于学科体系被明确,专业深度和专业严谨性大大增加,需要更加规范地使用专业术语和更加专业严谨的科学研究技能。循环学习法已经不仅仅是探究学习的方法论,更是实现考核要求的必经之路,尤其是在完成内部评估的独立研究环节,学生需要更专业地运用循环学习法来形成独立的科研报告。

相较前面 MYP 的"平衡"概念,在 DP 的内部评估中,需要学生确立一个明确的研究题目进行深入、严谨的探究,如某个特定的化学反应的动态研究。然后,学生按照严格设计过的实验方案进行实验、数据采集和分析,经过反复推敲、调整,最终形成科研论文。这个过程其实就是升级版的循环学习法在专业领域里的具体应用。

因此,在 MYP 阶段贯彻循环学习法,是有效进阶 DP 阶段科学研究的必要前提。同时,在 DP 阶段的教学过程中应继续保持循环学习法,以探究问题引领学生的自主学习过程,持续发展学生独立学习的能力。

（三）教学内容由学科组到具体学科的逐渐过渡

DP 阶段在教学内容设置上与 MYP 最大的不同是,DP 拥有具体的学科体系,学生不再笼统地涉猎整个学科组,而是专注于某一个具体学科。在 MYP 阶段,科学课程的内容涵盖物理、化学、生物、环境科学等各个领域。到了 DP 阶段,学生一般只选择一门科学学科进行深入学习。

由于 DP 的分学科教学,其教学内容的组织是基于学科自身严谨的体系。例如,DP 化学学科指导手册中会明确规定化学学科的一系列主题,教师将参考这一系列主题展开教学。从这个角度来说,在教学内容的选择自由度上,DP 要远小于 MYP 课程。这是符合 DP 科学课程专业化要求的,也为学生进一步升入大学专业打好了扎实的专业基础。

从 MYP 升入 DP 阶段的学习,需要对学科体系有一个整体的把握。由于每个科学学科的内容编排都是由该学科的特性所决定的,如果学生缺乏对于学科体系框架的了解,会难以从整体上把握学科的学习,容易造成知识的断裂。例如,化学学科中有关化学键的学习,必定是基于对原子结构和元素周期表的把握上。这些知识之间存在逻辑关联,按照必要的学习顺序排列,前后章节之间是紧密结合在一起的。在此,建议升入 DP 课程的学生首先从总体上把握课程的目录,心中有一个概括式的课程图景,这样能够更顺利地从 MYP 的科学学科组学习过渡到 DP 的专业学科的学习。

（四）将科学的本质融入学习

DP 阶段对于“科学的本质”（Nature of Science）非常重视,在每一门 DP 的科学课程的指导手册里,都有相当篇幅关于科学的本质的探讨。作为更为专业化的 DP 科学课程,学生有必要深入理解学习科学的本质,并在自己的学习过程中不断反思。

科学的本质涉及科学的一些根本性的问题,需要结合实际的学习内容深入理解。例如,科学方法论(Scientific Method)采用经典的科学探索研究的步骤:观察、假设、实验、结论、反思等。当学生学习原子的结构时,不仅要知道原子结构的重要模型理论,也需要深入学习探索各种原子模型的历史进程,从中学生将理解一些关于科学本质的重要思想,包括科学是不断发展的、没有绝对正确的理论、科学范式的跃迁、逻辑在科学探索中的作用、偶发事件及反常结果对于科学的影响等。

科学的本质也强调科学工作的人性因素。科学家是一个个有血有肉的个体,他们的成就既来自勤奋、严谨、学识,也来自热情与冒险;有些伟大的发现,既来自日积月累冰冷的实验数据,也来自突发的偶然事件。科学家需要具备学术的诚信和严谨性,需要有社会责任感。科学在环境、伦理等敏感问题上需要慎重考虑,科学的进步不能以牺牲环境和道德作为代价。当理解了这些因素,学生对科学的认知才是立体的、丰满的,这也将进一步促进学生作为一个个热情的个体,投身于科学的学习与探索中。

科学的本质的内容并非直接以考题形式呈现于考卷之上,而是一种必备的素养,是渗透于学生的整个学习过程中,并体现于学生独立研究的过程中。进入 DP 阶段的学生(也包括所有进入高中学习的学生),在开始科学课程的分学科学习后,需要时刻体会科学的本质思想,并将其运用到自己的学习中。

教师应该利用课堂机会,采用课堂讨论、辩论、活动等形式来鼓励学生体会科学的本质内容。例如,经典的黑盒子实验就是一个非常好的帮助学生理解科学本质的课堂活动。有些争议性的开放问题也是引起课堂讨论的有效导引,如有关基因工程的伦理问题。同时,科学的教学也应该着眼于当下,如对于新型冠状病毒的可能发展趋势的探讨,就是结合当下热门话题的好例子。这个问题可以直接指向生物学科的一些本质问题，如生命的繁衍。

（五）从 MYP 到 DP 评价方式的过渡

DP 学科的评价方式与 MYP 差异比较大，主要有以下两点原因：

• DP 是一门大学预科课程，具有升学选拔性质和比较深的专业性，需要严格、客观的评价方案；而 MYP 的考核并非强调选拔性，其专业程度也不深，更偏向于素质评估。

• DP 专注于一门科学课程，注重专业的体系化和严谨性；而 MYP 涵盖整个科学学科组，注重科学素养的教育，具有跨学科的性质。

DP 科学课程的考核方式往往采用客观性的笔试与独立研究相结合的方式。DP 教师可以参考 DP 科学课程的外部评估（External Assessment）与内部评估（Internal Assessment）的比例（8 : 2）来安排笔试与独立研究的评价比例。同时，考核的内容除了专业知识外，也应该融入科学本质的相关内容。

DP 的评估应结合多种形式，这样能与 MYP 有更好的衔接。形成性评估（Formative Assessment）可作为考核学生平时学习表现的一个重要方式，如学生在课堂活动中、作业、实验、研究项目中的表现等。这些评估方式可以借鉴 MYP 的评估标准，对学生在科学上的综合表现作一个相对客观且开放的评价。

当学生进入 DP 阶段的学习时，要明白由于考核的专业性和客观性都较 MYP 课程有了明显的提高，因此更加需要提高自己的学科能力。以下为一些实用的建议，帮助学生能够顺利地过渡到 DP 课程的考核模式中：

• 立足于课程本身的核心内容，整体把握学科内容的结构，掌握好不同知识点之间的联系。

• 以概念式、探究性的学习方法帮助自己提高学习与复习的效率。

- 掌握解题的规律和技巧,并提高自己的数学能力、运用公式的能力。

- 培养严谨的科学实践过程,包括科学方法论、实验操作技能、实验安全规则等。

- 培养收集、整理、分析数据的能力。

- 掌握准确、高效地运用科学术语进行论文写作与交流的能力。

- 培养自我评价的能力,能够运用 IB 的评价标准反思自己的学习。

第三章 美国 K-12 科学教育 初高中衔接概述

本章对 21 世纪初至今的美国基础教育科学课程体系中的初高中衔接的有关问题进行了研究。第一部分对美国科学课程的体系改革的时代背景、课程理念及其结构进行了概括式的全景介绍,并以《美国新一代科学教育标准》为主要蓝本,在第二部分对初中和高中的科学课程进行了系统的、细致的比较研究。在充分考虑初高中衔接特点,并在实践的基础上,主要就美国科学课程目标、教学方法、教学内容以及评价方式等进行了详细分析。在第三部分,文章在如何实现初高中衔接上进行了有关探讨,提出要以"学科核心概念"为出发点组织相关科学课程,要将"实践"和"探究"共同融入课程,强化"科学本质"和 STSE 思想以及设计多元化的高中科学课程评价体系等建设性的意见。

一、美国基础教育科学课程体系综述

(一)美国科学教育改革背景、理念与课程结构

美国基础教育界(K-12)的科学教育改革,既是时代的产物,它因应了 21 世纪初教育对人提出的各方面新要求,是顺应时代潮流的,同时也是美国作为世界唯一超级大国为巩固其原有的科技强国、文化强国的国家战略行为。

科学教育的改革从来就不是一蹴而就的,它应当也必然要符合教育的育人本质,回归以人为本。从 20 世纪 80 年代"2061"战略计划的提出以及 20 世纪 90 年代中叶《美国国家科学教育标准》的出台,在漫长的二十余年(1985 年至 2012 年)间,科学技术的发展

突飞猛进、日新月异,同时,世界又继续发生着翻天覆地般的变化。

美国的经济实力位居全球第一,科学教育业处于世界领先水平,这一部分原因在于美国雄厚的经济和政治实力促进和保障着科学教育的发展,更因为美国人精神中的危机意识,这种危机意识让美国人十分注重科技力量,更注重科学教育的发展。

2007 年 10 月 3 日,在苏联人造卫星上天 50 周年之际,美国国家科学基金会发布了一份名为《国家行动计划:应对美国科学、技术、工程和数学教育体系的重大需求》的报告,针对面临的挑战,提出两个方面的措施:一是要求增强国家层面对 K-12 年级和本科阶段的科学、技术、工程及数学(简称"STEM")教育的主导作用,在横向和纵向上进行协调;二是要提高教师的水平,增加相应的研究投入。

事物是发展的,课程改革也是如此,它不能一成不变、故步自封。为了顺应时代的变革与教育对人提出的新要求,并重新审视 20 世纪末科学课程改革的成效,美国国家科学研究理事会于 2012 年起推出的《科学教育框架》①(以下简称《框架》)和 2013 年推出的《美国新一代科学教育标准》②(以下简称"NGSS")则是对 1996 年版《美国国家科学教育标准》的巩固和深化,它们必将对今后一段时期的科学课程改革起着引领作用。

新的《框架》深深地扎根于过去已有的实践与研究。这些前人的成果包括:《面向全体美国人的科学》《科学素养的基准》《美国国家科学教育标准》等文献。新的《框架》强调科学概念的综合理解,强调参与科学实践,并试图为学生勾画出在经历学校学习之后的科学的魅力。同时,该《框架》还为工程的概念学习和实践留有

---

① 全称是 *A Framework for K-12 Science Education: Practices, Crosscutting Concepts, and Core Ideas*。

② 全称是 *Next Generation Science Standard*,直译应为《新一代科学标准》,但从其内容看,译为《美国新一代科学教育标准》更为合适。

一席之地。

科学、工程与技术已经渗透进现代生活的几乎每一个环节。它们同样具有开启人类现今及未来挑战的钥匙。但是,在当今美国,很少有工人在这些领域里有很深厚的背景,很多人只有基本的科学、工程与技术的知识。所以,《框架》将在全美范围内进行一次新的科学课程改革,继续改革科学教育。新的《框架》的首要目标,就是使全体学生在 12 年级毕业的时候能够欣赏到科学的魅力和奇迹;拥有足够的科学和工程知识,参与该领域的公众讨论;成为一个了解日常生活中科学技术资讯的细心的消费者;能够继续在学校之外学习科学;能够拥有从事与科学、工程和技术有关的职业技能。

遗憾的是,当前美国的科学教育远远没有达成这些目标,没有更好地做到科学普及和科学审美。长此以往,学生将丧失对科学学习的兴趣,更谈不上今后走进社会从事与科学、工程和技术有关的工作了。这样无疑也是与"2061"计划中"面向全体美国人的科学"理念背道而驰的。究其原因,很大程度上问题还是来自学校的教育,包括多年的学校学习不够系统、过于强调割裂的知识点、知识点过于宽泛、没有为学生提供机会来经历科学实践等。新《框架》则是突出了这些缺点,并准备克服这些缺点,更有效地实现科学普及与科学审美任务。

新《框架》的制定是为在国家层面进行新一轮科学课程改革铺路的。新的 K-12 科学课程,包括今后的美国初高中科学课程,则是以 NGSS 为基准进行设计和编制的。

在课程结构上,美国的科学课程倾向于综合与分科相结合的方式。在初中(5—8 年级)阶段,美国科学课程以综合与分科并举为主,设置科学、生物、物理及地理等;高中(9—12 年级)阶段,以分科为主,主要设置化学、物理、生物、地理及环境科学等。

根据《框架》和 NGSS 的要求,并对比传统的科学教育,将今后一段时期的科学教育理念整理出来。

表 3.1　科学教育新旧理念对比

科学教育将削减的内容	科学教育将增加的内容
死记硬背的事实和术语	以基于证据的辩论与推理来设计解决方法,诠释某一事实或术语
从有关现象的问题里学习毫无关联的想法	为解释现象并提供学习情境进行系统思考与建模
教师为全班学生提供信息	学生在教师指导下进行调查、解决问题以及从事讨论
教师提出只有唯一答案的问题	学生讨论具有开放性并注重事实的问题
学生阅读教材并回答章节后的问题	学生阅读多元化的资源,包括科学杂志、文章以及网络资源;学生对信息进行总结
可以预先计划结果的"烹饪式"实验或动手活动	由具有多种可能性的问题驱动多元化的调查,对核心科学概念有更深理解
练习册	学生写日志、研究报告、海报、作解释式或辩论式的汇报
为那些被认为无法从事科学和工程研究的学生提供过于简单的活动	为全体学生能够从事更高层次科学和工程实践提供支持

　　值得一提的是,NGSS 并不是对原来的《美国国家科学教育标准》的否定,当然也不是简简单单的增补或复制,它应当被视为对前者的补充或加强版本。美国教育界并没有放弃前一份标准的使用,而且"2061"计划也没有中断。前一份标准有非常明确的科学教育总体目标,并囊括了教育的方方面面,如内容安排、教师专业进修标准、评价标准、科学内容标准、科学教育大纲标准、科学教育系统标准、面向未来等。"2061"计划的《科学素养的基准》一书,更是将学生需要具备的科学思维习惯细化到了从幼儿园到高中毕业

的每一个年级或学段。本文对美国初高中科学教育总体目标的讨论,也是基于《美国国家科学教育标准》和《科学素养的基准》两本书。

美国的科学教育改革是一个螺旋式、渐进式、滚雪球式的改革,它是一个稳步推进中的现在进行时。

(二) 美国科学教育总体目标

教育的最高目标是为了使人们能够为实现自我和负责任地生活做准备。科学教育——传授科学、技术、数学及工程——是教育的一部分。这些知识有助于增进学生的理解,养成好的思维习惯,使他们变成富有同情心的人,使他们能够独立思考和面对人生。这些知识也应使学生做好准备,同公众一起全心全意地参与建设和保卫一个开放的、公正的和生机勃勃的未来社会。

《美国国家科学教育标准》所规定的学校科学教育的总体目标是培养学生能够:

(1) 对自然界有所了解和认识,产生充实感和兴奋感;

(2) 在进行个人决策时恰当地运用科学的方法和原理;

(3) 理智地参加与科学技术有关的各种公众对话和辩论;

(4) 在自己的本职工作中运用一个具有良好科学素养的人所应有的知识、认识和各种技能,能提高自己的经济生产效率。①

这些总体目标给我们勾画出来的是具有高度科学素养的社会的大致轮廓。

(三) 美国初高中科学课程整体框架——以 NGSS 为例

NGSS 在第二卷附录中列出了三种不同的初高中示范课程的图谱,推荐给州和学区,希望它们结合自身具体实际情况将这些图谱具体落实到实处。现简要介绍如下。

---

① 美国国家研究理事会:《美国国家科学教育标准》,戢守志等译,科学技术文献出版社,1999,第 17 页。

1. 概念进展式课程图谱

该课程模型以学科核心概念为逻辑,共编排了12门综合课程,初中和高中各6门。课程名均为科学1、科学2、科学3及其高阶课程。这些课程具有一定的先后次序。[①]

表3.2　初中版概念进展式模型图谱

科　学　1	科　学　2	科　学　3
物质的结构与性质	信息技术与仪器	信息处理
化学反应	结构与功能	生态系统的动态、运作和恢复力
力与运动	生物体的生长和发育	共同祖先和多样性的证据
相互作用的类型	生物体的物质流与能量流的组织	自然选择
能量的定义	生态系统中的物质循环和能量传递	适应
能量守恒与能量传递	性状的继承	行星地球的历史
波的性质	地球物质和系统	人类对地球系统的影响
生态系统中的相互依存关系	天气和气候	全球气候变化
地球和太阳系	自然灾害	
板块构造论和大尺度系统相互作用		**科学3高阶**
自然资源	**科学2高阶**	生物多样性与人类

①　NGSS Lead States, *Next Generation Science Standards: For States, By States* (Washington, DC, USA: The National Academies Press, 2013), p. 767.

（续表）

科　学　1	科　学　2	科　学　3
定义和界定工程问题	能量与力的关系	行星地球的历史
形成可能的方案	化学过程和日常生活中的能量	天气和气候
优化设计方案	电磁辐射	定义和界定工程问题
	生物体的生长和发育	形成可能的方案
科学 1 高阶	性状的变异	优化设计方案
化学反应	宇宙和它的恒星	
能量的定义	地球物质和系统	
能量守恒与能量传递	定义和界定工程问题	
	形成可能的方案	
	优化设计方案	

表 3.3　高中版概念进展式模型图谱

科　学　1	科　学　2	科　学　3
物质的结构与性质	能量与力的关系	原子核反应
化学反应	电磁辐射	生态系统的动态、运作和恢复力
力与运动	结构与功能	社会互动和群体行为
相互作用的类型	生物体的生长和发育	共同祖先和多样性的证据
能量的定义	生物体的物质流与能量流的组织	自然选择

（续表）

科　学　1	科　学　2	科　学　3
能量守恒与能量传递	生态系统中的物质循环和能量传递	适应
波的性质	性状的继承	生物多样性与人类
生态系统中的相互依存关系	宇宙和它的恒星	行星地球的历史
地球和太阳系	地球物质和系统	生物地质学
板块构造论和大尺度系统相互作用	天气和气候	人类对地球系统的影响
水在地球表面过程中的作用	自然灾害	全球气候变化
自然资源		
定义和界定工程问题	**科学 2 高阶**	**科学 3 高阶**
形成可能的方案	化学过程和日常生活中的能量	原子核反应
优化设计方案	电磁辐射	生态系统的动态、运作和恢复力
	信息技术与仪器	适应
科学 1 高阶	地球物质和系统	天气和气候
化学反应	定义和界定工程问题	自然资源
相互作用的类型	形成可能的方案	定义和界定工程问题
能量的定义	优化设计方案	形成可能的方案

（续表）

科学 1 高阶	科学 2 高阶	科学 3 高阶
能量守恒与能量传递		优化设计方案
波的性质		
地球和太阳系		
板块构造论和大尺度系统相互作用		

从表 3.2 和 3.3 可以看出,这一课程编排的形式不寻求分科科学教育,对教师在职培训和学生的跨学科概念的能力均提出了一定的要求,并要保证学生有大量的机会接触科学工程实践以及跨学科的概念学习。该科学课程体系,在加州部分学校已进入实践环节。

2. 科学领域课程图谱

该科学课程图谱中的每一门课程是基于 NGSS 的前三大领域——生命科学、物质科学及地球与空间科学,并将第四大领域工程实践的内容综合进三大领域之中。在执行中,没有特定的次序。

表 3.4　初中版科学领域模型图谱

物　质　科　学	生　命　科　学	地球与空间科学
物质的结构与性质	结构与功能	宇宙和它的恒星
化学反应	生物体的生长和发育	地球和太阳系
力与运动	生物体的物质流与能量流的组织	行星地球的历史

物 质 科 学	生 命 科 学	地球与空间科学
相互作用的类型	信息处理	地球物质和系统
能量的定义	生态系统中的相互依存关系	板块构造论和大尺度系统相互作用
能量守恒与能量传递	生态系统中的物质循环和能量传递	水在地球表面过程中的作用
波的性质	生态系统的动态、运作和恢复力	自然资源
信息技术与仪器	性状的继承	自然灾害
定义和界定工程问题	共同祖先和多样性的证据	人类对地球系统的影响
形成可能的方案	自然选择	全球气候变化
优化设计方案	适应	
		地球与空间科学高阶
物质科学高阶	**生命科学高阶**	地球和太阳系
化学反应	生物体的生长和发育	行星地球的历史
能量的定义	性状的变异	水在地球表面过程中的作用
能量守恒与能量传递	生物多样性与人类	ESS23
能量与力的关系	定义和界定工程问题	定义和界定工程问题
化学过程和日常生活中的能量	形成可能的方案	形成可能的方案
电磁辐射	优化设计方案	优化设计方案

表 3.5　高中版科学领域模型图谱

物 质 科 学	生 命 科 学	地球与空间科学
物质的结构与性质	结构与功能	宇宙和它的恒星
化学反应	生物体的生长和发育	地球和太阳系
原子核反应	生物体的物质流与能量流的组织	行星地球的历史
力与运动	生态系统中的相互依存关系	地球物质和系统
相互作用的类型	生态系统中的物质循环和能量传递	水在地球表面过程中的作用
能量的定义	生态系统的动态、运作和恢复力	天气和气候
能量守恒与能量传递	社会互动和群体行为	自然资源
能量与力的关系	性状的继承	人类对地球系统的影响
波的性质	性状的变异	全球气候变化
电磁辐射	共同祖先和多样性的证据	
定义和界定工程问题	自然选择	**地球与空间科学高阶**
形成可能的方案	适应	地球和太阳系
优化设计方案		板块构造论和大尺度系统相互作用
	生命科学高阶	天气和气候
物质科学高阶	生态系统的动态、运作和恢复力	生物地质学
化学反应	适应	自然灾害
原子核反应	生物多样性与人类	定义和界定工程问题
相互作用的类型	定义和界定工程问题	形成可能的方案
能量的定义	形成可能的方案	优化设计方案

（续表）

物质科学高阶	生命科学高阶	地球与空间科学高阶
能量守恒与能量传递	优化设计方案	
化学过程和日常生活中的能量		
波的性质		
电磁辐射		
信息技术与仪器		

　　这一科学课程的模型在执行时可能在内容上有一定的重复，这就要求教师以单元教学为教学设计的出发点，然后对内容进行遴选和二次组织。而且 NGSS 主张，如果没有满足本州的教学要求，学校是可以自行开发第四门科学课程的。

　　3. 高中科学领域图谱（修正版）

　　该课程图谱是美国大部分学校（高中）均在采用的，它们就是传统的分科式的科学教育，而且课程的名称就是我们熟知的物理、化学、生物以及地球与空间科学。它们和科学领域图谱一样，在执行中并不一定有着严格的先后次序。

表 3.6　高中科学领域模型图谱（修正版）

生　物	化　学	物　理	地球与空间科学
结构与功能	物质的结构与性质	力与运动	宇宙和它的恒星
生物体的生长和发育	化学反应	相互作用的类型	地球和太阳系
生态系统中的相互依存关系	能量守恒与能量传递	原子核反应	行星地球的历史

（续表）

生　物	化　学	物　理	地球与空间科学
生态系统中的物质循环和能量传递	化学过程和日常生活中的能量	能量的定义	地球物质和系统
生态系统的动态、运作和恢复力	生物体的物质流与能量流的组织	能量与力的关系	水在地球表面过程中的作用
社会互动和群体行为		波的性质	天气和气候
性状的继承	**化学高阶**	电磁辐射	自然资源
性状的变异	化学反应		人类对地球系统的影响
共同祖先和多样性的证据	化学过程和日常生活中的能量	**物理高阶**	全球气候变化
自然选择	定义和界定工程问题	相互作用的类型	
适应	形成可能的方案	能量的定义	**地球与空间科学高阶**
定义和界定工程问题	优化设计方案	能量守恒与能量传递	地球和太阳系
形成可能的方案		波的性质	板块构造论和大尺度系统相互作用
优化设计方案		电磁辐射	天气和气候
		定义和界定工程问题	生物地质学
生物高阶		形成可能的方案	自然灾害
生态系统的动态、运作和恢复力		优化设计方案	定义和界定工程问题
适应			形成可能的方案
生物多样性与人类			优化设计方案

下文将就美国初高中科学课程体系中的具体环节（如课程目标、教学方法、课程内容、课程评价等）进行详细比较，并探讨美国科学课程是如何实现初高中衔接的。

二、美国初高中科学课程体系对比讨论

（一）美国初高中科学课程培养目标

学校教育的目的之一就是训练学生的思维能力，使之成为一种习惯，使学生能够单独或与他人一起有效地解决问题，最终实现在社会学、心理学意义上的成长。科学、数学和技术对实现这个目标有重大的贡献。这些问题既有理论问题，也有十分具体的实际问题。在与社会的相互作用中，科学和技术引发了许多个人问题和社会问题。

在求学期间，青年人还应该养成一些与科学、数学和技术有关的思维技能。这些技能大部分是数学技能和逻辑推理技能。从总体上看，这些技能不仅是正规学习和非正规学习的基本工具，也是参与社会活动的基本工具。

综合考虑，可以认为价值观、态度和技能属于思维习惯。因为，它们直接与人的知识和学习观点有关，与人的思维方法和工作方法有关。

根据"2061"计划《科学素养的基准》一书，美国的科学教育不仅希望学生能掌握某些特定的技能，而且学生应当乐于在各种场合（包括校内和校外）践行这些技能。

科学思维习惯具体分为如下几个方面：价值观和态度、计算和估算、操作与观察、交流能力、批判-反应能力。

初中和高中的科学教育对于如何培养科学思维习惯这些目标，有着不同的要求。

1. 价值观和态度

学业诚信是一种令人满意的思维习惯，它并不是从事科学、数

学和技术的人所特有的。

表 3.7　价值观和态度初高中对比

初　中　阶　段	高　中　阶　段
学生应该： 保留诚实、清晰和准确的记录的重要性。 尽管假说并不一定正确，但如果它们引导富有成果的调查，它们还是有价值的。 对相同的事实，人们常常会作出不同的解释，而且常常难以辨别哪一个正确	学生应该： 在科学中，为什么好奇心理、诚实、开放性和怀疑主义被高度推崇，怎样将它们同所从事科学的方法融合起来，并在人们自己生活中展示这种特性和在其他他人的生活中评价它们。 要全面地审视科学和技术，既不完全否定，也不要不加批评地肯定

2. 计算和估算

科学的思维方式既不神秘也不是独家所有的。每个人都可以学习这种技能，而且无论从事何种职业以及个人处于何种环境，一旦掌握了这种技能就可以终身受用。定量思维当然也是如此，因为在日常生活中、在科学及许多其他领域，常常涉及数量和数字关系。

表 3.8　计算和估算初高中对比

初　中　阶　段	高　中　阶　段
学生应该能够： 找出一个数与另一个数的百分比，表示任何数的百分数。 使用、解释和比较几种等效的数字的形式，如整数、分数、小数和百分数。 计算矩形、三角形、圆的周长和面积，计算规则立方体的体积	学生应该能够： 在适当的问题中运用比和比例，包括恒定的变化率。 在简单的代数式中，通过代入数值找出问题的答案。然后，通过检查计算步骤，并将结果同典型的数值对比，来判断答案是否合理

（续表）

初　中　阶　段	高　中　阶　段
找出一组数据的平均值和中间值。 利用地图估计两地间的距离及旅行所需要的时间,利用比例制图方法估计物体的真实尺寸。 在计算机电子数据表格中插入指令表写算数计算程序。 根据计算前数字使用的单位,决定答案应采用的单位。 决定答案的精确度,对计算机给出的结果进行取舍,保留能充分地、合理地反映输入数据的几位有效数字。 用 10 的幂来表述 100、1 000 和 1 000 000。 基于历史数据和可能的结果数,估计在熟悉的问题中出现各种结果的概率	对于那些需要几步才能解答的问题,写出简化算法。 利用计算机电子数据表格、曲线图和数据库程序辅助进行定量分析。 通过展示平均值和曲线分布,来比较两组数据。 利用 10 的幂来表示和比较很小或很大的数值。 当估计的结果同计算的结果出现较大的差异时,寻找原因。 立即给出 10,100,1 000,100 万和 10 亿之间的关系。 考虑测量偏差对计算产生的可能影响

3. 操作与观察

科学界不反对在思维习惯中包括操作和观察技能。科学家们知道,寻找自然界问题的答案,意味着要运用人的手、感觉和头脑。在许多其他领域也一样,所以,应该将它们融入日常生活中。

表 3.9　操作与观察初高中对比

初　中　阶　段	高　中　阶　段
学生应该能够: 使用计算机,按照比例比较数值。 使用计算机,按照主题、字母、数字和关键词分类,存储和提取信息,并且按照自己的设计,创建一个简单的文件	学生应该能够: 按照使用手册上的指令或者接受有经验人士的指导,快速地学会正确地使用新仪器。 使用计算机绘制表格和曲线,并用电子表格计算

（续表）

初　中　阶　段	高　中　阶　段
从仪器上的模拟和数字仪表上记取读数，直接测量物体的长度、体积、重量、耗用的时间、速度和温度，并选择适当的单位，列出各个量值。 使用照相机和录音机捕捉各种信息。 检查、拆卸和重新组装简单的机械装置，并且叙述各个部件的用途，估测若改变系统的某部分会对整个系统有什么影响	检修普通的机械系统故障和电气系统故障，查找功能失常的原因，并判断是否进行修理或者在处理之前先听取专家的建议。 安全地使用动力工具，进行成型、抛光，以及连接木材、塑料和软金属

4. 交流能力

良好的交流是双向的，接收信息和传播信息一样重要，理解别人的思想与被别人理解同样重要。在从事科学事业时，传统的做法是将准确的交流置于高度优先的地位，可以通过一些途径，如有关的杂志和科学会议，来促进和分享各个学科及其分支新出现的信息和观念。有科学素养的成年人可以利用清晰准确的交流方式来分享这一切，而且他们都具备科学事业所特有的许多交流技能。

表 3.10　交流能力初高中对比

初　中　阶　段	高　中　阶　段
学生应该能够： 利用简单的图表和曲线图来组织信息，并确定信息所揭示的关系。 阅读别人制作的表格和曲线图并用文字描述它们的含义。 从参考书、过期报刊、光盘以及计算机数据库中寻找信息	学生应该能够： 绘制和解释比例图。 为调查、操作某事或者执行一个过程，清楚地写出一步步的指令。 选择恰当的汇总统计方法来描述数据组的差异，指出数据的分布以及数据中心趋势

（续表）

初　中　阶　段	高　中　阶　段
理解附有饼图、条形及直线图表、双向数据表格、简图以及各种符的文章。用直角坐标和极坐标找出并描述地图上的具体位置	利用几何术语来描述空间关系。正确解释和使用关联术语。参与科学论题的小组讨论,准确地复述和总结别人讲过的内容,要求澄清或详细阐述,并表达不同的看法。在用口头和文字材料进行辩论和表明主张时,使用表格、图表和曲线图

5. 批判-反应能力

在日常生活中,人们常常会受到各种要求的狂轰滥炸,对于产品的要求,对自然界、社会系统或设备的运行要求等。为了回应这些要求,区别其是非,要用到知识。除了知道某种主张的内容是什么以外,具备科学素养的人还能根据该项主张的性质作出判断。

表 3.11　批判-反应能力初高中对比

初　中　阶　段	高　中　阶　段
学生应该能够: 对观点模糊的主张以及由著名人士或者由非专业人士所作的陈述,进行质疑。 根据特性、功能、使用寿命和成本,对消费品进行比较,并作出合理的个人协调平衡。 如果一个论断所依据的资料取样很少、取样带有偏见或取样中没有控制样品,对此论断持怀疑态度。 意识到为解释一系列已知的发现,可有不止一种好的方法	学生应该能够: 对于从有缺陷的、不完整的、误用的数字得出的论点给予关注和批评。 检查曲线图,看看是否由于使用比例不当或者由于坐标轴定义不清,而错误地表述了结果。 对一些有趣事件偶然发生的可能性有多大充满了好奇。 坚持把在任何推理过程后面的批判性的假设弄清楚,这样就能判断自己或他人所处的地位是否合理

（续表）

初　中　阶　段	高　中　阶　段
在下列情况中，要注意和评议论断的推理过程： 事实与观点混淆或者结论与给定的论据之间没有必然的逻辑联系； 类比不恰当； 没有提及控制组与实验组是否很相似； 一个小组的全体成员具有几乎相同的特征，而这些特征不同于其他小组的特征	当思考一项主张时，要意识到，人们为了试图证明某一点，可能只选择那些支持这项主张的资料，而忽略那些与之矛盾的资料。 对于有些学生认为只有他们的资料、解释和结论是唯一值得考虑的，而不提其他的可能性论点，建议以不同的方法来解释。同样，在决策和设计中，建议给出不同的权衡方案，并且批评那些未对重要的权衡予以认可的决策和设计

（二）美国初高中科学课程教学方法

1. 教学设计注重对科学概念的理解

有明确的教育目标时，让学生掌握好少而精至关重要。美国科学课程提倡选择最重要的概念和技能，使学生能够把注意力集中在理解的质量上，而不是所教内容的数量上。

在教授具体的概念时，初中教师往往从自然界的具体问题开始，如化学中的酸碱概念。教材从自然界中猫和狗的例子讲起，进而引出归类和下定义的重要性。而高中则会在形象思维基础上，从传统定义中的反例（如氨气）引出思维冲突，进而过渡到不同模型对酸碱概念的再认知及重新定义中。

同时，教学中还会提供一定的科学历史背景。在校学习期间，学生会遇到特定历史阶段中提出的许多科学概念（有的在今天甚至被证明是错误的或片面的，如道尔顿原子论部分观点）。学生可以通过学习科学思想发展的知识，学习这些思想在其发展道路上是如何经过反复曲折达到现在的水平，了解不同调查者和评论者所起的作用，了解理论与证据之间的相互作用，对科学的形成有一定的认识。

传授科学概念的主要目的是理解,而不是机械地记忆它。

2. 教学强调实践与思辨相结合

不管教师和书本传播的知识多么清晰,人都得靠自己来体会这些知识的含义。美国科学课程除了教授核心的科学概念,还非常重视教会学生学会科学思维和体验科学实践,鼓励学生积极地参与科学探究实践。

美国学校注重演示、实验和动手操作,课堂教学与实验教学密切地结合。体验式的学习可以使学生利用已有的经验,建立新旧科学知识之间的联系。通过自身的经验获得的知识才真正对学生有意义。

初中的实验教学还是以教师为主导,学生先要观摩与模仿教师的基本操作技能,并在实验报告(或指南)的步骤指导下展开实验活动。

在高中实验教学中,教师讲授的时间较短,学生实践的时间较多。给学生留下挑战性的实验问题,并设计一些在学生"最近发展区"范围内的习题,让学生进行独立的思考,可以培养学生的主动性和发散性思维,以及创新意识。

无论在初中还是高中的实验教学中,都突出数据测量的重要性和报告的诚实度。在测量时,首要的是诚实记录数据,要知道测量什么,用什么测量。怎样检查测量结果的准确性,怎样解释测量结果,并使之具体化,这些都是科学探索的核心问题。

3. 螺旋式递进教学模式

学习的进程一般是从具体到抽象、从简单到复杂、从分析到综合的。美国科学课程的教学也秉承着螺旋式递进的教学模式。

在初中阶段,学生可以毫无困难地学习大部分有形的事物,并可以直接感觉到事物。随着经验的不断积累和心智的不断成熟,到了高中阶段,他们可以理解抽象的概念,并且运用符号、逻辑推理的能力不断增长。学生在建构新的科学知识体系的时候,不应该将已学过的概念人为割裂开来,学习初中与高中科学知识的过程是一种递进的认知过程,要建立知识与知识、学科与学科之间的联系。

例如,高中化学中的化学计量学。它是学生在学习了初中科学课程物质的质量、相对原子质量基础上,对于如何计量微观物质及其反应的更高层次的概念学习。它是在高中起始阶段学生学习摩尔及其单位转换、化学反应之后出现的章节,教师要引导学生建立已有概念与新概念的联系,要使学生认识到化学计量学、摩尔和化学反应三者是有机结合、密不可分的。

又如,化学键。化学键的概念是在学生学习初中现代原子结构基础上,并且在高中起始阶段学习电子排布以及元素周期律之后出现的。学生需要将现代原子结构、电子排布以及化学键三者的逻辑顺序理清,并要理解"结构决定性质、性质决定用途",从而为更高年级(11、12 年级)的物质状态及变化、水的特性和溶液的深入学习打下基础。

4. 科学教学与现代信息技术整合

线上线下相结合的混合式教学方式,在后疫情时期已然成为美国学校科学教育的主流。美国既注重传统的讲授法,也重视现代教学理论引导下的探究发现法、合作学习和案例学习,同时还运用现代教育技术来改善传统的课堂教学。科学教学与现代信息技术的整合,从未像今天如此紧密。视频动画、网络平台等方式,大大丰富了科学教育的资源,也突破了课堂的空间和时间的限制。这一趋势也顺应了时代发展。

在美国的教育网站上,列出了很多与科学学习相关的资料供学生自行学习下载。美国高中生的课表往往会留出一定的空白时间,这不意味着让学生无所事事,相反,高中生可以基于网络平台进行自主学习。毕竟在信息社会,人们获取知识的机会和渠道是平等的。这一举措充分发挥学生的主观能动性和主体性,也改变了"先教后学"的固有思路。有时候,通过学生的自主学习,完全可以实现"先学后教再评"的翻转学习。

从上述四种教学方法及其案例对比中可以看出,初中科学课程比较重视科学教育的基础性和综合性,教师会从形象的例子着手概念教学;而高中科学课程着眼于科学教育的结构性、探究性和实践性,向具体学科的纵深迈进,力图在学科内部建立概念之间的桥梁,同时会在此基础上形成对科学的高位化的跨学科理解。当然,从初中的学习方式过渡到高中的学习方式,教师的引导起着较大的作用。

（三）美国初高中教学内容比较——以 NGSS 为例

从课程内容来看,NGSS 提出了三个维度（科学与工程实践、跨学科概念、学科核心概念）和四大领域（物质科学、生命科学、地球与空间科学、工程设计）。

这三个维度高度综合,为学生提供了有科学内容的学习情境、如何获得和理解科学知识以及各个科学学科如何通过跨学科连接起来。

维度 1:科学与工程实践

该维度描述了科学家用来调查和建立有关整个世界的模型和理论的主要科学实践以及工程师用来设计和建造系统的一套关键的工程实践。

维度 2:跨学科概念

跨学科概念被应用在所有科学领域中。它们呼应了《美国国家科学教育标准》中许多统一的概念和过程,呼应了"2061"计划《科学素养的基准》中的普遍主题,更反映了学术界的相关研究成果,这些研究强调了跨学科不仅需要考虑学科内容,还要讨论跨学科的思想与实践。

维度 3:学科核心概念

科学知识的不断扩大以及技术的日新月异使得人们不可能在

12 年内把所有与某一学科有关的思想一一传授给学生。鉴于如今的信息时代,人人都能接触到大量信息,科学教育的重要任务就不再是教授"一切事实",而是让学生拥有足够的核心知识以便他们日后能够自己掌握更多的信息。聚焦于一套有限的思想观念以及科学与工程实践的教育,应该能使学生有能力评估和选择可信赖的科学信息来源,还能使他们在高中毕业后成为科学知识的学习者和使用者,甚至有可能成为知识的创造者。

具体来说,一个 K-12 科学教育的核心概念应满足:

具有广泛的跨科学或工程学的重要性,或是一个单一学科的关键组织原则;

能够理解或调查更复杂的思想,为解决问题提供重要工具;

设计学生的兴趣和生活经历,与社会或个人相关的需要科学或技术知识解决的事宜;

可随着深度和复杂程度的提高在多个年级开展教与学,即核心概念能使年轻的学生充分理解,但有足够的广度和深度让学生能进行持续数年的调查研究。

以下将从 NGSS 中的学科核心概念、跨学科概念、科学与工程实践三大维度,以及 STSE(即科学、技术、社会、环境)与科学本质两方面入手,选取部分具体教学和教材内容,来对比 21 世纪初美国初高中科学课程的异同,并逐步聚焦美国初高中是如何衔接这一主题的。

教学实例和教材内容的选取主要基于两大原则:(1) 大部分选自高中起始年级,即 9 年级科学课程及教材;(2) 该内容已经过多年教学实践。

1. 学科核心概念维度

无论是初中(6—8 年级),还是高中(9—12 年级),学科核心概念是相同的。那么,它们的不同之处又体现在哪里? 本文将选取物质科学领域中的核心概念,对其内容进行具体分析与比较,研究美国初高中在科学教育方面的衔接。

在物质科学领域中，在初中阶段，学生继续发展对物质科学四个核心概念的理解。初中阶段物质科学的预期表现建立在小学阶段积累的概念与能力基础上，旨在让学生能够解释物质科学中的重要现象，以及解释生命科学、地球与空间科学中的重要现象。物质科学预期表现将核心概念、科学与工程实践及跨学科概念融合起来，支持学生学习解释真实世界中的物质、生命及地球与空间科学现象。

在物质科学中，初中阶段着眼于发展学生对几项科学实践的理解，包括开发和使用模型、计划和开发研究、分析和解读数据、使用数学和计算思维、建构解释以及运用这些实践来展示对核心概念的理解。此外，学生还能够表现出对一些工程实践的理解，包括设计与评价。

以学科核心概念"物质及其相互作用"为例。学生在初中阶段要理解物质在原子和分子水平上发生了什么，从而解答问题：怎样用原子与分子层面的相互作用来解释我们看到和感受到的物质性质？"物质及其相互作用"在初中阶段还被分解成了两个子概念：物质的结构与性质、化学反应。

在初中阶段结束时，学生将能够理解和应用纯净物具有独特的物理与化学性质，并且它们是由一种原子或分子组成的。学生能够从分子层面解释物质的状态及变化，解释化学反应是原子重新组合成新的物质，解释原子在化学反应过程中发生了重新排列。学生也能够将对工程设计与优化过程的理解应用到化学反应系统中。

围绕"物质及其相互作用"，NGSS 要求初中学生可以通过以下表现来展示对概念的理解：

（1）开发模型，描述原子是怎样组成简单分子及简单分子的延伸结构的。

（2）分析和解读物质发生相互作用前后性质的数据，判断是否发生了化学反应。搜集和理解信息来描述合成材料来源于自然资源并影响着社会。

（3）开发模型,预测和描述热能增减后微粒运动、温度和纯净物状态的变化。

（4）开发和使用模型,描述在化学反应中原子总数是保持不变的,因而质量是守恒的。

（5）完成一个设计项目,建立、检验和优化一个设备,使之通过化学过程释放或吸收热能(该预期表现通过实践或学科核心概念将传统科学内容与工程整合)。

在高中阶段,学生在物质科学领域的预期表现建立在初中概念与技能发展的基础上,并允许学生解释更深的现象。这些现象不仅是物质科学的核心内容,也在生命科学和地球与空间科学占有中心地位。这些预期表现将核心概念和科学与工程实践、跨学科概念融合起来,支持学生发展对解释跨学科概念有用的知识。高中阶段的物质科学更强调科学实践的亲身参与,而不仅仅是理解。对于工程实践,NGSS 的要求也同样只需要展示对工程实践的理解即可。

与初中阶段内容不同,高中阶段的"物质及其相互作用"分为三个子概念:物质的结构与性质、化学反应、原子核过程。

高中阶段,要求学生能够理解原子内部结构,并对物质的性质作出更多机理上的解释。化学反应,包括其反应速率和能量变化,可以从分子碰撞和原子重组的角度被学生理解。学生能够使用元素周期表作为工具来解释和预测元素的性质。运用这些对化学反应的更深理解,学生能够解释重要的生物和地理现象。理解与原子核有关的现象也是重要的,因为它们解释了元素的形成、丰度、放射性、太阳与其他恒星释放的能量以及核能的产生。学生也能够将对工程设计与优化过程的理解应用到化学反应系统中,这点要求与初中阶段一致。

围绕"物质及其相互作用",NGSS 要求高中学生可以通过以下表现来展示对概念的理解:

（1）基于原子最外层能级的电子的模式，用元素周期表作为模型来预测元素的相对性质。

（2）基于原子最外层电子状态、元素周期表趋势和关于化学性质的模式的知识，对一个简单化学反应的结果进行建构和修正。

（3）计划和实施一项研究，搜集证据，比较物质在宏观尺度上的结构，推断微粒间的电离强度。

（4）开发模型，说明一个化学反应系统释放或吸收的能量取决于总键能的变化。

（5）应用科学原理和证据，解释温度或反应物微粒浓度的改变对反应速率的影响。

（6）通过改变具体反应条件来改进化学系统的设计，增加反应平衡时产物的量。（该预期表现通过实践或学科核心概念将传统科学内容与工程整合）

（7）用数学表征支持这一观点：原子在化学反应时是守恒的，并且由原子与质量的关系可知质量也是如此。

（8）开发模型，描述裂变、聚变和放射性衰变中原子核组成的变化和能量的释放。

从以上比较可以看出，高中阶段不是初中阶段教学内容的简单重复，尽管有着同样的学科核心概念，但它们的子概念及其相关的预期表现并不完全相同。

高中阶段的"物质科学"内容在深度和广度上继续做文章。以"原子结构"为例，初中阶段只要求对原子的结构有一个大致了解，而高中起始阶段（9年级）在初中的基础上要对电子及原子核（原子的亚原子结构）有更深入的研究。并且，对于原子的电子结构的认识要求更加微观化，学生在9年级要知道电子是如何排布的，由此过渡到对元素性质以及元素周期律的学习，进而学生要认识到"结构决定性质、性质决定用途"。

初中阶段涉及的化学变化中的能量变化，到了高中阶段不仅要知道它们所引起的温度变化,更要用一个模型来说明它们背后的深层次原因——键能变化。这就需要学习化学键的概念。

2. 跨学科概念维度

跨学科概念旨在给学生一个用于理解世界的组织架构,并帮助学生跨学科、跨年龄段地理解和连接学科的核心概念。根据NGSS 的划分,科学教育里主要包括如下 7 个跨学科概念:

(1) 模式;

(2) 原因与结果:机理与预测;

(3) 尺度、比例与数量;

(4) 系统与系统模型;

(5) 系统中的能量与物质:流动、循环与守恒;

(6) 结构与功能;

(7) 系统的稳定与变化。

本文将针对(5)、(6)两条进行实例分析,并对比初高中异同,进而聚焦如何在跨学科概念的学习中实现初高中衔接。

表 3.12　NGSS 跨学科概念对比节选

	初中阶段要求	高中阶段要求
系统中的能量与物质:流动、循环与守恒	学生要知道物质守恒是因为在物理和化学变化过程中原子是守恒的。学生也要知道在自然界或被设计的系统中,能量的转换会驱动物质的运动及循环。能量以多种形式存在。能量转换可以随着能量在被设计的或自然界系统中的流动而被追踪	学生要知道在封闭系统里能量和物质的总量是守恒的。学生能以系统中能量的流入、流出描述系统中能量与物质的变化。学生也要知道能量不能被创造,也不能被消灭。它仅仅从一个地方移动到另一个地方,无论是在物体、场或系统之间。能量能驱使物质在系统里或系统间的循环,但是质子数和中子数是守恒的

（续表）

	初中阶段要求	高中阶段要求
结构与功能	学生能利用复杂和微观的结构与系统建模，并能设想它们的功能是如何依靠形状、结构和每一部分的关系来实现的。学生要分析许多复杂的自然与人工设计的结构和系统，以决定它们是如何运行的。学生要设计具备特定功能的结构，以解释不同物质的性质以及材料是如何成型并被使用的	学生要通过检查不同材料的性质、不同成分的结构以及它们之间的相互关系来探究系统以揭示其功能并解决问题。学生要从总体结构、各成分成型与被使用方式以及多种材料的分子亚结构等角度来推断自然界和人工设计的物体和系统的功能与性质

例如，热力学中的"焓、熵和自由能"就是跨学科概念。它们已经不再局限于探索物理和化学变化中的温度升高与降低这一表象了，而是更进一步将研究对象分为系统与环境。系统与环境统称为"宇宙"。环境的温差可以预示系统（反应）的放热或吸热等能量流动的方向。

但是否能够从放热或吸热反应来直接判定反应的自发性？同时，熵变的概念也可以在高中科学教学中被引申至科学哲学，乃至环境保护等一系列全球问题的讨论中。

又如，DNA。DNA 是脱氧核糖核酸的英语简称。它属于大分子化合物。连接 DNA 双螺旋结构内部各组成的是化学键（共价键），而在 ATCG 各碱基对之间却有相对于化学键而言比较弱的分子间作用力——氢键。

根据相关数据，氢键是水分子反常性质的主要原因。尽管它的强度在三类分子间作用力中排第一位，但与共价键相比，其强度也只是氢氧共价键的 5% 左右。这不仅是一个跨生物、物理和化学的概念，也可以拓展至辩证法的讨论。

除了科学教育几个学科领域之间的内部交叉跨学科,NGSS 还特意强调了作为一个整体的科学学科与数学、英语两门外部学科之间的跨学科互动。

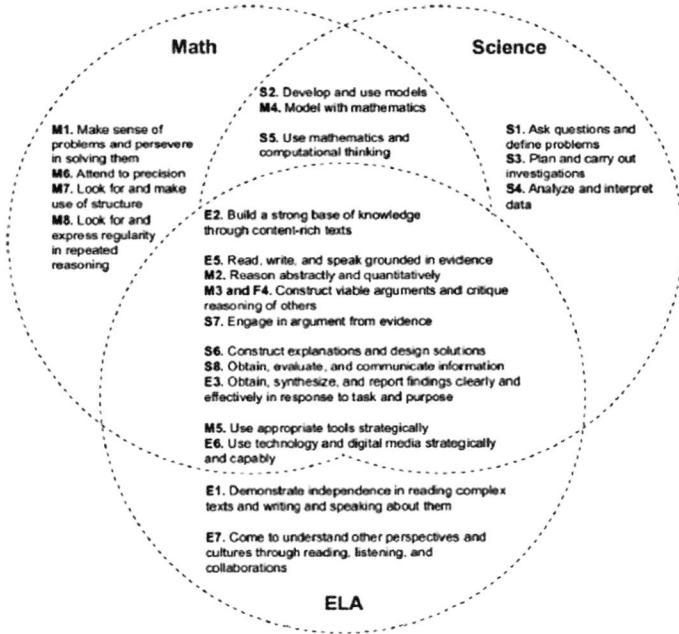

图 3.1 NGSS 中数学、英语、科学交叉

以 9 年级化学和物理为例,教科书在起始阶段均为学生安排了数据处理和单位换算的训练。这些和数学知识密切相关,如有效位数及其计算、科学记数法、精准度、精确度、误差、不确定性等。

化学教科书则在教师用书部分提供了针对不同英语语言背景(共分三个层次)的学生的教学设计建议供教师参考。这和美国国际化、移民化的教育背景密不可分。美国国内,来自世界各地的学生的英语水平参差不齐。这种差异化的多元文化,决定了科学教育必须因人而异,甚至因语言程度而异。

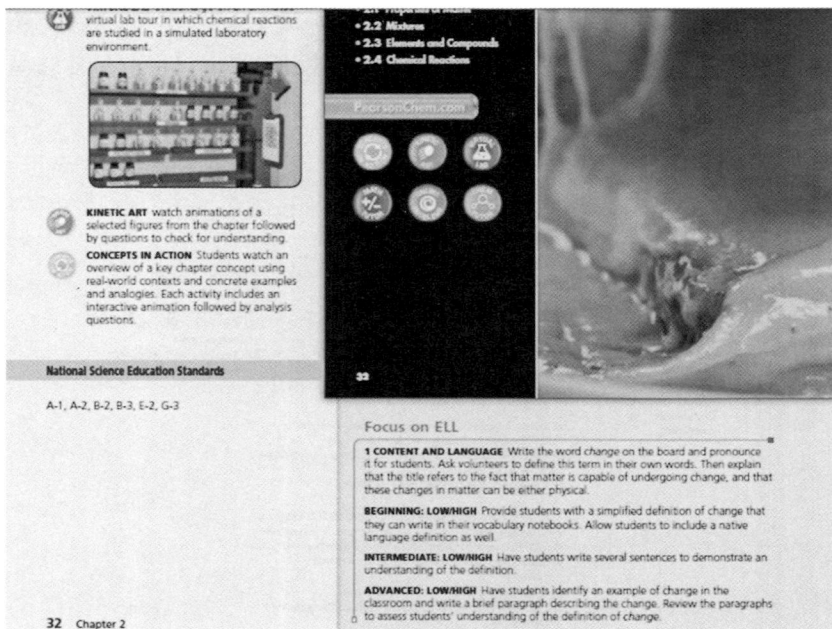

图 3.2   美国高中化学教师用书针对不同英语程度学生的教学建议

3. 科学与工程实践维度

《科学教育框架》确定了八个反映专业科学家和工程师做法的科学与工程实践。在预期表现中使用这些实践不仅是为了强化学生在这些实践中所获得的技能，还是为了建立学生对科学与工程本质的理解。

（1）提出问题和定义问题；

（2）开发和使用模型；

（3）计划和开展研究；

（4）分析和解读数据；

（5）使用数学和计算思维；

（6）建构解释和设计解决方案；

（7）参与基于证据的论证；

（8）获取、评价和交流信息。

在 NGSS 的第二部分附录 F 中，在工程实践维度初中和高中的预期表现被详细地罗列。本文选取（2）、（3）两部分进行具体对比分析。

表 3.13　NGSS 工程实践对比节选

	初中阶段要求	高中阶段要求
开发和使用模型	初中建模建立在 K5 年级基础上。学生需要开发、使用并修改模型，以描述、测试并预测更多的抽象现象，还要设计系统。 学生需要： 为一个被建议的事物或工具来评价模型的局限性； 基于证据，开发或修改模型，以匹配一旦某系统变量或成分被改变后而发生的事情； 使用并开发简单系统的模型。这些系统具备不确定和更少可预知性； 开发或修订模型以展示变量间的关系，包括那些无法被观察但能预测现象的变量； 开发或使用模型来预测或描述现象； 开发模型来描述无法观测的机理； 开发或使用模型来测试有关自然界或人工系统里的现象的想法，包括无法在观察层面上的输入或输出的系统	高中建模建立在初中年级基础上。学生需要使用、合成并开发模型，以预测并展示系统及其成分间变量的关系，无论是自然界或人工合成界。 学生需要： 评价两个不同模型的优点及局限性。这些模型有着同样的工具、过程、机理或系统。目的在于能选出或修订一个与设计标准相匹配的模型； 设计一项模型的测试以确定其可靠度； 开发、修订并使用基于证据的模型，以描绘或预测系统间或系统成分间的关系； 开发或使用多形态的模型以提供运行机理和预测现象，无论基于它们的优点还是局限性； 开发一个复杂的模型，该模型允许系统的操作和测试； 开发或使用一个模型以生成数据，用来支持解释、预测现象、分析系统或解决问题

（续表）

	初中阶段要求	高中阶段要求
计划和开展研究	初中的计划和开展研究建立在 K5 年级基础上。学生需要使用多种变量，并提供证据以支持解释或解决方案。 学生需要： 以个人或团队方式计划一项研究，并在设计中识别因变量和自变量、需要哪些工具来收集数据、记录哪些测量值以及多少数据可以被采纳； 执行研究或评价或修订实验设计，以生成数据，让它们为证据服务，并满足研究目的； 收集数据或生成数据，以使之为回答科学问题或一定条件下测试设计解决方案； 收集有关一定条件下设想的事物、工具、过程或系统表现的数据	高中的计划和开展研究建立在初中基础上。学生需要研究并为数学的、物质的及经验的模型提供证据并测试概念。 学生需要： 以个人或团队方式计划研究或测试一项设计以生成数据。这些数据作为建模和修订模型的证据的一部分的基础。考虑可能的混淆变量，评价研究设计并确保哪些变量被控制住； 以个人或团队方式计划研究或测试一项设计以生成数据。决定设计中的数据精准度以提供可靠的测量值，并考虑精确度的局限性，并提炼相应设计； 计划并执行研究或测试设计解决方案，必须要在一个安全且具备科学伦理条件下举行，包括环境、社会和个人影响； 选择合适的工具，以收集、记录、分析与评价数据； 做一个针对性的假设，将自变量被操纵时发生在因变量上的事情具体化； 操纵变量并收集数据，它们是关于一个复杂的过程或系统模型的。目的是识别失败之处或改善与标准有关的表现

　　事物的发展总有两面性，科学也不例外。高中阶段要让学生以辩证的、唯物的眼光来看待"科学技术是双刃剑"这一观点。学

生既要评价科技实践中的优点,更要对它们所引起的问题有客观认识和清醒的预判。结合科学与工程实践的模型,可以为 9 年级学生组织相关的实践活动或讲座,如绿色化学、科学辩论等。也可以结合 9 年级化学课程中的原子结构模型及物理课程中的理想气体模型的历史,进行科学探究步骤的剖析与案例分析。在科学与工程实践的探索中,让学生在"做中学"。

另外,数据的采集可以是定性的,但更要是定量的、数据化的。高中阶段必须要对定量分析有全面、深入的了解,对几大变量(因变量、自变量、控制变量、混淆变量等)要有案例作证。例如,可以组织学生参观气象局,近距离感受气象观测从过去定性测量到近现代定量观测的转变。

4. STSE 与科学本质

STSE 是继 STS(即科学、技术、社会)教育思想后,在科学教育界的又一次理论创新。它不仅强调了原有的科学、技术和社会的互动作用,还融入了环境的概念。

NGSS 第二部分附录 J 将有关 STSE 的主题分为了两大类,一类偏重科学、工程与技术的相互依存上,另一类则偏重工程、技术、科学对社会与自然界的影响。

表 3.14　NGSS 中 STSE 教育思想对比

偏重科学、工程与技术的相互依存的 STSE		
	初中阶段要求	高中阶段要求
STSE 视角之一	工程优势促进了许多看得到的重要科学领域里的发现,而且科学发现引领了整个工业与工程系统的发展; 科学与技术相互驱动	科学与工程互相循环式补充,这一循环被称为研究和开发; 很多研发项目涉及科学家、工程师以及其他更广泛领域的专家

（续表）

偏重工程、技术、科学对社会与自然界影响的 STSE		
	初中阶段要求	高中阶段要求
STSE 视角之二	所有的人类活动均利用了自然资源，这同时具有短期和长期效应，既积极又消极，这些效应对人类健康和自然环境都起作用。 技术的使用和使用后的局限性是由个人或社会需求、欲望和价值观，科学研究发现一系列因素驱使的，诸如天气、自然资源和经济条件等多种因素也制约着技术。因此，技术的使用因时因地而异	现代文明取决于主流技术系统，如农业、健康、水体、能源、交通、制造业、建筑业和通信业。 工程师持续地修订系统，在降低成本和风险的同时增加收益。 成本和收益分析是技术决策的一个重要方面

关于"科学本质"这一主题，NGSS 和《美国国家科学教育标准》略有不同，它将这一主题整合进了四门学科领域，并在附录 H 提出了八条具体内容。

（1）科学探究使用大量的方法；

（2）科学知识基于经验证据；

（3）在新证据面前科学知识允许被修正；

（4）科学模型、定律、机理和理论解释自然现象；

（5）科学是认知的方法；

（6）科学知识假定自然系统是有序且连续的；

（7）科学是一项人类事业；

（8）科学强调针对自然界和材料界的提问。

前四项（即（1）至（4））偏重实践，而后四项（即（5）至（8））则偏重跨学科概念。NGSS 对每一项都作出了详细的介绍。考虑到初高中对"科学本质"要求是不同的，本文将选取（3）、（6）两部分，并结合高中起始的 9 年级科学教学实例进行分析。

表 3.15　NGSS 中"科学本质"对比节选

	初中阶段要求	高中阶段要求
在新证据面前科学知识允许被修正	科学解释在新证据面前是可以被修订和改进的; 科学发现的测定性和持久性是多变的;科学发现在新证据面前经常被修订或被重新诠释	科学解释是概率性的;大多数科学知识是相当持久的,但是,原则上在新证据或已有证据的重新解释面前是可以被改变的。 科学辩论是逻辑论文的模式,它可以被用来澄清概念和证据间的关系,这些概念和证据可以导致解释的修正
科学知识假定自然系统是有序且连续的	科学假设在自然系统目标和事件中会以持续模式发生,这些模式通过测量和观察是可理解的。 科学细致地考虑并评价数据和证据里的反常性	科学知识是基于假设的。它假设自然定律在今天就如同以前那样运作着,而且在未来也同样会运作着。 科学假设宇宙是一个巨大的单一系统,在宇宙中基本法则都是持续的

　　9 年级化学教科书有两大章(总共五小节)的篇幅讲述了原子结构的发展史,主要是道尔顿模型、汤姆森的"葡萄干-面包"模型、卢瑟福"行星"模型、玻尔模型以及量子力学模型。尽管这些内容对于刚升入高中的学生而言,可能过于深奥与抽象,但也是一个科学本质及科学探究的案例研究材料。根据《美国国家科学教育标准》中的论述,在原子结构发展史中,如果原子的结构被教师的断言所取代,那么高质量的科学探究将丧失殆尽。[①] 我们不寻求将深奥的、抽象的概念甚至实验原理教给学生,而更重要的是培养学生对科学研究步骤的初步了解。

---

① 美国国家研究理事会:《美国国家科学教育标准》,戢守志等译,科学技术文献出版社,1999,第 218 页。

科学本质之一就是探究性。通过高中起始阶段的科学探究步骤内容的引入,学生将在今后逐步培养起对科学研究、科学学科学习的兴趣。科学教育要让学生认识到:自然是可知的,科学是有规则的,而且科学是美丽的。

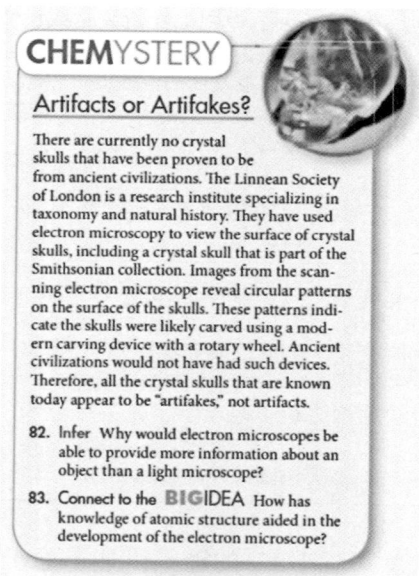

图 3.3　美国高中化学教科书中的 DBQ 示意图

5. 美国高中科学课程中的大学升学指南及生涯规划

9 年级是高中阶段的起始阶段,从大学升学与生涯规划的角度看,从 9 年级开始到 12 年级的每一步点点滴滴,均是为未来铺垫。

NGSS 突出高中起始阶段大学升学与生涯规划(College and Career Readiness)的重要性无疑是一种创新。大学升学与生涯规划是高中阶段独有的内容,小学和初中阶段没有该内容。

美国的科学教育并不刻意回避高中学生申请季要参加的部分标准化考试的题型以及与之对应的应试技巧。以 NGSS 为指导思想编制的高中科学教科书在每一章的最后一页均会有与本章内容和难度匹配的标化考试(如 ACT)训练,如 DBQ(Document Based Questions)。

另外,科学研究不是在真空中进行的,它与社会、生活密切相关。除上文提到的 STSE 教育理念,有的教科书中还会将与科学有关的职业一一列出,供学生从高中起始年级就可以接触这些与科学相关的职业,从而在高中结束之前可以聚焦志趣。

Standardized Test Prep

Select the choice that best answers each question or completes each statement.

1. Which of the following is not a chemical change?
   (A) paper being shredded
   (B) steel rusting
   (C) charcoal burning
   (D) a newspaper yellowing in the sun

2. Which phrase best describes an apple?
   (A) heterogeneous mixture
   (B) homogeneous compound
   (C) heterogeneous substance
   (D) homogeneous mixture

3. Which element is paired with the wrong symbol?
   (A) sulfur, S
   (B) potassium, P

Tips for Success

Using Models To answer some test questions, you will be asked to use visual models. At first the models may look very similar. Decide which information will help you answer the question. The number of particles, their colors, or their shapes may or may not be important.

Use the atomic windows to answer Question 10.

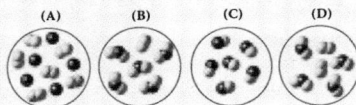

(A)   (B)   (C)   (D)

图 3.4 美国高中化学教科书中的标准化考试训练及其应试技巧

Careers Using Chemistry

图 3.5 美国高中化学教科书中有关职业教育的目录

（四）美国初高中科学课程的评价方式

评价是科学教育体系中的一个基本反馈机制。评价数据为学生提供了满足教师和家长期望程度的反馈，为教师提供了学生学习效果的反馈，为学校提供了教师和教学计划有效程度的反馈，为政策制定者提供了政策效果的反馈。反馈可以促进政策调整，可以指导教师的专业发展，可以鼓励学生改善对科学的理解，从而导致整个科学教育体系的变化。

评价是一个系统化的多步骤过程,包括教育数据的收集和解释。评价过程由四个方面构成：数据用途、数据收集、数据收集方式、数据用户。这四个方面可以按照不同方式进行组合。教师则利用学生成绩数据可以制定和修改教学方法。[①]

1. 校内评价

美国的初高中具有一定的自主性。教师可以自行决定对学生在科学课程中日常表现的评价方式。主要方式有：练习题、小测试、阶段性考试以及实验报告等。在练习题设计上,初中的习题以培养学生科学学习的兴趣为主,重理解;而高中的习题,则要求学生具备一定的批判性思维和知识的迁移应用能力,重应用。

以"海水淡化"为例,初中的物质科学教科书中,会在"化合物和混合物"一章中,问学生"最好的淡化海水方法是什么?"。学生只要将日常实验中的过滤、蒸发与结晶答出即可。而高中的化学教科书,则会围绕渗透压、海水的反渗透以及环境保护展开,并要求学生自主设计海水淡化的实验方案并实践。

再以"元素周期表"为例,初中的物质科学教科书中会有一些发散性思维的问题,如"如果现代元素周期表仍然按照相对原子质量而非原子序数排列会有什么不同"。

而高中的化学教科书,会呈现一张外星球的元素周期表,要求学生将地球元素周期表与之比较,研究其异同点。

Turning the Table on Another Planet!

Welcome to the planet Merullo! As an ambassador from Earth and a student of chemistry, you have been given the task of deciphering the Merullan periodic table, which is shown below.

As you can see, the Merullans have discovered only 42 elements--or perhaps these are the only elements on Merullo. Unfortunately, you have not been able to decipher the Merullan numbering system, which is why you do not know the elements' atomic numbers or atomic masses. However, you have learned the following information about three elements:

Ondichium (Od) is a silvery-white, metallic element that reacts readily with atoms in the air. Ondichium exists in many different isotopes. It has a low ionization energy.

Eigerium (E) exists as a colorless, odorless gas, and is common in the Merullan atmosphere. Eigerium is very electronegative.

Petersia (P) is also found as a gas, but never as a positive or negative ion. It is one of the lightest elements known on Merullo.

Np	Kv	Bb	Hb	Ph	Vw	Od	M
Poppah	Venturia	Bostwickium	Bakalian	Pamium	Vickium	Ondichium	Momm
Rb	Jw	Lb	Ls	Pl	An	Ta	Hg
Bassoonium	Janium	Birdia	Lorranium	Letendrium	Andium	Tanickium	Hagassium
Ro	Rs	Sb	Cc	Mg	Di	Fx	Tl
Rostonium	Rosellium	Bellisima	Christinogen	Maureenium	Dianium	Dafinks	Talchinsky
Me	Mh	Ml	Rk	Tm	Ju	Wi	Cg
Meghanium	Maggium	Melanium	Rekha	Tanium	Julium	Wilsine	Claranglen
T	Ng	E	Ag	R	Mk	Ge	W
Tedogen	Natalium	Eigerium	Arturo	Rebeckium	Markanium	Gendlerium	Wendella
P							Mi
Petersia							Mindrikium

1 Explain how the Merullans organize their periodic table. Give the English names for the three elements discussed.

2 What elements are missing on the planet Merullo? Suggest ways that life on Merullo might be different from life on Earth because of the missing elements.

3 Do you think it is possible that a planet would have only the 42 elements in the Merullan periodic table? Give reasons for your answer.

图 3.6　美国高中化学作业样例

Section 1 Reinforcement — What is a solution?

Directions: *Use the clues below to fill in the rows of the word puzzle. When the puzzle is completed correctly, the vertical boxes will spell out a mystery word.*

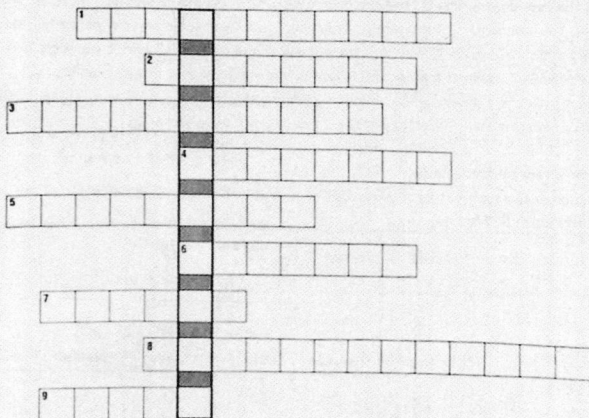

1. To clean the shower, you must remove a _____ formed by tap water and soap.

2. Elements and compounds cannot be broken down into simpler substances by an ordinary _____ process.

3. A _____ mixture contains two or more substances that are evenly mixed.

4. Substances that can be separated by physical means are known as _____

5. Seawater and carbonated beverages have something in common. They're both _____.

6. A substance that makes something dissolve is a _____.

7. The substance that dissolves in a solution is the _____.

8. During the process of _____, the gases that make up the solution we breathe are separated.

9. A solid-in-solid solution of two metals is known as a(n) _____.

10. The mystery word is _____.

图 3.7   美国初中科学作业样例

以上是初中物质科学的"物质分类"一章有关"溶液"的作业。学生需要根据第 1 至 9 题的提示,依次填写答案,最后第 10 题则是由每一题中的一个字母构成的"神秘单词"——化学(chemistry)。这道题目既对学生的概念掌握有一定的要求,也培养了学生推理的能力,当学生最终找出那个神秘单词的时候,都惊呼科学作业的"神奇"。而高中教材中,这类兴趣类的题目则不多见。

科学课程中的实验报告也是体现科学课与人文课不同之处的校内评价方式。初中的实验报告以考查学生科学基本概念的理解为主。而高中的实验报告,则是对学生实验操作技能、实验设计能力、创造性、合作性以及知识的综合应用能力等进行全方位的考查。

以"观察植物生长"为例,要求初中生以抽象的知识、采用更专业化的语言和科学概念,来解释生物的新陈代谢,如光、热、氧气、二氧化碳、能量和光合作用。

而对高中生的要求应该高得多。高中生会在 12 年级化学课程的后半段学习新陈代谢的概念。学生要把植物看成是在理想状态下,一个地球生态系统的物理模型,把光合作用和细胞呼吸看成是一个互补的过程,而该过程中的能量变化预示着不同类型的化学反应。

2. 外部评价

在外部评价方面,美国的初中毕业年级(8 年级)没有统一的全国或全州形式的中考之类的选拔性考试,更多的评价方式是学校内部组织的各类测试。而高中学生既要参加学校内部组织的各类考试以获得 GPA(平均学分绩点),也要在高年级参加 SAT(美国高中毕业生学业能力倾向测验)、ACT(美国大学入学考试)、AP(美国大学先修课程)或其他标准化考试来申请高等学校。在 2021 年之前,SAT 还包括各类学科类的考试,俗称"SAT 2"。目前学科类的 SAT 2 考试已终止。ACT 里则有专门的科学考查板块,AP 里也有自然科学的考试科目,如生物、化学、物理、环境科学等。从难度上来看,AP 由于是大学预科课程,难度是最大的;而从广度来看,ACT 科学部分的覆盖面是最广的,它的科学题目需要一定的跨学科知识。

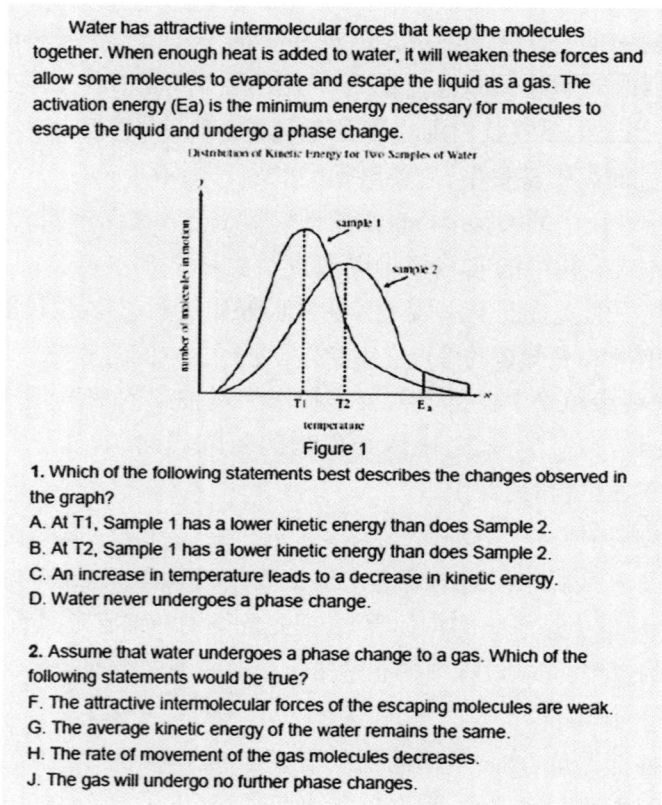

Water has attractive intermolecular forces that keep the molecules together. When enough heat is added to water, it will weaken these forces and allow some molecules to evaporate and escape the liquid as a gas. The activation energy (Ea) is the minimum energy necessary for molecules to escape the liquid and undergo a phase change.

Figure 1

1. Which of the following statements best describes the changes observed in the graph?
A. At T1, Sample 1 has a lower kinetic energy than does Sample 2.
B. At T2, Sample 1 has a lower kinetic energy than does Sample 2.
C. An increase in temperature leads to a decrease in kinetic energy.
D. Water never undergoes a phase change.

2. Assume that water undergoes a phase change to a gas. Which of the following statements would be true?
F. The attractive intermolecular forces of the escaping molecules are weak.
G. The average kinetic energy of the water remains the same.
H. The rate of movement of the gas molecules decreases.
J. The gas will undergo no further phase changes.

图 3.8　ACT(科学部分考试)样题

　　SAT 与 ACT 等美国高中传统评价模式具有一定的片面性,它们只能体现学生的考试状况,不能体现学生的整体素养。在传统评价模式中,美国学生会通过刷题来取得高分。为了改变这种状况,从 2016 年开始,任务驱动型作文改为分析型写作,但还是会存在使用答题模板、搞题海战术等方式获得高分的现象,难以全面考查学生的综合素养。

	Appearance	Reactions with dilute HCl	Reaction with dilute HNO_3
Unknown metal #1	Dull gray solid with white oxide coating	Dissolved with bubbles of clear gas	Dissolved with bubbles of clear gas
Unknown metal #2	Solid; lustrous, smooth silver-gray surface	No reaction	Dissolved with bubbles of orange gas

61. Unknown metal #1 could be

    (A) mercury
    (B) copper
    (C) zinc
    (D) iron
    (E) silver

62. Unknown metal #2 could be

    (A) carbon
    (B) copper
    (C) zinc
    (D) sodium
    (E) silver

63. The addition of dilute HCl to unknown metal #1 produced a transparent gas. What is the likely identity of this gas?

    (A) Cl_2
    (B) H_2
    (C) O_2
    (D) CO_2
    (E) NO_2

64. The addition of dilute HNO_3 to unknown metal #2 produced an orange gas. What is the likely identity of this gas?

    (A) Cl_2
    (B) H_2
    (C) O_2
    (D) CO_2
    (E) NO_2

65. Which of the following solutions is the product of the neutralization reaction between 10 ml 0.2 M KOH and 10 ml 0.2 M HI?

    (A) 0.1 M KI_2
    (B) 0.1 M KI
    (C) 0.2 M KI
    (D) 0.4 M KI
    (E) 0.4 M HOH

66. Which of the following is true regarding an Ne atom with a mass number of 20 and an O^{2-} ion with a mass number of 16?

    (A) They contain the same number of protons.
    (B) They contain the same number of neutrons.
    (C) They contain the same number of protons plus neutrons.
    (D) They are isoelectronic.
    (E) They are isomers.

图 3.9 SAT 2(化学考试)样题

3. 高中素养成绩单评价方式

2017 年 5 月,近 130 所美国优质私立高中组成的素养成绩单联盟(Mastery Transcript Consortium,简称 MTC 联盟)正式推出全新的学生评价模式——素养成绩单(Mastery Transcript)评价模式。相较于传统的评价模式(学生考试、教师批改),新评价模式没有打分也没有评级,而是从学生高中入学第一天起就持续地追踪、记录并评价学生的八项素养,从而为全面了解学生在高中阶段的学习、发展以及大学

2016 AP® CHEMISTRY FREE-RESPONSE QUESTIONS

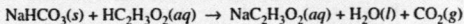

$$NaHCO_3(s) + HC_2H_3O_2(aq) \rightarrow NaC_2H_3O_2(aq) + H_2O(l) + CO_2(g)$$

2. A student designs an experiment to study the reaction between $NaHCO_3$ and $HC_2H_3O_2$. The reaction is represented by the equation above. The student places 2.24 g of $NaHCO_3$ in a flask and adds 60.0 mL of 0.875 M $HC_2H_3O_2$. The student observes the formation of bubbles and that the flask gets cooler as the reaction proceeds.

(a) Identify the reaction represented above as an acid-base reaction, precipitation reaction, or redox reaction. Justify your answer.

(b) Based on the information above, identify the limiting reactant. Justify your answer with calculations.

(c) The student observes that the bubbling is rapid at the beginning of the reaction and gradually slows as the reaction continues. Explain this change in the reaction rate in terms of the collisions between reactant particles.

(d) In thermodynamic terms, a reaction can be driven by enthalpy, entropy, or both.

    (i) Considering that the flask gets cooler as the reaction proceeds, what drives the chemical reaction between $NaHCO_3(s)$ and $HC_2H_3O_2(aq)$? Answer by drawing a circle around one of the choices below.

        Enthalpy only   Entropy only   Both enthalpy and entropy

    (ii) Justify your selection in part (d)(i) in terms of $\Delta G°$.

(e) The HCO_3^- ion has three carbon-to-oxygen bonds. Two of the carbon-to-oxygen bonds have the same length and the third carbon-to-oxygen bond is longer than the other two. The hydrogen atom is bonded to one of the oxygen atoms. In the box below, draw a Lewis electron-dot diagram (or diagrams) for the HCO_3^- ion that is (are) consistent with the given information.

图 3.10　AP（化学考试）样题

招生提供依据。学生一入学就会由教师记录其表现,通过信息平台形成一个动态更新的电子档案,待学生到了毕业季,整理完成的信息会自动形成素养成绩单。在申请大学时,只需一键点击即可递交成绩单,无须再另行准备材料。目前,已有 CAAS 系统（Coalition for Access, Affordability and Success）可以使用该成绩单递交方式。[①]

　　学生的成绩单上既没有课程与科目的名称,也没有分数和等级。学生在校所修的课程都会获得相应的素养学分,同时成绩单会附加总体的可获得学分列表,以便展现学生个体素养发展的全面性和独特性。素养成绩单用描述性的评价取代了绝对的分数评价,用放射图表示学生的八项素养的整体情况。它是对学生在整个高中四年的每一个阶段和整个高中生活所学到的、所展示的素养进行图表式的描述。这八项素养的指标依次是:分析与创新思维、复杂交流(口头和书面表达)、领导力与团队合作能力、数字与定量研究素养、全球视野、适应性、独创性和冒险精神、诚信和伦理决策、思维习惯等。

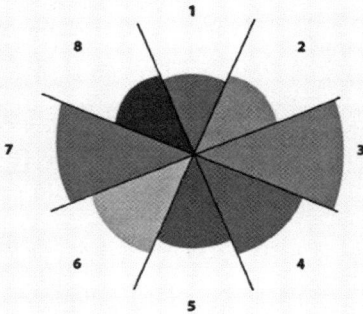

Smith, Joseph '17
Parents: Scott and Gina Smith
Student Residence Address & Phone:
1234 Cleveland Avenue
Cleveland, OH 44108
(555) 555-5555

Date of Birth: 10/11/1998
Entered:
Today's Date: 1/16/2017
Status: Current Student
Sex: Male

Hawken School
CEEB Code: 361262
12456 County Line Road, P.O. Box 8002
Gates Mills, Ohio 44040-8002
(440) 423-2916, fax (440) 423-2994

Featured Credits:

7b	Foster integrity, honesty, fairness and respect
3b	Lead through influence
3c	Build trust, resolve conflicts, and provide support for others
3g	Coordinate tasks, manage groups, delegate responsibilities
3h	Implement decisions and meet goals
8e	Persistence

Earned Credits:

1 Analytical and Creative Thinking:
b. Detect bias, and distinguish between reliable and unsound information
e. Analyze and create ideas and knowledge

2 Complex Communication—Oral and Written
a. Understand and express ideas in two or more languages
c. Listen attentively
d. Speak effectively

3 Leadership and Teamwork:
a. Initiate new ideas
b. Lead through influence
c. Build trust, resolve conflicts, and provide support for others
d. Facilitate group discussions, forge consensus, and negotiate outcomes
f. Enlist help
g. Coordinate tasks, manage groups, and delegate responsibilities
h. Implement decisions and meet goals
i. Share the credit

4 Digital and Quantitative Literacy:
a. Understand, use, and apply digital technologies
c. Use multimedia resources to communicate ideas effectively in a variety of forms
m. Master and use higher-level mathematics
u. Understand traditional and emerging topics in math, science, and technology, environmental sciences, robotics, fractals, cellular automata, nanotechnology, and biotechnology

5 Global Perspective
b. Understand non-western history, politics, religion and culture
c. Develop social and intellectual skills to navigate effectively across cultures
h. Leverage social and cultural differences to create new ideas and achieve success

6 Adaptability, Initiative, and Risk-Taking
a. Develop flexibility, agility, and adaptability

b. Bring a sense of courage to unfamiliar situations
d. Work effectively in a climate of ambiguity and changing priorities
g. Develop entrepreneurial literacy

7 Integrity and Ethical Decision-Making
a. Sustain an empathetic and compassionate outlook
b. Foster integrity, honesty, fairness and respect
c. Exhibit moral courage in confronting unjust situations
d. Act responsibly, with the interests and well-being of the larger community in mind
e. Develop a fundamental understanding of emerging ethical issues and dilemmas regarding new media and technologies

8 Habits of Mind
b. Creativity
e. Persistence

图 3.11　美国高中素养成绩单样例

从素养成绩单中罗列出的八个方面,可以看出它们与本文开篇所介绍的 21 世纪教育对人的各大素养的培养目标是高度一致的。

三、美国初高中科学课程的衔接

以上对美国初高中科学课程体系中的具体环节进行了详细比较。无论是对 21 世纪初美国科学教育文献进行研究与解读,还是对相关学校初高中衔接项目的查询,笔者所接触到的频率较高的两个单词就是 vital(活力)和 life(生命)。这一系列的词汇频繁出现在此次研究收集到的资料中,美国初高中衔接课程体现了一系列人文关怀的意味。对于初高中衔接项目而言,设计出能为学生提供社会性帮助的各类教育活动及自然科学课程,将是非常充满活力的。"他山之石,可以攻玉",笔者在此提出几点建议,期待可以为国内科学教育界的初高中衔接研究提供一些参考性的建议。

（一）以学科核心概念为中心衔接初高中科学课程

根据加涅《学习的条件》一书,学习共分为八个层次,而概念的学习处于比较高阶的层次。在概念学习之后,才是原理的学习(即概念的联合)以及解决问题(即在各种条件下应用原理达到最终目的)。

如果将这些不同层次的学习纵向地放入整个初高中阶段的科学教育中,我们会发现在衔接期的 9 年级,"概念"的学习正好起着承上启下的重要一环。笔者认为,"概念学习"不失为连接初高中科学课程的重要桥梁之一。

科学概念是"概念"的子集,它是通过自然现象反映客观事物一般本质及其运动规律的思维方式,同时也是人类对客观自然界认识的总结和重大成果,是揭示自然界未知事物和逻辑思维的工具。科学概念,无论是学科核心概念,还是跨学科概念,都是对客观事物的一种反映和揭示,它应当是由学生自主建构而成的。

　　设计高中起始的 9 年级科学课程的时候,应当重视学生心理特征的转变。可以让 8、9 年级的科学教师共同备课,并及时了解 8 年级学生的课程需求。要以核心概念为出发点,以促进学生的理解为目的设计教学。以化学课程为例,它有两大概念——物质与变化。在高中阶段的高年级,教学将围绕"变化"展开。而在 9 年级阶段,无疑应当将"物质"作为一个最主要的核心概念,进行相关单元的设计和教学。围绕"物质",我们以"结构"作为逻辑起点,并将学生引领至原子结构及其亚结构的学习中。

　　9 年级,乃至整个高中阶段科学课程的学习都将是深度化、综合化,甚至是项目化的。学生要注重多项思维技能的综合运用,而不是局限在记忆和理解上,更重要的是要将记忆、理解提升到高层次的应用、分析、评价和创新上。当然,科学课程的基石还是要在理解之上。教学设计的基本要求也要以促进理解优先。以化学教科书为例,该教材的教师用书,在每一章的开头均有 Understanding by Design(理解为先)教学模式的备课建议。

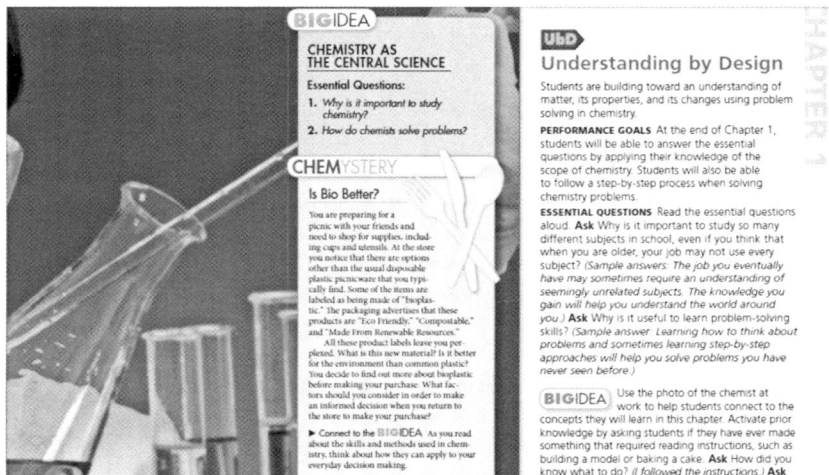

图 3.12　美国高中化学教科书教师用书中 UbD 教学设计建议

高中学生也要勤于思考,积极主动地以批判性与创造性的方法运用思维技能来识别和处理更复杂的问题。同时,也要鼓励学生寻求团队和同侪的协助,利用网络等载体共同参与科学实践中问题的探究和解决。

(二)以实践和内容相结合组织探究型课程

美国的一些州通常将实践和核心概念当作两个独立实体来呈现。一些科学教育研究者甚至指出,最好将两者分开教学或完全不用教实践。对此,NGSS 总结得很到位,它指出:"其实,这样的教学方法既没有用也不切实际,因为在真实世界中,科学和工程学往往是内容与实践相结合……为实践与内容结合的方式提供了学习情境,如果单有实践则只能称之为活动,而单有内容则是死记硬背。通过整合,科学开始有了现实意义且允许学生运用材料。"

在初高中衔接期的 9 年级,既要安排一定的科学实践机会,更要把实践和概念相结合。例如,"科学方法"一节,我们不能机械地教授科学家如何进行研究的框架或步骤的名称,更应该让学生有一定的动手参与机会。我们甚至可以邀请 8 年级学生做一天或一周的"影子学者",参与 9 年级的科学方法的实践环节,让他们做到实地考察(field study)。

(三)强化科学本质的教育以及 STSE 思想

科学本质的特征之一就是科学探究,它包括了科学研究里完整的要素步骤——观察、提问、假设、实验与结论。科学的结论可以是科学理论(或模型),也可以上升到定律的高度。科学理论虽然可以解释实验中所观察到的现象,但它并不一定是完全正确的。实验观察的解释要基于事实,但未必完全"正确"。它们只是在某一个时期,并在某一个范围内适用于某一个科学实验的观察现象。科学理论需要经常性地修订、修改,甚至在大量的数据涌现之后或公众对自然现象的认识更完善后被替换。

以原子结构为例,目前为止,现代原子结构理论是基于量子力学模型的,它已经替换了之前的诸多理论。在科学发展中,仪器和技术的进步是非常重要的。例如,汤姆森用电场和磁场来研究阴极射线的性质,最终导致了电子的发现。

另外,在"化学动力学"一章,美国高中化学教材均把碰撞理论作为一个重要的内容进行阐述。尽管碰撞理论与实验的结果是一致的,但这并不表明它是完全正确的。科学理论的一个重要标志,或者说科学理论和非科学理论的区别,就在于它的证伪性。目前,碰撞理论是建立在实验证据基础上的(实证),一旦有新的实验数据出来,如果当前的碰撞理论不再能合理解释这些新数据的话,它就需要被修订,甚至被弃用。目前,碰撞理论还是一种最佳的对于实验数据的解释。其他理论也有可能,但当前对于实验数据的解释中,碰撞理论还是被广泛接受的。而且这一理论可以用作对预测和现象的解释。理论同样也可以用来预测。在理解了物质结构和化学键之后,我们可以预测它们的熔点和溶解度。尽管科学里的规律很重要,但有些反例也经常能够导致理论的进步,如水的反常性质是由氢键所造成的。

细致的观察与数据收集对于理论的发展同样重要。在数据中发现规律,科学也取得了进步。例如,通过元素周期表来理解元素的物理与化学性质的规律,这可以使化学家制造新的物质。再如,共价化合物可以是液体或固体表明在分子间一定存在某种力量使它们保持在液态或固态,计算得出的结论则是这一吸引力必须足够大。

科学的发展也不是没有任何争议的,尤其是围绕哪位科学家发现了什么事物上。为了使研究成果被其他科学家认可,也为了宣传自身对新事物的发现,科学家往往会发表文章。例如,德国科学家迈尔和同时代的门捷列夫一样,都致力于研究元素的排列。那么为什么门捷列夫被认为是现代元素周期表之父,而非德国人迈尔呢? 这些深层次的问题,其实就是科学哲学的范畴。科学家在数据中寻找规律。他们收集证据,但并不一定是从自己的成果里,也会从其他科学家已经发表的成果里。科学家分析数据,为了寻找事物的联系,并试着提炼成科学定律。

科学和技术在发展过程中可以被用来解决问题,同时它们也造成了一些问题。工业发展产生的酸性气体会导致酸雨,从而造成重大的环境问题。酸雨和与之有关的其他问题一起是一个全球问题。科学家要以顾问的身份,对政策制定者提出一系列的解决方案。

高中科学课程要积极挖掘自然科学教育的人文价值,通过学习科学来渗透思想道德教育。要辩证地看待科学、技术、社会和环境四者的互相作用及其关系,科学教育同样也能达到"立德树人"的育人目标。在多年实践 12 年级高中科学课程的过程中,笔者非常注重向学生介绍科学技术所带来的两面性,并期待学生能够自主挖掘在我们身边发生的有关科学技术与人类社会密切相关的话题,如口罩的丢弃问题(如图 3.13 所示)、福岛核电站问题(如图 3.14 所示)、新型冠状病毒疫苗(如图 3.15 所示)。通常会留出一定的课时,让全班学生进行探讨。

图 3.13　乱丢口罩造成的环境污染问题

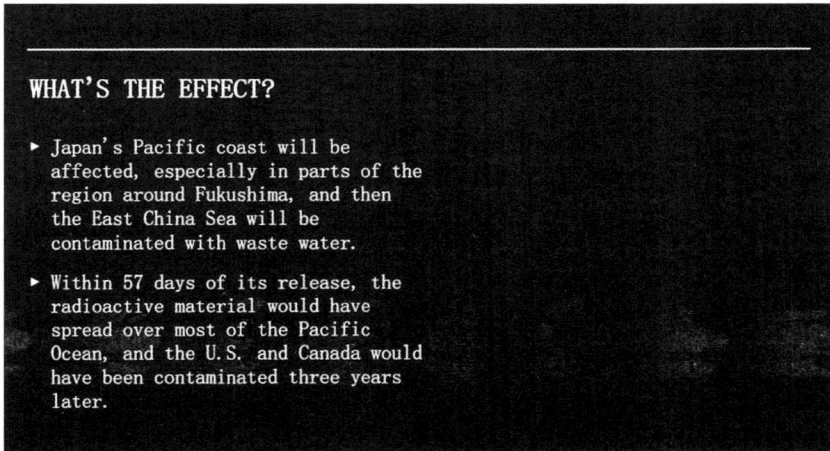

WHAT'S THE EFFECT?

▶ Japan's Pacific coast will be affected, especially in parts of the region around Fukushima, and then the East China Sea will be contaminated with waste water.

▶ Within 57 days of its release, the radioactive material would have spread over most of the Pacific Ocean, and the U.S. and Canada would have been contaminated three years later.

图 3.14　福岛核电站问题

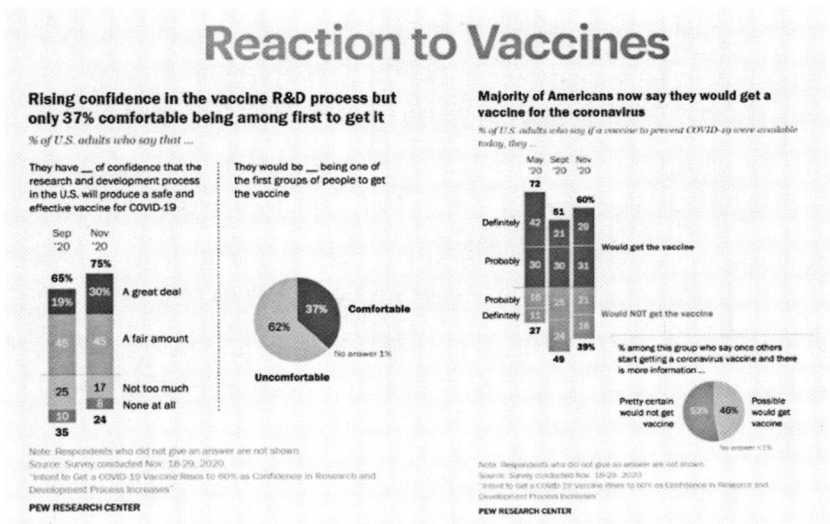

图 3.15　新型冠状病毒疫苗

　　这些深层次的话题需要一定的科学知识和人文素养的积淀，而且这些科学知识已经不再局限于某一门具体的学科了，它是一个高层次、深层次、跨学科（甚至是文理交叉）的讨论。

（四）多元化的高中科学课程评价方式

要积极寻求与国外大学招生办的直接沟通渠道，高中的科学课程要为未来培养高素质人才为教。高中的科学课程如果还是故步自封、一成不变的话，是很难跟上时代变革的洪流的。21世纪伊始，国外先进的科学教育思想已经源源不断地向我们涌来。我们的学校教育也必须要跟上时代的节拍，才不至于被时代所淘汰、所淹没。

国外大学需要的是综合型高素质人才，而非仅仅是在考试中取得高分的高中毕业生。因此，我们的高中科学课程评价必须突破只重视分数、轻视综合素养的方式。科学课程改革至今，早已不仅是让学生做实验、解决问题那么简单，而是要教会学生如何学习科学、如何看待科学、如何应用科学，从而如何改造世界。这些高层次的科学教学要求需要我们重视学生的综合素养。

教育要培养人的综合素养，我们的评价方式也必须要与时俱进。除了传统的标准化考试，广大科学教育者在平时就应注重每一位学生学习记录的积累工作，并将其归类到全球视野、数字素养、创造性等一系列具体的指标中。美国高中毕业生的素养成绩单是没有列出相关学科的，笔者认为，我们的高中科学课程综合化评价还是应当要有具体的学科背景。根据多元智能理论，即使是在自然科学的学习中，学习物理和学习化学、生物的表现也可能完全不一样。

第四章　英国课程体系从 KS3 到 A-level 科学课程的衔接概述

本章介绍了英国国家课程在义务教育阶段和继续教育阶段的科学课程体系,从教学目标、教学内容、教学方法和课程评价等方面比较了 KS3 的科学课程、KS4 的 GCSE 科学课程和继续教育阶段的 A-level 科学课程。英国科学课程的核心思想"Working scientifically"(科学地工作)贯穿于整个科学课程的学习过程,并根据学生在不同阶段的学习能力和学习需求进行了调整:在课程目标上层层递进地培养学生的科学素养,在课程内容上更加详细地展开各个科学学科的知识体系,在教学方法上鼓励学生逐渐独立地运用科学方法进行学习。KS3 的科学课程学习使学生具备了基本的科学素养,GCSE 科学课程可以使学生聚焦对科学学习的兴趣,A-level 课程为今后准备在大学阶段深入学习科学相关专业的学生打好基础。

一、英国科学课程体系综述

(一) 英国国家课程的整体框架

英国的国家课程(National Curriculum)是指在英国的小学和中学普遍采用的统一的课程标准体系,涵盖了在英国 12 年义务教育阶段应该学习的学科和在每个学科中应该达到的教学标准。英国国家课程体系按照学习的年级分为四个"关键阶段"——关键阶段一和二(Key Stage 1 和 Key Stage 2,简称 KS1 和 KS2)指 1 到 6 年级(5—11 岁)的小学阶段,关键阶段三(Key Stage 3,简称 KS3)指 7 到 9 年级(11—14 岁)的初中学习阶段,而关键阶段四

（Key Stage 4，简称 KS4）指 10 到 11 年级（14—16 岁）的高中学习阶段。

从 KS1 开始，英国国家课程就把科学作为学校的必修课程（Compulsory National Curriculum），到 KS4 阶段，科学与英文、数学一起成为三大核心课程（Core Subjects）之一，可见科学课程的重要性。义务教育阶段的 KS4 学习结束后，学生将参加全国普通中学教育文凭考试（General Certificate of Secondary Education，简称 GCSE），接着学生将进入继续教育阶段，选择走学业路线（Academic Route）或者职业路线（Vocational Route）。

选择学业路线的学生多数会选择 A-level 课程（全称为 General Certificate of Education Advanced Level），他们根据期望在大学学习的专业和将来的职业目标来选择学习哪些 A-level 课程。选择 A-level 科学课程的学生将来一般会在大学学习科学相关的专业或者会从事科学相关的职业。无论学生今后选择学业路线还是职业路线，科学教育对培养学生的科学素养都起着至关重要的作用，而国家课程保证了科学教育在各个学校中能够以统一的标准实施下去。英国 GCSE 和 A-level 考试不是由政府统一组织的，而是由不同的考试局在全国统一举行。尽管这些考试局都隶属于政府并由教育资格认证监管委员会（Office of Qualifications and Examinations Regulation，简称 Ofqual）监管，但它们各自独立运作，根据政府规定的课程标准制定具体的教学大纲和考试内容。英国有三个 GCSE 考试委员会——AQA（The Assessment and Qualifications Alliance，英国资格评估与认证联合会），EDEXCEL（英国国家职业学历与学术考试机构）和 OCR（Oxford, Cambridge and RSA Examinations，牛津、剑桥和 RSA 考试局），其中 AQA 是英国最大的考试局，也是 A-level、GCSE 最新课程与考试改革标准的领衔制定者。

Age (years)	Year	Stage	Method of assessment at end of Key Stage
3–4	Nursery	Foundation stage	Teacher observation
4–5	Reception class		
5–6	1	Key Stage 1	Primarily teacher assessment. Tests in English and maths in Year 2, marked by teacher.
6–7	2		
7–8	3	Key Stage 2	An element of teacher assessment. Tests in English, maths and science, usually in Year 6, marked by an external marker.
8–9	4		
9–10	5		
10–11	6		
11–12	7	Key Stage 3	An element of teacher assessment. Tests in English, maths and science, usually in Year 9, marked by an external marker.
12–13	8		
13–14	9		
14–15	10	Key Stage 4	GCSEs; other public examinations/qualifications.
15–16	11		

19+	Employment		Higher education		Further education	
16-19	Other work-based learning	Advanced Apprenticeships; Apprenticeships		Advanced Diploma Foundation and Higher Diplomas also available	A-levels International Baccalaureate	
	Functional skills in all learning routes					
14-16	Young Apprenticeships	Higher Diploma	GCSEs		Foundation learning tier	Foundation Diploma

图 4.1 英国 12 年义务教育的关键阶段(上图)及义务教育阶段后路线(下图)

(二)英国科学课程的核心思想——Working scientifically

科学改变了我们的生活,它对世界的发展和繁荣起着至关重要的作用。为了培养出能为科学发展作贡献的人,需要让学生学习和掌握科学知识、科学方法、科学研究的过程和科学的运用。要通过对科学概念的学习和科学知识体系的建构,培养学生对探究自然的好奇心,并鼓励他们用科学的方法解释自然现象,分析原因,并作出合理的预测。

英国科学课程的核心思想是"Working scientifically"，是将科学方法的运用渗透到学习科学的过程中。在不同的关键阶段，学生的认知水平不同，能够理解和掌握的科学知识、方法和技能也不一样。以"Working scientifically"核心思想指导的课程目标规定了在每一个学习阶段学生对科学的本质、科学过程和科学方法的理解要达到什么要求。在每个阶段的科学课程大纲中，"Working scientifically"的要求都在开头单独被描述出来，这些要求始终贯穿在整个阶段的课程学习过程中，并且明确地与实质性的教学内容联系在一起，以确保"Working scientifically"的核心思想能贯彻和实现。

在各个关键学习阶段的教学大纲中，"Working scientifically"渗透到了不同学科科学知识的学习过程中，学生需要运用不同的科学探究方法回答科学的相关问题，使用的这些科学探究方法和技能在使用程度上也有差异。本文将对比介绍 KS3 到 A-level 学习阶段的教学目标、教学内容、教学方法和课程的评价，并且对 KS3 到 A-level 科学课程的衔接进行讨论。

二、KS3 到 A-level 科学课程的对比讨论

（一）课程目标

KS3 和 KS4 属于英国的义务教育阶段，科学课程肩负的任务是普及科学教育，提高学生的科学素养，理解科学研究的一般过程，并能够运用科学方法解决科学问题。"Working scientifically"的核心思想贯穿了这两个阶段的科学课程的学习中，但是由于学生的学习能力和认识水平的不同，决定了在这两个阶段的课程目标的递进——科学知识的学习更加深入，更加完整地运用科学方法研究科学问题，并且从培养学生的科学态度提升到形成科学思维，从解决科学问题过渡到思考科学与社会的关系，评价科学对自然、社会的影响。

　　KS4 阶段后如果学生选择了学业路线,将在 A-level 课程中深入学习。作为大学的预备课程,A-level 科学课程的目标是为学生的大学教育打下扎实的基础,为学生今后学习科学相关的专业或者从事与科学相关的职业做好准备——科学知识的学习更加深入和专业化,更加独立地运用科学方法解决科学问题,培养科学工作者的社会责任感,更好地处理科学与自然、科学与社会的关系。

　　1. KS3 科学课程目标——培养学生的基本科学素养

　　根据英国国家科学课程纲要在 KS3 的课程目标,通过这个阶段的学习,学生需要:

　　● 通过学习生物、化学和物理学科知识提高对科学概念的理解;

　　● 通过不同类型的科学探究活动解答周围世界中的科学问题,并且加深对科学的本质、过程和科学方法的理解;

　　● 学习相关的科学知识,理解科学在当今和未来社会中的用途和影响。

　　基于 KS3 的课程目标,"Working scientifically"的核心思想在教学中具体体现在以下几个方面:

　　(1) 科学态度

　　注意科学的客观性,关注科学实验的精确度、准确度、重复性和再现性;

　　理解科学方法的步骤,科学理论是在新的证据和想法出现后,早期的理论经历了结果发布和同行评审不断地修正才发展起来的;

　　评估风险。

　　(2) 实验研究技能

　　基于对周围世界的观察和以往的知识、经验,提出问题并开展一系列的探究活动;

　　运用对科学知识的理解来作出预测;

选择、计划和实施最合适的科学探究活动来进行研究,包括确定合适的自变量、因变量和控制变量参数;

使用合适的实验技能、仪器装备和材料进行野外或者实验室工作,并注意人员健康和实验安全;

不同的调查研究采用不同的方法采集、记录、观察、分析数据,评价方法的可靠性并提出改进措施;

能够熟练运用学习过的实验技能。

（3）分析和评价

能运用数学概念并计算结果;

用合适的方法展示观察结果和实验数据,包括表格和图;

解释观察结果和实验数据,包括判断规律以及基于观察、测量和数据得出结论;

提出合理的解释,包括解释和预测或假设相关的实验数据;

评估数据,注意可能存在的随机性和系统误差;

判断结果可能带来的新的问题。

（4）测量

理解并能使用国际单位制基本单位(SI)和化学系统命名法;

推测和使用简单的化学反应方程式,并能进行计算;

进行基本的数据分析,包括简单的统计。

KS3 的课程目标主要是全面培养学生的基本科学素养,包括学习科学知识,树立科学态度,理解周围世界发生的科学事件,并通过科学探究来尝试回答科学问题。为了让学生学习如何"Working scientifically",除了积累科学知识和一些基本的实验技能以外,学生需要运用探究式学习研究一些科学问题,体验科学家是如何运用科学方法解决问题的。

2. GCSE 课程目标——聚焦学生学习科学的兴趣

根据英国国家科学课程纲要在 KS4 的课程目标,通过这个阶段的学习,学生需要:

· 通过学习生物、化学和物理学科的知识提高对科学概念的理解；

· 通过不同类型的科学探究活动解答周围世界中的科学问题，并且加深对科学的本质、过程和科学方法的理解；

· 在实验室内外或者其他环境中学习运用观察、实践、建模、咨询等解决问题的技能和数学技能；

· 培养学生定性或者定量地分析方法、证据和结论的能力与批判地评价结论的能力。

KS4 的 GCSE 课程目标是继续对生物、化学和物理学科的知识进行更加深入的学习，运用科学方法解决问题，同时培养实践技能和批判性思维能力。基于 KS4 的课程目标，"Working scientifically" 的核心思想在教学中具体体现在以下几个方面：

（1）科学思维

理解科学方法和科学理论如何发展；

使用各种概念和模型对问题作出科学的理解和解释；

理解科学的力量和科学的局限性，考虑可能产生的道德问题；

解释科学在日常生活中和技术上的运用，评估相关的个人、社会、经济和环境的影响，基于对证据和参数的评估作出决定；

在科学的实用性和社会背景，包括数据和后续相关风险认知的基础上评估风险；

认识同伴复查结果的重要性，以及与各种听众沟通结果的重要性。

（2）实验技能和方法

运用科学理论和科学解释作出假设；

设计实验或者步骤观察、合成或描述一种物质，测试假设，检查数据或探索现象；

运用合适的技术、仪器设备和材料进行室内或者室外的实验；

在考虑正确使用仪器装备、测量的准确性以及健康和安全的前提下进行实验；

　　判断何时应用抽样技术，以确保所收集的样本具有代表性；

　　使用一系列的仪器和方法进行观察和测量；

　　评估方法并为了进一步的探究改进措施。

　　（3）分析和评估数据

　　（4）正确运用采集数据、展示数据和分析数据等步骤

　　用适当的方法将观察结果和其他数据展示出来；

　　将数据从一种形式转换为另一种形式；

　　对数据进行数字化分析和统计分析；

　　正确表示结果的分布，并对不确定性进行估计；

　　解释观察结果和其他数据，包括识别模式和趋势，作出推断，得出结论；

　　给出合理的解释，包括将数据与假设联系起来；

　　客观地评估数据的准确性、精密度、重复性和重现性。

　　（5）使用纸质版或者电子版的报告和简报，沟通和交流实验研究的科学原理，包括使用的方法、发现和合理的结论

　　（6）科学专业用语

　　使用科学词汇、术语和定义；

　　认识科学数据的重要性，并理解它们是如何确定的；

　　使用国际单位制基本单位和化学系统命名法；

　　使用前缀和10的幂来表示数量级；

　　单位转化；

　　在计算中注意正确的有效数字。

　　在 KS4 时期，"Working scientifically"要求学生在进一步学习各学科科学知识的同时，把科学素质的培养和科学方法的运用渗透到日常学习中，对科学思维、实验技能、科学方法的使用几个方面提出了更具体的要求。经过 GCSE 科学课程的学习，学生对科学研究过程的理解会更加深入，对各个科学学科的知识体系会了解得

更加全面,在学习过程中可以逐步发现对学习科学的兴趣,这样才可以在义务教育阶段结束时选择适合自己的发展方向。

3. A-level 科学课程目标——培养独立的科学工作者

A-level 课程是英国从高中过渡到大学阶段的课程之一,选择这个课程的学生可能会选择科学相关专业进一步深入学习。通过 A-level 课程的学习,学生可以深入学习各学科的知识和实验技能,全面地提高科学素养。同时,学生要从一个依赖教师的学习者,逐步过渡到具有独立思考能力、能运用科学方法解决问题、考虑科学对周围世界带来的问题与影响、能承担风险与责任的社会公民。

在 AQA 的 A-level 科学课程大纲中,提出了以下课程目标:

• 培养学生对这门学科的兴趣和热情,并培养他们进行深入学习和从事相关职业的兴趣;

• 学习并理解科学学科不同领域的知识以及这些知识之间的联系;

• 培养并展示出对科学实践技能、科学知识和科学方法的较深刻的理解;

• 培养一系列的实践技能、数学技能和解决问题的能力与信心;

• 理解社会如何对科学问题作出决策,以及科学如何对经济和社会作出贡献;

• 运用理论、模型和想法形成科学的解释;

• 运用对科学知识的理解提出、定义科学问题,提出科学论证和科学观点;

• 使用适当的方法,包括信息和通信技术(information and communication technology,简称 ICT)回答和解决科学问题;

• 在各种情况下开展实验和调查活动,同时进行适当的风险管理;

• 提供证据分析和解释数据,认识相关性和因果关系;

- 评估方法、证据和数据,并解决相互冲突的证据;
- 要理解科学知识以及科学知识是随着时间发展变化的;
- 用适当的术语以适当的方式交流信息和思想;
- 考虑科学的应用和影响,并评估其相关的利益和风险;
- 考虑科学在人类、其他生物和环境方面存在的伦理问题;
- 评估科学在验证新知识和确保诚信方面发挥的作用;
- 评估社会利用科学为决策提供信息的方式是否恰当。

A-level 的课程目标不只局限在"Working scientifically",除了深入学习科学知识、运用科学方法、理解科学的过程和本质外,还要让学生开始理解科学对社会的影响以及可能会带来的问题。例如,在学习 A-level 生物课程的"生态系统的种群"这部分内容时,要求学生能理解"为了维持自然资源的可持续性,需要处理好人类需求与保护自然之间的冲突";在学习 A-level 化学课程的"有机合成"这部分内容时,要求学生能解释"为什么化学家需要设计不使用有机溶剂和使用安全性原料的有机合成路线";A-level 物理课程的"核物理"中讲到核能的安全问题时,让学习者要重视"在核能应用发展过程中平衡好利益和风险"。在 A-level 科学的学习阶段,学习者需要了解作为一个科学工作者需要承担的社会责任,开始思考在今后从事科学工作的道路上如何更好地处理科学与自然、社会的关系。

（三）教学内容

从 KS3 科学课程到 A-level 科学课程,教学内容的安排上从多学科结合的科学普及教育,到分学科地展示学科体系知识,再到出现每个学科不同的分支学科内容,这符合学生不断发展的认识水平,也是为了适应学生在学习兴趣上越来越明确的需求。让学生在经历了对科学学科的基本学习后,可以让对科学真正有兴趣并愿意接受挑战的学生接受更加严谨和正规的科学教育,为将来的专业或者职业方向的发展打下扎实基础。

1. KS3 科学课程教学内容——用科学主题连接各科学学科的知识

在 KS3 时期,学生开始深入学习物理、化学和生物学科的科学概念,并通过一些大的科学概念(big ideas)把这些不同领域的学科知识关联起来。在 AQA KS3 的科学大纲(以下简称 KS3 大纲)中,课程包括 10 个主题的内容:力、电磁、能量、波、物质、反应、地球、生物、生态系统和基因。

每个主题中包含了四部分小的内容模块,这些内容模块涉及的科学概念由浅入深,从学生比较熟悉的知识过渡到比较抽象的理论。例如,在第四个主题"Waves(波)"中,前两个知识模块"声波"和"光波"是学生比较熟悉的具体的波的形式,后两个模块"波的效应"和"波的性质"则是抽象的科学概念,通过循序渐进的学

	Part 1 Taught in year 7 or year 7/8*		Part 2 Taught in year 8 or year 8/9*	
Forces	Speed	Gravity	Contact forces	Pressure
Electromagnets	Voltage and resistance	Current	Electromagnets	Magnetism
Energy	Energy costs	Energy transfer	Work	Heating and cooling
Waves	Sound	Light	Wave effects	Wave properties
Matter	Particle model	Separating mixtures	Periodic table	Elements
Reactions	Metals and non-metals	Acids and alkalis	Chemical energy	Types of reaction
Earth	Earth structure	Universe	Climate	Earth resources
Organisms	Movement	Cells	Breathing	Digestion
Ecosystem	Interdependence	Plant reproduction	Respiration	Photosynthesis
Genes	Variation	Human reproduction	Evolution	Inheritance

* 教学建议:每部分内容教学时间至少一年。

图 4.2 AQA KS3 科学大纲内容

习,学生可以更好地理解抽象的科学概念,并且能将抽象概念运用到新的主题学习中。

KS3 大纲中没有把物理、化学和生物分为三个单独的科学学科来开展学习,而是把三个科学学科中基本的科学概念通过"big ideas"的方式结合起来。这样可以把几门学科知识汇总到一个个学生熟悉的主题中,体现了科学学科之间的联系。同时,这些主题又是与学习者所处的世界联系比较紧密的,更加凸显了学习科学的现实意义,提高了学习者的学习兴趣。

2. GCSE 课程内容——分层次、分学科的科学教育

KS4 作为英国义务教育阶段的最后一个阶段,承担了培养全民科学素养的任务,同时需要让学生顺利地过渡到下一个继续教育阶段。学生在 KS4 时期,已经在学习能力和对科学学科的学习意愿上出现了分化,因此这个阶段的科学教育要考虑不同学生在学习科学时的不同需求,为学生提供不同的 GCSE 科学课程,学生可以根据自己对科学学科的兴趣和学习能力以及今后要选择的学业路线或者职业路线来选择不同的科学课程。

AQA 在 KS4 时期的科学课程包含七门课程,分别为 GCSE 科学融合课程:三学科(GCSE Combined Science:Trilogy)、GCSE 科学融合课程:两学科(GCSE Combined Science:Synergy)、GCSE 物理(GCSE Physics)、GCSE 化学(GCSE Chemistry)和 GCSE 生物(GCSE Biology)。三学科(Trilogy)的 GCSE 科学融合课程包含独立的三门科学学科(GCSE 物理、GCSE 化学和 GCSE 生物)的学习内容,但是在 Trilogy 课程中每个学科的内容大概只有独立的一门科学学科内容的三分之二,在完成 Trilogy 的学习后,可以得到两门 GCSE 课程的成绩。两学科(Synergy)的 GCSE 科学融合课程把物理、化学和生物三门学科的内容分为两大部分:一部分主要是生物相关的内容,但也有与这些生物知识相关的物理和化学知识;另外一部分主要是物理、化学相关的内容,但也有与这些物理、化学知

识相关的生物知识。Trilogy 课程把三门科学学科的内容分开独立学习,可以让学生学习每一门学科的知识,但是比学习三门单独的科学课程要轻松一些,因此 Trilogy 课程适合在学习上能力或者意愿比较一般的学生。如果学生在学习过程中想转入独立的科学学科进行学习,Trilogy 的课程结构也更适合这种改变,因为每一部分的内容都来自单独的科学学科,这种灵活性为学生在学习科学的选择上提供了更多的可能性。Synergy 课程打破了常规的独立学习三门科学学科知识的模式,而是把三门科学的学科知识通过一些主题自然地联系在一起,把科学知识与周围世界更紧密地连接起来,让学生可以对学习科学产生更浓厚的兴趣。通过 Synergy 课程的学习,学生可以发现科学学科之间的联系,以及科学与周围世界的密切关联,但是在每一门独立的学科上的知识体系还是不够完整的。具体的科学融合课程 Trilogy、Synergy 的教学内容以及三门独立的科学课程内容如图 4.3 所示。

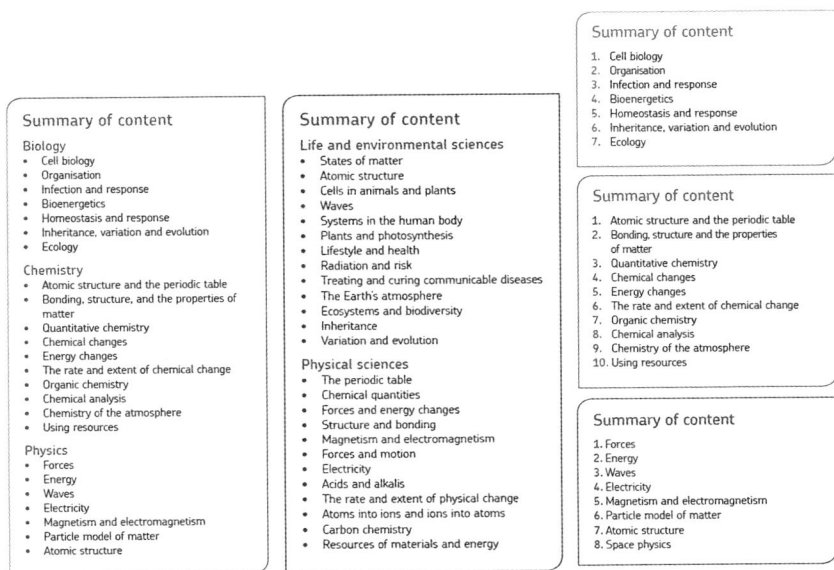

Summary of content

Biology
- Cell biology
- Organisation
- Infection and response
- Bioenergetics
- Homeostasis and response
- Inheritance, variation and evolution
- Ecology

Chemistry
- Atomic structure and the periodic table
- Bonding, structure, and the properties of matter
- Quantitative chemistry
- Chemical changes
- Energy changes
- The rate and extent of chemical change
- Organic chemistry
- Chemical analysis
- Chemistry of the atmosphere
- Using resources

Physics
- Forces
- Energy
- Waves
- Electricity
- Magnetism and electromagnetism
- Particle model of matter
- Atomic structure

Summary of content

Life and environmental sciences
- States of matter
- Atomic structure
- Cells in animals and plants
- Waves
- Systems in the human body
- Plants and photosynthesis
- Lifestyle and health
- Radiation and risk
- Treating and curing communicable diseases
- The Earth's atmosphere
- Ecosystems and biodiversity
- Inheritance
- Variation and evolution

Physical sciences
- The periodic table
- Chemical quantities
- Forces and energy changes
- Structure and bonding
- Magnetism and electromagnetism
- Forces and motion
- Electricity
- Acids and alkalis
- The rate and extent of physical change
- Atoms into ions and ions into atoms
- Carbon chemistry
- Resources of materials and energy

Summary of content

1. Cell biology
2. Organisation
3. Infection and response
4. Bioenergetics
5. Homeostasis and response
6. Inheritance, variation and evolution
7. Ecology

Summary of content

1. Atomic structure and the periodic table
2. Bonding, structure and the properties of matter
3. Quantitative chemistry
4. Chemical changes
5. Energy changes
6. The rate and extent of chemical change
7. Organic chemistry
8. Chemical analysis
9. Chemistry of the atmosphere
10. Using resources

Summary of content

1. Forces
2. Energy
3. Waves
4. Electricity
5. Magnetism and electromagnetism
6. Particle model of matter
7. Atomic structure
8. Space physics

图 4.3　Trilogy 课程(左)、Synergy 课程(中)和独立科学课程(右)教学内容

虽然每一门独立的 GCSE 科学课程涵盖的主题和 Trilogy 课程中每一部分科学学科包含的大主题内容几乎一样,但是在每个主题下面包含的知识内容不一定相同。以图 4.4 所示内容为例,在 GCSE 化学课程内容中的主题二"化学键、物质的结构和性质"中,前三部分的内容"化学键——离子键、共价键和金属键""化学键和物质结构与物质性质的关系""碳元素的结构和化学键"也在 Trilogy 课程化学学科知识的主题二中,但是第四部分的内容"纳米物质的性质"只在独立的 GCSE 化学课程的主题二中才有,并用"chemistry only"在大纲中标注出来。这些仅在独立的 GCSE 科学课程中出现的内容,让这一门学科课程内容更加系统和完整。通过对三门独立的 GCSE 科学课程的学习,能够帮助学生为 A-level 科学课程的学习打下更扎实的基础,同时独立的科学课程中会引入一些新的主题,这些主题可能是今后学生在大学阶段或者职业中会深入研究的内容。如果学生将来想继续深入学习科学科目,或者大学想申请理工类相关专业,最好可以选择三门独立的科学

4.2.4 Bulk and surface properties of matter including nanoparticles (chemistry only)

4.2.4.1 Sizes of particles and their properties

Content	Key opportunities for skills development
Nanoscience refers to structures that are 1–100 nm in size, of the order of a few hundred atoms. Nanoparticles, are smaller than fine particles (PM$_{2.5}$), which have diameters between 100 and 2500 nm (1×10^{-7} m and 2.5×10^{-6} m). Coarse particles (PM$_{10}$) have diameters between 1×10^{-5} m and 2.5×10^{-6} m. Coarse particles are often referred to as dust.	WS 1.2, 1.4, 4.1, 4.2, 4.3 4.4, 4.5 MS 2h Make order of magnitude calculations.
As the side of cube decreases by a factor of 10 the surface area to volume ratio increases by a factor of 10.	MS 5c Calculate areas of triangles and rectangles, surface areas and volumes of cubes.
Nanoparticles may have properties different from those for the same materials in bulk because of their high surface area to volume ratio. It may also mean that smaller quantities are needed to be effective than for materials with normal particle sizes.	

图 4.4　GCSE 化学主题二第四部分内容"纳米物质的性质"(仅化学)

科目进行学习。

综上所述,KS4 的科学课程是基于对全民科学教育设计的,可以为不同学习需求和学习能力的学生提供科学教育的课程体系,也同时为在义务教育阶段结束后学生选择学业路线或者职业路线做好了铺垫和准备。

3. A-level 课程教学内容——各学科分支科学的确立

A-level 物理、化学和生物课程作为高中和大学的衔接课程,需要为学生提供更加深入和系统的学习内容,为学生展示更加宏大的知识版图。通过学习,学生可以更加全面和完整地了解这门学科的知识体系,为今后是否在相关领域进一步深入学习或者是否从事相关的职业做准备。因此,这三门科学课程中已经开始出现分支学科的内容,也就是分别介绍学科中不同领域的知识。以下用 AQA A-level 物理课程大纲内容(如图 4.5 所示)进行说明。

Core content

1 Measurements and their errors

2 Particles and radiation

3 Waves

4 Mechanics and materials

5 Electricity

6 Further mechanics and thermal physics (A-level only)

7 Fields and their consequences (A-level only)

8 Nuclear physics (A-level only)

Options

9 Astrophysics (A-level only)

10 Medical physics (A-level only)

11 Engineering physics (A-level only)

12 Turning points in physics (A-level only)

13 Electronics (A-level only)

图 4.5　AQA A-level 物理大纲内容

A-level 物理课程在第一年 AS 阶段学习的是核心内容(Core content)中的测量及误差、粒子和辐射、波、力学和材料、电学,这些主题在 GCSE 物理课程中已经学习过,但是在 A-level 课程中内容有了拓展和深入。例如,在电学部分学生可以有更多的实践机会构建电路、研究电阻和温度的关系、研究分压器电路等,这些实验的经历可以为学生今后继续学习电能在实际生活中的运用打下基础。在 A-level 物理课程的第二年 A2 阶段,学习内容包括核心内容部分的力学和热物理学进阶部分、场和场的效应、核物理,以及选修内容部分的天体物理学、医学物理学、工程物理学、物理学的转折点、电学。A2 阶段的核心内容仍然是物理学的基础理论部分的深入学习,但是在选修部分,学生可以选择物理学的不同领域进行学习,而学生选择的物理学分支学科,可以与自己今后想在大学继续深入学习的物理学领域或者今后感兴趣的职业方向联系起来。

在 A-level 化学课程大纲和生物课程大纲中也出现了该学科分支领域的知识内容。A-level 化学课程把课程内容分为物理化学(Physical chemistry)、无机化学(Inorganic chemistry)和有机化学(Organic chemistry)几个部分,每个分支化学学科内还细分为更小的知识领域,如物理化学分支包括化学动力学、化学热力学、电化学等,无机化学分支包括过渡金属化学、结构化学等,有机化学分支包括合成化学、分析化学等知识领域。A-level 生物课程按照分子—细胞—生物个体的顺序把分子生物学、细胞生物学、生态学、遗传与进化学、植物生理学和人体生理学等生物分支学科的内容联系起来。学生在完成每个学科知识体系的学习后,同时可以接触到不同分支学科的知识领域,了解该学科在不同领域的应用,为学生在今后选择一个科学学科的分支学科进行更加深入的学习打开了知识的大门。

对于实验科学来说,实验是物理、化学和生物科学的核心,除了每门学科的知识内容外,学生还必须完成一系列的实验。这些实验是在制定大纲之前与大学教师沟通后确定的实验内容,包括为准备大学阶段的学习需要掌握的基本实验设备和实验技能。图 4.6 所示是 A-level 化学必须要完成的实验,每个实验都明确了学生需要掌握的实验设备和实验技能。例如,"实验 8:测电化学电池的电动势"中,需要学生掌握的实验设备和技能为"j:建构化学电池并测量电动势"和"k:安全并仔细地处理固体和液体,包括腐蚀性的、刺激性的、易燃和有毒的物质"。不同的科学学科需要掌握的实验设备和技能不同,具体的要求可以参考 AQA 的各门科学课程的大纲。

Required activity	Apparatus and technique reference
1　Make up a volumetric solution and carry out a simple acid–base titration	a, d, e, f, k
2　Measurement of an enthalpy change	a, d, k
3　Investigation of how the rate of a reaction changes with temperature	a, b, k
4　Carry out simple test-tube reactions to identify: • cations – Group 2, NH_4^+ • anions – Group 7 (halide ions), OH^-, CO_3^{2-}, SO_4^{2-}	d, k
5　Distillation of a product from a reaction	b, d, k
6　Tests for alcohol, aldehyde, alkene and carboxylic acid	b, d, k
7　Measuring the rate of reaction: • by an initial rate method • by a continuous monitoring method	a, k, l a, k, l
8　Measuring the EMF of an electrochemical cell	j, k
9　Investigate how pH changes when a weak acid reacts with a strong base and when a strong acid reacts with a weak base	a, c, d, k
10 Preparation of: • a pure organic solid and test of its purity • a pure organic liquid	a, b, d, g, h, k b, d, g, k
11 Carry out simple test-tube reactions to identify transition metal ions in aqueous solution	b, d, k
12 Separation of species by thin-layer chromatography	i, k

图 4.6　A-level 化学的必做实验

必做实验的要求没有限制学生可以做的实验,只是给出了 A-level 科学课程对实验的最低要求。教师可以根据教学情况,在日常教学中运用实验进行教学,也可以选择其他适合学生的实验,以丰富学生的实践经历。实验方法也不是固定的,教师可以根据情况,让学生按要求完成培养实验技能的实验或者是进行一些自主探究性的实验。

综上所述,经过 A-level 科学课程的学习,学生可以更加全面和深入地了解某个科学学科的知识体系,并且可以接触到这门科学学科的分支学科,为将来的学业或者职业方向提供了可能性;A-level 科学课程中的实验为学生提供了大量动手操作实验的机会,培养了学生的实验能力和运用科学方法进行科学问题研究的能力,为学生将来进行实验学科的深入学习打下了扎实的基础。

(四)教学方法

为了实现各个教学阶段的课程目标,各教学阶段的课程大纲给出了如何实现教学目标的方法建议。KS3 时期的学生好奇心强,可以在教学过程中设计各种探究型活动,让学生通过自己的探索解决一些科学问题,让学生体验科学研究的过程,培养学生的基本科学素养;KS4 时期学生的认识水平提高了,对各科学学科的知识也有了积累,可以让他们在学习过程中尝试完整地运用科学方法解决各学科专业的科学问题;KS4 后的 A-level 课程中,科学方法已经渗透到日常学习和实验中,教师给予学生适当的指导,让学生慢慢独立地进行科学工作。

1. KS3 科学课程——用探究活动贯穿科学知识的学习过程

国家科学课程要求"Working scientifically"贯穿在整个阶段的课程学习过程中,因此在 KS3 的学习过程中,探究型活动(Enquiry activities)始终与教学内容紧密联系在一起,使学生在学习科学知识的同时,培养和发展探究能力(Enquiry skills)。

在 AQA KS3 大纲中,探究型活动分为四类,每类探究型活动包含四种技能:

• 分析问题,包括分析模式、讨论局限性、得出结论和数据展示;

• 沟通和交流,包括交流想法、建构解释、证明观点;

• 探究问题,包括采集数据、设计问题、控制变量和验证假设;

• 解决问题,包括估计风险、检验结果、评估理论以及评估来源。

KS3 大纲将四类探究型活动需要的技能整合到了教学内容中,让学生在学习科学知识的过程中,同时培养了科学探究的能力。以下用 KS3 大纲中的第七个主题——“地球”部分的探究型活动(如图 4.7 所示)为例,说明探究型活动需要的技能是如何在教学中实施的。

“地球”主题包括“地球结构”“宇宙”“气候”和“地球资源”四个小的知识模块,其中“地球资源”知识模块中的探究型活动为“从

Analyse
- Analyse patterns
- Discuss limitations
- Draw conclusions
- Present data

Communicate
- Communicate ideas
- Construct explanations
- Critique claims
- Justify opinions

Enquire
- Collect data
- Devise questions
- Plan variables
- Test hypotheses

Solve
- Estimate risks
- Examine consequences
- Review theories
- Interrogate sources

Earth		Concept			
		Earth structure	Universe	Climate	Earth resources
		Model the processes that are responsible for rock formation and link these to the rock features	Relate observations of changing day length to an appropriate model of the solar system	Investigate the contribution that natural and human chemical processes make to our carbon dioxide emissions	Predict the method used for extracting a metal based on its position in the reactivity series
Enquiry activity					
Analyse	Analyse patterns	●	●		●
	Discuss limitations	●			
	Draw conclusions	●	●		●
	Present data		●		●
Communicate	Communicate ideas		●	●	●
	Construct explanations	●	●	●	●
	Critique claims				
	Justify opinions		●	●	
Enquire	Collect data				●
	Devise questions				
	Plan variables				
	Test hypothesis				
Solve	Estimate risks				●
	Examine consequences			●	●
	Review theories	●	●	●	
	Interrogate sources				

图 4.7　KS3 探究型活动及技能(左)和主题七“地球”探究型活动表格(右)

金属活动性顺序表中的位置预测提取金属的方法"，该活动包括了四个方面的技能——运用金属活动性顺序表属于"分析模式"，找出不同的金属在活动性顺序表中的位置是"采集数据"，从金属的活动性出发寻找提取金属的方法是"建构解释"，找到不同金属的提取方法并把结果呈现出来属于"得出结论"和"数据展示"，对找到的金属提取方法进行讨论和评价会用到"估计风险"和"检验结果"两种技能。

KS3 大纲包括的十个主题中，每个主题有四个知识模块，每个知识模块都有一个探究型活动，通过这些探究型活动可以培养学生的各种探究技能，学生在学科知识相关的探究型活动中，把科学方法运用到科学知识的学习过程中，让学习者可以明白，科学知识的获得是需要运用一系列的科学技能并经过严谨的科学探究过程才可以实现，为 KS4 更加深入地学习科学知识打下基础。

2. GCSE 课程教学方法——将科学方法运用到各学科的学习中

在 KS4 时期，"Working scientifically"要求学生在进一步学习各学科科学知识的同时，把科学素质的培养和科学方法的运用渗透到日常学习中，对科学思维、实验技能、科学方法的使用几个方面提出了更具体的要求。学生需要运用科学方法解决一个个科学问题，而不是像前一阶段那样只是经历科学方法中的某一些步骤。根据国家科学课程纲要对"Working scientifically"的要求，AQA GCSE 科学课程的教学大纲把"Working scientifically"明确为教学中可以培养的技能，并将其与具体的课程内容结合起来。以下用 GCSE 生物课程"4.7.3.5 Global warming"的内容举例说明。

图 4.8 中"WS 1.3"和"WS 1.6"对应了课程纲要中"Working scientifically"的"理解科学的力量和科学的局限性，考虑可能产生的道德问题""认识同伴复查结果的重要性，以及和各种听众沟通

结果的重要性"的要求。在学习"Global warming"这部分内容时,学生需要解释在复杂背景下证据的不确定和不完整性,也就是科学的局限性,还需要理解全球变暖和气候变化是对数千份评审后的出版物进行系统评估后达成的共识。

Students should be able to:	Examples of what students could be asked to do in an exam
WS 1.3 Appreciate the power and limitations of science and consider any ethical issues which may arise.	Explain why data is needed to answer scientific questions, and why it may be uncertain, incomplete or not available. Outline a simple ethical argument about the rights and wrongs of a new technology.
WS 1.6 Recognise the importance of peer review of results and of communicating results to a range of audiences.	Explain that the process of peer review helps to detect false claims and to establish a consensus about which claims should be regarded as valid. Explain that reports of scientific developments in the popular media are not subject to peer review and may be oversimplified, inaccurate or biased.

4.7.3.5 Global warming

Content	Key opportunities for skills development
Students should be able to describe some of the biological consequences of global warming. Levels of carbon dioxide and methane in the atmosphere are increasing, and contribute to 'global warming'.	WS 1.6 Understand that the scientific consensus about global warming and climate change is based on systematic reviews of thousands of peer reviewed publications. WS 1.3 Explain why evidence is uncertain or incomplete in a complex context.

图 4.8　"Working scientifically"(WS)的要求和具体课程内容的结合举例

　　"Working scientifically"在"实验技能和方法"方面要求学生可以"运用合适的技术、仪器设备和材料进行室内或者室外的实验",

并"使用一系列的仪器和方法进行观察和测量的记录"。对于不同的科学学科,需要掌握的实验设备和技能不同。另外,"Working scientifically"在"分析和评估"方面要求学生可以正确运用采集数据、展示数据和分析数据等步骤,实验中需要的数学技能在不同的科学学科中也不相同。图 4.9 所示是 AQA 的 GCSE 生物课程大纲

AT 1–7 are common with combined science. AT 8 is biology only.

	Apparatus and techniques
AT 1	Use of appropriate apparatus to make and record a range of measurements accurately, including length, area, mass, time, temperature, volume of liquids and gases, and pH (links to A-level AT a).
AT 2	Safe use of appropriate heating devices and techniques including use of a Bunsen burner and a water bath or electric heater (links to A-level AT a).
AT 3	Use of appropriate apparatus and techniques for the observation and measurement of biological changes and/or processes.
AT 4	Safe and ethical use of living organisms (plants or animals) to measure physiological functions and responses to the environment (links to A-level AT h).
AT 5	Measurement of rates of reaction by a variety of methods including production of gas, uptake of water and colour change of indicator.
AT 6	Application of appropriate sampling techniques to investigate the distribution and abundance of organisms in an ecosystem via direct use in the field (links to A-level AT k).
AT 7	Use of appropriate apparatus, techniques and magnification, including microscopes, to make observations of biological specimens and produce labelled scientific drawings (links to A-level AT d and e).
AT 8 (Biology only)	Use of appropriate techniques and qualitative reagents to identify biological molecules and processes in more complex and problem-solving contexts including continuous sampling in an investigation (links to A-level AT f).

1	Arithmetic and numerical computation
a	Recognise and use expressions in decimal form
b	Recognise and use expressions in standard form
c	Use ratios, fractions and percentages
d	Make estimates of the results of simple calculations

2	Handling data
a	Use an appropriate number of significant figures
b	Find arithmetic means
c	Construct and interpret frequency tables and diagrams, bar charts and histograms
d	Understand the principles of sampling as applied to scientific data
e	Understand simple probability
f	Understand the terms mean, mode and median
g	Use a scatter diagram to identify a correlation between two variables
h	Make order of magnitude calculations

3	Algebra
a	Understand and use the symbols: =, <, <<, >>, >, ∝ , ~
d	Solve simple algebraic equations

4	Graphs
a	Translate information between graphical and numeric form
b	Understand that $y = mx + c$ represents a linear relationship
c	Plot two variables from experimental or other data
d	Determine the slope and intercept of a linear graph

图 4.9　AQA GCSE 生物课程对实验设备和技能(上)以及数学技能(下)的要求

中对实验设备和技能(Apparatus and techniques,简称 AT)和数学技能(Mathematical skills,简称 MS)的具体要求。

　　图 4.10 所示是 GCSE 生物课程对实验设备和技能(AT)和数学技能(MS)的要求与具体的课程内容结合的例子。在"植物器官系统"这部分内容中,需要运用"AT 3,4,5"的实验设备和技能"通过吸收水的量来测量水的蒸腾速率",运用"AT 6,7"的实验设备和技能"研究气孔和保卫细胞的分布","MS 2a,2d,5c"的数学技能需要在这个部分用于"处理蒸发速率和气孔分布的数据求平均值,理解取样的原则,计算表面积和体积"。

4.2.3.2 Plant organ system

Content	Key opportunities for skills development
Students should be able to explain how the structure of root hair cells, xylem and phloem are adapted to their functions.	AT 3, 4, 5 Measure the rate of transpiration by the uptake of water.
Students should be able to explain the effect of changing temperature, humidity, air movement and light intensity on the rate of transpiration.	AT 6, 7 Investigate the distribution of stomata and guard cells.
	MS 2a, 2d, 5c Process data from investigations involving stomata and transpiration rates to find arithmetic means, understand the principles of sampling and calculate surface areas and volumes.

图 4.10　AQA GCSE 生物课程对实验设备和数学技能的要求与具体课程内容的结合

　　不同的 GCSE 科学课程内容和实验内容不同,但在日常教学中都把"Working scientifically"与各学科具体的科学知识的学习结合起来,在研究具体的学科问题过程中,锻炼学生完整地运用科学方法解决科学问题的能力。与 KS3 科学课程相比,GCSE 课程更加明确了各个学科要求学生掌握的实验设备、实验技能和数学技能。

3. A-level 课程教学方法——运用科学方法独立进行学习

实验学科的基础和核心是实验,因此 A-level 科学课程作为衔接大学的预备课程,必须培养学生能独立进行实验的能力以及将理论知识运用到实践中的能力。A-level 课程内容提供了足够多的机会,让学生可以参与与将来可能从事的相关科学学科密切相关的实践活动,学校需要为学生提供这些实践活动所需要的资源和设施,而教师在教学过程中应该培养学生独立地运用科学方法进行实践活动的各种能力。

这种独立进行科学实践的能力不是完全放手让学生自己完成所有的实践活动,而是在教师的指导下,按照课程的标准和要求,通过一系列的实践活动逐步让学生具备独立进行实验、运用科学方法解决科学问题的能力。在 A-level 物理、化学和生物的学科知识学习过程中,对实验能力(Practical skills)、实验设备和技能(Apparatus and techniques)和数学技能(Mathematical skills)的培养一直贯穿在整个课程内容中。

A-level 物理、化学和生物的实验能力(Practical skills,简称 PS)在理论知识的学习过程中,需要学生掌握以下几个方面:

- 独立思考能力

PS 1.1　　在实验背景下解决问题

PS 1.2　　将科学知识运用到实践中

- 科学方法和实践

PS 2.1　　评价实验设计和科学方法

PS 2.2　　用正确方法展示数据

PS 2.3　　基于测量的不确定度和误差评估结果并得出结论

PS 2.4　判断实验变量,包括控制变量

• 计算能力和数学概念在实践中的应用

PS 3.1　作图并解释图表

PS 3.2　运用附录中列出的数学技能正确地处理和分析数据

PS 3.3　考虑误差范围,数学的准确度和精确度

• 实验仪器和设备

PS 4.1　了解并理解如何正确使用大纲中要求的实验仪器、设备和实验技能

这些实践能力在 A-level 科学课程大纲中与具体的课程内容结合起来,学生在学习的过程中可以明确知道运用哪一种实践能力进行学习,更加有的放矢地培养自己独立运用科学方法进行学习的能力。以下举例说明在 A-level 化学课程的内容教学中是如何把知识学习与实践能力的培养结合起来的(如图 4.11 所示)。

3.3.16　Chromatography (A-level only)

Chromatography provides an important method of separating and identifying components in a mixture. Different types of chromatography are used depending on the composition of mixture to be separated.

Content	Opportunities for skills development
Chromatography can be used to separate and identify the components in a mixture. Types of chromatography include: • thin-layer chromatography (TLC) – a plate is coated with a solid and a solvent moves up the plate • column chromatography (CC) – a column is packed with a solid and a solvent moves down the column • gas chromatography (GC) – a column is packed with a solid or with a solid coated by a liquid, and a gas is passed through the column under pressure at high temperature.	**AT a, i and k** **PS 1.2, 3.2 and 4.1** Students could use thin-layer chromatography to identify analgesics. Students could use thin-layer chromatography to identify transition metal ions in a solution.

图 4.11　A-level 化学中“色谱”部分教学内容与科学实践能力的结合

A-level 化学在“色谱”内容中将科学实践技能中的“PS 1.2 将科学知识运用到实践中”“PS 3.2 运用附录中列出的数学技能正确地处理和分析数据”和“PS 4.1 了解并理解如何正确使用大纲中要求的实验仪器、设备和实验技能”三项实践能力与教学内容结合起

来。在学习完色谱法的相关知识后,学生可以使用薄层色谱法分析止痛剂成分、溶液中不同的过渡金属成分,将理论知识运用到色谱法分析混合物成分的实践中,并且需要正确使用色谱法的实验仪器和正确操作实验过程,结合使用相应的数学方法处理数据,才能得出正确的结论。

	Apparatus and techniques
AT a	use appropriate apparatus to record a range of quantitative measurements (to include mass, time, volume, temperature, length and pH)
AT b	use appropriate instrumentation to record quantitative measurements, such as a colorimeter or potometer
AT c	use laboratory glassware apparatus for a variety of experimental techniques to include serial dilutions
AT d	use of light microscope at high power and low power, including use of a graticule
AT e	produce scientific drawing from observation with annotations
AT f	use qualitative reagents to identify biological molecules
AT g	separate biological compounds using thin layer/paper chromatography or electrophoresis
AT h	safely and ethically use organisms to measure: • plant or animal responses • physiological functions
AT i	use microbiological aseptic techniques, including the use of agar plates and broth
AT j	safely use instruments for dissection of an animal organ, or plant organ
AT k	use sampling techniques in fieldwork
AT l	use ICT such as computer modelling, or data logger to collect data, or use software to process data

图 4.12 A-level 生物对实验设备和技能的要求

A-level 课程中不同的学科对实验设备和技能和数学技能的要求不一样,比如生物科学在数据处理部分,对取样和数据统计方面的要求比另外两门科学课程要更高,而物理则在几何和三角部分的数学运算技能上要求更高。在 A-level 各个科学课程的学习过程中,将需要掌握的实验能力、实验设备和技能、数学技能与对应的知识内容结合起来,可以使学生更加明确学习目标,更加自主和全面地提高学习和科学实践的能力。

（五）课程的评价

在英国 12 年义务教育阶段的 KS3 不进行全国统一的课程评价,各个学校可以根据自己课程标准的实施情况和学生的学习情况来制定适合本校的评价标准。在完成义务教育的最后一个阶段 KS4 后,要进行全国统一的普通中学教育文凭考试,评价结果会影响学生今后学业或者职业路线的选择。A-level 课程作为大学预科课程,评价标准符合大学对高中学生的要求,考试内容不仅包括科学知识,还包括对科学研究过程的理解、科学方法的运用以及对实验设备和实验操作技能的掌握情况,评价结果会直接影响大学申请。

1. KS3 课程评价

在 KS3 阶段的学习结束后,学生要参加学校统一组织的课程评价。评价标准由各个学校根据国家科学课程纲要的课程目标,结合学校的科学课程实施情况来制定。在制定评价标准时,要遵守以下原则:

（1）向父母提供可靠的信息,告诉他们孩子在学校的学习情况

为达到 KS3 阶段的学习目标,可以在课程进行过程中对学生的表现进行跟踪记录并且定期反馈给家长;提供易于传达和理解的信息,包括定量和定性的评估结果;区分不同能力的学生,早期识别落后的和表现优秀的学生;可靠且无偏见。

（2）帮助推动学生学习和教师教学的进步

与提高教学质量密切相关;确保对学生的反馈与具体切实的目标相关,有助于改善学生的学习情况;提供可记录的评估结果,可以用来与预期的目标进行比较,反映学生所取得的进步。

（3）确保学校与校外最佳的实践和创新保持同步

与当地进行最佳实践的学校协商后制定评价标准；在参考了国际上的最佳实践后，以最佳实践为基准结合学校的课程实施情况制定学校的评价标准。

以上原则可以让学校根据学生情况和课程的实施情况来制定适合本校 7—9 年级学生的评价标准，可以帮助提高学生与教师在教学过程中的参与性和互动性。KS3 阶段不实行统一的标准化考试，可以让学校根据学生的情况来设计学校课程，教师有更多的自由引导学生进行科学探索，激发学生对科学的学习兴趣，培养学生的科学素养，有利于提高义务教育阶段的科学教育水平。

2. GCSE 科学课程的评价

KS4 是英国义务教育阶段的最后一个阶段，结束 KS4 阶段的学习后学生将参加全国普通中学教育文凭考试（General Certificate of Secondary Education，简称 GCSE），而 GCSE 的考试成绩是学生在继续教育阶段选择学业路线或者职业路线的重要依据，优秀的 GCSE 成绩可以让学生在大学申请和求职中更具有竞争力。

在 KS4 时期，根据学生不同的学习能力和学习需求，可以选择 GCSE 科学课程（包括两门科学融合课程——Trilogy 和 Synergy）和三门独立的科学课程进行学习。两门科学融合课程包含的课程内容大概是三门独立的科学课程内容的三分之二，因此在通过每一门科学融合课程后可以取得双学分（Double award）的成绩。

图 4.13 所示是两门科学融合课程的相关考试信息。Trilogy 的考试包括六张试卷——物理、化学和生物各两张试卷，每张试卷考试时间是 1 小时 15 分钟，满分是 70 分，每张试卷对总分的贡献比例都是 16.7%。融合课程 Synergy 的考试包括四张试卷——两张试卷考查生命和环境科学的内容，两张试卷考查物理科学的内容，

每张试卷考试时间是 1 小时 15 分钟,满分是 100 分,对总分的贡献比例是 25%。

Six papers: two biology, two chemistry and two physics. Each will assess different topics. Duration: all the papers are 1 hour 15 minutes. Tiers: Foundation and Higher. Weighting: the papers are equally weighted. Each is worth 16.7% of the grade and has 70 marks. Question types: multiple choice, structured, closed, short answer and open response.	Four exams: two covering Life and environmental sciences, and two covering Physical sciences. Duration: all of the papers are 1 hour 45 minutes in length. Tiers: Foundation and Higher. Weighting: the papers are equally weighted. Each is worth 25% of the grade and has 100 marks available.

图 4.13　GCSE 科学融合课程 Trilogy(左)和 Synergy(右)考试形式

图 4.14 所示是三门独立的科学课程的相关考试信息。每一门独立的科学课程的考试都包括两张试卷,每张试卷考查的内容大概是全部课程一半的内容,考试时间都是 1 小时 45 分钟。试卷一和试卷二的满分都是 100 分,对总分的贡献比例都是 50%。在完成所有的试卷后,融合课程 Synergy 和 Trilogy 的总分分别是 400 分和420 分,三门独立的科学课程总分是 600 分,基本上对应了课程涵

Two papers: each paper will assess different topics. Duration: both papers are 1 hour 45 minutes. Tiers: Foundation and Higher. Weighting: the papers are equally weighted. Each is worth 50% of the grade and has 100 marks available. Question types: multiple choice, structured, closed short answer and open response. **Paper 1** What's assessed? Energy; Electricity; Particle model of matter and Atomic structure **Paper 2** What's assessed? Forces; Waves; Magnetism and electromagnetism and Space physics	Two papers: each paper will assess knowledge and understanding from different topics. The questions will use clearer and simpler language, to assess students only on their scientific ability. Duration: both papers are 1 hour 45 minutes. Tiers: Foundation and Higher. Weighting: the papers are equally weighted. Each is worth 50% of the grade and has 100 marks available. Question types: multiple choice, structured, closed short answer and open response. **Paper 1** What's assessed? Topics 1–5: Atomic structure and the periodic table; Bonding, structure and the properties of matter; Quantitative chemistry; Chemical changes; and Energy changes. **Paper 2** What's assessed? Topics 6–10: The rate and extent of chemical change; Organic chemistry; Chemical analysis; Chemistry of the atmosphere and Using resources.	Two papers: each paper will assess knowledge and understanding from different topics. The questions will use clearer and simpler language, to assess students only on their scientific ability. Duration: both papers are 1 hour 45 minutes. Tier: Foundation and Higher. Weighting: the papers are equally weighted. Each is worth 50% of the grade and has 100 marks available. Question types: multiple choice, structured, closed short answer and open response. **Paper 1** What's assessed? Topics 1–4: Cell biology; Organisation; Infection and response and Bioenergetics. **Paper 2** What's assessed? Topics 5–7: Homeostasis and response; Inheritance, variation and evolution and Ecology.

图 4.14　GCSE 物理(左)、化学(中)和生物(右)考试形式

盖的内容量。在2015年GCSE评分体系改革后,学生得到的总分会被换算成9-1分的成绩,9分只颁发给少数成绩极其拔尖的学生,人数比旧体系中A*级别获得者要少。Synergy和Trilogy都是双学分课程,最后的成绩会显示两个分数,如9-8、7-7,而完成了三门独立课程的学生会获得三个9-1分的分数。

Ofqual制定了GCSE科学课程的考试评估标准(Assessment Objectives,简称AOs),所有考试局都统一在考试中使用这些评估标准,衡量学生是否达到以下评估目标:

· AO1:理解知识,包括展示对科学思想、科学技术和科学过程方面知识的理解;

· AO2:应用知识,包括对科学思想、科学研究、技术和过程的应用和理解;

· AO3:分析信息和想法并用于解释和评价,作出判断并得出结论,制定和改进实验步骤。

从图4.15可以看出,GCSE科学融合课程和独立科学课程考试中AO1、AO2和AO3的评估标准比例都是40%、40%和20%,体现了GCSE考试重视学生对科学知识的理解和应用,AO3的标准属于运用科学方法进行科学实践,对学生的要求比较高,在考试中的比例相对较少。在义务教育的最后阶段KS4,科学教育的目的还是要普及科学知识的理解和应用,科学方法的运用虽然不是主要的考查内容,但是已经让学生在GCSE考试中开始尝试和挑战了。

在GCSE科学课程的考试中,实验以笔试的形式进行考核,与实验相关的问题占考试总分数的15%以上。GCSE科学课程提供了学生必须完成的实验列表,学生需要完成这些实验,获得实验相关的知识和理解。笔试中许多问题需要学生将这些知识和理解运用到实际情况中,通常是考查他们是否能在新的环境中正确使用学习过的实验技能和实验方法。

Assessment objectives (AOs)	Component weightings (approx %)				Overall weighting (approx %)
	Unit 1 Paper 1	Unit 1 Paper 2	Unit 2 Paper 3	Unit 2 Paper 4	
AO1	47–53	27–33	47–53	27–33	40
AO2	41–47	33–39	41–47	33–39	40
AO3	3–9	31–37	3–9	31–37	20
Overall weighting of components	25	25	25	25	100

Assessment objectives (AOs)	Component weightings (approx %)						Overall weighting (approx %)
	Biology Paper 1	Biology Paper 2	Chemistry Paper 1	Chemistry Paper 2	Physics Paper 1	Physics Paper 2	
AO1	37–43	37–43	37–43	37–43	37–43	37–43	40
AO2	37–43	37–43	37–43	37–43	37–43	37–43	40
AO3	17–23	17–23	17–23	17–23	17–23	17–23	20
Overall weighting of components	16.7	16.7	16.7	16.7	16.7	16.7	100

Assessment objectives (AOs)	Component weightings (approx %)		Overall weighting (approx %)
	Paper 1	Paper 2	
AO1	37–43	37–43	40
AO2	37–43	37–43	40
AO3	17–23	17–23	20
Overall weighting of components	50	50	100

图 4.15　GCSE 科学融合课程 Synery(上)、Trilogy(中)和
GCSE 独立科学课程(下)评估标准比例

3. A-level 科学课程的评价

AQA A-level 科学课程的考试以笔试为主,学生在每门科学课程的 AS 阶段结束要参加两张试卷的考试,在 A2 阶段结束后要参加三张试卷的考试。下面用 A-level 化学课程大纲中的考试相关信息为例说明(如图 4.16 所示)。

AS 阶段评价的两张试卷考试时长均为 1 小时 30 分钟,满分都是 80 分,题型包括 15 分的选择题和 65 分的问答题,AS 阶段评价

Assessments

Paper 1	Paper 2
What's assessed	**What's assessed**
• Relevant Physical chemistry topics (sections 3.1.1 to 3.1.4, 3.1.6 and 3.1.7) • Inorganic chemistry (Section 3.2.1 to 3.2.3) • Relevant practical skills	• Relevant Physical chemistry topics (sections 3.1.2 to 3.1.6) • Organic chemistry (Section 3.3.1 to 3.3.6) • Relevant practical skills
How it's assessed	**How it's assessed**
• written exam: 1 hour 30 minutes • 80 marks • 50% of the AS	• written exam: 1 hour 30 minutes • 80 marks • 50% of the AS
Questions	**Questions**
65 marks of short and long answer questions 15 marks of multiple choice questions	65 marks of short and long answer questions 15 marks of multiple choice questions

Assessments

Paper 1	Paper 2	Paper 3
What's assessed	**What's assessed**	**What's assessed**
• Relevant Physical chemistry topics (sections 3.1.1 to 3.1.4, 3.1.6 to 3.1.8 and 3.1.10 to 3.1.12) • Inorganic chemistry (Section 3.2) • Relevant practical skills	• Relevant Physical chemistry topics (sections 3.1.2 to 3.1.6 and 3.1.9) • Organic chemistry (Section 3.3) • Relevant practical skills	• Any content • Any practical skills
How it's assessed	**How it's assessed**	**How it's assessed**
• written exam: 2 hours • 105 marks • 35% of A-level	• written exam: 2 hours • 105 marks • 35% of A-level	• written exam: 2 hours • 90 marks • 30% of A-level
Questions	**Questions**	**Questions**
105 marks of short and long answer questions	105 marks of short and long answer questions	40 marks of questions on practical techniques and data analysis 20 marks of questions testing across the specification 30 marks of multiple choice questions

图 4.16　A-level 化学 AS 阶段评价(上)和 A2 阶段评价(下)

的总分为 160 分；A2 阶段评价的三张试卷考试时长均为 2 小时，满分分别为 105 分、105 分和 90 分。A2 阶段评价的试卷一和试卷二题型为问答题，试卷三是考查实验和全部课程内容，包括 60 分的问答题和 30 分的选择题。每张试卷都明确了考查的范围，包括课程内容相关的实验。A-level 物理和生物评价与化学评价类似，都考查五张试卷，考试时长也一样，但是每张试卷的满分和题型略有差异。五张试卷的考查全部结束后,按照每张试卷的得分加起来的总分划分成绩等级,总分的 90% 及以上获得 A＊,A—E 等级分别是总分的 80%、70%、60%、50% 和 40%, 40% 以下则为不及格。

Ofqual 制定了 A-level 科学课程的考试评价标准(Assessment Objectives,简称 AOs),所有考试局都统一在考试中使用这些评估标准,衡量学生是否达到以下评估目标:

AO1:理解与科学的思想、过程、实验技术和步骤相关的知识;

AO2:在理论背景下、在实际环境中、在处理定性数据或者定量数据时应用科学的思想、过程、实验技术和步骤相关的知识;

AO3:为了作出判断并得出结论或者为了改进实验设计和实验步骤,分析、解释、评估与问题相关的科学信息、想法和证据。

以 A-level 化学课程考试为例(如图 4.17 所示),AO1、AO2 和 AO3 在 AS 阶段考查的比例分别为 35%、43% 和 22%,对科学知识理解和应用的评价标准 AO1 和 AO2 占比为 78%,对科学方法运用的评价标准 AO3 占比为 22%;三个评价标准在 A2 阶段考查的比例

Weighting of assessment objectives for AS Chemistry

Assessment objectives (AOs)	Component weightings (approx %)		Overall weighting (approx %)
	Paper 1	Paper 2	
AO1	35	35	35
AO2	43	43	43
AO3	22	22	22
Overall weighting of components	50	50	100

Weighting of assessment objectives for A-level Chemistry

Assessment objectives (AOs)	Component weightings (approx %)			Overall weighting (approx %)
	Paper 1	Paper 2	Paper 3	
AO1	30	30	32	30
AO2	48	48	34	45
AO3	22	22	34	25
Overall weighting of components	35	35	30	100

图 4.17 A-level 化学评价标准比例

分别为 30%、45% 和 25%，对科学知识应用的评价比例和对科学方法运用的评价比例略有提高。A-level 物理和生物课程考试中，这三个评价标准在 AS 阶段和 A2 阶段每张试卷的比例和化学考试的差异不大，并且 AO2 和 AO3 的评价标准比例在 A2 阶段也略有提高，体现了科学方法的运用在 A-level 科学课程中更加重要。

　　实验的评价一部分内容可以在笔试中考查，另一部分评价要在学生进行实验操作时进行。AQA 的 A-level 科学考试考查与实验相关的知识、技能和理解在 AS 和 A2 阶段的笔试中占比都为 15%。非笔试形式的实验考核是教师在学生进行实验时评价的，学生要在至少 12 个实验中展现出他们的实验能力，在五个方面达到要求后才能获得实验能力的合格证书。如图 4.18 所示为 A-level 科学课程统一的非笔试形式的实验考核过程。

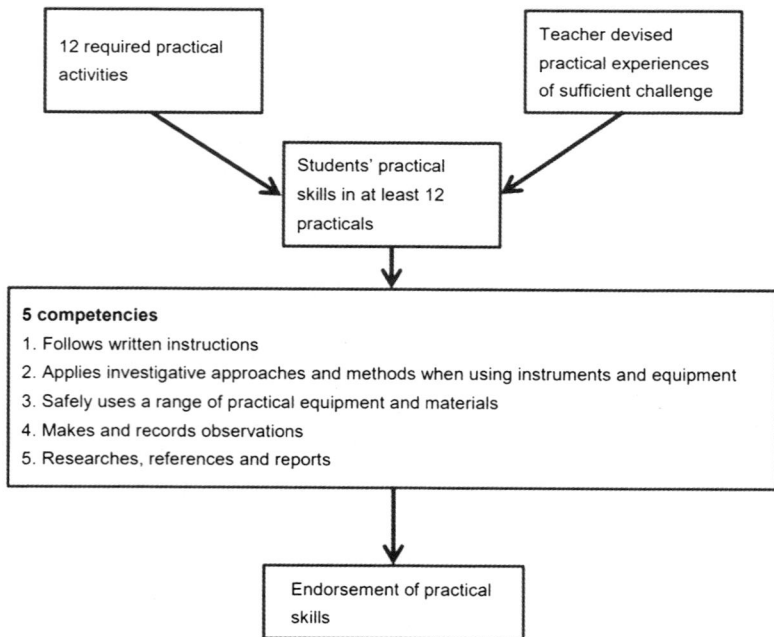

图 4.18　非笔试形式的实验考核过程

在这 12 个实验的考核过程中,学生需要展示出五个方面的实验能力:

① 按照书面指示进行操作;

② 运用正确的方法使用实验仪器和设备;

③ 安全地使用一系列的实验材料和设备;

④ 进行实验并记录观察结果;

⑤ 完成调查、参考文献和报告。

在课程结束后,教师会根据学生在 12 个实验中的表现决定是否授予学生实验技能"合格"的成绩。教师要确保学生在实验技能上达到了足够熟练的程度,以适应今后在大学继续科学学科的学习。由于实验处于实验科学的核心地位,A-level 科学课程的评价趋势是越来越看重学生对实验的理解和对实验技能的掌握程度。为了让学生为今后实验科学的学习做好充分的准备,教师应当把实验教学更多地融入日常教学中,并且激励学生更多地参与实验。

三、从 KS3 科学课程到 A-level 科学课程的衔接

（一）课程目标——层层递进地培养学生的科学素养

在义务教育阶段的 KS3 和 KS4,"Working scientifically"是指导科学课程的核心,让学习者在学习科学知识的过程中运用科学思维和科学方法,逐渐提高学习者的科学素养。在义务教育阶段结束后的 KS5 继续教育阶段,课程目标从培养一个具有基本科学素养的公民过渡到培养一个能适应大学学习、具有独立地运用科学方法解决科学问题的能力,并且能够正确认识和处理科学与自然、科学与社会发展关系的科学型人才。

1. 科学态度和科学思维

在 KS3 时期,培养学生的科学态度、认识科学的客观性和科学理论发展的基本过程是主要课程目标之一;到了 KS4 时期,学习者

需要运用科学思维理解和解决科学问题,并且开始考虑科学的局限性和可能带来的相关问题,评估相关的风险;在 KS5 时期,学习者不仅要树立科学的态度、运用科学思维解决科学问题,还需要考虑如何用正确的方法解决与科学相关的自然和社会的问题,也就是要培养学生的责任感以及与科学相关的职业道德和规范。

科学态度和科学思维是学习科学学科最基本的科学素养,在科学课程的学习过程中潜移默化、层层递进地与相关的课程内容结合起来,逐步让学生树立正确的科学态度并形成科学工作者的思维方式。例如,在 GCSE 课程目标中要求"理解科学的局限性,基于证据评估科学运用的风险",而在 A-level 课程目标中,除了"考虑科学的应用和影响,评估相关的利益和风险",还需要"评估科学为社会决策提供信息的方式是否恰当"。GCSE 的课程目标和 A-level 的课程目标是相互联系的,而后者对学生的要求更高,为培养独立的、有责任感的科学型人才做准备。

2. 实验技能

KS3 时期要求学生可以使用合适的实验技能进行科学探究活动,学生开始了解和接触各种探究活动中用到了什么技能、仪器和材料;到了 KS4 时期出现了需要让学生掌握的实验技能列表,并且将实验技能与具体的课程内容和实验主题联系起来,开始让学生动手进行实验操作,培养实验能力。

到了 A-level 课程的学习阶段,学生需要逐渐独立地完成实验,为大学的学习做准备。独立完成实验的能力不是教师完全放手让学生自己去做,而是在教师的支持和指导下逐步培养学生的该项能力。教师可以采用一些方法,如提供明确的指导,演示实验的关键操作再让学生照做,把实验拆分为几个部分让学生独立完成其中某些实验,等等。在教师的支持和指导下,学生在实验技能上越来越熟练,逐步获得独立完成实验的能力,也会在实验工作中越来越有信心(如图 4.19 所示)。

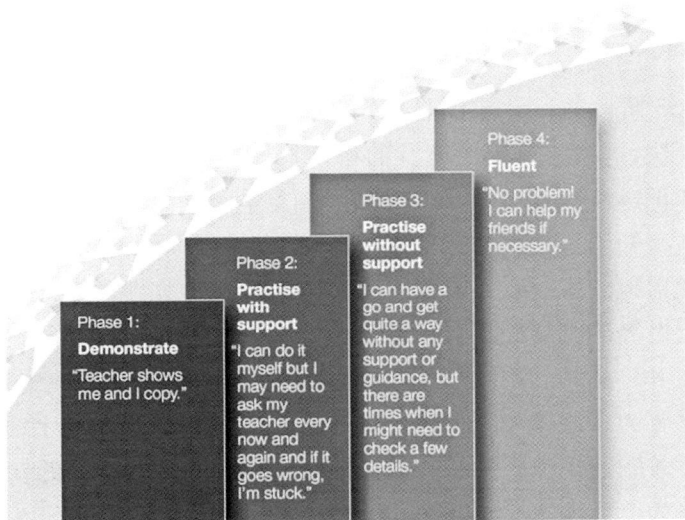

Phase 1:
Demonstrate
"Teacher shows me and I copy."

Phase 2:
Practise with support
"I can do it myself but I may need to ask my teacher every now and again and if it goes wrong, I'm stuck."

Phase 3:
Practise without support
"I can have a go and get quite a way without any support or guidance, but there are times when I might need to check a few details."

Phase 4:
Fluent
"No problem! I can help my friends if necessary."

图 4.19　实验技能的掌握程度体现学生的独立和自信

3. 科学方法

科学方法的运用从 KS3 时期的学习已经开始,在与课程内容结合的探究型活动中,学生尝试运用科学方法中的部分步骤探究科学问题的答案;到了 KS4 时期,科学方法的运用更多地渗透到日常学习中,通过了解获得科学知识的过程,让学生了解如何完整地运用科学方法的各个步骤探究科学问题的答案;在学习 A-level 课程的过程中,学生要开始尝试独立运用科学方法解决科学问题,为即将到来的大学学习中独立进行科学探究做准备。

（二）课程内容——更加详细地展开各科学学科知识

KS3 和 KS4 处于英国的义务教育阶段,科学作为通识教育的核心课程之一,主要任务是提高公民的科学素养和普及科学知识。通识教育可以使学生接触不同领域的知识,发掘自己的学业兴趣,为学生选择专业或者职业做准备。在 A-level 课程阶段,学生已经比较明确今后的学业方向了,科学课程的内容要和大学阶段的学习衔接,可以让学生更加深入、详细地学习该学科的知识体系。

1. 知识体系

KS3阶段的科学知识是用"big ideas"联系起来的相关主题的内容模块,这些内容模块涉及的科学概念由浅入深,从学生比较熟悉的知识过渡到比较抽象的理论,需要学习者从理解科学知识到应用这些知识解决问题。课程内容没有按照学科划分,而是通过学生感兴趣的主题联系起来,可以提高学生的学习兴趣,认识科学与周围世界的密切联系。

在KS4阶段,学生仍然处于探索自己学业特长和兴趣的阶段,但同时要为今后的学业或职业方向作出选择,因此科学课程的内容既要兼顾通识教育的特点,让学生了解各个科学学科的知识点,同时要为今后深入地学习科学相关专业做好准备。GCSE课程给出了科学融合课程和独立的科学课程的选择,前者比较适合想在KS4阶段接受科学通识教育的学生,而后者更适合已经比较明确想从事科学相关专业学习的学生。如果选择了融合课程的学生在学习后发现自己在科学学习上的兴趣特长,因为科学融合课程内容是三门独立的科学课程内容的一部分,也可转入独立的科学课程继续学习。

A-level课程的学习阶段是为今后的大学学习做准备,学生较为明确地知道将选择某门学科继续深入学习,因此课程内容上要为学生展现出该学科更全面的知识体系,学科内容上展现该学科的分支科学、分支领域的知识。学生在较全面地了解这门科学的学科知识体系的同时,可以学习到该学科分支科学的知识,这对他们今后继续在科学的分支学科相关专业学习打下了基础。

2. 实验

KS3阶段的实验以探究式的活动形式为主,这些活动是和相关的知识内容结合起来的。这些活动的内容和周围世界的联系较为密切,容易在日常生活中观察或操作,对学生在实验技能上的要求不高。例如,在"能量"主题的"能量消耗"知识模块中的探究活动为"比较荧光灯和白炽灯的使用费用"。

　　GCSE 和 A-level 课程大纲明确了学生需要完成的实验,实验内容是和教学内容相关联的,体现了本学科对实验的具体要求。例如,GCSE 物理必做实验"研究在不同表面和不同材料上光的反射"与"电磁波和物质的相互作用"知识内容联系,会使用测量波和不同物质相互作用的仪器。A-level 的实验内容是基于课程内容的。例如,A-level 物理必做实验"研究干涉效应,包括杨氏狭缝实验和衍射光栅的干涉实验"研究的是电磁波的相互作用,相比 GCSE 课程中研究"电磁波和物质的相互作用"的实验对课程内容的理解和实验能力的要求上提高了。

　　(三)教学方法——逐渐独立地运用科学方法进行学习

　　在 AQA GCSE 和 A-level 的大纲中明确提出:实验是实验科学的核心,所以我们把实验放在了本大纲的核心地位(Practical work is at the heart of physics/chemistry/biology, so we have placed it at the heart of this specification)。实验科学的知识体系是建立在实验基础上的,因此在学习科学知识的过程中,需要让学生了解如何通过实验来获得科学知识,并且要让学生掌握运用科学方法的能力,这样才能在今后的工作和学习中解决更多的科学问题、获得更多的科学知识。从 KS3 阶段起,经过 KS4 阶段,到继续教育阶段,科学课程的内容都是和科学实验技能、科学方法的运用结合起来的,学生在学习某个具体的知识点时,可以培养相关的实验能力或者科学思维的某个方面、科学方法运用的某个环节。

　　1. 科学方法

　　KS3 阶段通过一系列的探究活动,学生开始运用科学方法解决科学问题,加深对科学的本质、过程和科学方法的理解,但是这些探究活动中对科学方法的应用是分散的,应用的是科学方法中的某个步骤。例如,在"波"的知识主题中"光"知识模块的探究型活动"运用射线图建立光如何穿过透镜和透明物体的模型"中,运用了科学方法中的"设计问题""检验假设"和"建构解释"这些步骤。科学方法中的其他步骤,如"分析模式""得出结论""评估理论"等步骤是在"物质"主题的"元素周期表"知识模块的探究型活动"把元素按照化学性质数据分类并同它们在周期表中的位置联系起来"中运用到的。

在 KS4 阶段的 GCSE 科学课程中,学生需要把科学方法中的多个步骤运用到具体的实验中去解决一个科学问题。例如,在 GCSE 物理课程的必做实验 6"研究力和弹簧伸展的关系"中,学生需要经历科学方法中的"作出假设""设计实验""收集实验数据""分析数据得出结论"等一系列的步骤,比较完整地运用了科学方法解决科学问题。在 A-level 课程中,学生除了运用科学方法解决指定的科学问题,还需要独立地运用科学方法解决新的科学问题。

A-level 课程对学生独立运用科学方法能力的培养也是循序渐进的。图 4.20 为 A-level 生物课程必做实验之一"研究一个影响酶催化反应速率的变量",在已给的实验器材和要求掌握的实验技能中,教师和学生可以选择自主探究的程度,自主程度最高的探究包括"自己决定问题和方法,选择仪器和材料,并对所有的选择进行评价"。通过多个实验主题的锻炼,教师可以根据情况让学生越来越自主地探究科学问题,学生独立运用科学方法的能力也逐渐提高了。

2. 实验技能

KS3 阶段中学生开始运用一些实验技能进行科学探究活动,如根据混合物的性质进行分离、测量物理或化学过程的质量变化、对不同颜色的树叶进行测试以证明叶绿素在光合作用中是不可缺少的。这些实验技能由教师根据学校的实验条件和学生的学习情况来选择,没有统一的要求和标准。到了 KS4 阶段,各个科学学科已经明确了学生需要掌握的实验技能,这些实验技能是和 A-level 课

Required practical	Investigation into the effect of a named variable on the rate of an enzyme-controlled reaction
Apparatus and techniques covered (Not full statements)	AT a. use appropriate apparatus to record a range of quantitative measurements AT b. use appropriate instrumentation to record quantitative measurements AT c. use laboratory glassware apparatus for a variety of experimental techniques AT f. use qualitative reagents to identify biological molecules AT I. use ICT such as data logger to collect data or use software to process data.
Indicative apparatus and materials	Laboratory glassware, enzyme (eg amylase, lipase, protease, carbohydrase), appropriate substrate(s), heating apparatus, thermometers or data logging equipment, pH meters, volumetric flasks, top pan balances.

Amount of choice

Increasing independence ⟶

Least choice	Some choice	Many choices	Full investigation
Teacher chooses the enzyme, substrate and the factor to be varied. Students vary the factor and measure the outcomes. Experiments are fully specified in terms of equipment and method.	Teacher allows a limited choice of enzyme and/or factor. Students vary the factor and measure the outcomes. Experiment probably fully specified by teacher.	Teacher allows a choice of enzyme and/or factor. Students have a number of experimental procedures to choose from, and then follow that procedure.	Student decides on a question. Student researches methods for carrying out the experiment then chooses equipment and materials, justifying all choices.

图 4. 20　A-level 生物课程必做实验"研究一个影响酶催化反应速率的变量"

程中的实验技能要求相关联的。例如,GCSE 生物课程中"AT 7 运用合适的仪器和放大技术(包括显微镜),对生物样品进行观察并制作有标签的科学绘图",这项实验技能与 A-level 生物课程中"AT d 使用高能量和低能量的光学显微镜和显微镜的计数线"和"AT e 根据观察绘制带有注释的科学绘图"这两项实验技能联系起来。在 GCSE 的实验技能基础上,A-level 的相关实验技能要求更高。有一些实验技能在 A-level 阶段才有要求。例如,A-level 生物课程中"AT l 使用 ICT 技术如计算机模型、数据探头采集数据或者使用软件处理数据"。

A-level 的实验技能是考试局在与大学沟通后确定的、为学生能够适应大学的科学学习在高中阶段必须掌握的技能,GCSE 作为 A-level 课程的前一个阶段,相关的实验技能要求是为了后一个阶段的深入学习做准备。例如,GCSE 课程的实验要求中"分馏"用于分离简单的混合物,到了 A-level 阶段"分馏"是制备有机产物的过程中用于分离有机反应中产物的步骤之一,这样安排可以让学生将实验技能运用到更难的实验内容中,循序渐进地达到大学预备阶段的要求。

(四)评价方式的转变

KS3 阶段属于英国的义务教育阶段,为了普及全民的科学素质教育、更好地发展学生不同的学业兴趣,KS3 阶段评价由各学校内部统一完成。KS4 阶段是英国义务教育最后一个阶段,之后学生会根据自己的学习情况和志向分流到学业或职业方向。KS5 的继续教育阶段中 A-level 课程是大学预备课程,因此 GCSE 考试和 A-level 考试是由不同考试局统一组织的标化考试,考试成绩可以被英联邦国家大学,甚至被其他国家或地区的大学认可和接受。

1. 评价标准

KS3 阶段的评价标准在遵守教育局制定的评价原则的前提下,由各个学校根据自己课程的实施和学生的具体情况来制定。评价的原则主要包括"如实反映学生在校的学习情况,帮助学生学习和教师教学进步,与校外最佳的实践保持同步"。在这些原则下学校根据本校情况制定评价标准,教师可以有更多自由引导学生进行科学探索,培养学生的科学素养。同时,不使用统一的标化考试衡量学生的学业表现,可以避免学生为了应试而学习,更多地从学习兴趣出发探索科学知识,为今后基于志趣的学习打下基础。

在 KS4 阶段结束后参加的 GCSE 考试作为分流学生的重要依据,必然要有统一的评价标准,可以公平地衡量学生的学业水平;在继续教育 KS5 阶段结束后的 A-level 考试成绩是申请大学时体现学生学业能力的重要依据,同样需要统一的评价标准,同时这些评价标准是要参考大学意见的,为学生今后更好地适应大学学习做准备。GCSE 和 A-level 考试由不同的考试局在 Ofqual 监管下,根据政府规定的课程标准制定统一的评价标准。从 AQA 的 GCSE 和 A-level 考试的评价标准来看,AO1 和 AO2 侧重于科学知识的理解和应用,AO3 侧重于运用科学方法来解决科学问题。GCSE 和 AS、A2 阶段考试中考查 AO1 和 AO2 评价标准的分数比例分别为 80%、78% 和 75%,考查 AO3 评价标准的分数比例分别为 20%、22% 和 25%,体现了以考查科学知识的理解和应用为主,而对科学方法运用的考查比重逐渐增加的趋势。

2. 评价的形式

KS3 阶段的评价在各个学校内统一进行,评价形式较为多样化。以位于英国南部的威尔特郡切本哈姆镇的 Hardenhuish School 在官网中介绍的评价为例,学校会在每个学期(一年共有 6 个学期)内举行一系列的综合评价,评价的形式除了正式的考查学习内容的考试外,还有基于课题项目和作业以及其他形式的评价,如小组陈述。每学期的综合评价不一定要涵盖学校制定的所有评价目标,只要在一年内完成本学年的评价目标即可。正式的年度考试会在 8 年级(一月)和 9 年级(六月)举行,考试内容包括所有在 KS3 阶段学习过的内容。所以,KS3 的评价可以更好地跟踪和反映学生在学习过程中的表现,促进学生取得进步。

GCSE 和 A-level 的评价以客观评价笔试的形式为主,这样可以更好地保证评价的公平性,从分数上体现出学生学业能力的差异,为学生分流提供支持和依据。实验处于实验科学的核心地位,对实验的评价在 GCSE 和 A-level 的笔试考核中都有至少 15% 的比例。GCSE 考试中没有实验现场考核,实验的问题在笔试中占一些比例,可以让学生在实验过程、数据处理和结果分析等方面提高相关的实验能力。一些不能通过笔试考查的实验能力,如正确的实验操作、实验仪器的使用等,在 A-level 阶段通过一系列实验的现场考核,最终由教师按照五个方面的实验能力是否达到要求来判断是否给学生"合格"的成绩。可以说,A-level 阶段的实验考查是过程性的,持续地通过多个实验的现场考核,让学生可以在多个实验主题中培养和锻炼自己独立完成实验的能力,这对于学生面临即将到来的大学学习是很有必要的。

第五章 基于上海中学国际部实践的初高中科学课程衔接概述

本章在借鉴了 IB、美制 K-12 及英制 A-level 国际课程体系的初高中衔接理念的基础上,结合上海中学国际部初高中科学课程的实践,尝试通过结构图谱的构建,实施研究初高中科学课程衔接项目。图谱通过"专门课程""学科课程""跨学科实践"一体化设计的课程体系,为初高中衔接项目的实施提供了一定的思考路径,有效地提升了学生的科学思维和科学素养。其中,"专门课程"通过开发实施校本课程"科学通用学习策略指南""科学分科学习方法论"和"科学与未来",指导学生在理解初高中科学课程区别的基础上,学习高中科学课程的思想方法概论,并引导学生将其运用到具体学科课程的学习和跨学科实践的研究中。本章的最后一部分通过科学课程衔接项目中的构建群体及评价指标的分析,保证衔接项目的顺利有效实施。

一、上海中学国际部科学课程图谱

课程图谱以学生为出发点,以育人目标为指引,通过课程元素的纵向连贯与横向联结,形成具有系统性、层次性、完整性的课程系统。在上海中学国际部科学课程初高中衔接项目的构建过程中,通过课程图谱科学课程的整体设计,突出了由初中重融合、激兴趣向高中重认知、基实践的课程目标的转变,为衔接项目提供了理论基础。

(一)上海中学国际部科学课程介绍

初中阶段,上海中学国际部开设的是主题式的综合科学课程,包括细胞与遗传、人体系统、生命的多样性、波、运动学、物质与能量等板块，选用的教材是 Pearson Education 及 Glenceo Science 科学课程系列。综合科学课程在初中低年级由生命科学相关主题作为最初切入点，并逐步在初中高年级引入自然科学相关主题。初中三年的科学课程包含生物、物理、化学等各科学学科相关知识，旨在培养学生科学的兴趣；同时，引导学生深入思考相关科学概念、结构与功能之间的相互关系、加深对过程（生命过程）和技能（实验技能、动手能力）的理解与掌握；侧重科学知识的相互融合，初步培养学生的科学思维能力，从而能够把学到的科学知识运用到日常生活的相关领域，以求释疑解惑、回答生活中遇到的实际问题，最终达到逐步培养学生成为独立自主的学习者的目标。通过初中科

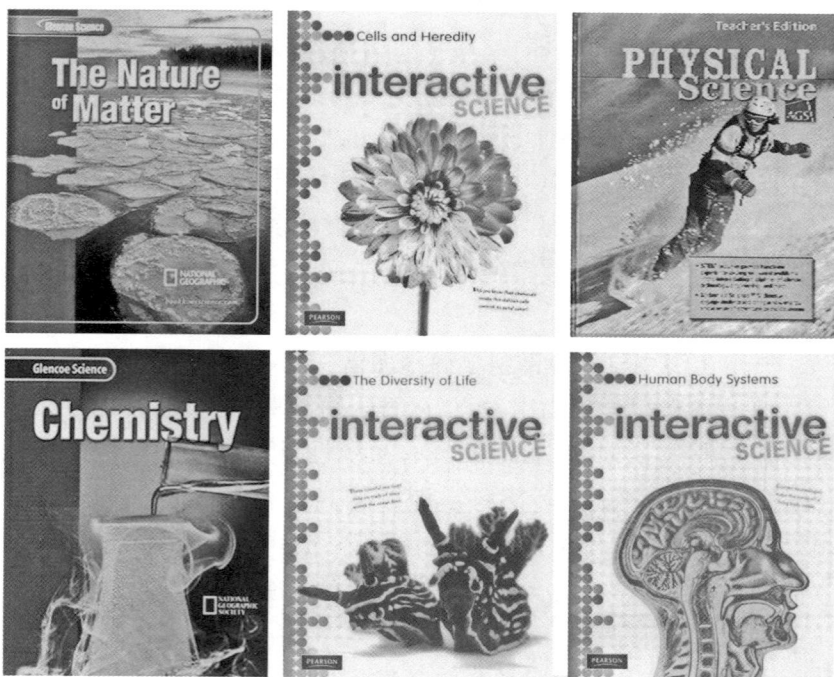

图 5.1　上海中学国际部初中科学教材封面照片

学的学习,不仅可以提高学生对实际生活中的现象的关注,也培养了他们对不同学科的兴趣。让学生不仅能够深刻意识到知识与技术的发展源于生活又反哺于生活,同时对于他们保持对科学的热情、在步入高中学习时有更多的选择方向以及未来进行深入研究的坚持具有很大的助益。

高中阶段,科学课程从课程结构维度进入分科学习中,主要包括物理、化学、生物和自然地理。分科课程侧重于学科知识的系统性与逻辑性,按照学科本身逻辑结构安排课程。以化学为例,通过课程学习让学生通过化学原理和方法的系统学习,能够基于化学学科的特征,以化学视角认识事物的过程以及物质世界的变化规律,从而形成化学学科的核心观念,这一学科目标与《普通高中化学课程标准(2017 年版 2020 年修订)》的课程理念相一致。图 5.2

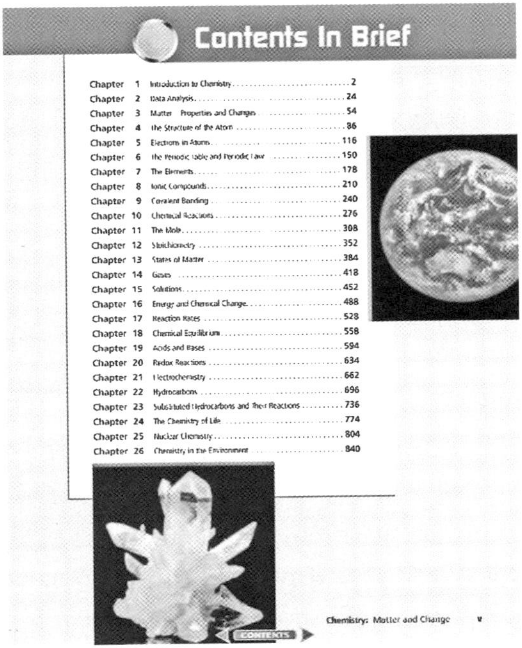

图 5.2　上海中学国际部高中化学教材目录

所示是上海中学国际部高中化学教材的目录页,各个章节的逻辑顺序严格按照学科的教学规律来制定。从原子结构、元素周期律到化学键,再到化学反应和各种应用,一环扣一环,学生按照这个逻辑链学习下来,对化学这门学科会有非常完整清晰的理解。

高中开始,随着学生逻辑思维能力的逐渐增强,科学课程的课程目标在于:提高学生对抽象科学现象进行定性和定量分析的能力。学生能够理解科学思想是如何获得、如何被证明和被应用的,能够理解经济的、政治的以及社会的种种因素如何对科学的发展产生影响,同时认识到科学知识对人类环境可持续性发展的重要性。

(二)上海中学国际部科学课程图谱的构建

初中阶段,基于学生的科学基础知识尚处于构建以及夯实阶段、科学思维的训练还处于起步以及发展阶段的学情,课程图谱以重融合、激兴趣作为基本出发点,构建了以不同主题为导引的综合科学课程。初中阶段主要包括以下主题的学习:

细胞与遗传,帮助学生构建对生命的最基本认识。在关注生命体最小单元时,理解构成其的化学成分,并从电子行为出发来理解生命体中的基本化学变化;生命的多样性,引导学生从进化的角度思考并理解生命的相似与不同,构建学生对于宏观层面的生命动态演变过程以及随机偶然事件在进化过程中扮演重要角色的哲学思想的理解。

初中高年级除了生命科学方向的人体系统,另外增加自然科学的部分主题,内容包括:物质,了解物质的形态与变化,以及物质的结构和尺度;运动与相互作用,帮助学生理解多种多样的运动形式,以及力对运动所产生的作用;能量,介绍包括机械能、热能、声能与光能等多种能量形式及其转化。初中阶段的自然科学主题学习旨在引导学生以科学的眼光观察物质世界现象和规律,并能形成初步的判断和理解。

　　在学校课程的基础上,初中阶段的学习还对学生开展了基本的科学研究方法的训练。科学课程通过设置具有不同难度的项目式学习,训练学生通过探究的方式提高实验设计、实验数据收集与分析、实验成果总结与展示的能力。学校还匹配了包括工程、计算机、环境科学、自然科学等相关的创新类课程,旨在提高学生对不同领域知识的好奇心和探索欲。

　　高中阶段,科学课程的学习进入物理、化学、生物和自然地理的分科领域学习阶段。为了充分尊重学生差异、满足不同学生的需要,图谱纵向分解为双基型(基础知识和基础技能)、高端型、跨学科实践三个板块,体现出课程的纵向衔接有序。双基型课程中标准水平课程主要偏重学科最基本的核心内容,标准加水平课程介于标准水平和荣誉水平之间;荣誉水平课程为对某一学科有探究兴趣和钻研精神的学生提供了更广阔的平台,使学生对学科知识的学习和应用实践有更深入的拓展。通过9、10年级两年的学校课程,学生不仅掌握了各个科学课程的基本知识和技能,还能够根据自身特点,不断聚焦志趣,发展所长。

　　11年级开始学生根据志趣选择进入AP美国大学先修课程、IB国际文凭课程和A-level英国高中课程等不同体系、不同发展侧重的高端课程中进行更加系统、专业、深度的学科学习。高中阶段,在分科课程的基础上,我们还将通过跨学科实践的平台,让学生通过体验大型项目式学习、科创比赛、科学类社团等方式,不断明确并发展自己的学术志趣,为今后的大学专业和未来的职业发展做好准备,打好基础。

二、初高中课程衔接项目结构图谱的构建

　　刚入高中,学生不管从学业还是社会关系的需求来讲,都在适应着各种变化。一个轻松有效的衔接项目可以帮助学生适应这些变化,根据美国学校的研究,很多设置衔接项目的学校,学生的

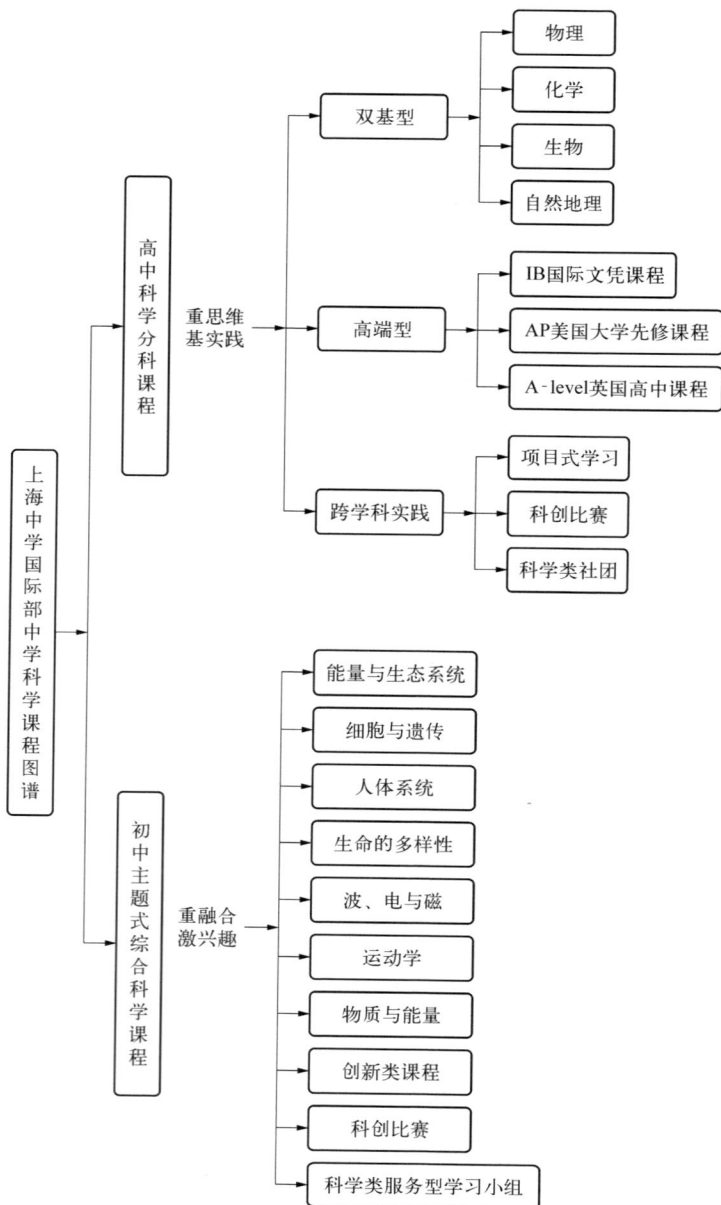

图 5.3　上海中学国际部中学科学课程图谱

适应情况要好很多,会明显地降低失败率和辍学率。我们通过一系列的衔接活动帮助学生了解高中课程及活动安排,同时让学生学到很多学习策略。在这个过程中,正确引导学生养成自我规划、管理的习惯,建立为自己而学习的动力和责任感,培养学生对自己和周围人负责的态度,让学生逐渐学会选择,选择适合自己的课程和课外活动。我们要让学生感受到高中这个集体非常关心他们,在意他们每个人所获得的成功。这样就让学生更加有信心地面对崭新的高中生活,从而为整个高中阶段的发展奠定良好的基础,也会为他们后面的升学、择业,甚至整个人生的长期发展都会有很大的帮助。其实,初高中衔接的项目一个很重要的点就是要让学生在初中学到的所有本领到了高中不要被丢掉,并能够在此基础上进一步探索、完善,从而为他们的终身发展或者终身学习能力的提升打下重要的基础。

　　在借鉴了 IB、美制 K-12 及英制等国际课程体系的初高中衔接理念的基础上,上海中学国际部从 2018 年开始尝试探索并开展初

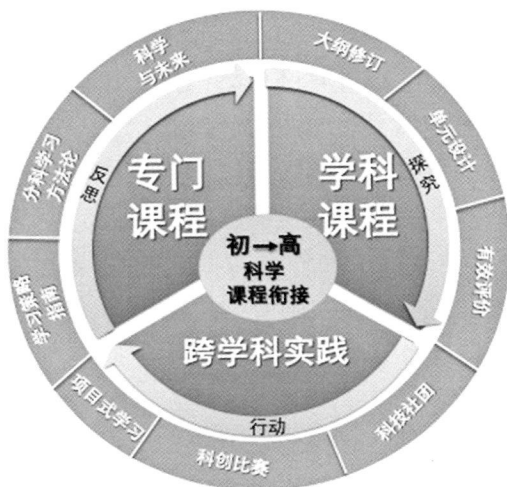

图 5.4　初高中课程衔接项目结构图谱

高中科学课程衔接项目。经过几年时间的经验总结,形成了专门课程、学科课程和跨学科实践一体化的课程体系,为初高中衔接项目的实施提供了一定的思考路径,有效地提升了学生的科学思维和科学素养,同时也增强了他们自主发展与终身学习的品质力。其中,专门课程为学科课程奠定理论基础,而学科课程又为跨学科实践奠定了必备的知识和技能基础,而跨学科实践的真实体验也帮助学生对科学的本质及科学教育的意义有了充分的反思,形成层层递进、层层聚焦的课程体系,为学生高中及未来人生科学学习的可持续发展奠定了坚实的基础。

初高中衔接阶段(通常设置在高一第一学期),我们围绕初高中科学课程衔接的两个重要衔接点"科学思维的有效提升"和"课程结构从综合课程—分科课程—跨学科实践的变化",通过设置专门课程板块,开发实施校本课程"科学通用学习策略指南""科学分科学习方法论"和"科学与未来",指导学生在理解初高中科学课程区别的基础上,学习高中科学课程的思想方法概论,并引导学生将其运用到具体学科课程的学习和跨学科实践的研究中,并通过不断反思、探索、体验来加深对专门课程中思想方法的理解,达到动态循环、持续改进的状态。通过初高中科学课程结构图谱的构建,可以真正解决学生"为什么学""学什么""怎么学"这些根本性问题,从而达到帮助学生顺利做好衔接,为高中后期学习打好坚实基础的目的。同时,学生通过不断反思明确了他们应学习些什么,由此开始把学习科学这样一种外部对他们的期望化为内在的动力。这将会贯穿学生的学习生涯,随着学生的进步,这一过程会变得越来越复杂,成为一种自觉的行动。

(一)图谱中专门课程的设计理念与实施

图谱中的专门课程作为初高中课程衔接项目的启动课程,设置的目的在于通过初高中课程的对比和分析,阐述它们在课程设计、课程要求及评价方式等方面的差异。在此基础上,引导学生形成适合自己的行之有效的学习策略和方法,这将成为他们成功应对高中学业的关键;同时通过学习品质的培养,为学生的终身学习打好基础。专门课程主要包括"科学通用学习策略指南""科学分科学习方法论""科学与未来"三大课程板块。

第一部分**"科学通用学习策略指南"**是学生从初中升入高中应该具备的指导性的综合学习策略。这些策略可以被灵活有效地运用到科学学科的学习中。主要涉及的主题讨论有:如何积极参与课堂讨论,如何有效地做好课堂笔记并反思学习过程,如何开展研究项目并撰写研究报告,如何寻找和学习课外资源,如何做到学术诚信,如何有效地进行时间管理,等等。这些主题讨论乍看起来并不陌生、不新鲜,甚至有的议题还有一些老生常谈,比如:学会使用康奈尔笔记法做好上课笔记,不要把论文的研究工作留到最后一分钟,等等,但老话题并不意味着它们已经得到学生的足够重视,更不意味着它们不重要。对高中新生重提某些话题,将为他们开启新的学习征程提供适时的自我省察和反思的机会。

第二部分**"科学分科学习方法论"**围绕科学领域具体学科开设的系列入门课程,介绍各学科整体逻辑框架结构,引导学生提炼各学科的本质特征,体会从初中到高中学习思维方式上的转变。通过实例分析,帮助学生领会初高中学科知识内容之间的逻辑连接,感悟高中学习注重理解的本质原因,从而在今后的学习中做到知识的自由迁移和运用。同时,通过案例讲解为后期学科课程学习提供方法论的指导。科学课程在初中阶段是一种通识教育,主要以科普形式呈现,以激发学生兴趣为目的,注重对于事实的描述,而到了高中科学学科则被细分成明确的学科领域:物理、化学、生物、自然地理,它们同属于实验科学,有很多共通的地方,如科学方法的应用,但这几门学科在思维方式上有着显著的不同。正是由于高中阶段每个学科都有明显的个体特征,学生在进入具体章节学习之前,应当先了解这门学科的主要特征、基本知识框架、研究领域等,并通过构建学科图谱的方式初步了解知识架构之间的逻辑关系。跟初中阶段相比,高中阶段的学习更注重强调知识点之间的逻辑关系,了解每个模块的知识内容在整个学科图谱中的作用。

第三部分为**"科学与未来"**系列讲座,内容包括各专业的分支、前沿领域、相关的学科群及与未来职业相关的介绍。以化学为例,我们会介绍化学学科的相关分支,包括有机化学、无机化学、分析化学等不同方向的研究内容和它们在社会各领域中的应用;从诺贝尔化学奖看化学的前沿领域及一些围绕化学延伸开来的新兴学科群;来自化工、医学等相关行业的职业人士对化学各相关职业基本状况、未来前景以及所需知识储备的介绍。通过"化学与未来"的系列讲座,展现了化学在生活各个领域中所扮演的重要角色,不但更正了化学是"有毒有害"代名词的既有印象,而且让学生感受到了化学的魅力。

初高中科学课程衔接专门课程对学生来讲是一个实用建议的集合,从思考学习科学与未来的关系到如何运用正确的学习方法来应对课程内容、适应课程结构的变化,再到如何运用教育技术手段促进科学课程学习,回答了"为什么学""学什么"到"怎么学"这些根本问题。它既是如何"学"高中课程的指南,也是如何"学好"高中课程的指南。希望经由这门课程的指导,对每个学生来说高中学业的成功都是可望且可及的。

(二)图谱中学科课程和跨学科实践的设计理念

图谱中的学科课程是专门课程的具体实施路径,分为大纲修订、单元设计和有效评价三个部分。学生仅仅通过一段时间专门课程的集中学习不可能完全掌握高中的学习策略,或者说不可能清晰地寻求到各学科的具体学习方法。我们的期待是:在专门课程中提到的指导性的建议和方法,学生可以循序渐进地将其渗透在具体的学科课程中,通过细节知识点的学习逐渐体会并掌握不同学科的思维特点,提高自己的思维能力,从而使学习达到事半功倍的效果。

在具体的学科课程实施过程中,对初高中科学课程内容要进行各个层面的研讨,研讨内容大到整个学科课程的设置理念、课程标准、教学目标、教学方法,小到衔接点涉及的每个章节的具体实施方法。经过研讨,对于一些衔接不到位的章节,在大纲中要做统一的修订。比如,对于某些章节内容,学生感觉高中的学习内容是在炒冷饭,没有做到螺旋式上升,从而失去兴趣;某些章节内容从初中到高中跳跃过大,学生理解起来比较吃力;初高中课程对同一知识点的描述不一样;初高中课程对科学研究中一些规则细则不一样,如科学记数法的规定。以上这些方面都会造成学生的各种困惑和不适应,应该通过大纲的修订予以改进。

在科学课程大纲修订过程中,最重要的一个原则就是要注意科学核心概念从初中到高中的螺旋式上升。科学的核心概念不能只靠一次学习就达到目的,必须通过反复学习,通过在越来越复杂的形式中加以运用,不断地加深理解,进而逐渐掌握。例如,从初中综合科学开始学习力学,介绍了什么是力以及有关力的基本知识,让学生对"力"这个物理量以及有关的生活现象有了初步的概念。课程主要围绕让学生了解力"是什么"而进行学习。到了高中物理课程中,按照力的性质,从重力、弹力、摩擦力等分类深入学习,对生活实例进行受力分析。然后围绕力的矢量特点,介绍力的合成与分解的方法。在此基础上学习牛顿力学,了解物体机械运动背后的原因。比起了解某些知识"是什么",课程更注重"为什么",进而探索更有创造性的领域"怎么样"。比如,高中课程中与力学相关的学生课题有:如何设计制作一个可以自己启动并能行驶一定距离的小车,如何使用体重秤检测电梯的运动情况等。从"是什么"到"为什么"再到"怎么样",这是一个循序渐进、螺旋式上升的过程。

关于如何在具体章节中指导、渗透并体现初高中衔接的理念,我们会在下编不同学科领域中以上海中学国际部为例,通过单元设计和代表性案例展开详细的讨论。同时,我们也会通过不同学科领域具体案例来讨论验证初高中科学课程评价的有效性。

图谱中的跨学科实践主要是指在高中分科学习的基础上,通过项目式学习、科创比赛、各类科技社团等形式为学生搭建的跨学科实践平台。它高于现行的高中课程,视野更宽,可在某些领域的点上展开,适合在某一方面感兴趣或有潜质的高中生学习,引领学生识别自己的"志趣能"(学术兴趣、潜能、志向等),并且在初次体验与选择尝试的基础上,产生对某一领域的感觉和悟性。学生在这些课程的选择学习中,拓宽了知识面,提升了思维能力。科创平台强调跨学科知识与实践的融合,强调教育与先进技术的深度融合。具体如何通过各类科创平台引导帮助学生在初高中衔接的基础上,深入探索自己的志趣能领域,我们将以上海中学国际部为例,在下编第五章展开详细的讨论。

三、初高中科学课程衔接项目的实施与评价

(一)初高中科学课程衔接项目中的构建群体分析

一个成功的衔接项目首先需要各级人员通过座谈、观察、分析,在衔接项目和重点问题上达成共识。然后基于共同的目标,各级人员各司其职、通力合作才能产生比较好的效果。总体来讲,初高中衔接项目中,除学生主体外,给予支持的人员结构应该包括行政管理层、任课教师、班主任、家长以及同伴指导。下面就从各个层面出发,具体分析各级人员在初高中科学课程衔接中应该发挥的作用。

行政层面的宏观指导

初高中科学课程的有效衔接需要学校行政层面的宏观把握。管理层在整个衔接项目中起到了方向标的作用。管理层通过观察、讨论、听取各个层面意见,才能确定学生和家长在衔接过程中最需要的是什么帮助,从而可以有的放矢地采取措施。而班主任

和任课教师则是管理层所有措施的实施者,只有通过教师直接与学生或家长沟通,才能真正做到对学生"一对一"的指导和帮助,才能真正地让衔接项目变得更加有效。

高中学校需要从宏观上把握最核心的衔接要素,构建衔接项目的课程图谱,要安排系列课程的具体实施过程和时间轴。初中学校要在衔接核心理念的指引下做好各项准备工作。初高中衔接项目中,初中和高中的管理层以及班主任需要共同了解学生,了解相互工作,增进相互理解。这个项目仅靠某一方是做不成功的,它需要两方教师一起观察、研究和讨论,是双方共同的责任。通过项目的研究,有助于初中教师更好地帮助学生在学业和理念上对高中阶段的学习做好各项准备。而高中教师基于对初中课程活动的理解,也能设计出更多有利于学生初高中衔接的项目。

教师层面的具体引导

效果良好的科学教学对教师的要求并不是他们只了解科学内容和一定的教学策略就可以了。训练有素的科学教师对科学内容、课程设置、学法、教法、学生的学情等各方面都非常清楚。只有在这种情况下,教师才能设计出适应学生个人和集体需要的学习情境。这种被称作"教学内容知识"的专门知识,就是教师的科学知识区别于科学家的科学知识之所在,也是用来定义科学专业教师的一个要素。

初高中教师的教学研讨,包括探究学生学习科学的方式、尝试新的教学方法以及评价这些方法在学生身上产生的效果,还应该针对一些涵盖衔接因素的具体章节,重点讨论具体的知识点如何衔接,如何引导学生科学思维的提升和科学精神的培养,并将研讨结果渗透到初高中的具体学科教学中。从研究学生的角度,初高中教师要具备一定的认知心理学理论,要理解从初中到高中学生思维能力的提升,要按照学生的思维发展能力设计实施科学课程的方案。同时要认识到学生思维发展的速度是不一样的,对于发展相对较慢的学生,要给予特别的关注和指导,要积极帮助所有学生完成思维的转变和提升。教师要关注学生的发展动态,及时了解学生的学习兴趣以及各个阶段发展的具体情况,把握每一个学生的不同,以每位学生的认知发展为基础,采用因材施教的教学方式为学生的差异发展提供多样化的渠道,通过因材施教促进学生的多元发展。

同伴指导(Peer Advisor,简称 PA)

初升高的年龄阶段属于青春期后期,随着学生自我管理能力的加强,对家长的依赖会减少,但受外界(如同伴)的影响会加强,这种情形会在 9 年级达到高峰。很多亲密关系会在此时建立。一个有效的衔接项目会敏感于学生的这些变化和需求,帮助学生和家长更好地面对学生的变化和需求。在这个阶段,随着同伴影响力的逐渐增强,我们需要因势利导,发挥同伴指导的正向作用。PA 中,我们应该发挥不同人群的特点和优势,从不同角度、不同层次入手帮助高中新生更快更好地适应高中生活。从生涯探索的角度,可以邀请学校毕业生给新生介绍大学专业、未来职业的发展前景及高中初期需要具备的知识储备,引导学生做好未来人生长远规划;从高中选课和各项安排出发,可以邀请高年级 PA 以讲座的方式指导高中新生理解初中到高中科学课程的进阶,如何通过改进学习方法提高学习效率,如何通过课程和各项竞赛活动的选择逐步聚焦志趣;从学科具体学习角度出发,同年级 PA 可以通过"一对一"结对子等方式,对学习有困难的学生提供有针对性的辅导。

家长层面的幕后支持

初高中衔接过程中,家长的作用非常重要,只有家长理解了从初中到高中的整个转变过程,才能有效地随时建议或调整孩子的行为,尤其对于那些有特殊问题的孩子更是如此。所以,我们应该尽可能地鼓励家长参与这些环节。

高中阶段,家长的权威作用虽然在减退,但有效的引导仍然是学生取得成功的关键。所以想要争取到家长对孩子共同的、方向一致的帮助和引导,也必须要对家长进行一定的培训,有时还需要接受家长和孩子一起咨询,这样有利于家长对孩子进行持续跟踪的观察与指导。对于家长,在这个阶段,首先要从主动意识上做好角色的转换,从权威的指导到幕后的引导,要把主动权还给学生本人;第二,家长要非常清楚初高中科学课程衔接中的关键点,当学生遇到困难时,家长可以给予正确的引导;第三,家长作为社会从业人员,可以直接帮助学生对社会、经济和各相关行业更深入地了解,学校这几年的影子工作日和职业日也借助了很多家长的资源和力量,为学生打开了解社会的窗口。

表 5.1　不同类别支持人员在衔接活动中的一些建议

行政 管理层	● 初高中行政管理层召开座谈会,讨论并制定衔接项目的目标和具体实施措施。 ● 通过各种层面讨论衔接过程中的需求和目标。 ● 从宏观上把握最核心的衔接要素,构建衔接项目的课程图谱。 ● 要安排专门课程的具体实施过程和时间轴。 ● 组织介绍会向学生介绍高中各项课程、活动安排。 ● 组织教师、毕业生、新生座谈会,探讨初高中区别、如何找到适合自己的学习方法等内容。 ● 通过收集家长意见、学生意见了解学生的困惑、希望、恐惧、梦想、力量和强弱项,并将这些内容用到各项策略中。 ● 通过影子项目,了解新生的在校生活。 ● 向家长介绍申请大学专业的大致要求,着重于学生在高中初期应该做好哪些准备。
教研组	● 形成每门学科具体的衔接方式,并以单元设计为例做好衔接。 ● 初高中的各个教研组召开联合教研组会,了解和熟悉相互的教学内容。 ● 修订教学大纲,更好地体现初高中知识内容、思想方法的衔接。 ● 鼓励初高中教师相互听课,了解学生上课的表现模式、行为特点等。 ● 举办课程日,帮助学生了解高中各种课程的内容及要求。 ● 完成课程图谱中专门课程大纲。 ● 观察每个学生课上表现,遇到"问题学生",要及时与班主任、家长沟通,形成合力,帮助学生解决困难。

班主任	初中班主任： ● 要让学生理解他们所面临的衔接任务、应该要注意的事项。 ● 需要帮助学生通过各种方式了解高中的学习生活环境。 ● 通过实际问题培养学生解决问题或冲突的能力。 高中班主任： ● 开学一周内与学生一对一谈话，了解学生在校生活，了解每个学生的困惑，并给予支持和帮助。 ● 观察每个学生学业及其他方面表现，对有困难的学生要给予及时帮助，并取得家长的支持和配合。 ● 在开学几周内召开家长会，听取每个家长的困惑和意见，并给予支持。
PA （同伴指导）	● 高年级 PA 帮助新生了解高中科学课程架构，帮助新生做好选课、活动探索等事宜。 ● 同年级 PA 运用 Tutorial 平台与"困难学生"结对子，帮助解决具体学科实际问题。 ● 毕业生 PA 向新生介绍不同大学及相关专业要求，帮助新生做好生涯规划。
家长	初中毕业前： ● 邀请家长听高中的行政管理层和班主任介绍高中科学课程的设置及各项政策的规定。 ● 邀请高年级学生向家长分析新生将来可能会遇到的挑战及应对的措施，帮助家长了解"同伴文化"（Peer Culture）。 ● 向家长提供简册，内容包括高中科学课程介绍、各类科创平台、社团活动介绍。 高中初期： ● 围绕"初升高衔接"开展家长学校，主题可以是如何帮助孩子更快更好地适应高中，如何帮助孩子提升思维能力，如何在高中初期做好亲子沟通，如何帮助孩子提高效率，如何结合课程方向为申请大学做好准备，如何选择各种竞赛及活动，如何为高中孩子做好幕后支持，等等。 ● 通过开会、约谈等方式建立家长与班主任及任课教师之间的联系。 ● 针对"问题学生"家长要着重约谈，帮助家长一起找到问题所在，对症下药。 ● 组织高年级家长与新生家长的座谈会，传授初升高衔接经验。

（二）针对初高中科学课程衔接项目有效性的评价

上海中学国际部从 2018 年开始尝试构建初高中科学课程衔接项目课程图谱，自 2019 年开始针对八升九的高中新生正式实施开展初高中科学课程衔接项目。其中，专门课程作为整个项目的导论部分，在高中第一学期以每周 1 课时的频率开设，包括 5 课时的"科学通用学习策略指南"、4 课时的"科学分科学习方法论"和 4 课时的"科学与未来"。专门课程中的"科学通用学习策略指南"和"科学分科学习方法论"采用专职教师和高年级学生共同备课、共同授课的模式，教师从教学的角度，学生从学习的角度，相互配合，并与新生积极互动，共同探讨初中到高中如何做到学习策略的优化和思维能力的提升；"科学与未来"采用专职教师和外请专家共同授课的模式，帮助学生打开思维，建立科学学习与未来人生的关系。图谱中的学科课程和跨学科实践则是延伸到整个高中阶段的具体课程学习和体验。

项目实施以来，我们通过定期问卷调查和访谈得到了学生、教师和家长各方面的反馈意见。对于项目总体设计和实施框架，基本上获得了几方参与人员的一致认可，同时教师和学生也针对实施过程的细节提出了很多合理化的建议。

针对高中教师的访谈提纲：

- 学生对科学课程的兴趣较之前有变化吗？
- 学生对综合科学到科学分科课程学习转变的适应程度？
- 学生的学习方法和策略是否有所提升？
- 学生的思维能力是否有所提升？表现在哪些方面？
- 学生是否可以比较深层次地运用科学方法解决问题？
- 对于初高中科学课程的衔接项目，您还有哪些建议？

具体建议体现在以下几个方面：1. 初高中是否可以通过相互听课、研讨会等更多形式进一步加深了解，从而更加有效地指导学生应对初高中衔接；2. 关于学科思想方法论，教研组是否可以根据

2021 school year G9 Gateway Course Feedback(Teacher)

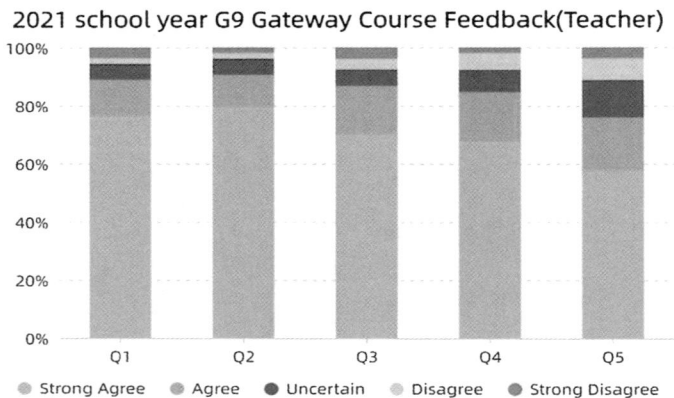

● Strong Agree　● Agree　● Uncertain　● Disagree　● Strong Disagree

图 5.5　科学课程初高中衔接项目教师调查问卷统计

更多案例给予任课教师具体的指导；3. 围绕学生科学课程初高中衔接项目，适当加入任课教师相关培训。

针对学生的访谈提纲：

- 是否能够比较充分地理解初高中科学课程的差异？
- 通过专门课程的学习，是否对学科学习方法论有了一定的理解？
- 是否形成了适合自己的科学学科的学习方法？
- 是否可以比较熟练、深入地运用科学方法解决问题？
- 是否已经形成明确志趣的学科，并开始考虑大学申请的方向？
- 通过衔接项目的实施，是否感受到学习效率有所提升？
- 对于初高中科学课程的衔接项目，您还有哪些建议？

具体建议集中在以下几个方面：1. 在讲座基础上，是否可以加入更多师生互动或者更多形式帮助学生加深理解；2. 是否可以加入更多从失败走向成功的学生案例；3. 是否可以将学科思想方法论更细节地体现在具体章节的学习指导中。

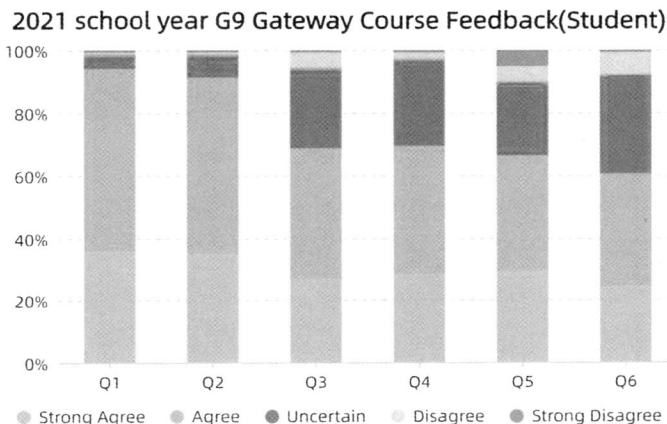

2021 school year G9 Gateway Course Feedback(Student)

图 5.6　科学课程初高中衔接项目学生调查问卷统计

作为检测成果综合有效性的评价指标,我们将 2019 级新生(开始实施初高中科学课程衔接项目的第一届学生)与以往几届学生作比较:

从学生成绩的绝对值看有了一定的进步;从一些活用知识点、考查知识迁移能力题目的得分率看有了明显提高;从学习效率看,学生明确感受到现在的学习要比之前更加有方法,也显得更轻松;从科学学术拓展看,更多学生勇于挑战科技类的比赛,参加科创活动的学生人数较同期增加了 30%,同时科技类特长生的获奖人数也有了大幅度提升;从表现型评价(学生成长档案袋、素养测试)看,学生的科学思维能力与探究能力都有了进一步的提升。

为了更好地进行初高中科学课程的衔接教育探索,我们还创建了综合评价系统,加入学业素养测试的环节,素养测试的题目由简入难,考查学生对科学方法的运用、逻辑推理的能力以及知识点在新情境中的理解和应用。同时,根据素养测试评价结果进行分层教学,达到因人而异、因材施教的目的。另外,教师在综合评价系统中以记录具体案例、提供证据的方式对学生在创造力、批判思维能力、主动性、训练有素的思维习惯等十个评价因素中的表现给予评价,帮助学生不断提高综合能力,从而顺利有效完成科学课程的初高中衔接。

下编
初高中科学课程衔接的
学校实施与探索

第一章 物理课程初高中衔接

物理是一门逻辑性、抽象性比较强的学科。初中阶段的物理针对该年龄段学生的生理和心理特点，主要学习定性及半定性的、比较浅显的物理基础知识以及与其相关的自然生活现象。学生普遍反馈参照初中物理的学习经验，把学习方法直接应用到高中物理的学习中，迁移性比较差，不容易理解高中物理核心概念。如何摆脱这种局面，对于学生和教师都是一个难题。为此，笔者从初高中物理知识衔接问题出发，思考汲取历年上海中学国际部众多教师和学生的经验反思，总结提出了一些自己的看法。本章节主要阐述了高中阶段物理课程的主要特征，分析了这些特征和初中物理学习衔接的关键点，深度剖析了近年来本校优秀教师教学案例和学生学习案例；同时，构建目标明确、方式多样的物理课程评价体系，充分发挥评价的育人作用，希望能对本校师生的教育教学提供一些帮助。

一、高中阶段物理课程的主要特征及其与初中物理衔接的关注点

物理学作为自然科学领域的一门基础学科，研究自然界物质的基本结构、相互作用和运动规律。作为一门实验科学，物理学基于观察与实验建构物理模型，应用数学等工具，通过科学推理和论证形成系统的研究方法和理论体系。在自然科学体系中，物理学对化学、生命科学、地球与宇宙科学等产生了重要影响，推动了材料、能源、环境、信息等科学技术的进步，促进了人类生产生活方式的变革，对人类的思维方式、价值观念等都产生了深远影响。

高中物理课程旨在帮助学生从物理学的视角认识自然,理解自然;引导学生经历科学探究过程,体会科学研究方法,养成科学思维习惯,增强创新意识和实践能力;引领学生认识科学的本质以及科学与自然(science and nature)的关系,形成科学态度、科学世界观和方法论。

上海中学国际部高中物理提供了多种课程选择。9—10 年级借鉴了美国高中课程的校本分级教学体系,而在 11—12 年级既提供了延续性的校本高中课程,也提供了三类外部评价课程体系,即 IB 课程、AP 课程和 A-level 课程。

（一）高中物理学科的核心素养

1. 国家普通高中物理课程标准

我国教育部制定的《普通高中物理课程标准(2017 年版 2020 年修订)》中,新增了物理学科核心素养内涵,并将物理学科核心素养分为四个板块,即物理观念、科学思维、科学探究、科学态度与责任[①]。

（1）物理观念

物理观念是从物理学视角形成的关于物质、运动与相互作用、能量等内容的基本认识,是物理概念和规律等在头脑中的提炼与升华,是从物理学视角解释自然现象和解决实际问题的基础。物理观念主要包括物质观念、运动与相互作用观念、能量观念等要素。

（2）科学思维

科学思维是从物理学视角对客观事物的本质属性、内在规律及相互关系的认识方式;是基于经验事实建构物理模型的抽象概括过程;是分析综合、推理论证等方法在科学领域的具体运用;是基于事实证据和科学推理对不同观点和结论进行质疑和批判,进行检验和修正,进而提出创造性见解的品格与能力。科学思维主

---

① 中华人民共和国教育部:《普通高中物理课程标准(2017 年版 2020 年修订)》,人民教育出版社,2020,第 4 页。

要包括模型建构、科学推理、科学论证、质疑创新等要素。

（3）科学探究

科学探究是指基于观察和实验提出物理问题、形成猜想与假设、设计实验与制订方案、获取与处理信息、基于证据得出结论并作出解释，以及对科学探究过程和结果进行交流、评估、反思的能力。科学探究主要包括问题、证据、解释、交流等要素。

（4）科学态度与责任

科学态度与责任是指在认识科学本质和了解科学、技术、社会、环境之间关系的基础上形成的探索自然的内在动力，严谨认真、实事求是、持之以恒的品质，热爱自然、保护环境、遵守科学伦理的自觉行为，以及推动可持续发展和实现中华民族伟大复兴的使命担当。科学态度与责任主要包括科学本质观、科学态度、社会责任等要素。

提出物理核心素养旨在进一步提升学生综合素质，着力发展核心素养，使学生具有理想信念和社会责任感，具有科学文化素养和终身学习能力，具有自主发展能力和沟通合作能力。

2. 国际上具有代表性的外部评价课程体系中物理学科核心素养的特征

（1）在 IBDP 物理课程指导（2016 年版）中特别强调了用体系化认知科学理论的相关要求。例如，科学方法论（Scientific Method）采用了经典的科学探索研究的步骤：观察、假设、实验、结论、反思等。而在 IBDP 物理评价中，校内评估实验论文（Internal assessment）是课程评估的一个组成部分，所有 IB 物理学生都需要在论文撰写中自主完成如下任务：相关实验的论文研究和实验室调查；设计实验步骤并建构合理的简化模型；使用电子表格软件收集分析数据并得到初步结论；进一步分析误差并讨论模型与实验过程是否合理可信。以实验论文作为评价标准的一环，有效地促进了学生应用与实践科学方法论探索未知世界。

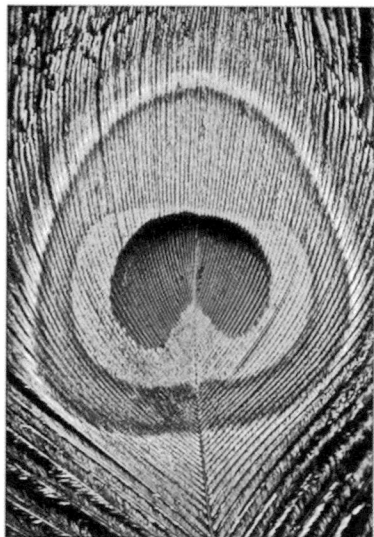

图 1.1　孔雀尾羽的彩虹"眼睛"

又如在剑桥大学出版社发布的第六版 IBDP 物理课程推荐教材①中,在每一节的末尾都会加入一段描述"科学的本质"(Nature of Science)的阅读材料。例如,图 1.1 所示,雄性孔雀的孔雀尾羽展现出多彩美丽的彩虹颜色,这段阅读材料被放在光的干涉这一章的结尾。材料中描述了生物圈中还有其他诸如某些甲虫的外壳、昆虫的复眼等其他类似的色彩。然而此类色彩并不是因为添加了某些颜色,而是表面的微纳尺寸结构导致的可见光波干涉现象。从生物学演化论角度来看,雄性孔雀开屏的主要原因之一是求偶,通过绚丽的颜色向雌性孔雀炫耀自己、吸引雌性孔雀,使得尾羽更丰富多彩的孔雀获得了更具优势的繁衍顺位,从而更好地保留了因为基因突变令尾羽产生表面微纳结构的个体基因。19 世纪后期的物理学家提出了薄膜干涉的理论解释,并在 20 世纪电子显微镜技术成熟之后,通过实验验证了这一理论。类似的技术又被应用在材料表面局部改性的工艺中。例如,玻璃手机后盖通过光学覆膜技术可以展现出各种绚丽的色彩。这段阅读材料不仅体现了跨学科的深度思考,还展现了自然科学中利用科学方法论认识和改造世界的一个实例。

在大学先修课程 AP(Advanced Placement)的 4 门物理课程大

---

①　K. A. Tsokos, *Physics for the IB Diploma Sixth Edition* (Cambridge: Cambridge University Press, 2014), p. 373.

纲中，都明确要求学科核心素养中应包含与培养学生科学思维相关的科学实践（Science Practices）、与物理观念和规律相关的大概念（Big Ideas）。

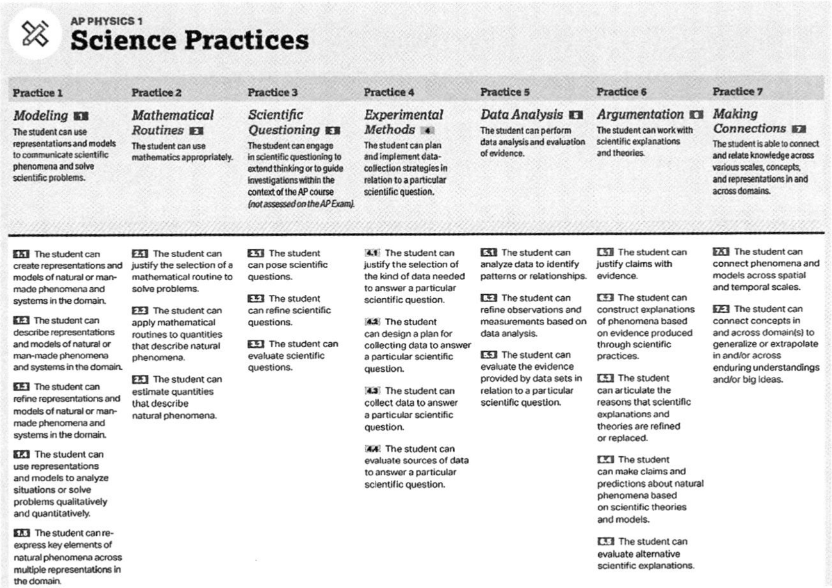
AP PHYSICS 1

Science Practices

Practice 1	Practice 2	Practice 3	Practice 4	Practice 5	Practice 6	Practice 7
Modeling 1 The student can use representations and models to communicate scientific phenomena and solve scientific problems.	*Mathematical Routines* 2 The student can use mathematics appropriately.	*Scientific Questioning* 3 The student can engage in scientific questioning to extend thinking or to guide investigations within the context of the AP course *(not assessed on the AP Exam).*	*Experimental Methods* 4 The student can plan and implement data-collection strategies in relation to a particular scientific question.	*Data Analysis* 5 The student can perform data analysis and evaluation of evidence.	*Argumentation* 6 The student can work with scientific explanations and theories.	*Making Connections* 7 The student is able to connect and relate knowledge across various scales, concepts, and representations in and across domains.
1.1 The student can create representations and models of natural or man-made phenomena and systems in the domain. 1.2 The student can describe representations and models of natural or man-made phenomena and systems in the domain. 1.3 The student can refine representations and models of natural or man-made phenomena and systems in the domain. 1.4 The student can use representations and models to analyze situations or solve problems qualitatively and quantitatively. 1.5 The student can re-express key elements of natural phenomena across multiple representations in the domain.	2.1 The student can justify the selection of a mathematical routine to solve problems. 2.2 The student can apply mathematical routines to quantities that describe natural phenomena. 2.3 The student can estimate quantities that describe natural phenomena.	3.1 The student can pose scientific questions. 3.2 The student can refine scientific questions. 3.3 The student can evaluate scientific questions.	4.1 The student can justify the selection of the kind of data needed to answer a particular scientific question. 4.2 The student can design a plan for collecting data to answer a particular scientific question. 4.3 The student can collect data to answer a particular scientific question. 4.4 The student can evaluate sources of data to answer a particular scientific question.	5.1 The student can analyze data to identify patterns or relationships. 5.2 The student can refine observations and measurements based on data analysis. 5.3 The student can evaluate the evidence provided by data sets in relation to a particular scientific question.	6.1 The student can justify claims with evidence. 6.2 The student can construct explanations of phenomena based on evidence produced through scientific practices. 6.3 The student can articulate the reasons that scientific explanations and theories are refined or replaced. 6.4 The student can make claims and predictions about natural phenomena based on scientific theories and models. 6.5 The student can evaluate alternative scientific explanations.	7.1 The student can connect phenomena and models across spatial and temporal scales. 7.2 The student can connect concepts in and across domain(s) to generalize or extrapolate in and/or across enduring understandings and/or big ideas.

图 1.2　AP 物理 1 课程介绍中的七项科学实践

（2）此处笔者以 AP 物理 1 课程介绍举例说明。

如图 1.2 所示，AP 物理 1 课程介绍列举了 7 项科学实践，即

① 能够用模型交流科学现象，解决科学问题；

② 能够正确使用数学公式；

③ 能够进行科学提问以扩展思维或引导 AP 课程背景下的研究；

④ 能够对特定的科学问题提出数据收集策略并将其完成；

⑤ 能够进行数据分析并评价所得结果；

⑥ 能够正确运用科学理论和科学解释；

⑦ 能够对不同的尺度和概念知识进行关联,并在各个领域内或不同领域之间进行展现。

值得注意的是,这 7 项科学实践并不只体现在 AP 物理的 4 门课程大纲中,在 AP 化学、AP 生物等自然科学课程大纲中也有所体现,即美国大学理事会(College Board)认为这 7 项科学实践能力是自然科学课程中广泛存在且普遍适用的规范性核心素养。图 1.2 中每项科学实践的分项由上至下难度递进。如第 2 项正确使用数学规范中,2.1 要求了学生正确选择合理的数学公式解决问题;2.2 要求学生不仅正确选择数学公式解题,还要能够通过结果联系自然现象进行定量解释;2.3 则更进一步要求学生通过估算,即非严格意义上的等式结果进行建模。可以看到循序渐进式的要求,即是什么、为什么、怎么做,在极大提高对学生的要求的同时,也帮助学生对自然现象进行合理估算,从而降低建模难度并减小数学运算量,这是物理学科核心素养的重中之重。

与普遍适用于自然科学的科学实践不同,大概念更多地体现了学科内容特色。物理学科大概念要求学生广泛建立概念之间有意义的联系。这些联系通常是具体概念或知识点之间抽象的概念或主题。在学生的学习过程中,需要将这些抽象的联系贯穿成为整个课程的主线,在复习中用大概念重新审视各个具体的概念并将它们应用于各种场景。图 1.3 列举了 AP 物理 1 中的 5 类大概念以及每个概念的简要说明。

① 物体与系统的本质属性(如质量、电荷量),系统的内部结构;

② 场的概念;

③ 力的相互作用;

④ 系统间相互作用对系统的影响;

⑤ 守恒定律。

例如,在 AP 物理 1 的第二单元动力学中的第五节的内容,通

BIG IDEA 1: SYSTEMS (SYS)
Objects and systems have properties such as mass and charge. Systems may have internal structure.

BIG IDEA 2: FIELDS (FLD)
Fields existing in space can be used to explain interactions.

BIG IDEA 3: FORCE INTERACTIONS (INT)
The interactions of an object with other objects can be described by forces.

BIG IDEA 4: CHANGE (CHA)
Interactions between systems can result in changes in those systems.

BIG IDEA 5: CONSERVATION (CON)
Changes that occur as a result of interactions are constrained by conservation laws.

图 1.3　AP 物理 1 课程介绍中的 5 类大概念

过牛顿第三定律推广到质心组的牛顿第三定律,从而推导质心组动量守恒。这里涉及大概念中 1、3、4、5 类内容,这一节本身也是章节中学习的重点和难点。如果学生能够摒弃死记硬背的学习方法,从概念广泛联系角度出发理解知识点内在的联系,对掌握理解这一节内容会产生很大帮助,也为之后学习 AP 物理 2 中热力学理想气体运动状态的宏观统计打好坚实的基础。

3. 结合外部评价课程体系探索具有我校特色的高中物理课程核心素养

我校对于国际部高中物理课程要达到的课程目标是培养学生能够面对真实情境,从物理学的视角正确描述和解释自然现象,灵活运用所学的物理知识解决实际问题;能够提出并准确表述可探究的物理问题,作出有依据的假设,选用合适的器材获得数据;能够分析数据,发现其中的规律,得出合理的结论,用已有的物理知识进行解释;能够认识到物理学是人类探索世界、改造世界的方法论,认识到人类在保护环境和促进可持续发展方面的责任。

（二）初高中物理学科的学习内容衔接

1. IB 国际文凭体系中，从 MYP 自然科学到 DP 物理学的学习内容衔接

本书上编第二章 IB 课程体系从 MYP 到 DP 的衔接概述中，已对整个自然科学框架有了概括性的介绍。笔者此处针对 IBMYP 到 DP 物理学科内容衔接再作若干补充说明。

由于 MYP 中没有明确设立物理学科，而是将化学、物理、生物等自然科学课程统一归为科学学科组，也就没有基于学科本身特质的体系化的课程。尤其是在 1—2 年级的学习中，MYP 自然科学课程着重培养学生的科学素养和对于重大概念的理解。在 3—5 年级阶段，MYP 以基于学科的相关概念为出发点展开教学。以图 1.4 中的第一阶段（1—2 年级）运动知识点的课程安排与图 1.5 中的第二阶段（3—5 年级）运动学与空间探索知识点为例。MYP 科学课程的教学特点是概念性学习（Conceptual Learning）。从关系和系统这样的大概念入手，提出探究问题，即如何科学地描述物理受力和物体运动状态改变的关系，通过数据分析人类如何改良产品等实际问题，最后开展具体的教学内容。MYP 1—2 年级主要解决"是什么"这个层次的问题，即定义运动学和动力学的各种物理概念，规范化描述运动学图像，应用数学公式解决简单问题，等等。而

Modular sciences overview for years 1 and 2

The subject-group overviews show the units taught in each year in each discipline. They include the unit title, key and related concepts, global contexts, statements of inquiry, objectives, ATL skills and the content (if any).

Year 1

Unit title and teaching hours	Key concept	Related concept(s)	Global context	Statement of inquiry	Objectives	ATL skills	Content
Movement (Physics) 15 hours	Relationships	Movement Consequences	Personal and cultural expression: the ways in which we discover and express ideas	The application of force has consequences for an objects' movement that can be expressed scientifically.	B C	Thinking: creative thinking Self-management: reflection Social: collaboration Research: information literacy Self-management: affective	Define distance, time, speed and acceleration. Define force using the relationship between cause and consequence. Plot graphs of distance against time and speed against time, based on given data. Explore real-life situations using kinematics and force concepts and the equation: speed = distance/time Use kinematics concepts and graphs to develop experimental work according to the student's level. Solve simple problems involving kinematics.

图 1.4　MYP 1—2 年级科学课程安排

Physics overview for years 3 to 5

The subject-group overviews show the units taught in each year in each discipline. They include the unit title, key and related concepts, global contexts, statements of inquiry, objectives, ATL skills and the content (if any).

For years 1 and 2, please see the "Modular sciences overview".

Year 3

Unit title and teaching hours	Key concept	Related concept(s)	Global context	Statement of inquiry	Objectives	ATL skills	Content
Mechanics and space exploration 15 hours	Systems	Function Patterns	Personal and cultural expression: the ways in which we reflect on, extend and enjoy our creativity	Through analysing and reflecting on data patterns people redesign products to improve their functionality.	B D	Thinking: creative thinking Thinking: critical thinking Communication: communication Research: information literacy	Kinematics: steady-speed model and constant-acceleration model Kinematic variables: steady-speed model, constant-acceleration model, speed against time and velocity against time graphs Concept of force and frictional force: force as a cause-consequence relationship; the frictional force and its importance in motion; air resistance Gravitational force: universal law of gravitation, acceleration due to gravity

图 1.5　MYP 3—5 年级科学课程安排

MYP 3—5 年级开始系统性地建立运动学的各种简单物理模型，如匀速运动、匀加速运动、自由落体、抛物运动等，并将物理模型应用于解决生活中的问题。

对比图 1.6 中 IBDP 物理单元 2：力学的课程安排，可以看到 MYP 教学方式的设计与 DP 存在比较大的差异。DP 的课程内容

Core

Topic 2: Mechanics　　　　　　　　　22 hours

Essential idea: Motion may be described and analysed by the use of graphs and equations.

2.1 - Motion

Nature of science:

Observations: The ideas of motion are fundamental to many areas of physics, providing a link to the consideration of forces and their implication. The kinematic equations for uniform acceleration were developed through careful observations of the natural world. (1.8)

Understandings:
- Distance and displacement
- Speed and velocity
- Acceleration
- Graphs describing motion
- Equations of motion for uniform acceleration
- Projectile motion
- Fluid resistance and terminal speed

Applications and skills:
- Determining instantaneous and average values for velocity, speed and acceleration
- Solving problems using equations of motion for uniform acceleration
- Sketching and interpreting motion graphs
- Determining the acceleration of free-fall experimentally
- Analysing projectile motion, including the resolution of vertical and horizontal components of acceleration, velocity and displacement
- Qualitatively describing the effect of fluid resistance on falling objects or projectiles, including reaching terminal speed

International-mindedness:
- International cooperation is needed for tracking shipping, land-based transport, aircraft and objects in space

Theory of knowledge:
- The independence of horizontal and vertical motion in projectile motion seems to be counter-intuitive. How do scientists work around their intuitions? How do scientists make use of their intuitions?

Utilization:
- Diving, parachuting and similar activities where fluid resistance affects motion
- The accurate use of ballistics requires careful analysis
- Biomechanics (see *Sports, exercise and health science SL* sub-topic 2.6)
- Quadratic functions (see *Mathematics HL* sub-topic 2.6; *Mathematics SL* sub-topic 2.4; *Mathematical studies SL* sub-topic 6.3)
- The kinematic equations are treated in calculus form in *Mathematics HL* sub-topic 6.6 and *Mathematics SL* sub-topic 6.6

图 1.6　IBDP 物理课程安排

与考核体系作为大学预科课程与升学考评联系紧密,因此需要教师相对严格地按照指定的教学内容组织安排。对于每个单元的具体内容,有相对清晰的知识点划分和学科技能的适用范围和程度要求。在课程安排中还列出了笔者上一章讨论过的有关科学的本质(Nature of Science);基于 IBDP 学习者培养目标(Learner Profile)的要求,在每个大单元中加入了国际情怀(International-mindedness);DP 核心课程认知学(Theory of Knowledge)在物理学科内容中也有所体现。MYP 中概念性学习继续作为一种教学法(Approach of Learning and Teaching),延续融入课程的框架中。

2. K-12－AP 大学先修课程物理学的学习内容衔接

本书上编第三章美国 K-12 课程体系的初高中衔接概述中,已对整个自然科学框架作了概括性的介绍。笔者此处针对 K-12 科学课程到 AP 大学先修课程物理学科内容衔接再作若干补充说明。

美国 K-12 体系科学内容标准由 8 个部分的内容组成,即

① 科学中统一的概念和方法;

② 以探究为特点的科学;

③ 物质科学;

④ 生命科学;

⑤ 地球与空间科学;

⑥ 科学与技术;

⑦ 从个人角度和社会角度看科学;

⑧ 科学史和科学的性质。

第一部分是针对所有年级的,因为与这些概念有关的认识和能力是需要通过对学生的教学活动逐渐获得发展的。其余 7 个部分则在 K—4(幼儿园至 4 年级)、5—8(5 年级至 8 年级)和 9—12(9 年级至 12 年级)各有不同标准。物理课程内容相关的部分主要体现在第三和第五部分。笔者在表 1.1 物质科学在 K-12 课程体系不同年龄段的要求以及在 AP 物理中的内容进行比较。

表 1.1　物质科学在 K-12 课程体系不同年龄段的
要求以及在 AP 物理中对应章节

K-12 5—8	K-12 9—12	AP 物理
物质的性质和物质性质的变化	原子结构	AP 物理 2：量子，原子及核物理
	物质的结构和性质	
	化学反应	
运动和力	运动和力	AP 物理 1：运动学
		AP 物理 1：动力学
		AP 物理 1：转动力学
能量传递	能量守恒和混乱度的增长	AP 物理 1：能量
		AP 物理 2：热动力学
	能量和物质之间的相互作用	AP 物理 1：动量 AP 物理 2：电、磁、电磁感应

　　笔者先以物质的性质为例。对于 K-12 5—8 年级的学生，理解重点从物体和材料的性质转移到构成材料的物质的性质。5—8 年级的学生要观察和测定某些特性（如沸点、熔点、溶解度和物质的简单化学变化，虽然此时化学并没有作为一个独立的概念进入课程内容），并且利用这些特性来区别不同的物质。学生往往已经对原子等词汇和概念有初步了解，但是他们并不知道有哪些证据和逻辑论据可以支持物质的粒子模型。学生一般有一个初步的想法，粒子与对应的宏观物理一般有相同性质。对这一水平的学生来说，可以从化学特性出发，给出元素和化合物的定义。

　　对于 K-12 9—12 年级的学生，物质的性质与物质结构之间的关系仍是物质科学课程的主要内容。学生在初中阶段研究了状态的变化、溶液和简单的化学反应,具备了给元素和化合物的性质下定义的足够知识和经验。当学生观察到大量的证据(如铜被酸溶解在溶液之中后用锌来置换铜,就出现了纯铜)并对它们进行整合的时候,他们就可以理解,任何含铜物质中的铜原子都是相同的。如果我们假设粒子的数目在反应中重新排列时保持不变,那么物质的质量在这类化学反应中保持不变这一点就好解释了。在这个阶段,虽然化学反应已经被引入物质科学概念中,其本质依然难以被学生理解。

当学生进入 AP 物理 2 第七单元的学习,他们会通过学习一些微观世界的概念如电子能级等将本单元的内容与之前学习的物理规律如牛顿力学、守恒原理,以及在 K-12 中有关化学学科使用的模型联系起来。这些联系将帮助学生对各种现象作出预测,包括放射性衰变的速率或核反应的类型,或者将光电实验与能量的思想联系起来,这比用数学公式得到结果更为重要。值得注意的是,对于物质性质内容的学习,在学生从 K-12 科学体系衔接 AP 物理学的过程中,经历了一个物理—化学—物理的循环。宏观物体的性质一般用物理学的规律去描述,当把宏观物体的性质尤其是化合物的性质迁移到微小粒子如分子和原子时,宏观物体和微观粒子的性质发生了一定改变。学生通过学习化学课程相关的概念来理解这样的改变,通过记忆各种参加反应的粒子性质和反应的公式得到改变的结果。然而当尺寸变得更加微小,学生又认识到质子、中子、电子等粒子的一致性时,从物理学理论解释化学反应公式又能使学生感觉豁然开朗。K-12 科学体系跨学科学习的要求令学生在思维的三大领域中漫游:可观察现象的宏观世界;分子、原子和亚原子微粒构成的微观世界;化学式、方程式和符号等构成的符号与数学世界。

与物质性质不同的是,一般认为研究运动和引起运动的力是一个纯物理学科内容。在 K-12 5—8 年级,通过简单物体的演示实验,学生可以从运动物体的定性描述过渡到定量描述,并且开始描述作用在物体上的力。例如,学生由日常经验得知摩擦力可以减慢和终止运动。通过减小摩擦力的经验,可以观察到受到更小摩擦力的运动物体会运动得更远,但是多数同学相信,如果物体处于运动之中那么必然有一个力连续作用在该物体上,如果力"用光了"运动就会停止。学生还认为,摩擦力是物体保持静止的主要原因,物体需要力才能动起来。9—12 年级的学生能够更好地把力与运动联系起来。通过在实验室中体验力、运动(包括振动和波动)、光和电的宏观世界与微观世界,可以帮助学生理解物质的结构。在良好的基础上,AP 物理 1 运动学课程更多的是在空间复杂度(二维和三维坐标)和时间复杂度(加速度)上提升了物理建模的难度和数学演算的要求。通过学习运动学,学生将学会以叙事、图形和/或数学形式以及选择不同的参考系来描述运动状态。学生开始学会通过探索加速度、速度、位置和时间的物理量之间的关系对运动进行预测。在 AP 物理 1 动力学课程中,加速度成为运动学和动力学的桥梁。学生通过分析加速度和物体受到的各种力并理解各种物理现象。在 AP 物理 1 转动力学课程中,学生对于空间的复杂度的理解进一步提升,除了前后、上下、左右三组平移自由度之外,学生必须理解和思考空间中以三组平移自由度为轴的三组转动自由度。在学习扭矩和旋转运动的过程中,学生将面对更高难度的建模与数学公式。在 AP 物理 C 力学课程中,微积分作为数学工具被引入运动学和转动力学的计算中。

　　我校提供了借鉴美高体系的校本课程与三种对接外部评价体系的课程(IB,AP,A-level)。虽然各种评价体系在教学内容的编排、评价手段与标准以及深度、广度上各有异同,但在教学主题的内容与顺序上则不谋而合。物理教材的编写基于生活中的物理现象以及应用,大致分为运动学、动力学、能量与动量、热学、振动与波、电学、电磁学、光学、粒子物理与现代物理。而在教学内容顺序的选择上,考虑到在较低年级即 9—10 年级物理课程作为必修课而在 11—12 年级作为选修课,物理组选择在两年内基本完成力学(包含运动学、动力学、圆周运动及万有引力)、热学、电学(静电与简单电路)三大模块的教学。培养学生学会生活中与物理学相关的基本技能和基本科学素养。对于选择继续深入学习高中物理课程的 11—12 年级学生,不仅将把剩余教学内容完成,还将深入锻炼科学探究能力与创新意识,进一步掌握物理实验技能。

（三）初高中物理学科学习方法技能的衔接

1. 概念化学习,重视新旧知识点之间的迁移和联系

物理学科学习中,有一些核心概念群会重复出现在各个知识点中。例如,图 1.7 中系统、守恒、改变这一组关键词。当它们出现在静力学和动力学中,描述它们的是牛顿的运动三大定律。把单个或者多个物体视为系统,当总受力为零,系统平衡。当总受力不为零,则系统的运动状态发生改变。但如果将系统的参考系改变,引入惯性力,则系统又再次平衡,达到守恒状态。如果我们应用这一组核心概念群在能量系统里的机械能守恒,当非保守力不做功时,机械能守恒。而当非保守力如摩擦力做功不为零时,机械能不守恒。但是如果把摩擦力做功造成的热耗散能考虑在内,则系统又再一次守恒。本质上,系统、守恒、改变这一组核心概念群体现的是物理建模中不同近似条件下等式与不等式之间的转化,反映了在不同维度上认识世界的局限性。认识到核心概念群的深层概念,对于帮助学生建模解决实际问题有很大帮助。

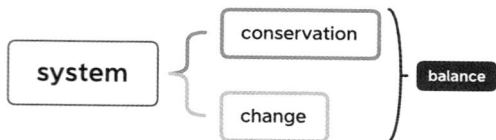

图 1.7　系统、守恒、改变

如表1.2所示,左边是学生在 11 年级进行 AP 物理 1 的学习中需要使用的转动力学公式,而右边是学生在 9 年级学习运动学时使用的平动力学公式。如果把相对应位移、速度、加速度等物理量进行替换,就会发现形式上两组公式是完全等价的。有意识地加入知识点之间的迁移,可以帮助学生在学习新知识、新概念时减少陌生感,在完成新习题时减少畏惧感,是值得推荐的一种学习方法。

表 1.2 转动力学公式与平动力学公式

Rotational Motion	Linear Motion
$\Delta\theta = \dfrac{\omega_f^2 - \omega_i^2}{2\alpha}$	$\Delta d = \dfrac{v_f^2 - v_i^2}{2a}$
$\Delta\theta = \omega_i t + \dfrac{1}{2}\alpha t^2$	$\Delta d = v_i t + \dfrac{1}{2}at^2$
$\alpha = \dfrac{\Delta\omega}{t} = \dfrac{\omega_f - \omega_i}{t}$	$a = \dfrac{\Delta v}{t} = \dfrac{v_f - v_i}{t}$
$\Delta\theta = \overline{\omega}t = \dfrac{(\omega_0 + \omega_f)}{2}t$	$\Delta x = \overline{v}t = \dfrac{(v_i + v_f)}{2}t$

2. 理解真实世界与数学模型之间的关系是学习物理学科的核心

物理使用数学模型来理解、预测实验测量结果。这个数学模型是抽象的,与真实世界有一定的联系,却不是对真实世界的直接描述。学生在学习物理的过程中经常会认为理论化的公式推导过于理想化,即便是在实验室限定的条件下做实验也会遇到各种各样的误差,似乎在具有一定复杂程度的、开放性的真实情境中,物理中的数学模型就失去了意义,物理学也与实际生活脱节。这会导致学生在理解物理概念、解答物理问题时,放弃从自身生活经验出发来解释问题和建立模型。所以在国际部9年级的物理课程中，在所有层次的班级中，教师都会引导学生认识误差的概念。

可以用一个简单的例子来理解误差。生活中我们常见一种用激光测身高的设备，声称测量精度可以达到0.01厘米。然而在实际测量中，是否站直身体、呼吸、重心的移动、人的生理特性造成一天不同时间内身高变化等因素产生的误差一般至少达到1厘米，所以一切比1厘米更小的误差测量都是没有意义的。换言之，在测量身高时，精度为0.01厘米的测量设备并没有对真实世界产生更精确的描述，反而1厘米误差的测量结果是更接近真实世界的解释。

时而有被科普过量子力学和相对论的学生在课上询问，既然在接近光速或者微观世界里牛顿力学失效了，为什么还要在高中课堂教授牛顿力学，直接学习量子力学和相对论的模型不是更加精确？事实是即便在宏观和低速的条件下，如果测量精度够高，也能测量得到牛顿力学的计算结果和实验结果的微小差别。没有一个科学家会认为牛顿力学是对真实世界的描述，但也没有一个科学家会否认在日常生活场景中，牛顿力学的数学模型可以被用于预测结果，帮助人类认识和改造世界。

所以，物理学从来就不是对真实世界的描述，而是对真实世界的抽象化解释，因为这样的解释在一定误差范围内可以预测结果。物理学家甚至并不关心真实世界是否存在，因为在物理学的体系中无法证明或者证伪一些经过反复测量得到的物理常数是客观存在还是被"人为"设定。任何科学研究中的任何计算都是针对科学家选择的模型的，而不是针对真实世界本身的。图1.8可以大致描述一个数学模型在描述和解决一个真实问题时的流程。当新的理论猜想被现实验证，形成一个新的理论或科技成果，它同时也一定会被新的测量结果反馈形成新的问题，从而不断迭代一个更接近于真实世界的解释，这也是物理学最大的魅力所在。

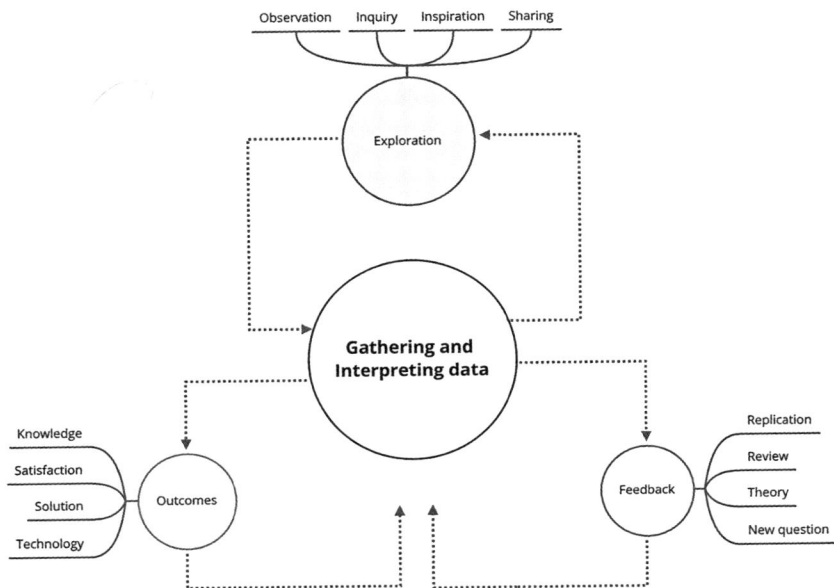

图 1.8 数学模型的使用流程

二、教学方法衔接——案例分析

(一)初高中物理实验课衔接

物理是一门实验学科,实验在物理教学中的地位不可替代,非常重要。初中和高中物理课程对实验都相当重视,在课程开始的初期,两者都安排整整一章节内容讲解与测量和实验相关的基本知识,并开展了相关的学生实验。初高中的物理课程呈螺旋式上升的结构,方便学生更迅速地理解和获取知识,广泛了解所学内容的全貌,并进行探究式自主学习。然而,初中和高中国际部课程中的物理实验基础课还是有各自的侧重点和特色,以下将略取一二简要作介绍。

1. 是什么(What)和为何/怎样(How)

初高中物理课程开始的第一章都介绍了基本测量和测量单

位,两个学段的课程都介绍了长度、时间和质量这几个物理量,以及这几个物理量的国际单位和基本测量工具。

初中的学生刚刚开始接触物理,知识储备相对比较少,在有限的课时里,不可能涉及太深的知识内容。因此,初中主要介绍这几个物理量是什么、国际单位是什么、普通的测量工具是什么以及基本的国际单位之间如何进行换算。也就是说,初中生的学习主要在于知道"是什么"。

到了高中,在学习同样的内容时,由于在初中的物理课中已经将"是什么"也就是这些基本单位的具体情况作了详细的介绍,在高中阶段,如果只是简单地重复初中已经学习过的内容,就不太符合这个年龄水平学生的知识体系和认知能力,也不能体现物理这门实验科学对学生的探究、开放思想、沟通、反思等方面的要求。为了培养学生的这些能力,高中课程对学生进行有针对性的训练。

比如,在讲到长度的国际单位"米"的时候,初中课程中将所有的常见基本物理量的概念都同时列出,并通过国际单位制的表格介绍了什么是长度与其他物理量的国际基本单位(见表1.3)。学生能迅速清晰全面地了解常见的基本物理量是什么,将平时从日常生活中、数学课上所得到的零散的知识系统联系起来,形成一个有关物理量的知识体系。同时,初中物理课对国际单位制简单和初步的介绍,让学生初步认识实验中所使用的单位体系。

高中阶段的物理课在讲到长度单位时,强调了统一的国际单位制的重要性。课程介绍了国际单位制在世界范围内的普及情况,并通过一个由单位制的不统一导致太空探测器失踪的例子说明了统一的国际单位制的重要科学价值和经济价值,让学生从全球的视野和方法论的角度理解为何要建立这样的"标准"。授人以鱼不如授人以渔,通过了解前辈们走过的路,学生逐步熟悉再进行相关方面的科学探索时,可以知道从怎样的角度去想,怎样去实

表 1.3 国际单位制的课程内容

B. What can be measured? 1. Length – how long an object is; distance between objects/places 2. Mass – how much 'stuff' is in an object (i.e. how much matter it contains) 3. Volume – how much space an object occupies 4. Time – period between two events; measure of precise moment an event occurs 5. Temperature – how 'hot' or 'cold' an object is **C. SI System** 1. In science, a standard system of units called the <u>SI</u> (Système International, or International System) is used by scientists around the world 2. Base SI units are the quantities from which all other units are derived **SI base units** 	Name	Symbol	Quantity	 |---|---|---| | metre	m	length	 | kilogram	kg	mass	 | second	s	time		**DID YOU KNOW** **Lost in space** In September 1999, the United States lost the Mars Climate Orbiter as it approached Mars. The loss of the $125 million spacecraft was due to scientists confusing English units and metric units. *The missing Mars Climate Orbiter* 高中课程中涉及的一个由于单位标准不统一导致太空探测器失踪的例子
初中课程中有关长度等基本概念的引入和介绍	高中课程中长度单位标准和演化的介绍

施。物理不是简单事实的堆砌,而是思维,是方法,是解决问题时的眼光。科学史就是最好的教学材料,读史明智,从物理课堂中走出的不应该是一个个装满知识的储存器,而应该是一个个有头脑、会发现问题和处理问题的处理器或更进一步的,是一个开拓者。高中课程中,更看重有关"How"(为何/怎样)的学习、讨论和思考。

这里要说明的是,初中课程由于学生的知识基础、见识和年龄所限,上课内容的设置不可能太具有思辨性,就如向大部分小学 1

年级学生教授微积分是不合适的选择一样,学习的过程需要一个从量变到质变的过程,不同的时间段有不同的任务和目标。为每个年龄段的学生设置适合他们认知能力的课程内容,让他们体会到学习的乐趣和成就感,不要拔苗助长,不让学生被奔腾汹涌的知识所吓倒和被各种五花八门的见解所迷惑,也是教育者需要冷静研究的主题。

2. 理想和现实

学习了基本的物理测量单位后,接下来就要进行实际的测量和操作了。

初中物理实验直接选择了测量密度的实验。要求学生使用天平、尺、水和量筒,在规定时间内,分别测量规则物体和不规则物体的密度,并根据给定的不同材料的密度表,判定所测的物体属于哪种材料。然后,再继续讨论各种特殊情况下的实验测量方案。例如,如果不规则物体溶解于水该怎么测量它的密度,如果要测量一把沙子的密度该怎么做,等等。最后让学生定性地分析为何自己的实验结果和标准值之间有偏差。

整个实验涉及长度、固体体积、液体体积测量、质量测量等知识点,对学生的测量结果小数位数有要求,让学生初步了解如何使用这些物理仪器,并且有些仪器需要估读。初中实验大部分是偏重于让学生掌握测量工具的使用、读数、运用理论模型(密度、体积、质量之间的关系)、直接或间接地获得实验数据(密度)。

这样安排学生实验内容是符合初中学生的具体情况的。在刚刚接触物理知识时,教师可以使用理想情况下的抽象的物理模型,去除各种次要因素的干扰,将具体的经验抽象成物理量,着重了解这几个抽象的物理量之间在理想状况下的关系。这种化繁为简的方法能够培养学生的抽象思维能力,也能方便初学者尽快地掌握物理量之间的关系。在密度实验的最后,教师适当地引导学生定性地讨论实验结果产生偏差的原因,为学生进入高中后的进一步学习和应用误差的概念作铺垫。

初中的物理实验操作课程比较偏重于理论知识的掌握,着重于推断和分析理想状况下的实验结果,实验的目的是更好地理解课堂中的理想状况下的模型化的物理关系,然而这样的实验与现实中开展的科学研究、撰写科研论文所需要的物理实验仍有相当一段距离。因此高中的物理实验课便开始向现实中所需要的实验构架迈进。首先是最基础的部分——实验数据的误差以及误差分析。由于所有的实验测量都有一定程度的不确定性,我们使用实验误差分析的结果来判定实验是否符合预期,或者是否与其他的实验结果相吻合。如果没有合适的误差分析,不可能得出科学的结论。

高中的物理实验课程在进入实验室进行实验操作以前,预先要学习包括有效数字、误差、误差传递和作图这些基础知识,具体教学纲要见图1.9。其中有效数字的学习包括有效数字的概念、如何确定有效位数、四舍五入或四舍六入五凑偶的方法、有效数字的计算。误差的学习中包括系统误差和随机误差,确定随机误差的大小、公差、相对误差和绝对误差、误差传递的计算。作图包括确定自变量、因变量、实验室作图的步骤、图表中的误差线画法、最大最小斜率和斜率的误差。初中物理实验的经验是学生理解实验误差概念的实践基础,进入高中后学生的数学能力进一步提高,也保证学生能自如地进行误差的分析和计算。当然这些内容距离大学物理实验中的利用统计工具进行误差分析的要求还是有一定的距离,但基于学生的数学能力、物理实验能力和理解能力,结合物理实验科学性的要求,这些初步的定量进行误差分析和计算的学习内容是必要的,也是符合学生的具体发展情况的,为切实培养物理核心素养中的严谨的科学态度和习惯,掌握基本的科学实验能力,并进一步脚踏实地培养科学思维,开展有价值的创新性科学研究提供了重要的保障。

1-4 MEASUREMENT AND UNCERTAINTY; SIGNIFICANT FIGURES

- A. Significant Figures(Digit)
- 1) Definition
- 2) Rules for counting sf. (significant figures)
- 3) Rules for rounding
- 4) Arithmetic with significant digits
- B. Uncertainty (Error)
- 1) Systematic and random errors.
- 2) Determining random errors.
- 3) Tolerance
- 4) Relative and Absolute Errors
- 5) Propagation of Errors, Basic Rules
- C. Graphing Data
- 1) Variables
- 2) 5 steps in drawing a graph
- 3) Graphing with error bars
- 4) max and min slope and error of the slope

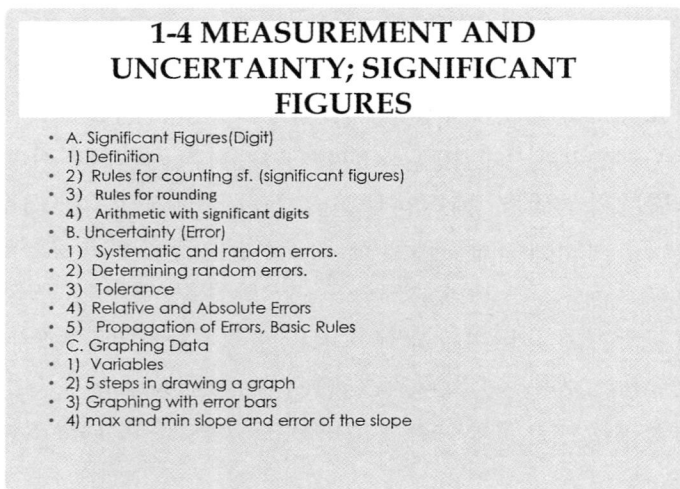

图 1.9　高中课程中有关有效数字、误差和基于误差的作图法的教学纲要

高中物理课程在介绍完有关实验误差的基本概念后,就立即进行有关实验,并要求学生在实验中运用误差的概念记录并处理实验数据。

例如,高中物理实验有关基本测量的任务中,有一项是进行有关长度(或各种尺度)的测量。熟悉实验仪器,学生必须知道某个实验仪器的读数应该读到小数点的哪一位,如刻度尺,有些时候可以读到最小刻度的后一位(估读一位)。接着,必须根据具体实验的情况记录实验误差。最简单的情况是,对于形状规则的物体,边缘或表面光滑,只需要将刻度尺的最小刻度的一半(有的仪器如果最小刻度间隔较大,比较容易分辨,还可以去最小刻度的五分之一或十分之一)作为读数的绝对误差。可如果物体的长度是由首尾两个读数的差值所获得的,根据差值的误差传递的原理,刻度尺最小刻度(而不是最小刻度的一半)将作为物体长度的误差。这样的话,绝对误差是最小刻度,那根据实验结果与误差的关系,实验结果的读数读到最小刻度的后一位就没有意义了,最小刻度这一位已经不确定了,再往下面更小的数位就更不确定了。实验结果只能取到最小刻度。这种确定绝对误差的方法是最简单的情况,也就是实验误差主要由仪器精度来决定,小部分由实验本身的特点所决定。

通过这个部分的实验让学生直接地了解,虽然测量结果的有效位数更多代表更精确的测量,但每个实验工具的精确度都是有限制的,而实验读数的结果的有效位数不是由自己随便确定的。每个读数都与实验工具相关,更高精度、更小误差的实验结果与仪器的选择有很大的关系。因此,在表示实验结果时,不能随意取舍读数的有效位数。每一个实验结果必须按照要求规范地表示实验结果与误差。通过误差的确定,我们还能进一步确定不同的测量者对于同一个被测对象的测量结果是否相一致,也就是某位测量者的实验结果是否有可重复性(Reproducible)。由于每个人对仪器的估读不尽相同,不同的人对于规则物体的测量结果不一定相同,这些实验结果之间是否一致呢,我们仅仅靠读数本身是难以判断的。读数相差多少可以被认为是结果相一致呢?这不能靠个人的主观意见去评判。但实验数据的误差能帮助人们客观地判断实验结果的可重复性。如图 1.10 所示,三位学生测量弹簧的长度,学生 1 和 2 的实验数据虽然不相同,但他们的数据从 14.5 厘米到 14.8 厘米是重合的,所以学生 1 与 2 的实验结果在这个范围内是一致的。但他们的实验结果与学生

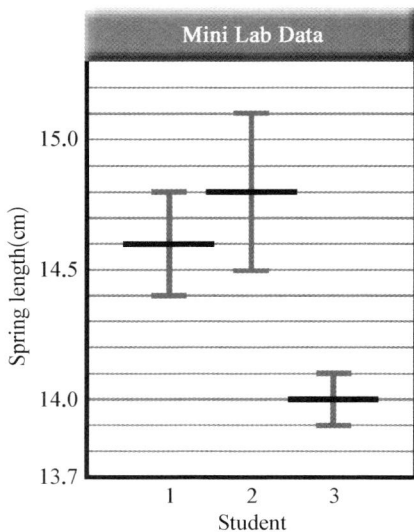

图 1.10　三位学生的实验测量值和误差的结果

3 的实验结果不一致,因为学生 3 的实验数据范围与前两位没有重合的部分。物理理论需要通过实验结果进行验证,一个实验是否有价值,实验结果的可重复性是一个重要指标。没有误差,我们无法对实验结果进行评判。通过在实验中运用误差的概念,学生能初步了解使用误差来判断可重复性的意义,也能在实践课程实验的过程中检验自己的实验结果是否具有可重复性。

有关长度测量的实验内容还进一步要求学生测量彼此的身高。在这个实验中,不仅将实验工具从刻度尺改成了卷尺,导致工具的最小刻度发生改变,在确定实验的误差时,还需要考虑实验本身的具体情况。比如,学生的卷尺是否与地面垂直,卷尺是否拉得足够直,如何确定被测者头顶的确切位置,被测者放松站立和努力站直时头顶位置会有变化范围,被测者在呼吸时头顶的位置也有上下浮动的范围。这些上下变化的范围一般大于卷尺的最小刻度。根据绝对误差的确定方法,需要选择更大的值,也就是将读数变化范围的一半作为测量结果的绝对误差。这个时候,即使我们使用刻度更精密的尺来测量身高,如果还是采用同样的实验方法,那这个更精密的尺就没有多少意义,因为实验的误差已经很大了。通过这样的思考和比较,学生可以进一步了解,我们在做实验时可以根据实验的具体情况来经济合理地选择实验仪器,避免不必要的浪费,这也是作为未来的一个科学研究者所需要具有的意识。

如果被测物体是一段被多次弯折过的铁丝,由于弯折后的铁丝很难与直尺边缘严丝合缝地贴合,我们会发现单次的测量将很难保证我们能获得相对准确(accurate:接近铁丝真实长度)的读数。为了提高准确度,我们需要进行多次测量,来减少随机误差所造成的影响。尽管每次测量的误差都可以认为是直尺的最小刻度,但由于我们多次测量的长度值会有大有小,这些测量数值的范围的一半与每次测量的误差相比可能会大一些,因此,多次测量值的范围的一半将被当作铁丝长度的误差。

　　如果我们需要测量尺寸很小的物体,如需要测量一枚硬币的厚度或一根铁丝的直径。如果我们继续用直尺测量,就会发现直尺的绝对误差(0.5—1毫米)和待测物体的尺寸已经很接近了(0.6—2毫米),这会导致很大的相对误差(相对误差 = $\dfrac{绝对误差}{测量值}$)。如果这个测量结果只是一系列实验的一个中间数据,那么我们在这个误差很大的实验数据的基础上再进行实验就会导致实验失败。比如,我们想要验证铁丝直径和它的电阻之间的线性关系,我们会发现每一个直径测量值的巨大相对误差将会使我们无法判断所要验证的数学关系是否正确,从而导致实验失败。这时,通过实际的误差的定量计算,可以反思实验仪器或实验设计是否合理,从而选择合适的实验仪器和实验方案,而不是机械地使用教师指定的实验仪器。接着,如果我们可以选择游标卡尺或千分尺进行测量,便能符合实验精确度要求。但有时候由于科学研究者的实验经费有限或者所处的环境实验条件有限,无法得到高精度的仪器,但又需要获得足够精确的数据呢? 我们可以另辟蹊径,比如可以选择很多个相同尺寸的硬币叠在一起,通过多个相同硬币厚度的测量和计算来获得单个硬币的厚度,而这样测量的误差也会相应减少。学生也掌握了一种节省花费、使用尽量简单的仪器来取得可信度高的实验结果的方法。

　　通过以上几个部分的实验,学生可以了解实验仪器的选择、实验中被测物体的情况、实验设计本身都会影响实验的误差,像长度这类基本物理量的测量很多时候只是一个实验的一小部分,如果每个基本测量值的误差没有控制好,通过误差传递就会使得最后的实验结果因为误差过大而无法判断实验结果是否符合预期。这就让学生从实际经验的总结中认同基本实验的一些基本的要求,如需要多次重复测量来获得一个所需要的数值,对于某些实验而言,我们为何选择某些仪器而不是另一些。对于某些物理量而言,为何我们需要使用某种方法进行测量。进而引发学生的反思,鼓励他们思考如何运用所学的知识,参考其他研究者或科学家的实验方案来改进自己的实验方法,获得更合乎理想的结果。

3. 按图索骥和开拓创新

每个物理实验基本都由实验目的、实验仪器、实验理论、实验步骤、实验数据和处理、实验分析、反思和改进这几个部分组成。在初中物理实验课中,交给学生的实验报告相对比较完整,除了数据收集表格和最后的分析反思部分留给学生自己完成以外,其他部分都完整详细地呈现在实验报告上面。学生需要做的是理解实验报告的内容,按照实验步骤按部就班地完成实验的要求,填写数据处理表格,并在最后回答给定的有关实验结果分析的问题。学生必须在规定时间内完成这些实验内容,并当场提交。这样做能够让学生高效地掌握实验操作的基本技能,通过亲身体会对实验的理论、器材、被测对象、操作的注意事项、实验结果等方面有立体、生动的认识。

进入高中后,高中物理实验课不仅要求学生会操作实验仪器,会读数并分析,而且要求高年级学生需要有自己撰写报告的能力,实验主题的选择、实验设计、实验仪器的确定、数据收集表格的设计、数据分析、作图、最后的实验结论和进一步如何改进实验,都需要由学生自己完成。这些是具有创新性能力的要求,但这些能力都不是一蹴而就的,需要通过日积月累的训练才能获得。由于本文只讨论初高中实验基础课的区别,在这里就不具体展开。前面第二部分中的误差知识的学习,为学生能合理选择实验仪器、设计符合实验精度要求的实验步骤、规范地收集和处理数据打下了良好的基础。

国际部初中物理和高中物理的实验基础课是相辅相成的。初中物理实验课通过告诉学生是什么、理想状况下的理论模型是什么,再通过具体细致的指导让学生对物理实验有初步的认识。高中物理实验基础课在初中物理课程的基础上,通过"怎样"与"如何"的思辨性认识,通过现实科学研究实验中所需要的误差知识的教授与规范化训练,为进一步培养具有初步独立研究能力的学生作了良好的铺垫。如果没有初中物理课程的基础,学生便很难在短时间内接受各种高中物理课程的思辨与能力训练方面的内容。如果高中实验课程只是继续沿用初中实验课程的要求,便难以完成各种核心素养的培养,学生在学了多年物理课后,仍然对科学研究空有热情而不知如何着手进行实验研究、写作规范的实验报告或论文。万丈高楼平地起,罗马不是一日建成的,通过踏实的、有计划的训练与日积月累的培养,终有量变积累为质变的一天。

专家点评:

作为自然科学,实验永远是学生学习物理的重要手段。初高中物理实验的重大区别如文章所述,实验性质从演示和验证实验发展到独立自主地设计改良实验,即学习的侧重点已经从"是什么"迁移到"为什么"。

在物理量的实际测量中,无论是直接测量的量,还是间接测量的量(由直接测量的量通过公式计算而得出的量),由于测量仪器、方法以及外界条件的影响等因素的限制,使得测量值与真实值(或实验平均值)之间存在着一个差值,称之为测量误差。高中物理实验必须加入误差分析的目的是在一定的条件下得到更接近于真实值的最佳测量结果,确定结果的不确定程度;据预先所需结果,选择合理的实验仪器、实验条件和方法,以降低成本和缩短实验时间。因此我们除了认真仔细地做实验外,还要有正确表达实验结果的能力,这二者是同等重要的。仅报告结果而不指出结果的不确定程度的实验是无价值的,所以我们要有正确的误差概念。高中物理依然有相当数量的演示实验和验证实验。而且相比初中以定性实验为主,高中主要以定量实验为主,实验数据相比理论推导一定会产生误差。通过实验理论和技巧可以减小实际测量和理论推导的误差,也可以帮助学生辨别实验中一些误差其实可以避免,增加定量实验的可信度。

根据误差分析的结果,学生可以得出结论,误差的产生原因是数学模型描述的物理世界和真实世界是不一样的。数学模型只能逐渐逼近真实世界而无法替代真实世界。这也是误差不可避免的原因。

(二)初高中物理教学案例比较

振动与波作为一种独特的运动形式,在生产生活中有着丰富的体现,也是中学物理教学的一个重要内容。考虑到不同年龄层次学生的认知特点,大部分国家的中学物理教学都采用了螺旋式上升的模式,即初高中针对相同的内容进行有层次、有梯度的教学。"振动与波"这一章节也不例外,下面从几个方面展开讨论。

1. 教学目标

受现有的知识结构和思维能力的限制,初中物理教学以观察现象、简单的物理概念和原理及实际应用为主,学生的知识结构在初级阶段形成一个相对完整独立的闭环;而高中物理则侧重于对物理概念原理本质与关联的深入理解,通过抽象模型、数学方法、逻辑推理、自主探究等方式来解决综合问题,因此高中阶段的教学在初中的基础上,升级为一个新的知识闭环。表1.4所示为本章节内容在初高中阶段教学目标的对比。

表 1.4　初高中"振动与波"教学目标对比

初　　中	高　　中
1. 振动 ● 了解振动的概念 ● 识别生活中的振动现象 ● 了解振动的周期特性 2. 波的特性 ● 了解波的概念	1. 简谐振动 ● 理解简谐振动的条件 ● 描述简谐振动的运动特征 ● 掌握简谐振动的正弦特性 ● 推导简谐振动的周期公式 ● 计算简谐振子的能量转换

（续表）

初　　中	高　　中
• 描述波的现象、特性 • 了解横波纵波在介质中的传播 • 了解波速受介质影响 • 了解机械波与电磁波的区别 • 理解振动图像和波动图像的差别 • 知道波长、频率、波速的关系 $v=f\lambda$ 3. 波的相互作用 • 了解波的相互作用 • 绘制波的射线图（Ray diagram） • 识别生活中的反射、折射、干涉、衍射现象 • 描述反射、折射、干涉、衍射的应用 • 描述弦和空气柱中的驻波现象 • 绘制驻波图形 4. 声波 • 了解声音的传播与声速 • 了解声音的频率与响度 • 了解声音的多普勒效应、节拍 • 了解乐器的种类、音色与共鸣 • 了解超声波的应用	2. 波的特性 • 描述波的特性 • 描述横波纵波在介质中的传播 • 理解介质对波速的影响 • 掌握、绘制振动图像和波动图像 • 理解振动与波动的区别和关联 • 掌握 $v=f\lambda$ 中自变量与因变量的关系 • 计算波的强度，理解平方反比关系 3. 波的相互作用 • 掌握波前模型 • 掌握惠更斯原理 • 解释波的反射、折射现象 • 分析干涉图像的形成 • 分析衍射的实质及与波长和障碍物尺寸的相关性 • 分析驻波的形成 • 理解 $v=f\lambda$ 此关系对行波与驻波的区别 • 掌握、计算驻波的自然频率 4. 声波 • 掌握声速与媒介的关系 • 掌握声级的定义与计算 • 掌握多普勒效应和节拍的形成原因 • 理解声音的气压波与位移波的关系 • 掌握管弦乐中驻波的形成、特性及频率的计算

从上表中的关键词可以看出，初中阶段的教学内容侧重于现象、概念和实际应用，对学生的要求只需要了解、识别和描述。而高中阶段的教学内容则侧重于本质、原理和逻辑关联，对学生的要求上升到理解、掌握和分析计算。由此我们发现初高中的教学目标有以下几个特点：

① 从现象到本质

物理是生活中的科学,同样的,振动和波的例子在日常生活中屡见不鲜,如水波的传播、声波的反射、光波的折射等。对于初学物理的学生而言,以切身体会作为切入点,让学生在感性认识的基础上,逐步接受振动和波的基本概念、基本特征,进而到各种波动现象的具体应用。进入高中阶段,学生的知识储备和逻辑思维有了一定提升,对振动和波不能只停留在感官认识的层面,而需要对波动现象背后的原理进行深入的理解和严密的剖析。

比如第三节"波的相互作用",波的反射、折射、干涉、衍射和驻波看似简单,实则有难度,简单在于生活中不缺各种实例,难度在于其背后的原因复杂抽象。因此,初中阶段只要求学生了解波的各种现象,绘制简单的图形,识别波在生活中的例子,以及了解波在生产生活中的广泛应用。高中阶段的学生已经具备一定抽象思维能力,可以利用波前的抽象模型以及惠更斯原理,分析解释、各种现象的原理与图案的形成原因。

又如第四节"声波",作为波的一个例子,学生无时无刻不能体会到声音的作用,也难免对它产生兴趣,初中的教学向学生介绍声音的多普勒效应、节拍、共振等现象,满足学生的好奇心,学生进入高中再慢慢学习这些现象的形成原因,甚至自主探究声音的奥秘。

② 从定性到定量

自然科学的发展离不开数学知识的运用,学生要学好物理更加离不开数学。初中阶段的教学以形象思维为主,进入高中阶段,学生的数学能力有了一定积累,就可以借助数学模型理解抽象关系。

比如第一节"振动",振动作为波源,其运动形式非常复杂,对于只学过匀速直线运动的初中生来说比较难以理解,因此初中阶段只要求学生了解振动的概念、识别振动的实例及其周期性的特征,对于振动现象有宽泛的、定性的了解,对其具体运动特征则不作要求。高中阶段学生已经习得加速度的概念,有能力分析理解简谐振子在各个位置的运动细节特征,因此也更加严谨地提出简谐振动的概念。同时学生也具备了一定的数学知识,如三角函数,可以通过与圆周运动的关联来建立模型,得出简谐振动的正弦特性。随后,学生可以根据正弦特性推导出周期公式,验证简谐振子的周期特性,与初中的学习相呼应。

又如公式 $v=f\lambda$,初中只需要知道波速、波长与频率的关系并进行简单的计算,然而这个公式看似简单,却隐藏了自变量、因变量的相互控制关系。比如,对于行波,波速由媒介决定、频率由波源决定、波长则由波速与频率共同决定,即波长是因变量,$\lambda = v/f$;而对于驻波,波速仍由媒介决定、波长由弦长或空气柱长决定、频率则由波速与波长共同决定,即频率是因变量,$f=v/\lambda$。同一个公式,变形之后的含义却不一样,这也是物理与数学最大的差别,物理中的每一个量都是有含义的。类似的还有欧姆定律 $I=V/R$,气体定律 $PV=nRT$,等等。

再如波的强度,初中只需要定性地了解波的强度与能量相关,如声波的强度越大,声音就越响。而高中则把波的强度细化为波源的强度与接收到的波强,波源的强度由功率决定,而接收到的波强与距离成平方反比关系,这里往往会引入平方反比定律(Inverse square law),并横向关联到引力场的平方反比关系,从而得出所有沿三维扩散的量都与距离有关,包括以后会学到的电场、磁场,让学生明白,看似不相关领域的知识却有着相似的关系,不禁感叹世界再复杂,却以最简单统一的规律在运转。

2. 教学策略

初中与高中的教学内容难度差异很大,学生的特点也不同,知识面、接受能力、思维模式、注意力集中程度都有很大的差别,因此也会相应采取不同的教学策略。以下为本章节内容初高中教学策略的特点。

① 从体验式到探究式

物理是来源于生活、应用于生活的学科。对于初次接触物理的学生,可以先采取体验式教学,让学生体验身边的波动学。教学内容多选取物理现象、实际应用和发现发明小故事,拉近学生与学习内容的距离,激发学习物理的兴趣,感受物理知识的实用性;教学方法注意多样性,灵活使用多媒体,如小视频、动画、模拟实验等,向学生直观展示波的相互作用,促进学生的理解;教学中穿插演示实验和课堂小实验,让学生体验做中学的乐趣,同时启迪学生时刻观察思考身边发生的物理现象、物理问题。学生感受到波动学对于我们生活的重要性,有利于激发学生将来进一步学习的兴趣与热情。

高中的教学着重培养学生的科学探究思维习惯,教学更具启发性。教师充分利用有限的课堂时间,为学生提供较多的主动积极思维活动的机会,使学生对学习保持一种主动的状态。比如,学习驻波时,可以让学生先利用模拟实验课件,观察驻波形成的过程,然后调节波的振幅、频率,观察驻波的变化,最后引导学生得出驻波产生的条件。对于某些专题内容也可以采用分组探究学习的方式,先给学生一定时间来做课前的预习与准备工作。例如,"管乐弦乐"的三种谐波模式是波动部分的难点,各个模式互相关联且容易混淆,因此可以将学生分为三组,分别学习这三部分内容,学生在自学的过程中碰到问题互相讨论,也可以主动向教师寻求帮助,教师在过程中时时观察、予以指导,确保学生对课程内容有正确的理解。最后三个小组各派代表来展示他们的学习成果,互相交流、提问或解答。整个过程中教师起引导、主持的作用。

② 学生自主性加强

以学生为中心是美国中学教育普遍奉行的教学模式,中学物理教学也多采用学生中心、学生主导的模式,启发调动学生参与教学、激发学生的主观能动性,将学生的学习变成主动积极的思维认识过程。

初中阶段的教学特别强调交流互动,包括师生互动、学生之间的互动。小班教学使得师生的充分接触成为可能,小班教学的课堂气氛往往也更为活跃,学生受到教师更多的关注,学习自信心相应增加,也有更多的机会质疑、表达自己的独立见解,从而鼓励学生积极主动地思考。学生间的互动也很重要,如分小组讨论"单摆的共振",可以将实验仪器发给每组学生,让学生观察摆球的振动,通过分析比较、交流讨论,寻找共振发生的条件,同时还能得到单摆周期取决于摆长的结论。在小组互动中,学生在教师的指导下达到自主、合作、探究性的学习。互动的学习可以让学生充分发挥主体的积极性和创造性,提高学习质量。

高中阶段学生的主导性进一步加强。首先,可以选择恰当的教学内容,进行翻转课堂教学,比如"声级"是相对比较独立的一课,可以布置给学生一些问题作为指导,如为什么需要引入声级的概念、声级如何定义、声级的计算、声级的实例等,让学生完成自主学习之后,还可以让他们制作PPT,向同学展示自学成果,顺便提高公众演讲表达能力。其次,加强学法指导,在每章节内容的学习结束之后,教学生自制复习图表(Review Chart),列出各个物理量之间的网状图或树形图,通过与有关、相近概念的对比来巩固、深化概念的掌握;做练习的过程中让学生养成分类、归纳、总结的习惯,举一反三,而不是死记硬背或题海战术,做到自主发展、可持续性发展。最后,实验活动从菜谱式向自主设计实验转变,包括制订方案、实验操作、数据分析、总结归纳、评估论证等一系列的过程,培养学生自主探究的态度与能力。

③ 实验活动

西方的中学物理教育特别重视实验教学,强调学生在动手操作过程中积累经验、获得知识,即所谓"做中学"的教学理念。本章节的教学过程也穿插了大量的实验,表1.5为初高中在本章节设置的实验。

表1.5 初高中"振动与波"实验活动列表

	初 中	高 中
演示实验	• 观察波的形成与传播(模拟实验) • 观察弹簧上的横波与纵波 • 观察水波的反射 • 观察水波的折射(模拟实验) • 观察水波的衍射(模拟实验) • 观察弦上的驻波 • 观察单摆的共振 • 用两支音叉演示节拍	• 观察脉冲的叠加(模拟实验) • 观察波的干涉图像的形成(模拟实验) • 观察驻波的形成(模拟实验) • 用玻璃酒杯和吸管演示共振 • 用旋转的蜂鸣器演示多普勒效应 • 封闭管和开口管的音调变化
学生实验	• 用悬挂摆动的毛笔画波形 • 测量弹簧纵波的波速 • 小视频：吉他弦上的驻波 • 小视频：乐器制作与弹奏 • 声音在PVC管里的共鸣	• 探究弹簧的胡克定律 • 探究单摆的周期 • 探究弹簧纵波的波速与振幅、频率的关系 • 探究Wi-Fi信号强度的平方反比关系 • 探究驻波频率与弦长和张力的关系 • 用声音在PVC管里的共鸣测声速

从表1.5中的对比可以看出,初高中物理实验活动设置有以下特点:

(1) 从趣味性到科学性

初中的实验教学更多是让学生体验物理变化的过程、培养学生观察思考的习惯、激发学生对物理学习的热情,因此实验题材的设置更侧重趣味性,实验的规模偏微型化,实验器材简单,甚至可以从身边的日用品取材。而高中的实验教学则要培养学生严谨的科学态度、经历科学过程、体会科学方法、树立科学的价值观,因此实验题材的设置更注重科学性,学生实验多为完整实验,使用传统实验器材为主,必要的时候会用到数字化的精密仪器。

例如,声音在PVC管里的共鸣实验,初中生只需要利用简单的材料,如高一点的花瓶、一段 PVC 管、一部智能手机就能完成,手机预先装好音频发射 APP,将 PVC 管放入水中就在管内形成了一个下端被水面封住的空气柱,如图 1.11 所示,将手机扬声器对准管口,慢慢上下移动 PVC 管调节空气柱长度,就能找到驻波共鸣发生的位置,发生在声音突然变响的时刻。如果把声音频率调得够高,还可以在 PVC 管移动时听到连续的共鸣,这个实验学生完全可以在家完成,学生不但兴趣盎然,也能

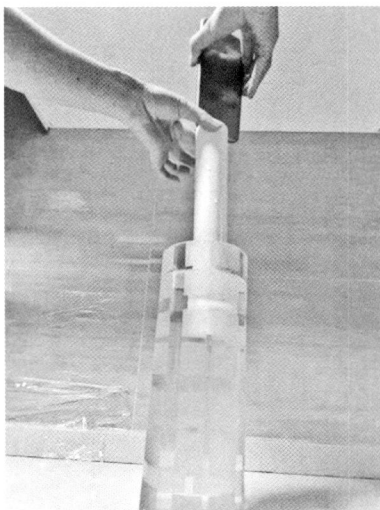

图 1.11 声音在 PVC 管里的共鸣

体会到生活中处处是物理。同一实验题材在高中阶段的要求就上升到研究驻波的波长和频率的关系并测量声速,学生需要思考自变量和因变量的选择与测量、如何优化方案来减少人耳听觉的误差以及开口端边缘效应的误差、如何画图进行数据分析等。

再如驻波实验,可以让学生观察拍摄吉他弦振动的小视频或者利用身边的物品如橡皮筋、玻璃瓶等制作乐器,弹奏简单的旋律,并拍摄小视频,学生在制作过程中既体会到物理学习的乐趣,又锻炼了动手能力、资料检索能力和自学能力。高中的驻波实验则更加专业,要求学生探究驻波的固有频率如何受弦长、弦上张力的影响,需要用到控制变量、绘图分析等科学方法。

(2) 从基本技能的训练到探究精神的培养

对于刚接触物理的初中生,实验教学的目标主要是学会观察物理现象、发现和思考与物理相关的问题、初步学会基本操作技能、按照给定的实验步骤和器材来完成测量的任务。而高中的实验教学目标则上升到培养探究的精神、学会探究的方法,如确定实验目的、设

计实验方案、选择实验器材、根据实验结果分析和改进实验方案等。

比如弹簧上的纵波实验,初中生可以通过测量纵波的密部从弹簧一端传到另一端的时间和弹簧总长来计算纵波在弹簧上的波速,这个实验可以让学生观察纵波的特点、纵波的传播,学会使用秒表计时、使用米尺测量长度。到了高中阶段,就需要学生对本实验做更深入的探究,过程如表1.6所示。

表1.6 实验"弹簧纵波的波速与振幅、频率的关系"的探究过程

科学探究要素	内 容
提出问题	纵波在弹簧上的波速与哪些因素相关?
猜想与假设	波速是否与波源的振幅或频率有关?
制订计划与设计实验	控制变量法 1. 保持频率不变,改变振幅,测量波速 2. 保持振幅不变,改变频率,测量波速
实验操作与数据收集	设计数据记录表格 合理进行实验操作与测量
分析与论证	数据分析,绘制 $v-A$ 图、$v-f$ 图,总结得出结论
评估	分析假设与实验结果间的差异 评价结果的有效性,讨论改进方案
交流与合作	小组合作 课后独立完成实验报告

又如单摆实验,初中的实验是将毛笔用绳子悬挂在桌子上方,笔尖接触桌面,笔尖下方放一张长条的白纸,当毛笔摆动时,在摆动的垂直方向匀速拉动白纸,毛笔就会在纸上画出波形图,此实验考查的是学生的耐心细心与操作能力。高中的单摆实验则是探究单摆周期分别与摆长、摆球质量、摆角的关系,同样需要按照表1.6中的流程来进行,经过这样的练习,学生能够养成质疑、思考的习

惯,并有能力对自己的猜想进行较为严谨的科学探究。

初高中物理的教学是一个由浅入深、由表及里、由具象到抽象的过程,两个阶段的教学既相对独立,又互相关联,初中阶段的教学为高中阶段的教学打下基础,帮助学生向进一步的学习过渡。我校国际部初高中教研组交流密切,两个学段的教师实时互动、了解对方的教学动态与学生特点,为初高中物理教学的顺利衔接创造了有利条件与良好氛围。

专家点评:

振动和波这部分内容是初高中物理教学差异比较大的部分。因为振动和波是生活中的一个普遍现象,在初中以定性分析为主的教学设计下,学生从自身的生活经验出发,上课反应积极活跃,概念记忆和反馈质量较高。而进入高中阶段,定量描述振动和波涉及数学中三角函数和周期函数的知识,并对作图的要求较高,在各版本教材中都被列为教学难点。

本案例通过比较教学目标的方法探讨教学策略,提出用探究性的学习引发学生的主观能动性,并辅以科学性、系统化的训练帮助学生循序渐进地跨越定量分析的难关,展现了本校初高中段物理组教师通力合作,对学生学情的深入分析和针对性特点敢于尝试、擅于创新的教学理念。

三、学习方法衔接——学生反思

11 年级物理竞赛社社长 Brian 同学对初高中衔接物理学习的建议:

Introduction of High School Physics

Physics is a mandatory course in the ninth and the tenth grade. There is a difference in teaching style between middle

---

school Physics and high school Physics.

In middle school, you were introduced to an array of subdivisions of Physics such as mechanics, electromagnetism, and optics. Middle school Physics is more qualitative, meaning that it focuses more on understanding general concepts instead of calculating the actual value. The aim of middle school Physics is to help you develop a general knowledge of Physics and, hopefully, an interest in Physics.

On the other hand, high school Physics will lead you to pursue more advanced knowledge. There are more quantitative calculations in high school Physics, and students are required to combine the calculations to their qualitative reasoning to write a paragraph-length explanation of events such as free fall and projectile motion. High school Physics mostly focuses on mechanics and electromagnetism, especially in the first two years. This means that high school Physics teaches less subdivisions of Physics than middle school Physics does. Students can take advantage of this because once you understand the logic of mechanics or electromagnetism, you can easily ace half of the tests.

Taking high school Physics may feel challenging at first because it is so different from middle school Physics, but it will become less difficult and more engaging as students get used to the style of this subject. As high school Physics guides you further into the core of this subject, you will be able to solve a lot more problems, and the knowledge of Physics will be very helpful when learning other STEM subjects. Therefore, an effective and efficient learning method is needed, and the method is different for everyone. Here are some study tips I found through my experience of studying Physics in high school. Hope they help you find your learning method!

Study Tips!

I have been part of the PA OTO program for more than two years, and many peers I advise can perfectly memorize formulas but still struggle to solve problems. This is because they do not fully understand the process of solving Physics problems, so my first study tip is to imagine a Physics model when learning a new formula. Physics is not only about putting numbers in a formula and solving the equation. High school Physics includes formulas, and many peers struggle with Physics because they cannot decide which formula to use. Of course, they can just try every single formula until they find the suitable one, but that will waste a lot of time. I think this is why most people find Physics boring. To make it less boring, I recommend to memorize something else before memorizing the formula: the reasons behind that formula. Let's take the Newton's Second Law of Motion ($F = ma$) as an example. If you imagine an object and push it, the object initially at rest will begin to move, which means it has a change in velocity and an acceleration. If you push the object harder, the object will get to a faster speed in a shorter period of time. Therefore, force is proportional to acceleration. Moreover, if the object has a larger mass or heavier, it will be harder for you to push it to the same speed as a lighter object. Of course, another force, friction, has some significance in this scenario, but still, you can get the logic behind $F = ma$ through this imagination. Of course, $F = ma$ is a very simple formula, and it is easier to remember than to forget. However, for more complex formulas, it is always helpful to have in mind a model which demonstrates the logic behind those formulas.

My second tip is reading the textbook. The white-cover textbook contains almost all the contents of high school Physics, and it is a great material for review and preview. However, you do not need to read the textbook from cover to cover. When I read the textbook, I only read the parts I find difficult in class or the parts where I made mistakes. Therefore, it is also important to simply focus in class and pay attention on what you do not understand and your mistakes. This will make reviewing and learning much easier as you only need to target on the few things you do not understand. Physics is not like English or Chinese where you need to read between the lines. Physics is very direct, so if you only focus on a few parts you struggle with instead of everything, learning Physics will be much easier. Another benefit of reading the textbook is that it can help you improve your writing skills. Since high school Physics often requires students to write paragraphs to explain their thoughts, writing and expressing your understanding of Physics is just as important as knowing the concepts. When reading the textbook, you can pay attention on how the textbook explain concepts in a clear and simple way. You can learn from the writing style and phrasing of the textbook, and this can improve your writing skills and make free response questions easier for you.

Finally, the most helpful tip I have is to observe the surroundings carefully and apply all your Physics knowledge to them. Try to explain phenomena you see using your knowledge of Physics. Those explanations might not be completely correct, but by doing so, it allows you to develop and polish your logic of Physics. Physics is always around us. The groundbreaking discovery of the most appreciated physicists often started from a simple event in daily life. An apple falling down from a tree helped Newton to discover his law of gravity. A strike of lightning during his trip home inspired Einstein and sparked his proposal of the General Theory of Relativity. Theories of Physics may seem confusing, but they are all developed from simple events. Therefore, why don't we keep an eye on our surroundings? Think like a physicist and Physics will not be as challenging as before.

My Physics Learning Experience

The field of Physics has always fascinated me because it focuses on the mechanics of the physical world. I have participated in many activities to explore this field. In the past two years, I have participated in many Physics competitions such as $F = ma$, BPhO, and Physics Bowl. I had also taken AP Physics 1 and self-learned Physics 2, Physics C Mechanics, and Physics C EM. Besides learning by myself, I also enjoy tutoring and discussing about Physics with others.

At school, I found the Physics Competition Club, where I helped my peers prepare for competitions. Although the club's purpose was to prepare members for competitions, we often discussed various topics and theories we found exciting and were unrelated to the competitions. I believe that learning is never just about preparing for tests and competitions. If my peers and I can find pleasure and fun in learning, we will be able to learn more effectively.

Outside of school, I have a weekly lecture where I introduce Physics to two middle school students. The lecture includes the basics and qualitative summary of many subdivisions of Physics, such as mechanics, electromagnetism, and thermodynamics. I love the moments when they finally understand my explanation of a problem's solution and announce how interesting they think Physics is. When my understanding of Physics and explanation of it help my peers and make other people like Physics, it gives me a huge sense of accomplishment. Besides, I can also learn a lot and reinforce my own knowledge of Physics by going over the basic concepts again while tutoring. Only when I fully understand the Physics concepts, I can make others understand.

专家点评：

Brian 同学是本校 2023 届的一名学生，目前就读于 11 年级。作为物理竞赛社团的社长，他对于校本物理课程、美国大学先修课程 AP 物理和英美物理奥林匹克竞赛学习都有个人独到的经验。他认为物理学科是一门最具挑战性，但同时也是最"简单"的科目之一。在学习高中物理时，需要更多地练习定量计算，锻炼科学思维的逻辑框架。Brian 同学从进入高中开始一直参加同伴学习计划（peer assistant），通过帮助同龄人学习的大量经验，他认为通过联想一个日常生活的物理模型帮助记忆物理公式可以既高效又有趣。这个记忆过程又可以帮助培养科学思维背后的逻辑范式。同时,全面阅读教材并且仔细观察日常生活,把物理知识与经验应用在日常生活经验中,又能对学习物理产生积极的正反馈。

Brian 对物理学科的浓厚兴趣,推动他积极参加国际物理竞赛如美国物理奥林匹克竞赛、英国物理奥林匹克竞赛、物理碗、加拿大物理奥林匹克竞赛。他也在学校里选择了大学先修课程 AP 物理 1、2,自学了 AP 物理 C 电磁学。因为热爱辅导同学以及与同学讨论物理,他成立了本校的物理竞赛社团。在日常的竞赛准备与社团活动中不断磨炼解题技巧,他也在团队协作中充分享受了"玩"物理的乐趣。

9 年级自学 AP 物理 2 的 Jonathan 同学对初高中物理学习衔接的建议:

You may have first encountered it in 8th grade. I know that many students may find Physics uninteresting, boring, and challenging at first. You may find it difficult to start learning Physics, transitioning to more advanced high school Physics, etc. As a freshman myself, I would like to share what sparked my own interests in Physics in the beginning, my experiences learning Physics, and lastly a few tips on the Physics journey.

So first, let me start off with why Physics is important for us to study. When you picture Physics, you may think of boring and hard equations. But Physics is not that! We learn Physics because it helps us understand the world around us, and why things happen. Physics helps "unravel the mystery of the universe". Physics is everywhere, ranging from space explorations like the newly launched James Webb telescope, to our daily life items. So many things in our everyday life utilize Physics, like the semiconductor chips in the phones we use everyday, the LEDs (or incandescent/fluorescent lamps) that light up our rooms, and the cars/planes we travel by. To sum up, Physics is a subject that is crucial to your understandings of our world, and is particularly useful if you deal with any STEM related careers in the future. (Like Engineering) Physics will be the basis for this.

　　Now onto my own experiences learning Physics. So the first question is naturally: how did I get interested in Physics? Well, my interest in Physics started two years ago, when I read a book. In the book, it is described that World War Ⅱ soldiers used to make simple radios out of razor blades and pencils. These radios are now known as "foxhole radios". As I first read about it, I thought to myself: This is impossible! How does this work? I want to build one too! And this curiosity led me to explore and build foxhole radios. The radio utilizes a lot of Physics concepts I never knew before, so I went ahead and studied a range of Physics concepts, like Electromagnetism, Diodes, Capacitors, LC Resonance, Electromagnetic Spectrum ... Through all this stuff, I was finally able to complete building a foxhole radio that works. This radio building experience unlocked a whole new world for me, which made me feel like I can understand and build anything by learning Physics. I got really interested in Physics and learned lots of things. Thus, my whole Physics-learning experience is very interest directed, and the main forces that drove me are my curiosity and interests. The more I learn and apply different Physics ideas, the more it helps me to view physics as a friend, and merge more into it, truly getting aware of why it is interesting.

It is also important to note that while my interests in Physics during the earlier middle school periods are mainly sparked by fun and phenomena found in everyday life, transitioning to more advanced high school Physics study can lead you away from that. In high school, some ideas can be harder, more complex, and more abstract to learn. It is very easy for one to lose interests in Physics at this extremely crucial turning point. However, it is very important for you to keep the motivation for Physics study at this point. Once you continue your interests and overcome this hard period, things will lighten up again. There are a few things I tried during this bottleneck period to maintain my interests, which you may find helpful too. Firstly, a good idea is to use online resources to track your progress. This method allows you to visualize your progress, giving you a sense of accomplishment, and is very effective.

Secondly, a very important part of my Physics journey so far that I feel is crucial is the connection with teachers, and other like-minded students, mainly by joining various Physics-related clubs. I had a particularly fun time in the Physics Competition Club. In clubs, you are able to discuss your opinions and thought of different problems, with many other talented students. This sort of spirited discussions can spark more ideas for you and allow you to think from different perspectives. This is particularly helpful when you get stuck on one or one type of questions. Moreover, in Physics clubs, the instructing teacher will always be there to help with any problem you encounter, and give you amazing lectures on specific topics. Joining the Physics club also helped me to motivate myself, as the club follows a relatively organized schedule, allowing students to work their way into different topics and have goals/plans for their study.

In the end, after all those experiences and tips, I just want to say, follow your passions when learning Physics. After all, if you don't truly like something you do, chances are you won't devote a lot of energy into it. I hope everyone can truly see the underlying in Physics, and enjoy your Physics learning experiences.

专家点评:

Jonathan 同学是本校 2025 届的一名学生,目前就读于 9 年级。上海中学国际部的学生在 8 年级会上一门必修课"physical science"。这是一门以普及物理现象为主,以化学现象为辅的类自然科学课程。然而 Jonathan 对于物理现象的观察和兴趣源于生活中对周围世界的观察和对事物原理的探究。他从书中得知第二次世界大战中的士兵曾经用剃须刀片和铅笔制作简单的"狐狸洞收音机"。好奇心激发他学习关于无线电的基础知识和实验原理,并动手制作完成了自己的收音机。他也成为本校最年轻的在初中阶段就自学完成了大学先修课程物理 2(AP Physics2)内容的学习并参加考试得到满分 5 分的学生。

Jonathan 认为从初中 8 年级过渡到高中 9 年级物理,最主要的变化体现在两点:一是正确看待物理学实验中误差现象,并科学分析误差的原因从而解释对应的结果;二是通过科学理解误差现象,从而理解物理学的本质在于应用不同程度的简化的数学模型,对于事物普遍联系和发展规律的总结。高中的物理问题再也不能只用一个公式来解决,需要根据不同模型的基本理念对题目进行更复杂的分析。过于依赖记忆公式,反而可能在学习中造成理解的混乱。

Jonathan 还指出,在初中阶段早期对物理的兴趣主要是由日常生活中的乐趣和现象所激发的,当过渡到有相当难度的高中物理研究,面对难以理解的现象和逻辑链时,会容易对物理学失去兴趣。在这个瓶颈时期,他尝试了一些事情来保持自己的兴趣。在学习物理中,Jonathan 觉得至关重要的是要和老师及其他志同道合的学生进行小组学习。例如,他在本校的物理竞赛社团中与许多其他有才华的学生讨论对不同问题的看法和想法,意识到物理学的美丽和优雅。

最后,Jonathan 鼓励所有热爱物理学的学生积极参与暑期中与各种自然科学相关的研究性课程。选择一个适合你自己当前水平或者稍难一些的课程,会提高学习的积极性,保持学习动力。选择一门太具挑战性的课程可能会导致你失去继续学习的动力,而选择一门太容易的课程会使学习过于无聊。很多暑期项目会提供详细的信息或者试听课程帮助学生更好地掌握课外班的教学风格和难度。相当一部分优秀暑期项目有选拔机制,所以我建议学生申请的时候必须早做准备,在申请文书中投入精力,还应该提前和教师沟通写推荐信。

四、有效评价

教学评价是依据教学目标对教学过程及结果进行价值判断并为教学决策服务的活动,是对教学活动现实的或潜在的价值作出判断的过程。教学评价一般包括对教学过程中教师、学生、教学内容、教学方法、教学环境、教学管理等因素的评价,起到诊断教学水平、激励学生潜能、调节教学目标等作用。高中物理课程的评价相比初中,在深度和广度上都有所增强,尤其注重在科学素养上体现跨学科特质。具体的区别点在于:对学生的认知水平评价更倾向于深度分析与创造性思维;形成性评价逐步替代诊断性评价;参照外部考试要求的总结性评价愈发体现真实场景中的实际问题。下面笔者以案例的形式展示高中物理课程中评价方法的各项特点。

高中物理学科评价内容与初中相比有所不同,此处仍以初高中针对相同的内容"振动与波"为例。以布卢姆教育目标分类学作为理论依据,将知识分为事实性知识、概念性知识、过程性知识和元认知知识几个维度,将学生的认知水平分为记忆、理解、应用、分析、评价和创造几个维度。由初中到高中,训练的要求逐步提高。下面看几个具体的例子。

例 1-1(简答题):

为什么声呐使用超声波,而不用普通的声波或次声波来发射探测信号?

例 1-2(计算题):

一根弦正在以第三泛音振动,其波长为 20 厘米,

a. 请问弦长为多少?

b. 如果第三泛音的频率为 1 200 赫兹,请问基音频率为多少?

例 2-1(简答题):

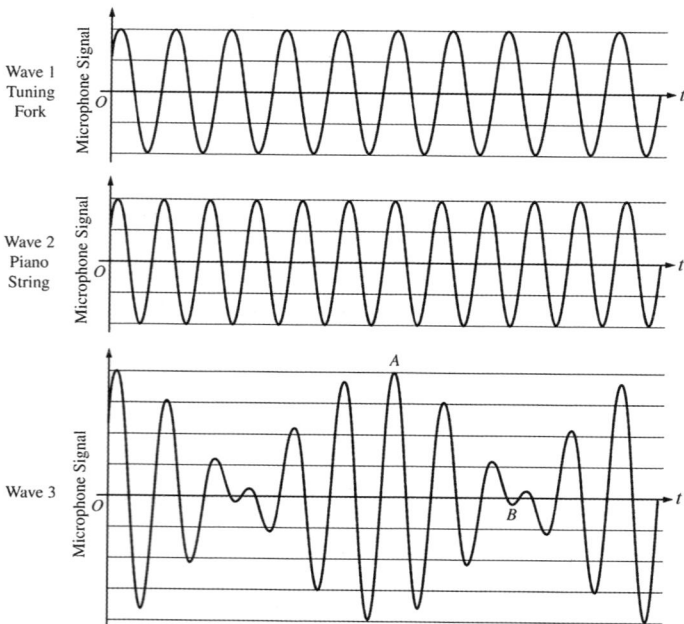

上图所示为由麦克风录到的声波中的气压随时间变化的图像。波 1 所示为一个音叉发出的声波,波 2 所示为某一根钢琴的琴弦发出的声波,波 3 所示为当前两者共同振动时发出的声波。

a. 请简单解释为什么 A 点及附近时间的波峰相对较高。

b. 请简单解释为什么 B 点及附近时间的波峰相对较低。

当钢琴琴弦的基本频率与音叉的频率相近时,人耳可以听到波 3 所示声波。钢琴调音师可以调节琴弦的张力来改变琴弦的基本频率。

c. 根据上面的图像,请用一段条理清晰的话来描述,当调音师改变琴弦张力时,波 3 所示波会如何改变(包括 A、B 点位置的变化)及相应原因。同时请描述当调音师调节琴弦频率时,他听到的声音会如何变化,以及调音师如何判断琴弦的频率与音叉的频率达到一致。

例 2 - 2(计算题):

一根两端固定的弦正在以基音频率(第一谐波)振动,如图所示。

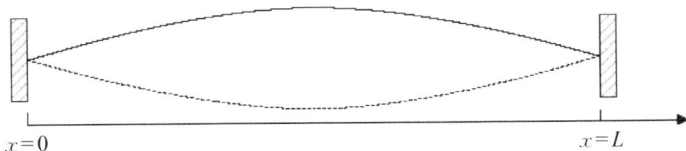

弦固定端的坐标为 $x=0$ 和 $x=L$,弦上所有点都在做简谐振动。

位置 x 处的点在 y 方向上的位移随时间变化的式子为:$y = A\cos(500\pi t)$

其中 $A = 12\sin(\pi x/2)$, x 的单位为米, t 的单位为秒。

请用以上式子:

a. 解释为什么驻波的振幅不是常数。

b. 计算这个驻波的频率。

c. 找到波腹的振幅。

d. 找到弦的长度。

以上例 1-1、1-2 为初中习题,例 2-1、2-2 为高中习题,从这几个例子可以看出初高中训练系统的以下几个特点:

1. 从事实性记忆到元认知

比较例 1-1 与 2-1,两题皆为有关声波的简答题。例 1-1 要求学生描述为何声呐所使用的声波为超声波,此题考查了三个知识点:首先,声呐利用波的反射原理来进行水下探测;其次,声波的波谱中,超声波的波最短;最后,波长越短越不容易发生衍射,其反射信号就越强。这三个知识点皆为事实性或概念性的知识,学生凭记忆和简单的理解就能掌握,至于衍射形成的原因、波长与障碍物尺寸为何对衍射影响,则暂时不作要求。例 2-1 则考查学生对波干涉本质的理解,需要学生灵活运用相位关系和叠加原理,逐步分析节拍的形成过程,最后借助钢琴调音,让学生深度剖析节拍频率的形成、检查琴弦是否走音的过程,也是学生对于知识掌握的自检过程。对于节拍频率,教材只给出了公式,并未解释原因,而学生通过自己分析、反省得出的结果,会令认知更加牢固深刻。此题考查了学生的理解能力、综合能力、分析能力和表达能力,缺一不可。

2. 从简单套公式到掌握内部关联

比较例 1-2 与 2-2,两题皆为有关驻波的计算题。例 1-2 需要学生熟悉驻波的基音与泛音模式的图像,以此找到波长与弦长的关系,同时简单利用公式 $f = v/\lambda$,就能找到基音频率与泛音频率的关系。例 2-2 则需要学生阐述驻波的形成原因、掌握振动与波动的关系与区别,同时熟练使用数学知识来分析振动的正弦特性。这道题可以让学生对驻波的形状有更精准的理解,通过给出的振动方程与振幅方程,学生可以了解驻波相邻波节之间的点的振动是同相位的,但因为入射波与反射波在各点的相位差不同,导致各点的振幅分布也呈正弦关系,因此驻波虽不像行波一样往一侧行进,但也呈现出波浪的形状。简单来说,就是初中要求知其然,高中要求知其所以然。

总结一下,四道例题在布卢姆教育目标分类维度中的分布见表 1.7 所示,从表中的分布也可以看出,初中到高中对学生的训练从事实性的记忆向元认知、从简单应用向分析阐述发展。

表 1.7 初高中"振动与波"例题在布卢姆教育目标分类维度中分布的对比

知识维度	认知维度					
	记忆	理解	应用	分析	评价	创造
事实性知识	1－1					
概念性知识	1－1, 1－2	1－1	1－1, 1－2			
过程性知识		2－1, 2－2	2－1, 2－2	2－1, 2－2		
元认知知识					2－1	

3. 更加注重实际情境中的模型建立

近年来,中外物理学科考试题愈发联系生产生活实际创设评价情境。例如,在建立机械运动概念时,建议创设学生熟悉的情境,启发并引导学生对真实情境中的物理问题进行思维加工,概括它们的共同特征。2019 年 IB 物理高水平第二张试卷中出现了一道以运动员分别在草地与红土地上击打网球为情境的题目,由场地的物理性质差异讨论产生不同角度反弹球的原因。原题如图 1.12 所示。

题目要求学生分析建立模型,同时给出若干假设,如网球弹起的过程中产生了与地面的滑动,假设滑动时间对于两种材质底面是一

(c) The student models the bounce of the tennis ball to predict the angle θ at which the ball leaves a surface of clay and a surface of grass.

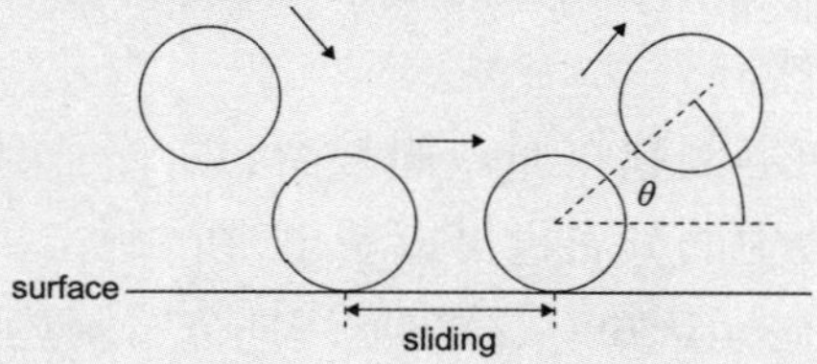

surface

sliding

The model assumes

- during contact with the surface the ball slides.
- the sliding time is the same for both surfaces.
- the sliding frictional force is greater for clay than grass.
- the normal reaction force is the same for both surfaces.

Predict for the student's model, without calculation, whether θ is greater for a clay surface **or** for a grass surface.

图 1.12 2019 年 IB 物理题目

致的,红土场摩擦力比草场更大,弹力大小对两种材质是一致的。

解题要求学生将刚体粒子的碰撞模型迁移到真实场景的网球上,合理忽略网球形变对模型产生的偏差。通过比较两种场地对网球横向摩擦力的差别改变底面对网球合力的角度,从而推断击打不同场地网球反弹球路的区别。这道题目还体现了跨学科概念在真实场景中的应用。有过网球运动经验的学生会对反弹球路的角度区别这条推论有更深入的理解、更直观的经验,也更容易得出正确的结论。

窥一斑而知全豹,由这道考题可以看出高中物理评价的内容倾向于注重选择课堂教学真实情境中学生的行为表现。这种真实情境更贴近学生经验,引导学生不断生成问题并经历问题解决的过程。

五、学科与未来

物理学是人类认识自然界的重要科学基础。面对 21 世纪的各种挑战(如能源短缺、环境保护以及大众健康等),物理学将继续发挥重要的作用。

(一) 物理学的分支

纯物理学的五个分支是:经典力学、热力学和统计力学、电磁学、相对论、量子力学。

一些跨物理学科的分支:地球物理学,从物理学的角度研究地球内部结构和过程;经济物理学,处理经济学中与物理过程有关的物理科学;大气物理学,研究大气中的声象、光象、电象、辐射过程、云和降水物理、近地面层大气物理、平流层和中层大气物理;化学物理学,处理物理过程及与物理化学有关的科学问题;生物物理,研究生物过程中的物理相互作用;医学物理学,应用物理学的理论、方法和技术诊断、预防、处理疾病;天体物理学,研究包括天文学中星体的性质和相互作用。

(二) 物理学在相关职业中的应用

1. 环境

从地球中心到大气层之上,物理的运用无处不在。无论是研究天上的雷雨风暴,还是观测地下的火山岩石;无论是创造新的再生能源,还是研究全球变暖对企鹅或撒哈拉沙漠的影响,这些环境科学领域都离不开物理学的支撑。

2. 外太空

学习物理虽然不一定能确保送你去外太空,但至少有能力从事研究外太空的工作。选择有很多:成为宇宙学家,学习外太空的发展与成长;成为星球学家,为人类寻找其他可居住星球;成为太空物理学家,研究黑洞和暗物质;成为工程师,研发卫星,在其他星球上驻扎机器人。

3. 能量

全球变暖加剧,化石能源急剧减少,人们迫切需要减少能源使用,同时开发新的可再生能源。拥有物理专业背景的人才将在能源领域有极大的用武之地：对现有的技术做出改良，提升能源效率，开发热核反应堆工艺，等等。

4. 药物

无论是医生，还是医用物理学家，在现代医药学领域，拥有物理专业背景都至关重要。物理学改进了很多疾病的治疗手段。激光在手术中广泛使用。放射疗法用于治疗癌症。通过 X 射线、超声波、核磁共振和 PET，获取身体内部影像。此外，一些更加先进的新兴技术也正在研发，如用纳米机器人来瞄准单个癌细胞，用红外线来监测血液状况。

5. 建筑学

在高中和大学修了物理课后，再通过培训，就能成为一名建筑师或土木工程师。建筑师主要设计各类建筑，如学校的教学楼或城市的高楼大厦等。土木工程师则主要建造桥、水坝、隧道等，这些对当今社会至关重要的基础设施。

6. 金融学

这个领域和物理看起来关系不大，但其实很多法律和金融从业者都有物理学专业背景。很多时候，金融行业希望从业人员能够像物理学家那样，对复杂系统进行建模；想象一下，数十亿英镑用于预测全球市场的未来，没点物理学家的分析建模能力是不行的。

经济物理学是一个跨学科领域，它最初是由物理学家在解决经济和金融市场的问题时开发的一套理论和方法，通常包括不确定性、随机过程和非线性动力学。

定量分析师是指使用数字或定量技术（通常在投资银行中称为定量）从事金融工作的人。例如，最著名的对冲基金大奖章基金，平均年利润 >35%，雇佣 270 名员工（均为非金融背景，其中 40%拥有物理学或数学博士学位。）

7. 法律

物理教育对法律也很重要。法医学要求在分析犯罪或事故现场时,能详细分析出物体的受力情况和移动过程。另一方面,专利律师需要了解新的技术,以便有效地保护新发明。在 2009 年的 LSAT(法学院入学考试)考试中,物理专业的学生比许多其他专业(包括法学预科、政治学和刑事司法专业)的成绩都要高。此外,许多法律职业,如专利法,都需要物理学等科学类专业的高等学位。

8. 交通

无论是喷气式战斗机、电动跑车还是超导磁悬浮列车,都离不开物理学的知识基础。随着商业太空飞行的到来,开发环保的交通工具十分必要,未来交通充满新鲜的挑战。

9. 前沿科技

从事前沿科技工作的物理学家往往被好奇心所驱使。他们研究的事情包括"宇宙有多大?""万物由什么构成?"这类宏大的问题。尽管他们的成果在日常生活中不太常见,但是通过不断突破技术瓶颈,更多有着广泛应用的周边产品也在悄无声息地造福人类,如新的食品消毒方法、粒子加速器、万维网等。

物理学提供了丰富多样的训练。所有职业都重视物理学所培养的技能:快速掌握事物的能力、找到答案的决心、逻辑思维、模拟复杂情况的技能、团队协作、数学、沟通复杂信息的能力、创意思考、风险评估、循证决策、分析能力、客观思维等。

第二章　化学课程初高中衔接

化学是一门实验科学,它通常被称为中心科学,因为化学原理是我们生活的物理环境和所有生物系统的基础。化学课程作为高中科学教育的一部分,除了本身是科学学科的重要分支之外,还是将来衔接医学、生物科学和环境科学等许多大学专业与课程的重要基础。我校国际部有类美国课程、IB 课程、AP 课程以及A-level 课程,均提供化学课程的学习。尽管课程体系不尽相同,但在学习内容的编排上却体现出高度的相似性。化学课程的学习内容大致包括两部分:物质的性质和物质的转化。在初高中衔接阶段的学习重点是在微观上对物质性质进行解释,而到了高年级则会关注化学反应的核心概念即化学反应速率与限度的问题,整体上体现了从微观到宏观再到微观结合宏观的核心思想。为此,笔者从高中化学与初中科学课程该如何衔接问题出发,阐述了化学课程的学科特征和学科核心素养。从教学目标、知识内容、学习方法以及评价方式等不同角度来与初中科学课程进行比较。不仅剖析了初高中衔接阶段化学学科的学习方法以及做好衔接的关键点,而且总结了在初高中衔接阶段上海中学国际部高中化学课程的教学实践和经验反思,希望能够帮助学生更快地适应高中阶段的化学学习并为同样从事化学教育的同仁在教学上提供参考帮助。

一、高中阶段化学课程的主要特征及其与初中化学衔接的关注点

（一）化学课程的学科特征

1. 化学是一门实验科学

化学是一门研究物质性质及其变化的学科,它源自人类自古

以来对物质变化的探索以及对世界本质的思考。在现代,化学的发展与我们的生活息息相关,我们能够合成用于制造衣服、容器和手机壳的聚合材料,将原油提炼成汽油和其他产品,甚至是设计药物分子治疗疾病,等等。现代化学是实验科学的一个重要分支,它是一门结合了理论学习与实践研究的学科。因此,化学学习和研究方法与其他实验科学是一致的。在 IB 化学大纲中,对于化学的本质有这样的描述:"观察一直是我们进行化学研究所必备的核心技能之一。"因此,无论是过去或现代的化学家,还是学生,掌握科学研究的方法都是至关重要的,并且是可行的。在学校层面,所有学生都应进行理论和实验技能的学习,它们是有机互补的。中学阶段的化学学习内容包括如何对物质变化分类,解释它们是如何发生的,其所伴随的能量变化,所涉及的原理和规律。化学实践不只限于化学书籍或实验室,学生在化学课堂上所学到的知识和对科学问题的研究方法,都能帮助他们对生活中遇到的问题建立方法、开展探究并最终提出解释或解决方法。

2. 宏观辨识与微观辨析相结合

纵观现代科学的发展,不同学科之间的壁垒正在不断地被打破。但是,在中学阶段,不同的科学学科无论是在研究对象还是在主要研究方法上,还是有相对比较明确的分界和侧重之处的。化学学习有一个非常显著的特点就是宏观辨识与微观辨析的结合,从原子、分子的运动和相互作用层面来研究物质宏观性质、物质的转化是化学学科的显著特色并使之区别于物理和生物。

宏观辨识是我们所熟悉的,它可见于我们身边的日常事物,包括我们吃的食物和吹在脸上的微风。化学研究包括我们所观察和测量到的物理和化学性质,如密度、溶解度和可燃性等变化。

化学的微观辨析许多时候需要我们的想象。我们可以通过显微镜看到某些微观领域,如石墨的结构或者细菌的放大图像。然而,化学在微观领域中所涉及的讨论对象,如原子、分子、化学键等都太小了,即便使用最先进的显微镜也只能观察到模糊的影像,因此,我们通常必须在脑海中将它们描绘出来。学生在学习阶段应该紧紧抓住微粒之间是如何相互作用的、相互作用的方式以及它们的排列结构是如何与物质宏观性质对应的。当然,这种方法并不仅仅局限在化学学科,对于微观世界的探索在物理和生物学科中都有不同的呈现方式,这无疑是科学研究的重要组成部分之一。

3. 符号化的语言

化学研究的对象是宇宙中形形色色的物质,自然需要一套简洁、高效的符号和语言系统对物质的名字、组成、变化进行描述。所以,在化学学习的最初,是相当有必要重视这套语言系统的学习的,这包括相关词汇的积累和元素符号、各种化学式、化学方程式的正确书写。只有在熟练掌握了这套语言系统之后才谈得上能够高效、有质量地学习化学。此外,图形和绘图甚至是计算,都可以被视为化学符号的一部分。这些符号在化学中一样起着重要作用,因为它们有助于从微观的角度来解释宏观的现象。学生学习化学的挑战之一是理解相同的化学符号可以代表宏观的物质和微观原子、分子等。例如,单质的化学式和元素符号。

以水的性质为例。水在中等温度下是液体,在较低温度下会结冰形成固体,在较高温度下沸腾形成气体,这些现象是宏观观察。但是水的一些特性属于微观领域——我们肉眼是无法观察到的。例如,将水描述为由两个氢原子和一个氧原子组成,以及根据这些分子之间的作用力来解释冻结和沸腾,都属于微观领域。可以在宏观或微观水平上描述水的化学式 H_2O 是符号域的一个例子。缩写(g)代表气体,(s)代表固体,(l)代表液体也是象征性的。[1]

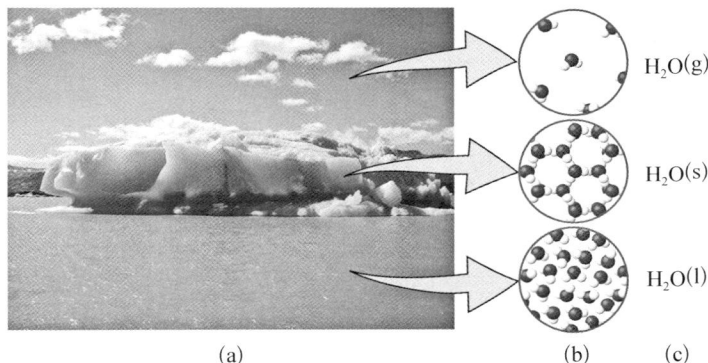

图 2.1　(a) 空气、冰山和海洋中的水代表宏观领域的水。(b) 在分子水平上,气体分子相距较远且杂乱无章,固体水分子紧密结合且有规律,液体分子则紧密结合且杂乱无章。(c) 式 H_2O 代表水,(g)、(s) 和(l) 代表其相

4. 变化观念与平衡思想

在化学学习中,学生往往会苦恼于遇到的诸多例外或是机械化地背一些化学反应方程式。其实,变化观念与平衡思想是化学学习中非常核心的两个观念。变化的观念告诉我们物质的转化是需要一定条件的,但这些条件并不是一成不变的。例如,我们能对一些化学反应进行分类,但是不存在一个绝对的分类标准可以套用到所有的化学反应之中。化学平衡的思想则告诉我们物质的转化是有限度的,在一个化学反应中,几乎不可能将所有的反应物丝毫不差地全部转变为生成物。在化学学习中很少有类似于"但凡""必然"等描述事物关系的词语,因为影响物质性质、决定物质变化方式的条件是多样的。在化学学习过程中学生要学会从不同的视

① *Openstax Chemistry*, Rice University, 2015, p. 14.

角对化学反应进行分类,能从对立统一、动态平衡的角度来综合讨论一个化学变化在不同场合下的应用。

化学的一大特点是有大量基于我们生活中观察到的真实现象的讨论,然而,学生应该意识到决定物质性质的原因是复杂且多变的,即便我们已经建立了许多模型来试图进行解释,如运用价层电子对互斥模型来解释分子形状和键角,但是,实际上不同分子的实际的键角都与理论预测有差异。作为学生,需要改变思路,从以往的那种学习一个定律就能解释所有理想问题的阶段转变到学会辩证地看待事物,学会抓住事物的主要矛盾,并妥善处理主次矛盾之间、特例与普通规律之间的关系。

5. 化学与其他学科的交叉

化学除了本身是一门值得学习的学科外,它还是高等教育中许多其他课程的先修课程,如医学、生物科学和环境科学,并为学生就业做有用的准备。它通常被称为中心科学,因为化学原理支撑着我们生活的物理环境和所有生物系统,它与其他大量 STEM 学

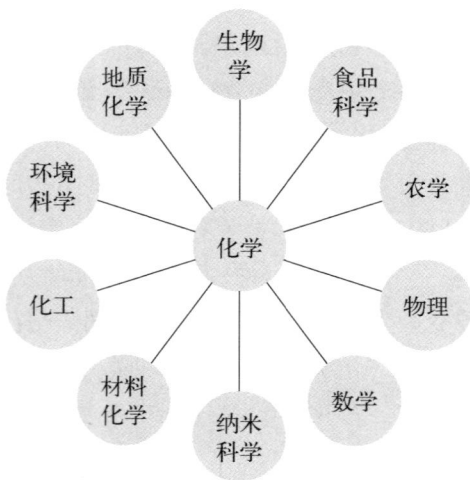

图 2.2 化学是一门中心科学

科相互关联。化学和化学家的语言在生物学、医学、材料科学、法医学、环境科学等许多其他领域发挥着至关重要的作用。

物理学的基本原理对理解化学的许多方面都是必不可少的，并且这两个领域内的许多子学科之间存在广泛的重叠，如物理化学和核化学。数学、计算机科学和信息论提供了重要的工具，数学是科学的语言，它帮助我们计算、解释、描述和理解化学世界。生物学和化学融合在生物化学中，这对于理解使生物体存活的许多复杂因素和过程至关重要。化学工程、材料科学和纳米技术结合化学原理和经验发现来生产有用的物质，从汽油到纺织物再到电子产品。农业、食品科学、兽医科学以及酿造和酿酒有助于为世界人口提供食物并维持生计。医学、药理学、生物技术和植物学识别有助于保持我们的健康。环境科学、地质学、海洋学和大气科学结合了许多化学思想，帮助我们更好地理解和保护物理世界。化学思想还被用于帮助理解天文学和宇宙学中的宇宙。

与科学界其他科学课程一样，化学课程不仅培养学生传统的实验技能和实践能力，而且允许学生发展人际交往技能和数字技术技能，这些技能在 21 世纪的科学研究中必不可少，本身就是重要的提升生活质量且可迁移的技能。

6. 对于学生科学态度和社会责任感的培养

化学作为一门历史悠久的学科，从古代的炼金术一路发展而来，在不同时期不同的化学家的努力之下迎来了好几次学科发展的飞跃。尤其是在进入 20 世纪之后，原子论的发展极大地帮助了化学家更系统地对化学反应进行解释和预测，这大大推动了化学的飞速发展从而推动了整个人类社会的进步。关注某些化学理论的发展无疑可以帮助学生更好地理解掌握科学方法，比如在 9 年级学习的原子论。同时，我们也希望学生通过对化学的学习，能够对与化学相关的社会问题作出正确的价值判断，认识到化学对于社会发展的重要地位。同时,我们也会从化学的角度讨论一些环境问题,探讨可持续发展在化学学科中的体现,进一步培养学生的社会责任意识。

7. 上海中学国际部初高中化学课程衔接

我校初中阶段的科学课以物理学科内容为主,只涉及少量与化学相关的知识。因此到了高中阶段对于学生来说化学算是一门全新的学科。学生的确需要时间对这门学科建立合理的认识并培养学习兴趣。这里包括对新知识的接纳与理解,也包括对本学科思维方式、思维技能的培养。所幸的是,学生在初中的科学课中已经接触到了科学方法的概念和应用,所以,在学习化学的过程中感悟科学方法是如何在化学研究中进行实践的,无疑会帮助提升学生的化学素养。此外,9、10 年级的教学内容偏向微观层面,对学生来说较抽象,所以学生在学习的过程中一定要及时反思总结所学内容与实践之间的联系,将宏观感知与微观分析两者相结合。

因此,在初高中衔接阶段,对于我校国际部高中化学课程的教学应该关注以下几个目标:一是学习科学研究的一般方法,提升学生开展科学探究的能力和创新意识,培养科学态度与社会责任。二是理解并掌握化学学科的核心思想和方法:微观结合宏观,变化观念,平衡思想。三是注重与其他学科的融合,培养学生对化学学科的兴趣,提升学生解决实际问题的能力。四是注重拓展学生兴趣和对学生的个性化培养,注重与高中高年级课程乃至学生未来大学课程的衔接。

(二)化学课程的学科素养

1. 初高中化学课程培养学生的核心素养的衔接

作为科学课程的科目之一,化学科目的学习理应要求学生遵循科学方法学习如何分析问题并开展研究,作为教师,应该着力提升学生的科学素养。关于科学方法和科学素养的具体阐述在前文中已有涉及,这里不作具体展开。

在我国 2017 年版的《普通高中化学课程标准》中,明确地提出化学学科的核心素养包括五点:宏观辨识与微观探析、变化观念与平衡思想、证据推理与模型认知、科学探究与创新意识、科学态度与社会责任。这里面既包括了对化学学科核心思想的高度概括,又强调了进行科学研究的方法和态度。

而在美国《K-12 科学教育框架:实践、交叉概念和核心思想》[①]中则是统一了从幼儿园到高中 12 年级科学课程的培养目标,提出了科学与工程的实践的培养目标。在《AP 化学大纲》[②]中,也明确提出了在教学中应该注重培养学生的科学素养,以"科学实践"为例进行表述,如表 2.1 所示。

表 2.1 《AP 化学大纲》与《K-12 科学教育框架:实践、交叉概念和核心思想》中关于科学实践的描述

AP 化学中的科学实践	科学与工程的实践
模型与表达:在不同尺度运用模型来描述事物	提出问题(对科学)和界定问题(对工程)
问题与方法:确定科学问题与方法	模型的开发和使用
表达数据和现象:运用适当方法或建立模型对化学现象进行描述	计划和执行调查研究
模型分析:在不同尺度运用模型来分析和解释	分析并解释数据
数学过程:使用数学关系解决问题	应用数学和计算机的思维

---

① National Research Council, *A Framework for K-12 Science Education* (The National Academies Press, 2012), p. 3.

② Sonny Mui and Bill Tully, *AP Chemistry: Course and Exam description* (Collegeboard, 2019), p. 14 – 15.

（续表）

AP 化学中的科学实践	科学与工程的实践
论证：提出解释或科学论证	构建解释（对科学）和设计求解（对工程）
	在证据的基础上进行论证
	信息的获取、评价和交流

不难发现，因为都属于科学课程，它们对于科学实践的描述是非常相似的。当然，在 AP 化学中对于科学实践的描述会更加贴近化学课程的特征，比如多次提到模型的使用和在不同的场景下对事物进行跨尺度的分析。但是，科学素养的培养是一个长期的过程，特别是在《K-12 科学教育框架：实践、交叉概念和核心思想》中，它是一个跨越了 13 年的过程，因此，对于相似的科学实践，在不同的年龄段要求学生掌握的具体能力是不同的，我们以"提出科学问题"这一条目为例，比较列表如表 2.2 所示。

表 2.2　《K-12 科学教育框架：实践、交叉概念和核心思想》①与《AP 化学大纲》②提出的科学实践中关于"提出科学问题"的能力培养要求

《AP 化学大纲》	《K-12 科学教育框架：实践、交叉概念和核心思想》
1）根据观察、数据或模型提出可验证的科学问题	1）学生应该有机会计划和开展多种不同类型的研究。在研究的不同阶段，他们都应该参与。从教师设计好的研究到学生自己提出要研究的问题

---

①　National Research Council, *A Framework for K-12 Science Education* (The National Academies Press, 2012), p. 60 – 61.

②　Sonny Mui and Bill Tully, *AP Chemistry: Course and Exam description* (Collegeboard, 2019), p. 14.

（续表）

《AP 化学大纲》	《K-12 科学教育框架：实践、交叉概念和核心思想》
2）提出假设或预测实验结果 3）确定与科学问题一致的实验步骤（包括实验装置的搭建） 4）观察实验现象并收集数据，同时在适当的情况下注意数据的精确度。能够识别或描述实验误差的潜在来源	2）随着学生变得越来越成熟，他们不仅应该有机会确定要研究的问题，而且应该决定要收集哪些数据，应该控制哪些变量，需要哪些工具收集和记录数据，并在分析数据时考虑测量误差 3）对于初中生，他们应该能够提出有针对性且重现性好的假设，并能够解释他们的推理以及证明他们的选择是正确的。到高中时，学生作的假设都应基于完善的模型或理论。此外，学生应该能够认识到控制变量并不总是可行的，在这种情况下可以使用其他方法，如寻找相关性（相关性并不一定意味着因果关系）

可以看到，在美国的科学教育的培养计划中，无论是低年级的学生还是高年级的学生，他们所要掌握的核心科学素养是一致的，并且随着他们年龄的增长，掌握的知识和技能的增长是一并提升的。而 AP 化学作为一门在高中阶段开设的大学先修课程，需要学生掌握的科学素养和《K-12 科学教育框架：实践、交叉概念和核心思想》对于高年级学生最终所需要达到的素养水平是相一致的。

2. 国际部初高中衔接阶段化学课程素养要求

考虑到国际部 9、10 年级学生的特点以及与未来高年级化学课程和大学预科课程的衔接，我们在 9、10 年级化学课程中培养的科学素养和学科素养应该满足以下几点：首先是要与初中科学课程培养的科学素养有承接关系，对一些核心能力的要求要有更高层次的提升。其次是要求学生掌握一定量的化学知识并且能理解运用分析化学问题的一般方法，为将来学习高年级化学课程做好准备。最后,作为一门必修课,要让学生体会到化学与社会、化学与学生未来升学、职业规划之间的联系。提升学生对科学课程的兴趣,并培养他们的创造力和研究能力。

因此,我们为国际部 9、10 年级化学课程制定了以下核心素养的培养目标:

(1) 培养创造力和对化学课程的兴趣。

(2) 了解化学学科的知识特点,能够用微观与宏观结合的方式讨论化学问题。

(3) 掌握基本的化学实验操作技能。

(4) 能够了解模型在解决一些化学问题中的应用。

(5) 能够运用科学方法完成一些简单的探究问题,包括提出问题和假设,对数据进行收集并对结果进行解释。

(6) 能够运用数学方法解决化学问题,能够了解计算机技术在化学中的应用,如计算机模拟等。

(7) 对一些科学问题能够通过自行收集信息进行分析解释,并对实验结果的误差进行讨论。

(8) 培养对科学研究中有效合作和交流的认识,培养学生具有面向未来的沟通技巧。

(9) 了解化学与其他科学学科之间的关系及其对其他知识领域的影响。

(三)化学课程的知识内容

1. 国际部高中 9、10 年级化学课程设置

国际部高中 9、10 年级化学课程在教学内容的安排上着重体现了分层次、重融合、理论与实验并重的特点。结合化学课、项目式学习(PBL)课程以及学生课外社团,能够满足不同学生不同层级的需求。课程安排如图 2.3 所示:

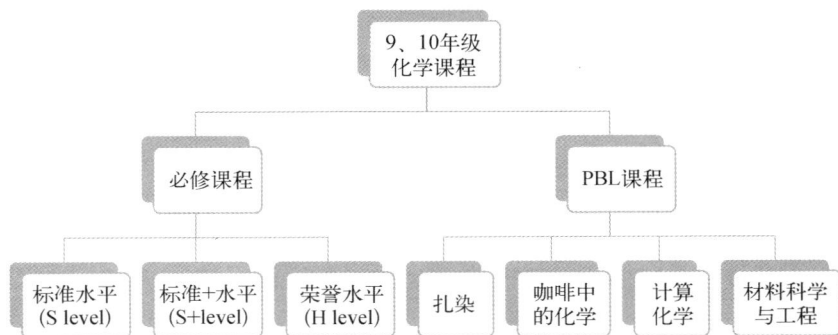

图 2.3 国际部高中 9、10 年级化学课程设置

我校 9、10 年级的化学课共有三个水平,贴合学生的能力和需求为他们提供了充足的选择。特别是 9、10 年级的 H 班,同时承担着与将来 IB、AP 化学课相衔接的任务,因此,无论是课程深度还是对学生综合素养的要求都更高。如果 S 班强调的是记忆与理解的话,H 班的学生还需掌握对应的分析和应用的技能。我们鼓励学生在 9、10 年级阶段充分体验各个学科的特点,同时,我们鼓励学生积极参与到与化学相关的 PBL 课程中,以满足对化学有兴趣的学生进行更多的探索和能力上的锻炼,以便将来在 10 年级末选课时能够做到志趣聚焦。

2. 国际部高中 9、10 年级化学课程知识内容

国际部高中化学的知识内容以化学学科结构为主线,在不同的教材中还专门设置有关"科学方法"和"数据分析"的章节,通常以"物质"(如原子结构、电子排布、元素周期律、分子结构、物质状态等)和"变化"(能量、动力学、化学平衡、酸碱平衡、电化学等)为两大主题编排教材内容。9、10 年级化学必修课程教学内容主要集中在物质性质方面,包括原子结构、化学键、化学反应类型、物质的量以及化学计量学等章节内容。两个年级不同水平的教学章节内容如表 2.3 所示。

表 2.3　国际部 9、10 年级化学课程章节内容

年级	标 准 水 平①	荣 誉 水 平②
9	化学简介 物质与变化 科学测量 原子结构 原子内的电子 元素周期表 离子键与金属键	简介：物质与测量 原子、分子与离子 水溶液中的化学反应 原子中的电子结构 元素周期律 化学键基础
10	共价键 化学式与化合物命名 物质的量 化学反应 化学计量学	共价键理论与分子形状 化学计量学 气体 液体与分子间作用力

与此同时，实验课程也是 9、10 年级阶段化学课程中非常重要的一部分，学生在两年的时间内要完成如下实验：

表 2.4　国际部 9、10 年级化学课程实验课程

9 年级实验课程	10 年级实验课程
• Basic Lab Skills • Purifying Rock Salts • Determine the density for an unknown matter • What's in that bottle? • Building Molecules	• Hydrated Crystals • How can we determine the actual percentage of $NaHCO_3$ in commercial baking soda? • Identify metal using activity series • Separation of metal ions from solution

从实验内容的安排上我们可以看到，国际部 9、10 年级的实验

---

① *Chemistry*, Savvas Learning Co, 2010, p. 3

② Theodore L. Brown, etc., *Chemistry: The Central Science*, *12th edition* (Upper Saddle River: Pearson Prentice Hall, 2012), p. vi.

不仅关注学生基本实验操作和实验规范,也注重配合具体各个章节的教学内容,安排学生体验不同类型的化学实验,包括模型使用、化学组分分析、化学反应等。通过预习和实验结果分析等内容有目的地训练学生的研究能力。

3. 初高中化学课程知识内容衔接

由于学生在初中阶段的科学课中并不区分物理与化学,两门学科所涉及的知识本身也有许多交叉。因此,国际部高中化学课程与初中科学课程中有一些知识内容是有重合的。例如,物理性质与化学性质、物理变化与化学变化、原子论、原子结构、元素周期表等。高中化学课的学习内容首先是初中科学课程知识内容的拔高,是螺旋式上升的。

其次,高中化学课程的知识内容是对初中科学课程知识内容的拓展。这里以物质结构和性质为例进行比较。

学生在 8 年级结束时应该掌握的知识内容:

• 所有物质都是由约 100 种不同类型的原子组成,这些原子以各种方式相互结合。原子可以互相结合形成分子。

• 气体和液体是由相对运动的分子或惰性原子构成的。在液体中,分子是互相接触的;在气体中,分子之间的间距很大,除非它们发生碰撞。

• 在固体中,原子间距很小,并在固定位置上振动,但不改变相对位置。固体可以分为晶体与非晶体。

• 物质随着温度或压力的变化而发生的状态变化可以用这些模型来描述和预测。

而在高中阶段,学生应该掌握的知识内容:

• 原子是由一个原子核和环绕着原子核运动的电子组成的,原子核由质子和中子组成。

• 元素周期表根据原子核中质子的数量对元素进行横向排序,并将具有相似化学性质的元素竖直排列。元素周期律的存在体现了原子核外电子数的变化。

● 物质的内部结构和物质间的相互作用是由原子内部和原子之间的静电吸引力决定的。

● 物质的稳定与否取决于整体势能的高低。一个稳定的分子比被分开的原子具有更少的能量，人们必须至少提供这种能量才能将分子分解。

我们不难发现，在知识内容的层面上，在高中阶段，会往更小的尺度来讨论事物的本质和影响它们的原因，如从分子层面到亚原子结构的层面。同时，这些讨论也逐渐从定性讨论转为半定量，甚至是定量的。例如，在初中阶段，学生需要知道组成物质的微粒之间是有吸引力的，而在高中阶段，学生需要知道这种吸引力的本质是电磁力，是可以用库仑力的公式进行半定量讨论的，同时，离子化合物的晶格能、共价键的键能大小等都可以帮助我们比较物质熔沸点的高低。

第三，初中科学课程的许多知识内容是化学学习必须具备的，比如热力学、分子运动论、电学以及生物学的相关知识，化学学习中的热力学、动力学、电化学和生物化学都需要学生具备一定程度的初中科学知识。与此同时，在 9、10 年级阶段我们开设的项目式学习课程的学习内容也需要学生具备一定的科学课程知识积累。更重要的是，基于学生在初中阶段对科学课程产生的兴趣，我们提供了一个平台让学生能够在新的领域进行探索，并最终引领学生走上科研的道路。比如 PBL 课程中的计算化学课程，它需要学生具备一定的数学和计算机编程基础。而修读完这门课程的学生如果仍然对相关领域有兴趣，可以进入大学实验室继续进行课题研究。

第四，在实验课程上，初中与高中的实验除了在内容方面完全不同之外，更重要的是，在 9、10 年级阶段，我们会注重学生参与完成科学实验的完整流程，结合对学生科学素养的培养要求对他们进行更加系统性的培养与锻炼,期待他们未来能够挑战更有难度的高年级课程。因此,在 9、10 年级化学实验中,虽然会以教师设定好的实验题目要求学生完成,但是会以更高的要求让学生完成其他部分,包括实验前的预习、数据记录与处理以及最后的实验讨论。希望能够通过此阶段的培养来锻炼学生未来独立或合作进行化学探究的能力。

（四）化学课程的学习方法

1. 初高中化学课程学习方法的衔接

（1）基于概念驱动的学习

初高中科学教育非常注重基于概念驱动的学习,强调概念之间的关联。这在科学课程学习中是非常重要的,因为许多科学概念在不同的学科中都会出现,如模型、能量、平衡等。但是与初中科学课程比较强调这些概念不同,在高中阶段由于科学课程已经被分为物理、化学、生物等课程,会更加强调学科内概念的理解并要求学生实践自己的学习成果。

因此,学生要去深度挖掘知识点之间的连接,这点在化学学习中尤为重要。无论是国内高中化学课程标准还是在 AP 化学的大纲中,都对本课程的知识进行了高度的概括,形成了类似核心素养或大概念（Big Idea）的概念。这其实就是一种概念驱动的学习理念。

学生在学习化学的过程中会接触到海量的诸如物质性质、化学反应等信息,完全记住它们是一件不可能也是一件没有必要的事情。当然这并不是说学习化学不需要记忆,记忆对于学习化学来说是一个必不可少的过程。这与数学里的乘法表一样,虽然不是必须,但是当学生对一些内容了然于胸的时候自然而然会大大加快他学习理解其他新知识的速度与质量。在学习过程中,学生要避免死记硬背,而是要掌握合理的方法,这是因知识点而异的。例如,9 年级与 10 年级的学生都需要掌握离子化合物化学式的书写。如果选择机械地记忆每个离子化合物的化学式无疑是一件事倍功半的事情,相反,学生要理解化学式的书写规则即从判断化合物类型到应用离子化合物的书写规律。记忆的重点在于复杂离子的化学式和它们所带的电荷,当然,这其中也可以通过分类的方式来提升记忆的效率。

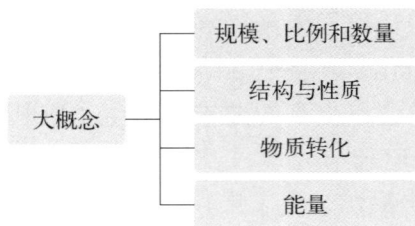

图 2.4　《AP 化学大纲》中的大概念①

在化学学习中,学生往往会陷入一个个孤例之中,学了后面忘了前面。这就需要学生能够将所学的孤立知识进行关联并最终形成一个基于某一核心概念的知识结构网络。这需要学生在学习过程中不断地进行反思并最终反馈他们对所学知识的认知水平。这也需要学生在理解考试评价要求的基础上,通过不同的练习来提升自己对所学知识的理解程度,最终达到认知水平的螺旋式上升。

（2）实践科学方法,提升学科素养

正如前文所述,学生在高中阶段学习化学的目的,除了掌握相关化学学科的知识之外,更多地在于学习科学实践方法并开展探究,最终能够运用合理方法解决一些在生活情境中遇到的实际问题。因此,初中阶段掌握了科学课程学习的一般方法之后,学生在高中阶段的化学学习中应该更加关注这些问题:

首先,要积极主动地以批判性与创造性的方式运用思维技能来识别和处理复杂的问题。学生应当理解化学的学习对象是生活中形形色色的物质,具体而复杂。因此,学生在学习一个理论时必须要注意该理论是在怎样的时代背景下运用了什么方法提出的,

---

① Sonny Mui and Bill Tully, *AP Chemistry: Course and Exam description* (Collegeboard, 2019), p. 17 - 18.

切不可教条地盲目接受,反之亦然。当学生在面对一个实际问题的时候,也要能够根据所学知识找出合适的方法对问题进行解释。例如,在10年级分子间作用力的学习中,教科书上或老师会说氢键强于色散力。但是是否氢键永远强于色散力?学生切不可生搬硬套,否则他就无法解释为何汽油的沸点高于氨气的沸点这个问题。

　　其次,科学方法是基于实证的研究方法。这与学习数学时基于若干公理推导出不同定理并用于解题的思维模式是不一样的。因此,事实重于理论是学习科学的一个很重要的前提。正如前文中的例子一样,因为汽油的沸点高于氨气的沸点,学生应该接受色散力可以强于氢键的解释,而非强行用汽油中也存在氢键来解释,因为这与事实不符。这样一种基于实证的研究方法在学生实验中同样有所体现,学生在讨论实验设计优缺点或实验误差时需注意一切结论都必须基于事实。因此,学会观察并及时记录在化学学习中是格外重要的一件事情。与此同时,学生也应该意识到科学方法的局限性。在科学哲学中,也认为由科学实验得到的结果存在着不确定性,一个实验即便做了100遍,证明它是正确的,但是不能保证第101次还能证明它是正确的。也就是说,运用归纳法是无法证明科学理论是正确的。这能帮助学生更好地理解当代社会的一些科学热点问题,如全球变暖或转基因食物的使用。

　　第三,学生要学会正确处理数字,要对实验的可靠性有正确的认识与评价。作为科学的一门分支,化学学习自然需要数字的协助对一些事物作出精确的描述。因此,学生要学会运用正确的数学方法处理一些问题。与此同时,学生也要注意,在科学学习中,数字的运用与数学是不一样的。科学中的数字往往来自测量,而只要是测量就会有精确度的限制。在科学学习中,数字1、1.0、1.00是有完全不同含义的。重视有效数字是一件相当重要的事情。

　　第四,要培养社会责任意识。学生在化学实验中不可避免地会接触陌生的化学试剂和实验方法。尽管教师在选择实验的时候已经非常注意安全性和操作上的简便性这些问题,但是如果学生不在教师的要求下规范开展操作的话仍然会有安全隐患。学生也应该意识到,化学实验不是一个追求刺激的过程,在实验过程中更应该注重对实验现象的观察和对实验设计思路的感悟,这样才能在实验中将自己的收获最大化。此外,良好的实验习惯的习得也是对学生责任心培养的较好方式。

最后,要注意交流沟通的价值。随着社会的进步,科学知识的规模和复杂性都在增长,理论和实验化学的工具和技能已经变得十分专业,学生应该意识到,我们很难在这两个领域同时非常精通。但学生也应该知道,我们能够通过网络平台分享并获取公共科学文献中的理论思想和实验结果,这使得我们能够保持对这些领域不断地进行学习。学生在课堂上以及课后与同学或者与教师开展讨论是一个提升自己的绝佳方式,无论是提出问题,还是基于问题的思考或提出自己的观点都能大大提升对于所学知识的理解水平。当然,积极参与交流并不局限于参与课堂讨论、课题或实验报告的展示发言,基于所读文献来撰写综述以及帮助其他同学开展复习等方式都有助于学生本人的成长。与此同时,学生通过小组课题与实验课题学会如何与其他人进行协作,通过合理的分工和时间管理来顺利完成任务,无疑对学生组织能力和自我管理能力的锻炼都有很大帮助。

2. 初高中化学课程教学方法的衔接

国际部高中 9、10 年级的学生大致在 15 至 16 岁,学生处于成人之前的关键阶段。因此,在开展教学时,应该考虑到他们身上既具有儿童的特点,又有发展为成人学习者的特质和需求。因此,在衔接阶段,教学方法应该考虑到这两者之间的平衡。让学生从依赖教师转变为能独立对自己的学习行为负责;从缺乏生活中的相关经验转变为能够将自己的生活经验转变为学习资源;从喜欢外

在激励因素转变为喜欢内在激励。国际部高中化学课程的教学一直十分强调以学生为中心的教育方法,大致体现在以下几个方面:

(1) 基于探究的教学

无论在国内还是主流的国际课程中,开展基于探究的教学都是相当重要的教学方法。因为探究的过程可以培养学生的好奇心,同时帮助学生掌握所需要的技能,使他们能够成长为自我主导的终身学习者。在国际部 9、10 年级的化学教学中,探究式学习既体现在课堂中教师带领学生完成不同的探究任务,又体现在我们通过项目式学习课程为学生提供的不同主题的探究式学习。例如,在"咖啡中的化学"课程中,学生会在教师的带领下学习评判咖啡风味的标准,研究影响咖啡风味的因素并引导他们探究如何运用科学方法冲煮一杯好喝的咖啡。在教学过程中,学生要自己找到大多数信息,进行信息处理以得到重要的结论,而教师的主要作用要从提供答案转变为促进问题得到解答。

从探究的方式上,我们也会充分考虑处于初高中衔接阶段的高中生的实际能力,教师会更多地参与到指导工作中。但是,与初中阶段相比,学生需要更多地发挥自己的主观能动性。

(2) 在真实情境中开展教学

在真实情境中开展教学是我们一直追求的目标。使教学和学习扎根于实际情境中,有助于使学习更加真实可信,对学生更有意义;探索实际生活中的问题,而不是课堂上经常使用的、假想的虚构问题,可以令学生更有兴趣,还能让学生认识到为何要学习化学。

这在初高中衔接阶段的化学教学中主要包含了两层含义:一是要在化学教学中突出化学与实际生活的联系,要让学生有充足的机会体验化学学科与其他学科之间的融合。这不仅体现在教师在授课过程中尽可能地让学生置身于实际情境中探讨化学问题,更要在课后与课外为学生提供充足的机会探索化学与其他学科的融合。每学期我们会与不同的科目合作布置诸如"化学元素发现史""化学发展与科学革命""美丽化学"等不同主题的研究项目，学生能够有机会选择主题并自行开展研究。

二是在真实情境中开展教学有助于培养学生的思辨能力和社会责任感，锻炼学生运用科学方法解决生活中实际问题的能力。这也要求教师在课堂中的教学不能局限于学科内的知识，而是要带动学生关注身边正在发生的事情，通过丰富的课堂活动，如课堂辩论等方式，让学生在充分调查后阐述自己的观点。例如，在 10 年级荣誉课程的教学中，在讲述电解质分类的相关知识时，教师组织学生就"分类对理解知识是有益还是有害的"开展辩论。学生全程参与了这场辩论赛各个方面的准备，包括比赛的宣传。

图 2.5　学生辩论赛的宣传海报

（3）因材施教以满足学习者的需要

学生在进入高中就读时，性格、能力、兴趣上的差异已经体现得非常明显，因此，9、10 年级的化学虽然是一门必修课，但我们要设法满足不同学生对于本学科不同的需求层级。因此，在化学课程的设置上，我们在9、10年级特别设置了三个不同水平，以满足不同学生的不同需求。同时，在课程的实施上我们一直在探索怎么让教学方式更加灵活，从而满足学生更加个性化的需求，比如近几年开展的混合式教学的探索。在混合式教学的班级中，教师可以针对学生的不同需求采取灵活的教学策略：让学生以协作与合作的方式开展学习，进行多样化的学习实践，采用具有创造性的教学与学习方法，允许学生以不同的形式和模式探索、展示知识和理解。同时，为学生提供多种开展行动和进行表达的手段，学生拥有平等的学习机会。

（4）有效地利用科学技术

科学技术和数字技术的发展使得现代化学教学与传统教学方法产生很大的区别，它们更能够助力教师实施新颖的教学方法。例如，在翻转课堂或混合式教学的课堂上，学生在上课之前先在家里获得新知识和新信息；利用 Blackboard 平台观看讲座或阅读材料，这样学生可以将课堂时间重点用于讨论所学内容和应用所学知识上，以确保学生得到适合个人需求的个性化教育。

数字技术的发展也大大助力了高中阶段探究式学习的开展。例如，数字传感器（data logger）在化学实验中的应用大大丰富了学生在高中阶段可以自行探究的实验的数量。而计算机模拟软件的使用能帮助学生摆脱实验室的束缚，开展一些基于计算机模拟的化学探究。进入高中阶段学习的学生要能够更主动、有效率并且更负责任地使用互联网和其他数字技术。

（五）化学课程的评价方式

1. 初高中评价方式的衔接

在评价方式上，国际部初高中没有特别显著的差异。在评价的实施上都是通过形成性评价与总结性评价相结合的方式获取教学反馈。化学课程的学生评价构成如表2.5所示。

表 2.5 国际部高中化学课程评价构成

形成性评价		总结性评价
平时成绩	小测验 作业质量 实验报告 课题作品	期中、期末考试
学生参与度分析（SEA）		
素养评价		

其中,除了传统的考试、测验、作业是按照正确率打分外,实验报告的质量、课题作品等则是基于评价因子打分。表 2.6 所列的是10 年级学生实验报告的评价标准。

表 2.6 10 年级化学实验报告评分标准

评分标准（满分 4 分）	4	3	2	1	0
1. 实验数据是否回答了研究问题					
2. 数据记录质量					
3. 实验结果是否基于观察所得					
4. 讨论中是否使用观察或数据作为证据					
5. 证据是否支持实验结论					
6. 学生是否回答了所有的预习问题					
7. 学生数据处理质量					
8. 实验结果的误差					
9. 学生是否对文献有正确的引用					

（续表）

评分标准（满分 4 分）	4	3	2	1	0
10. 学生对实验的结果讨论是否有证据支持					
总分（满分 40 分）					

　　学生参与度评价主要考查的是学生在课堂上的参与程度。而素养评价则是教师基于学校对学生素养的培养目标，依据他们在本课程内的平时表现，参照评价因子进行评价，包括打分和撰写评语。化学课程的评价因子如表 2.7 所示。

表 2.7　10 年级化学课程学生素养评价因子

评价因子	定　义
创造性	学生在研究中提出方法或解释来解决科学问题的能力，识别超出课堂所学知识和方法的潜在应用，并运用科学的方法将其对核心化学观点的理解应用于解决实际问题和科学研究
批判性思维	学生在学习过程中充分表达和评价自己观点的能力，为实验中观察到的现象找出解释的能力，用科学的方法将学习知识与现实世界的问题联系起来，并认识到在实验中实验方法的局限性
合作意识和能力	学生在小组讨论中表达自己对问题的理解并完成任务的能力，领导小组解决问题的能力，带领成员运用科学方法进行协作和交流，展示自己的特长并为小组项目作出贡献，展现自己的工作的能力，在实验过程中明确自己的责任并帮助他人
人际沟通与交往	学生使用清晰和科学的词语表达自己的观点并从教师或同伴那里获得或提供帮助的能力，以批判性思维阐释对研究结果的理解。在合作中体现个人价值，在作业和项目研究中清楚表达相关的化学概念，并将所学内容与相关研究结合起来

评价因子	定　义
训练有素的思维习惯	学生将所学知识应用到各个领域的能力,在收集实验数据并分析后进行自我反思,识别自己在思维模式、准备和思维习惯方面的弱点,以及是否能具有逻辑地分析并解决问题
决策力	学生表现出时间管理的能力,能够在选择如何处理不同类型的试题时作出清晰简洁的选择,根据足够的数据/观察或其他可靠证据作出结论,了解自己在学习过程中的优缺点并不断提高,能够使用批判性思维分析复杂问题并采取负责任的行动
主动性	学生按时交各项作业的能力,包括课前预习和课后作业批改,帮助他人学习化学,积极参与课内外活动
风险承担与管理	学生提出相关且具有挑战性的问题以显示自己的好奇心和有深度的思考,对感兴趣的某些研究问题设计实验的能力,在调查中对实验计划进行反思并有效改进以进行进一步的探索
数字素养	学生利用在线档案数据库和网站进行科学研究,使用电子学习网站如 Blackboard 系统完成课后作业,包括讨论和解决问题,以及使用数字模型或软件进行概念理解、处理实验数据的能力或展示结果
全球视野	学生认识科学和技术如何影响社会和环境的能力,正确地展示自己的作品,能认识到科学发现的局限性并开展探讨。发现全球性问题并提出使用科学解决问题的建议的能力

　　可以看到,高中阶段的学生评价既注重学生的全面发展,又注重学生在某一学科或某一特质上所展现的潜力或能力。因此,学生在高中阶段的化学学习既要注重自我管理,也要注重挖掘自己的潜力和兴趣,并在课堂内外积极展示,这样才能取得比较好的学习效果。

二、教学方法衔接——案例分析

（一）溶液导电性质的探究教学设计

1. 教学内容分析

"溶液导电性质的探究"这一节内容由"溶液的一般性质"演变而来，"溶液的一般性质"是"溶液中的化学反应"一章的第一节内容，考虑到"溶液的一般性质"主要讨论溶液的导电性质，所以将本节课的课题定为"溶液导电性质的探究"。

本节内容的重点：理解不同溶液的导电能力和原因。在之前比较离子化合物和共价化合物性质的内容中，学生通过实验已掌握 NaCl 溶液可以导电，蔗糖溶液不能导电。实验采用溶液导电仪，如图 2.6 所示，通过指示灯点亮的个数来判断溶液的导电能力。在实验中，电极片插入 NaCl 溶液后，指示灯点亮了 6 个，表明溶液是导电

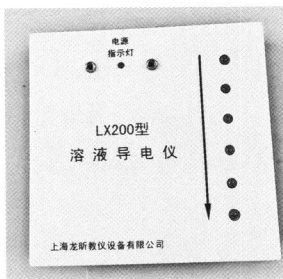

图 2.6　溶液导电仪

的。电极片插入蔗糖溶液后，指示灯没有点亮，表明溶液是不导电的。

考虑到溶液导电仪的实验误差较大，偶有出现接触不良的情况，决定采用 Vernier 电导率探头（如图 2.7 所示）来研究本课题。

图 2.7　Vernier 电导率探头

溶液导电性是带电粒子（离子）的定向移动所引起的，学习本节内容有助于学生理解溶液中离子的性质，进而为理解溶液中的化学反应打下基础。

2. 学生背景分析

学生在国际课程的初中和小学阶段并没有接触太多溶液导电性

相关的内容,对于导电概念也只是在通识课程科学课上初步接触,探索导电现象主要通过观察灯泡点亮这一现象,进而得出导电的结论。

学生在国际部高中阶段,将在化学课程的框架下,系统深入地学习导电概念。学生在本节课之前已经学习了金属的结构和相关性质,能够理解金属导电的原因是金属中自由电子的定向移动。学生也已经学习了离子化合物和分子化合物的结构与相关性质,并在实验中比较过 NaCl 溶液和蔗糖溶液的导电性,能够理解 NaCl 溶液导电的原因是正负离子的定向移动,而蔗糖溶液不导电的原因是蔗糖分子并不携带电荷,无法形成闭合电路来导电。

学生学习化学已有一年半的时间,已经过系统的化学实验技能训练,有完成实验操作的能力。

3. 教学与评价目标

• 学生通过启发性思考并结合视频,复习 NaCl 溶液导电的现象和原因、蔗糖溶液不导电的现象和原因,培养了学生根据物质的结构来解释现象的能力。

• 学生通过测定不同溶液的电导率并绘制散点图,归纳总结出强电解质、弱电解质和非电解质,培养了学生实验操作的能力和应用科学方法的能力。

• 学生通过比较不同溶液的电导率值,推测溶液导电率的影响因素,培养了学生科学探究能力与批判性思维。

4. 教学过程设计

表 2.8　教学活动 1 过程设计

教学活动 1(如图 2.8)	学 生 活 动	培 养 目 标
提问:NaCl 溶液为什么能够导电,蔗糖溶液为什么不能导电?	回答问题,复习已有知识点	对于已学知识的理解和应用能力,能够用微观结构解释宏观现象

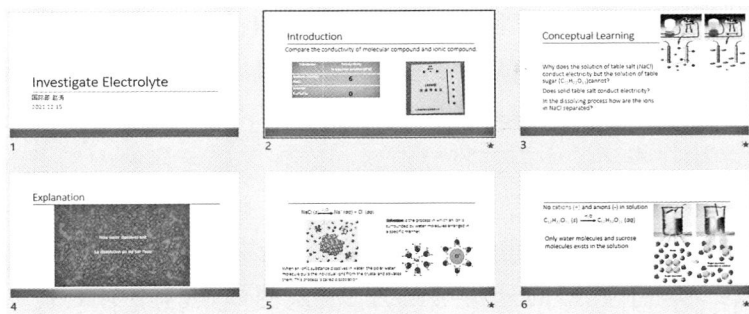

图 2.8　教学活动 1

　　学习思维策略的转换：初中生的学习思维以观察现象为主，对于现象背后的原因较难理解。高中生的学习注重对现象背后原因的思考，通过简短的复习环节，让学生的思维从现象观察上升到对物质结构的理解，进而用离子化合物和分子化合物的结构差异来解释是否导电的现象。

表 2.9　教学活动 2 过程设计

教学活动 2(如图 2.9)	学 生 活 动	培 养 目 标
用电导率探头（如图 2.7)测试不同溶液的电导率	学生将电导率探头一端插入溶液，另一端通过 USB 连接到电脑，打开 Vernier 软件，读取电导率数值，完成实验操作	练习实验仪器的操作，规范实验操作步骤，培养严谨的科学态度

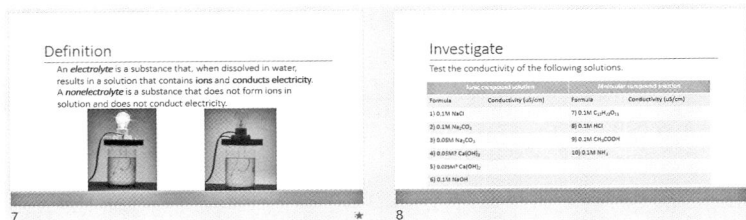

图 2.9　教学活动 2

学习思维策略的转换：初中生对于导电的理解仅停留在导体和绝缘体阶段，对于电解质导电概念没有接触过，对于导电现象的观察也仅限于点亮灯泡。学生在课前已经学习过电导率探头的使用。学生在本活动中需要将导电这一宏观现象与溶液中离子的定向移动这一微观现象建立联系。同时，学生通过使用现代仪器，用电导率定量地表示溶液的导电性。对于高中生科学素养的培养，不仅强调对于数据的分析与处理，也强调如何科学有效地获得数据。

表 2.10　教学活动 3 过程设计

教学活动 3(如图 2.10)	学生活动	培 养 目 标
记录实验数据，绘制散点图	记录数据，绘制图表	提高对于实验数据的解读能力、分析和处理能力

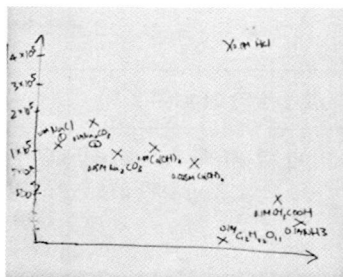

Name	Concentration (mol/L)	Conductivity Test 1	Conductivity Test 2	Conductivity Test 3	Average	Property
NaCl	0.1	11300	11600	11600	11500	ionic
Na2CO3	0.1	15900	16000	16100	16000	ionic
Na2CO3	0.05	8600	8750	8750	8767	ionic
Ca(OH)2	0.05	8800	9000	9000	8935	ionic
Ca(OH)2	0.025	8000	8000	8050	8017	ionic
NaOH	0.1	22000	22000	22000	22000	ionic
C12H22O11	0.1	30	30	30	30	molecular
HCl	0.1	37800	37900	37800	37833	molecular
CH3COOH	0.1	530	550	550	543	molecular
NH3	0.1	340	340	340	340	molecular

图 2.10　教学活动 3

表 2.11　教学活动 4 过程设计

教学活动 4(如图 2.11)	学 生 活 动	培 养 目 标
归纳总结出强电解质、弱电解质和非电解质	讨论、分类、总结	培养学生的归纳、总结的能力

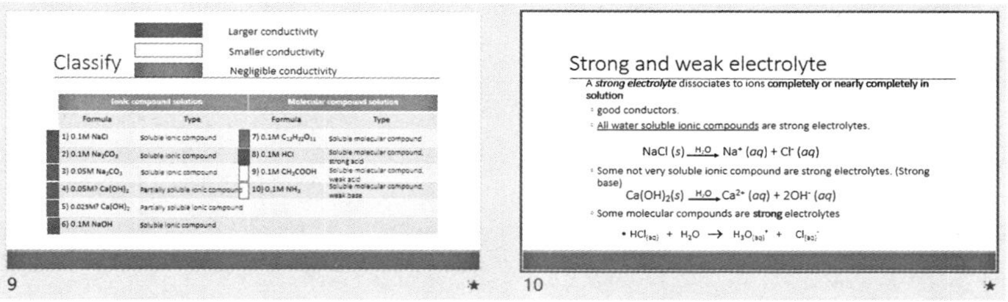

图 2.11　教学活动 4

学习思维策略的转换：在这一环节的教学活动中，学生需要根据上一活动的图表进行讨论分析，需要根据电解质数值的相对大小来进行分类。这一环节体现了一种非常重要的学习方法——分类。学生需要在分类过程中思考分类的标准是什么，体现了从具体到一般的思维模式。

表 2.12　教学活动 5 过程设计

教学活动 5(如图 2.12)	学 生 活 动	培 养 目 标
$Ca(OH)_2$ 是强电解质还是弱电解质？$Ca(OH)_2$ 在水中的溶解性如何？为什么是强电解质？	回答问题：根据 0.05 M $Ca(OH)_2$ 溶液的电导率数值，$Ca(OH)_2$ 是强电解质。通过观察 $Ca(OH)_2$ 溶液的性状，得出 $Ca(OH)_2$ 在水中的溶解性较低。合理的解释就是溶解在水中的 $Ca(OH)_2$ 全部电离成离子	培养学生的批判性思维，对于复杂问题的分析能力

学习思维策略的转换：在这一教学环节，学生需要运用科学方法。根据问题学生会首先看到 $Ca(OH)_2$ 溶液的电导率数值比较高，得出 $Ca(OH)_2$ 是强电解质，这是思维的第一阶段，根据观察现象直接得出结论。接下来学生观察 $Ca(OH)_2$ 溶液的性状，发现是

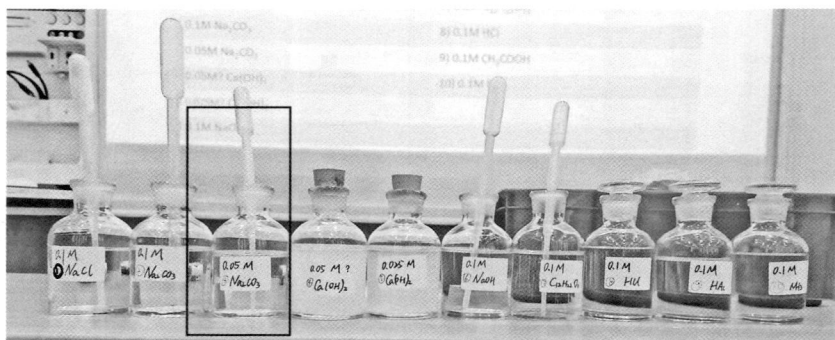

图 2.12   教学活动 5

浑浊的溶液,进而联想到 $Ca(OH)_2$ 在水中的溶解度,可以得出 $Ca(OH)_2$ 在水中的溶解度较低的结论。由于前两个结论呈现出不同的趋势,学生需要理解,物质导电性取决于溶解在水中的化合物电离出离子的情况,得出 $Ca(OH)_2$ 是完全电离的结论。物质在水中的溶解性与溶液的导电性并没有直接的关系。

表 2.13   教学活动 6 过程设计

教学活动 6(如图 2.13)	学 生 活 动	培 养 目 标
$CH_3COOH(HAc)$ 是强电解质还是弱电解质? CH_3COOH 在水中的溶解性如何? 为什么是弱电解质?	回答问题: 根据 0.1 M CH_3COOH 溶液的电导率数值, CH_3COOH 是弱电解质, 在水中的溶解性较高。电导率数值低的原因是溶解的 CH_3COOH 大部分以分子状态存在, 只有少数电离成了离子, 进行导电	培养学生的批判性思维,对于复杂问题的分析能力

学习思维策略的转换:在这一教学环节,根据问题学生会首先看到 CH_3COOH 溶液的电导率数值比较低,得出 CH_3COOH 是弱电

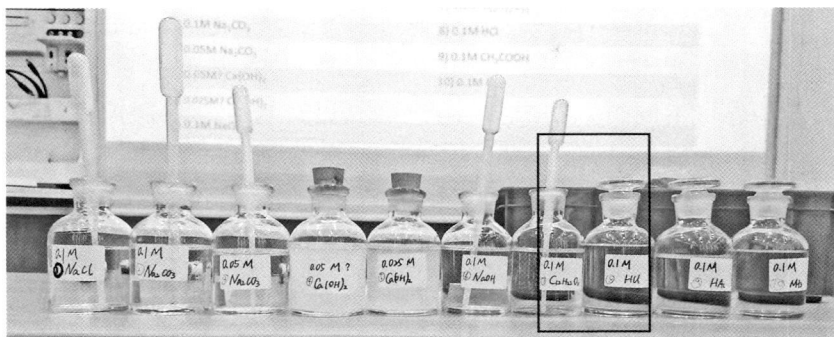

图 2.13　教学活动 6

解质,这是根据观察直接得出结论。接下来学生观察 CH_3COOH 溶液的性状,发现是澄清的溶液,进而联想到 CH_3COOH 在水中的溶解度,可以得出 CH_3COOH 在水中的溶解度较高的结论。教学活动 6 再次强调了导电性和溶解性呈现出不同的趋势,学生再次利用批判性思维深入思考,物质导电性取决于溶解在水中的化合物电离出离子的情况,全部溶解的 CH_3COOH 是部分电离。

表 2.14　教学活动 7 过程设计

教 学 活 动 7	学 生 活 动	培 养 目 标
比较不同溶液的电导率,得出影响溶液电导率的因素	比较 0.1 M NaCl 和 0.1 M Na_2CO_3 溶液的电导率,得出溶液电导率和离子化合物中的离子个数有关。比较 0.1 M NaCl 和 0.1 M HCl 溶液的电导率,得出溶液电导率和离子大小有关。比较 0.1 M Na_2CO_3 和 0.05 M Na_2CO_3 溶液的电导率,得出溶液电导率和溶液浓度有关	培养学生分析问题的能力,应用物质的微观结构解释宏观现象的能力。培养学生控制变量研究问题的科学方法。培养学生严谨的科学态度,正确地描述结论

学习思维策略的转换：学生通过回答三个问题，开始思考溶液电导率的影响因素，这里需要用到科学方法中的控制变量法，也启发学生思考不同组别实验设计背后的思想，启发学生课后进行深入的探讨和自主学习。

5. 教学总结与反思

通过本教学案例可以看出高中教学的特点：对于一个概念的教授，并不局限于对概念本身的理解，而是通过具体的实验操作或者现象进行批判性思考，进而将所学习到的能力运用到具体问题的解决分析上。学习的过程中，学生不仅需要主动探索，更需要团队合作和讨论交流，在严谨的科学思维的指导下，成长为独立自主的学习者。

专家点评：

在本堂课中，教师通过一个简单的利用电导率探头测定不同溶液的导电性的实验，通过对实验内容进行巧妙编排，对影响溶液导电性的因素进行了循序渐进的探讨。着重突出了高中阶段化学课程的若干特点：1. 对于实验结果的定量讨论。这是科学研究的重要特点之一，当学生进入高中阶段后，学会从数据出发对实验结果进行定量分析是学生所需要掌握的技能之一。2. 体现了控制变量来分析问题的思路。控制变量法在科学研究中是一个非常重要的研究方法，因此，学生在课堂讨论中体会如何具体地运用该方法对问题开展分析研究是他们学习掌握科学研究方法的重要途径之一。教师通过分类比较，帮助学生理解不同的影响溶液导电性的因素是如何对溶液导电性产生影响的。3. 培养学生的批判性思维，学生对于知识的理解不能局限于课本上已有的结论，而要通过主动探索理解为什么是这样。在得到结论的过程中，有哪些因素被忽略了，为什么忽略。课本上的知识是不是永远都是正确的，这些都可以启发学生开展进一步的探索。4. 培养学生的团队合作能力和表达能力。学生在课堂上不但要通过小组合作开展研究，而且要在有限的时间内将他们得到的数据进行整理并进行正确的表达。这也是学生在高中阶段所需要掌握的技能之一。

综合比较初高中的科学课程，在衔接阶段，科学课程体现了从定性到定量、从被动探究到主动探究的转变。因此，在初高中衔接阶段的课堂上，也体现了我们对学生相关能力的训练和培养。

（二）扎染课程的设计与实践

在国际部高中化学的教学中，我们不光强调传授学科知识，也很重视科学本身。我们在教学中发现，尽管在初中阶段学生已经学习了一段时间的科学课程，但仍然有很多学生不理解为什么要学科学，对化学学科的了解也不够充分，主要是因为学生在高中9、10年级阶段学的东西比较抽象，学生看不到整个学科的全貌，很容易丧失对化学的兴趣。在实践过程中，我们愈发觉得，不光要抬头去看一棵树能长多高，也要看它的根能扎得多深、铺得多广。在国际部高中化学的教学工作中，在努力追求学生学术高度的同时，如何做好科普工作，丰富课程人文内涵和课程的趣味性，增进学生对学科全貌的了解，开拓学生的视野，提升学生的学习兴趣和科学素养，应该成为与课堂教学并行的另一条主线。

化学作为一门中心科学，与其他领域的交叉和衔接是高中化学教学设计的核心。初中科学教学侧重于对概念和宏观现象的介绍，打好普识教育的基础。高中化学教学侧重在此基础上，通过微观结构研究宏观现象的本质和原因，并对实际问题进行分析和解决。同时，引导学生将对理论知识的应用与实践延伸至其他相关领域。

在高中化学教学中，对于分子间作用力的教学目标较初中的科学教学有明显的不同。初中科学侧重于对物态宏观特征的不同进行比较和总结，进一步介绍物态变化的现象和影响因素。高中化学则需要学生理解不同物质在微观结构上的区别，由此来解释同样环境条件下，不同物质所表现出的不同物态特征，以及同一物质在不同环境条件下发生物态变化的原因和原理。在完成基础概念的学习后,学生将进入实践和应用环节。比如,在扎染课中,理解染料的着色原理是基于分子间作用力,在实际应用中,学生要对影响因素进行分析、实验设计和优化组合,从而实现控制布料着色的目的。课程中,学生不仅加强了对理论知识的理解和应用,他们的实践能力和科学素养也得以提升。

同时,高中化学注重开阔学生视野,推进多学科交叉融合与创新,提升学生的综合素养。扎染是一项结合了科学与美学的具有中国传统特色的技艺,这门传统工艺与现代 STEM 理念不谋而合,让学生在加强动手能力、锻炼创新思维的同时,也提升了实践操作能力和合作探究能力,更让学生经历了多学科融合的奇妙体验。学生的各种情绪都可以借由这门课程进行表达,经过教师的正向引导,可以帮助学生激发积极情绪,逐渐形成良好的个性心理品质。

1. 高中扎染课程的特点

扎染是一种在我国流传已久的传统手工印染工艺,它凝聚了中华民族的聪明才智,更是多学科融合、可以多方位呈现学生能力的一门艺术。高中扎染课程是以学生为主体、以扎染工艺为承载的项目式驱动课程。它融合了化学、艺术、心理学、几何学等多个学科,以化学为核心和基础,多方位地激发和培养学生的空间想象能力和艺术创造能力。

多学科融合

扎染技艺在流程上分为两个步骤:捆扎和染色。捆扎是第一步,也是学生艺术灵感的展现,它从艺术设计和心理学角度反映了学生对图案纹理的理解和内心情绪的表达。在扎染世界中,我们绝对找不到两幅花色图样或色调感情完全相同的扎染布样,原因即在于此。同时,对于目标纹理的实现,需要学生在几何学和空间想象方面有一定的能力。折叠、绳扎、卷扎、打结、缝缀等多种手段,打造出来的图案纹理可能跟捆扎后的造型大相径庭,学生必须能够通过几何学的空间想象,将捆扎造型和预期的图案匹配起来。

多能力培养

在捆扎时,对折缝的宽、窄、松、紧、疏、密等都各有所别,扎结时结扣的长短、松紧、疏密等又各自不同,这就决定了扎染成品花色图案的千差万别、绚丽多姿。这在很高程度上发挥了学生的空间想象力和艺术创造力,以实现将空间的造型映射到平面的织物上,展示自己的内心情绪,表达自己的艺术感知。

在染色阶段,对于色彩的控制不仅需要学生对染剂相关化学知识的理解,还要求学生有扎实的化学实验能力。化合物用量、温度控制、染色时间等因素的优化组合,可以呈现出不同的深浅度和色度。在扎染中,实验的结果没有正确和错误之分,每一种实验设计都可以是一种独特的艺术呈现。课程要求学生做到的就是不断优化实验设计,以达到自己在作品设计时对色彩的要求。

2. 教学设计

目标设计:以完成科学实验和作品设计为教学目标,将化学学科和艺术设计相融合。

内容设计:内容包含化学学科的科学实验和艺术学科的作品设计两方面内容,在化学理论的基础上,进行扎染初步实践,进而提升到艺术设计,完成作品。

科学实验:以班级为单位设计实验,将学生分组,每组进行一个影响因素的数据收集。主要目的是让学生有更加充足的时间体验实验过程,减少重复操作,在扎染课程中更加重要的是让学生学有所用,将理论知识和实验理念应用到实践中。所有实验结束后,全班共享数据进行对比和分析,学生独立完成实验报告。

作品设计:以学生个人为单位,先进行基础扎染技能的学习和练习,结合实验报告中的结论,结合自己的艺术理念,进行作品设计,完成从构图、扎布、化学工艺设计和染色的全过程。每位学生的作品完成后,要在课堂中进行设计理念和工艺设计的介绍和展示。

3. 教学实践

教学对象: 高中(国际部)9、10 年级学生

教学内容与结果:

1) 基础知识

还原染料:介绍利用氧化还原反应进行上色的原理和影响因素。

直接染料:介绍利用染料与织物之间的氢键和范德华力进行上色的原理和影响因素。

捆扎技术:介绍基本图案的捆扎方法,体现平面图形与空间折叠的关系。

2) 实践操作

表 2. 15　扎染课程实践操作

内　容	教 学 要 求	能 力 培 养	评价方法
科学实验	学生需要利用对相关化学知识的理解和已经掌握的实验方法,设计实验方案并收集数据,以支持后续作品设计。 在此,学生需要分别对还原染料和直接染料的上色效果进行研究,收集不同影响因素的数据,如染液温度、染液浓度、染液pH、浸染时间或次数等	高中化学更加重视实验对理论学习的支持,并注重培养学生利用科学方法和理论知识,对实际问题进行探究的能力	小组讨论实验方案的可行性,以小组为单位进行评价
实验报告	学生以小组为单位完成实验后独立完成一份实验报告	培养学生的科学素养,能够规范地记录和书写实验报告,并利用实验结果解决实际问题	对实验的目的、设计、过程、数据收集与分析进行评价

（续表）

内　容	教　学　要　求	能力培养	评价方法
基本技法练习	通过教师课堂教授和学生自主利用网络资源进行自学两种方式,完成基本技法的学习和练习:网纹、鱼鳞纹、蜘蛛纹、塔纹、渐变条纹、不渐变条纹。要求学生熟练基本技法,并能够进行简单的图案变化和组合	培养学生的自主性、自学能力、创新能力和发散性思维。提升学生的几何认知和空间想象能力	学生需要独立完成教师指定的图案扎法
作品设计与展示	学生结合基本练习和个人艺术理念,独立完成一个设计作品。学生需要记录图稿设计、捆扎方法、染色工艺和流程设计等内容,在作品完成后,进行课堂讲述和展示。在展示中,要能够清晰地阐明设计目标是否与最终结果达成一致	掌握利用化学手段来控制作品色彩,同时培养学生的艺术感知力和创造力,达到多学科交融	对染色过程和艺术图案两方面的设计与实施进行评价

4. 教学总结与反思

通过对比 9、10 两个年级学生的课堂表现、实验报告和设计作品,两个年级的学生在扎染技法的学习和对艺术创作的发挥方面差异不大。虽然作品风格迥异,但没有明显的水平层次上的差距。扎染工艺淳朴、美妙,它独特的历史意义和文化价值让学生在冲破现代文化束缚的同时,深刻体会到了回归自然、抒发情感的自由。两个年龄层的孩子在各自的学习和生活中都有或多或少的烦恼,青春期的焦虑和学业的负担可能会让这个年龄段的孩子感到困惑和压力。扎染课凭借它特有的魅力,让学生自由、舒畅地宣泄自己的情感,他们对艺术和美的理解各不相同,不管是否有美术基础,扎染简单而神奇的技法和表现方式,都能呈现出意想不到的艺术创作。

但在化学学科方面,两个年级的学生表现出了较明显的差异。10 年级学生已经学习过一年化学,在实验理念和操作上都经过了系统的训练。9 年级学生还未系统地学习过化学,虽然在物理和科学学科中也有过实验方面的学习,但在实验设计和数据分析方面仍然存在不足。所以 9 年级学生在科学实验部分基本完全参照教师给出的样本进行,而 10 年级学生则可以根据教师给出的引导性问题,自主进行实验设计和操作,并完成数据分析和实验报告。

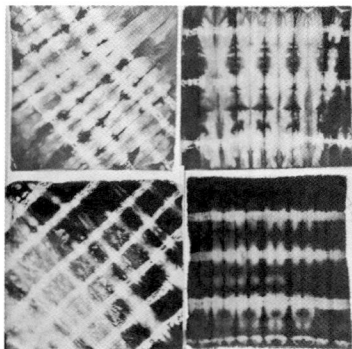

图 2.14   浸染时间对颜色的影响

图 2.15   染液浓度对颜色的影响

图 2.16   学生作品集册

图 2.17   学生练习作品(基本扎法)

图 2.18 捆扎样品

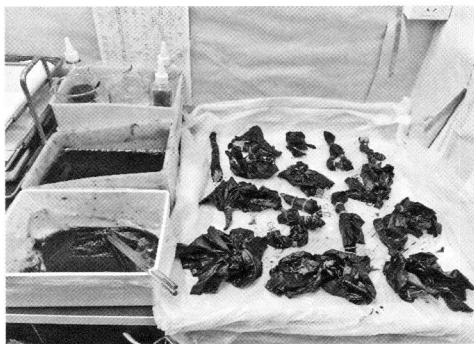

图 2.19 浸染样品

图 2.20 环保袋设计作品

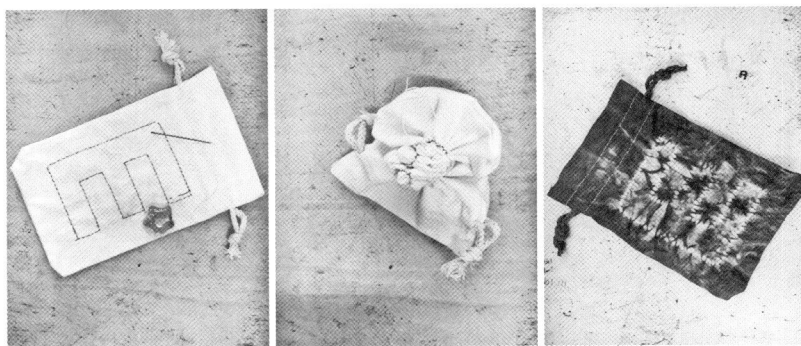

图 2.21 收纳袋设计作品

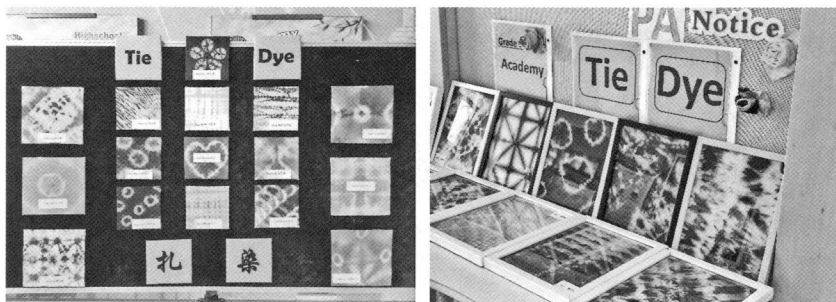

图 2.22　设计作品展示

专家点评：

为了能够更好地与初中科学课程进行衔接，我们不仅应该在知识点上做到承前启后，也应该循序渐进地培养学生对于学科特点的认识和对于科学方法的实践。近几年来，我们通过举办学科日 Mole Day、PBL 课程、课堂的 Project 等不同的方式，尽可能地让学生体验化学这门学科到底在学什么，了解怎样运用科学方法解决实际问题等。

在初高中衔接阶段，我们利用 PBL 课程在 9、10 年级开设了一系列趣味课程，如扎染、咖啡中的化学、美丽化学等，期望通过这些课程的开设帮助学生了解化学是一门与其他学科有非常多交叉的学科。同时，我们也希望能够通过这些课程的开设，帮助学生能够更好地实践如何运用科学方法解决生活中遇到的不同问题。

此外，我们先后与历史组、电脑组合作开展了不同研究项目的展览，与历史组的合作主题是"重要的化学发现与历史发展的关系"，而与电脑组合作的主题是"化学与 IT 技术发展的关系"。在课内的研究项目中，我们也强调贴近生活、注重人文关怀，建立联系课内、课外的桥梁。而在其中，与艺术课程的交叉是我们所做的重要尝试，几年下来也收获颇丰。在收集学生项目作品时，我们发现有一些学生的作品制作精良且富有创意，把这些作品放在一起展出的时候,的确产生了非常不错的效果。我们举办了主题为"当化学遇上艺术"的展览,在校内师生中产生了非常不错的反响。

三、学习方法衔接——学生反思
案例一:

Chemistry is a new subject for Grade 9, yet it is not entirely new to students. In middle school, students have the opportunity to study many aspects of science related to chemistry, yet Grade 9 is when the systematic learning of chemistry starts. The chemistry curriculum in SHSID high school is structured in a way such that classes in ninth grade are taught more slowly and the pace increases as students advance. Chemistry is a subject that is highly dependent on core concepts, such as atomic structure and bonding. Thus, in order to ensure future success in chemistry, it is important to build a solid foundation.

The Grade 9 curriculum provides an excellent platform for students to get used to studying chemistry. In Grade 9, you should focus on learning the basics of chemistry as your teacher teach in class. There may be more elements of memorization in Grade 9. For example, you may be asked to memorize the names of polyatomic ions. These memorization tasks are not only for your midterms and finals, but they are crucial knowledge to help you further advance in chemistry in the future.

It is also crucial to focus on knowledge retention in chemistry. Many students performed poorly in chemistry since they forgot what they are taught in the past. In order to fully understand chemistry, you must work to retain what you learned in past semesters so that you can use them in future semesters.

Key Aspects of Studying Chemistry

1) Macroscopic and microscopic worlds: The discipline of chemistry originates from macroscopic observation of reactions. However, in the past century, research in the atomic level allows us to examine many microscopic phenomena. This research shows that many things we observe within our macroscopic world can be connected to seemingly different things in the atomic or even subatomic scale. Thus, to study chemistry well, it is necessary to be able to grasp this connecting between the world we see and the much smaller world of atoms and molecules. Using both the macroscopic and microscopic perspective will greatly enhance the understanding of crucial concepts.

2) Structure determines properties: A large portion of high school chemistry will involve the study of molecular structure. Another portion will be dedicated to exploring the properties of substances and the reactions they are involved in. These two parts are closely linked since properties are often a result of a substance's structure. Whenever you see a substance and its properties, you should also consider its structure and how that structure contributes to the properties. When you see a structure of a substance, you should also try to predict some properties that may be caused by this structure.

3) General trends and specific cases: The academic discipline of chemistry is founded on the investigation of specific elements and compounds one by one. However, within the high

school chemistry curriculum, you will spend much more time learning general patterns in chemistry. You must keep in mind that all general patterns in chemistry are formed with specific cases. Often you will find that the general trend fails to account for certain specific cases. These exceptions are very normal within the field of chemistry. When you encounter these exceptions, the best thing you can do is to understand the underlying reasons for why they exist. But if there is no clear and simple explanation for these exceptions, you may have to resort to memory.

4) Classification and spectrums: To facilitate the learning of chemistry to a beginner, the chemistry curriculum often prefers to classify things into absolute categories. By distinguishing among different categories, students can more easily grasp some key concepts. However, most of these categories actually lie on a spectrum. There often exists a blurry region between two categories, and many of these blurry regions are yet to be studied by scientists. In your chemistry learning, you should first focus on the understanding of the categories as they provide a more straightforward way to learn concepts. Classification into categories is also the original way early chemists use. After that, you can step into some of the blurry regions and understand how modern chemistry changes some classical views. If you are interested, you can even look into recent studies and see how they help us understand more about these blurry regions.

案例二：

What is it?

Chemistry studies atoms, molecules and ions and their formation, properties and interaction. Chemistry provides a link between basic research and applied sciences and can be used to explain many phenomena from a fundamental level. The study of chemistry allows us to predict properties of modern materials, synthesize medicines effectively, and perform analysis of the pollutants, all of which are crucial to the future development of humanity.

Overview of Curriculum

High school chemistry offers an introduction into the subject of chemistry. In the curriculum, students will familiarize themselves with some key concepts in chemistry and be able to apply them to specific substances and reactions. Some key topics covered within the curriculum would include electron configuration and molecular structure, chemical kinetics, acid-base equilibrium, and electrochemistry. Though organic chemistry would also be covered, most of the curriculum is dedicated to fundamental parts of chemistry and inorganic chemistry. Students will learn many theories and models that explain chemical phenomena and are required to be able to effectively apply these theories and models to construct valid explanations and predictions for a wide variety of substances or reactions.

Assessments

The Grade 9 − 10 chemistry curriculum has assessments once

per month. Assessments would primary be composed of multiple choice and free response sections. Assessment questions may require the use of knowledge from different parts of chemistry. Many questions contain complicated compounds that students may not be familiar with. However, all questions can be done with knowledge taught in class, but harder questions would require extra thinking and clever application of knowledge.

Differences from Other Natural Sciences

The subject of physics in the secondary school curriculum focuses on understanding scientific laws and apply formulae to sets of data. Secondary school biology, on the other hand, focuses on aspects that can be applied to biology as a whole and covers only a few examples, and most problems can be solved in relatively repetitive ways. High school chemistry would require students to understand theorems well and apply them to a broad range of substances. High school chemistry requires a high level of adaptability, where students would need to be able to use concepts they learn to solve much more complicated problems on things they have never seen before. High school chemistry also requires a deeper ability to draw connections between concepts and apply multiple concepts to solve one problem.

专家点评：

案例一：

Ivan 同学是我校 2023 届的学生，目前选择修读 IB 化学课程。该生从 9 年级开始就参加学校的化学竞赛社团，在 9、10 年级阶段自学完成了高中阶段的化学课程并开始自学大学化学的相关知识。他对于化学学习一直保持着十足的热情并且有自己非常深刻的见解,在竞赛中取得了许多好成绩,他也多次在针对 9 年级学生的 Gateway 课程中为学生做讲座介绍自己的学习经验。

他认为,化学是 9 年级的一门新学科,但对学生来说并不完全是新学科。在中学,学生有机会学习与化学相关的许多科学学科知识,而 9 年级是系统地学习化学的开始。在学习化学的过程中,把握对宏观和微观世界的联系,了解如何从物质结构推断、解释物质性质,正确处理一般趋势和具体案例之间的关系,了解分类方法并实践。在化学学习中,应该首先关注对类别的理解,因为它们提供了一种更直接的学习概念的方法。之后,可以进入一些模糊的区域,了解现代化学是如何改变一些经典观点的。这些学习建议体现了 Ivan 在课堂之外对于化学学科的兴趣,也帮助他在课堂上能够更加从容地参与课堂讨论。

案例二:

Harrison 同学也是我校 2023 届的学生,目前选择修读 IB 化学课程。他从 9 年级开始一直投身于化学科创的研究中,与此同时,他的化学课程也始终保持着非常不错的成绩。

他认为,初中科学课程的重点是理解科学规律,并将公式应用于收集到的数据并进行处理,大多数问题可以通过相对重复的方式解决。而高中化学的学习则要求学生很好地理解定理,并将其应用于不同的物质。高中化学需要高度的适应性,学生需要能够运用所学的概念解决他们以前从未见过的更复杂的问题。高中化学还需要更深入的能力,学生需要在概念之间建立联系,并应用多个概念来解决一个问题。Harrison 同学也的确做到了能够将自己所学到的知识快速地融会贯通,大大提升了自己的学习效率,让自己能够有更充裕的时间对感兴趣的领域进行自主探索。他凭借着从 9 年级就开始的在计算化学领域的研究顺利进入 2021 年的丘成桐科学奖化学类的决赛并获得优胜奖。

四、有效评价

评价方式案例：10 年级化学混合式教学班元素周期律章节形成性评价方案。

1. 课前学生预习评价方式

单元课前活动——学生讨论：通过在 Blackboard 讨论板上发布具有创新性的讨论题，提升学生的学习兴趣和讨论热情。

设想你去某外星球进行一次科学考察，采集了该星球上 10 种元素的单质样品，为了确定这些元素的相对位置以便系统地进行研究，你设计了一些实验并得到以下结果（表 2.16 所示）。

表 2.16　Blackboard 讨论板讨论题

单质	A	B	C	D	E	F	G	H	I	J
熔点/℃	−150	550	160	210	−50	370	450	300	260	250
与水反应		√				√	√	√		
与酸反应		√		√		√		√		√
与氧气反应		√	√			√	√	√	√	√
不发生化学反应	√				√					
相对于 A 元素的原子质量	1.0	8.0	15.6	17.1	23.8	31.8	20.0	29.6	3.9	18.0

通过一个活动的项目作品情况和在线讨论频率，教师可以全面评估在单元学习的开始阶段，学生对相关知识的兴趣程度和活动参与程度。

2. 课堂学生活动评价方式

教师在课前自制了两套卡片，分为 A、B 两种类型，每套卡片有

1—20号、31—36号元素共26张。A、B两类卡片都呈现了某一种元素的原子序数、原子量、原子半径(稀有气体原子半径数据留空)、单质状态、单质密度、单质熔点和沸点、水溶性等信息,不同的是A类卡片中多了该元素的原子结构示意图和元素的主要化合价。

课堂上教师将全班学生随机分为两组,让每组学生随机抽取A、B两类卡片中的一套。每套卡片的顺序已经事先打乱,卡片的前后元素都是随机的。教师让两组学生分别将元素进行有规律的排列,并且请每组学生在排列之后解释:

（1）为什么如此排列?

（2）排列过程中发现了什么规律?

学生将元素按照他们所发现的规律进行排列,并且为中间缺失的21—30号元素预留合理的位置。

通过学生自主探究元素之间的联系和元素性质变化的规律并以此为依据对元素进行有规律的排列的实践过程,培养学生实事求是的科学态度、不断探索的科学精神,并且让学生善于发现、归纳科学方法。卡片中缺失了21—30号元素,希望学生能关注到元素的缺失并且给缺失的元素预留位置,这个细节的设计模拟了科学研究的过程。科学家在探索元素之间规律的过程中并没有发现全部的元素,而是在已有的元素中寻找联系和变化规律。

在元素不断被发现的过程中,门捷列夫的元素周期表预留的空位成功地预测了未知元素的存在和相关性质,实践活动中如果学生能够通过自己的观察领会到这一点,那么对学生能力和科学素养的培养有良好的引导作用。通过活动过程中学生的表现,教师能够评估学生的探究是否有效。

3. 课后学生活动评价方式

除了常规的作业练习以外,教师还在Blackboard上发布了两个任选任务作为课后学生活动的补充。活动1:在课堂上使用的卡片中任选 10 张,在卡片背面补充该元素的最高价氧化物、最高价氧化物对应的水化物、气态氢化物的化学式及相关性质,并简述这些物质的用途。活动 2:使用身边的常见材料,按照元素性质的递变规律,自己设计、制作形式多样的元素周期表,元素数量不限,写一段 300 字左右的介绍,简述自己的设计理念和制作过程。

　　任选任务的设计是为了增强作业的选择性。第一个任务是实践性作业,要求学生在预习课本内容的基础上面向自然、社会生产生活,利用教材、网络资源或其他方式调查并记录信息。这样的作业设计有利于学生在了解元素及其化合物性质的基础上进一步认识元素周期律在人类生产生活中发挥的指导作用,更加深刻地理解元素周期律的价值,增强社会责任感。任选活动 1 的评定标准参照表 2.17 所示。

表 2.17　课后任选活动 1 评定标准

项目	等级和对应的分数			
	A(40 分)	B(30 分)	C(20 分)	D(10 分)
主题	能够正确写出 10 种元素对应的最高价氧化物、最高价氧化物对应的水化物、气态氢化物的化学式及相关性质,并且补充该元素的其他性质及应用	能够正确写出至少 7 种元素对应的最高价氧化物、最高价氧化物对应的水化物、气态氢化物的化学式及相关性质,并且补充该元素的其他性质及应用	能够正确写出至少 5 种元素对应的最高价氧化物、最高价氧化物对应的水化物、气态氢化物的化学式及相关性质,并且补充该元素的其他性质及应用	能够正确写出至少 3 种元素对应的最高价氧化物、最高价氧化物对应的水化物、气态氢化物的化学式及相关性质,并且补充该元素的其他性质及应用
表达	元素及其化合物性质、应用的描述准确流畅,没有错误	元素及其化合物性质、应用的描述比较准确流畅,错误较少	元素及其化合物性质、应用的描述相对含糊,错误较多,个别描述难以理解	元素及其化合物性质、应用的描述不完整,错误很多或者留白很多

第二个任务是开放性作业,有助于学生多角度、多侧面、多层次地思考问题,有助于学生理解和应用知识,相对于传统纸笔作业条件明晰、解决过程唯一、答案固定的特点而言,自主设计、制作多样化元素周期表的开放性作业培养发展了学生的创新精神和动手能力。任选活动2的评定标准参照表2.18所示。

表2.18 课后任选活动2评定标准

项目	等级和对应的分数			
	A(40分)	B(30分)	C(20分)	D(10分)
主题	内容紧扣元素周期律和元素周期表	能表达个人想法,能理解元素周期律,但设计制作的元素周期表体现规律不足	个人想法较少,对元素周期律的认识不足,设计制作的元素周期表比较空泛	基本没有个人想法,对主题的理解走偏
设计制作	设计创意巧妙,制作用心精良	设计有新意,但制作表现力不足	设计和制作都比较局限,但仍能完成作品	设计和制作都相当贫乏,作品简陋粗糙
组织结构	写作目的清晰,上下文衔接紧密,能够针对主题提出个人想法,能够精准地描述自己如何按照元素性质的递变规律来设计制作元素周期表的	写作目的明确,文章语句通顺,提出个人想法,能够完整地表达自己的设计制作理念和过程	写作主题不是很明确,对自己的设计理念和制作过程表达不太清楚	写作主题不明确,没有体现如何按照元素性质的递变规律来设计制作元素周期表
语言表达	语句清楚、流畅,句子的长度富有变化。能精确地控制文字,很少出现错误	语句清楚,句子长度有变化,错误少,无歧义	语句简短,但含混不清,句子有错误,个别难以理解	句子简单,伴有重复,经常出现错误,给读者造成歧义

基于在线学习平台 Blackboard,通过课前、课堂和课后学生活动的设计、实施和评估,教师能够对本案例内容学习过程中学生的参与程度和学习效果有综合而合理的评估。

专家点评:

在初高中阶段,教师结合具体教学实践来形成一套形成性评价的标准是一件非常重要的事情。我们在制定标准时充分地考虑了以下几个重点:1. 评价角度的多样性。在国际部高中的化学教学中,除了一般的课后作业之外,学生每学期需要完成1—2 个研究项目和若干份实验报告。因此,教师能够对于这些作业建立一套有效的评价体系是十分有必要的。此外,学生在课前课后的预习复习、课堂上的行为规范以及所展现出的学科素养也是评价的重要组成部分。2. 评价标准应该是主观结合客观。除了常规的按照学生答题正确率进行打分之外,对于学生预习复习、课题研究、实验报告的完成情况和他们的课堂表现,主要采用的是教师按照一定的标准进行主观打分。因此,学生需要努力在课堂上、研究报告中展现自己对于所研究课题的理解和所付出的努力。教师也应当按照评分标准保持公平地来评价学生。这里特别要强调的是,学生的学术诚信是一个非常重要的考查部分。3. 需要考虑初高中衔接阶段学生的实际能力。在 9、10 年级阶段,学生进行科学探究的能力仍然处于重要的发展阶段,学生对于化学学科也处于一个开始了解并逐步培养兴趣的阶段。因此,在制定评价标准的时候,教师要充分考虑学生能力发展的实际状况和不同层次学生的不同需求。因此,特别是在实验报告的评价标准中,我们参照了 IB IA 的相关评价标准,但针对 9、10 年级学生的年龄特点进行了有针对性的调整。对于一些规范性的东西,如数据记录的严谨性,我们提出了高要求,而针对学生在实验中所展现出的对误差分析的讨论水平或者对于课题结论的讨论深度,则不作过高的要求。

无疑,这套评价标准应该是动态的、发展的。依据学生的实际情况和教师的可操作性进行动态调整。例如,针对学生的课堂表现,除了进行分数评价外,我们引入了素养评价。通过打分与评语结合的方式对学生进行更加全面的评估,这也让学生能够更加清楚自己应该往什么方向改进。

五、学科与未来

(一)化学的分支

化学作为高中科学的学习科目之一,与未来学生在大学学习的关联主要体现在两个方面:一是学生有可能在将来选择化学作为自己的专业,有许多大学开设化学以及与化学相关的专业,如化学工程、生物化学、材料科学等。二是化学课作为大学重要的基础课程之一,是大学第一年学生所要修读的科目之一。因此,学生在高中阶段的化学学习,除了需要积累化学知识之外,他们还需要多了解化学专业的相关知识并培养相关的兴趣。一般在大学的化学系内,化学研究会分为以下几个不同的分支:

• 有机化学:有机化学是研究共价键中含有碳的有机化合物的结构、性质和反应的化学分支。有机化合物的结构决定了它们的性质和功能。对性质的研究包括物理性质和化学性质,通过有机化合物的化学反应了解其性质。

• 无机化学:研究无机化合物和有机金属化合物的合成、性质和反应。在化学工业的各个领域中都有应用,包括但不限于催化反应、材料科学、颜料、表面活性剂、涂料、医药、燃料、农业等。

• 物理化学:物理化学是从物质的物理现象和化学现象的联系入手,来探求化学变化基本规律的一门科学。

• 分析化学:是发展和应用各种理论、方法、仪器和策略以获取有关物质在相对时空内的组成和性质的信息的一门科学。

• 生物化学:生物化学是生命科学领域重要的基础学科。它是一门主要运用化学的原理、技术和方法,也结合其他学科的原理与技术研究生命现象的科学,也就是生命的化学。

大学修读化学专业的学生一般在本科期间除了需要完成一些基础、通识课程的学习之外,还需要修读上述相关专业课程并且接受基本的大学化学实验的学习与训练。许多学生会在不同年级进入实验室工作学习,为将来读研深造并从事化学研究做准备。

与此同时,物理化学和有机化学是许多其他专业的必修课程,比如高分子科学、环境科学、物质科学、化学工程、药学、法医学、医药和食品科学等。

（二）化学在相关职业中的应用

化学专业毕业的学生的就业方向很广,可从事化学工业领域的产品研制与开发、装置设计、生产过程的控制以及企业经营管理等方面的工作,可以在化学及相关领域的科研院所进行科研,也可以在化学、材料、药物、环境等相关企事业单位从事新产品的研制、开发和分析检测等工作,还可以在中等学校从事化学课程及相关课程教学工作或者报考化学及相关专业硕士。

其中,与专业联系比较紧密的行业有快速消费品、化妆品、石油、教育、化学工业、医药工业、食品工业。尤其在传统行业中,与化学相关的跨国公司特别是世界500强企业是非常多的,包括石油公司如中石油等,大型化工企业如中石化、陶氏、巴斯夫等,快速消费品公司如宝洁等,化妆品公司如欧莱雅等,以及众多的生物医药公司。学生在本科毕业之后也可以选择继续读研、读博,进而从事科研工作。化学系毕业的学生也可以从事金融业等与本专业跨度较大的行业,甚至有着自己独有的优势,因为他们除了掌握了理性分析问题的方法之外,具有交叉学科背景的他们对金融业的理解速度往往快过其他人。

第三章 生物课程初高中衔接

在教学目标和基本知识体系呈螺旋式上升的前提下,做好初高中教学衔接,培养一个对生命科学有兴趣的学生并激发其在此领域的潜力,必须先对他进行一系列的科学研究方面的培训,这包括科研常识、素养以及技能的培训。在本章中,首先介绍了高中阶段生物课程的主要特征及其与初中衔接的关注点。随后根据生物学科的特点,从教学角度,通过单元设计案例来分析说明如何从教学目标、内容、方法技能上,帮助学生做好初高中衔接;从学习角度,则通过学生反思案例来分析说明初高中衔接过程中如何做到学习策略和方法的提升;从评价角度,高中生物课程的有效评价更偏重于培养和训练学生综合分析能力、综合运用能力、自主学习能力、自我评价以及同伴学习评价的能力。最后,展望了生物专业的发展前景,分析了生物学科与未来人生的关系。

一、高中阶段生物课程的主要特征及其与初中生物衔接的关注点

生命科学课程是自然科学中的一门基础课程,旨在培养全体学生的生命科学素养。它以观察、实验、探究作为主要的学习手段,使学生在获得生命科学的基础知识、基本技能及其相关方法的同时,接受科学精神、科学态度和价值观的教育。

上海中学国际部高中生物课程包括:生态与进化课程(9年级),细胞与遗传课程(10年级),大学预科水平的普通生物学课程(11—12年级),能源与环境课程(11—12年级)。每个年级的生物科学课程都根据学生相应的学习能力、语言水平,再分别开设普通水平(Standard)课程和荣誉水平(Honors)课程。在9—10年级,学

生也可以选择与生物相关的项目式学习(Project-based learning course)课程、学院课程(Academy course)来尝试课本以外的独立或小组探究式的拓展学习,并在学期结束后完成课题报告,呈现他们在探索中所作的努力。在 11—12 年级,对有志于在大学攻读生物相关专业,需要在生物及相关专业打下坚实基础的学生,还开设了 A-level 生物、AP 生物、AP 环境、IB 生物(高水平、普通水平)、IB 环境科学(普通水平)等大学预科课程。

(一) 高中生物课程的主要特征

1. 高中生物核心素养

《普通高中生物学课程标准(2017 年版 2020 年修订)》[①]提出了生物学科的四个核心素养:生命观念、科学思维、科学探究、社会责任。这四个核心素养同样适用于国际高中生物课程。上海中学

图 3.1 高中生物学科的四个核心素养

---

① 中华人民共和国教育部:《普通高中生物学课程标准(2017 年版 2020 年修订)》,人民教育出版社,2020,第 4 页。

国际部的高中生物课程旨在培养学生的生命科学素养,并且开发学生对生物学科的学习兴趣与探究精神,学有所乐,进而引发学生对身边的自然环境、生态圈的关注与爱护。培养学生应用科学方法进行生物学习与实验探究,提高学生的逻辑思维能力。引导学生在中学阶段后展开进一步的生物学学习与研究的志趣,并为此打下学科基础。提升学生对生物学领域问题进行深入探索的个人探究能力和团队合作精神。

基于生物学科的核心素养,上海中学国际部高中生物的教学理念也得以定位:强化科学探究,提倡学习方式的多样化。课程的内容和教学活动的设计要加强学生自主参与的探究活动。通过让学生积极投入、亲身体验和主动探究,逐步培养学生在探究过程中的收集和处理科学信息的能力、获取新知识的能力、分析和解决问题的能力、交流与合作的能力等。课程的教育应引导学生变单一的接受性学习为接受与体验、研究、发现相结合的学习,变单一的个体学习为独立自主与小组合作交流相结合的学习。建立活力高效的课堂平台,使教师的授课和学生的学习都既充满知识性又富于乐趣的享受。通过日常作业、实验研究、课题报告、练习测验等多样的教学手段,使学生对生物学领域的知识有基本的掌握与了解,并具备对科学问题的分析、探究和创造能力。

我们希望通过高中生物学习,学生能够以书面形式说明生物学概念、过程和模型,能对生物学概念和过程进行视觉的分析和表示,能够确定科学问题和方法,能表示和描述数据,能分析和解释数据,能够执行统计测试和数学计算,能通过使用证据发展和论证科学。

2. 高中生物学科特点

生物学是一门研究性、实验性科学。因此,要培养一个对生物学有兴趣的学生并激发其在此领域的潜力,必须先对学生进行一系列的科学研究方面的培训,这包括科研常识、素养和技能的培训。这也是国际部高中生物课程的主要推动力。我们希望学生在学习生物的过程中注重对知识分析的思考,多培养个人学习能力,扎实基础,学会以科学发展的眼光来看待事物,杜绝对生物学科知识的死记硬背。

从内容和培养目标角度来说,高中生物相对于初中生物的知识范围更广更有深度,研究的内容更具体更具有实践性,并且包含了一些生命科学研究中相对前沿的知识内容,这就要求学生在高中生物的学习中需要更加注重科研探索精神的养成,不断锻炼自己的分析和逻辑思维能力,注重培养自己的创新能力,能够在生命现象中发现问题并解决问题。而且高中 AP、A-level、IB 生物的外部考试多注重学生思维方式和创新能力的考查,考试题目更多考查的是学生的设计思路、解决办法、分析方法。因此,学生在学习中要培养自己设计创新实验、分析结果并得出正确结论的能力。

从教学方法角度来说,高中生物以观察、实验、探究作为主要的教学和学习手段,注重实验教学,使学生在获得生命科学的基础知识、基本技能及相关方法的同时,接受科学精神、科学态度和价值观的教育。教师在生物科学课程的内容和教学活动的设计中加入学生自主参与的探究活动。通过让学生积极投入、亲身体验和主动探究,逐步培养学生在探究过程中的收集和处理科学信息的能力、获取新知识的能力、分析和解决问题的能力、交流与合作的能力等。引导学生变单一的接受性学习为接受与体验、研究、发现相结合的学习,变单一的个体学习为独立自主与小组合作交流相结合的学习。实验室是上海中学国际部高中生物教学的一个重要组成部分。基于计算机网络、数字化实验器材的硬件辅助,学生将在生物的实践活动中学会对科学数据的收集、分析和处理,加深对科学理论与知识的理解及其在现实生活中的应用。在上海中学国际部高中段,学校为不同教学研究提供的实验室有生物常规实验室、神经科学与基因工程实验室、微生物实验室、细胞学实验室、生态数据采集实验室。可满足不同年级、不同水平课程学生的实验探究需求。

3. 高中生物学习内容

在 9—10 年级的高中生物课程中,学生将学习生态与进化、细胞与遗传这两大单元的生物学内容,我们把 9—10 年级的生物课程称为后续高阶生物课程的入门课程,为进一步的生物学习打基础。课堂教学更偏向阅读导向、应用导向,而非记忆大量的知识点。入门课程持续一学年。通过入门课程,学生将能够为学习更高层次的科学做好准备,并熟悉科学过程。为了完成后续高阶课程的实验,9—10 年级的课程还会培养锻炼学生基本的数学应用能力。

11—12 年级的普通生物学内容涵盖各种主题,如生物化学、植物学、细胞生物学、发育生物学、生态学、进化、遗传学、微生物学、分子生物学、生理学、种群生物学和动物学。除上述主题外,还要求学生熟悉生物学实验室和常规实验室使用程序。

AP 生物课程包括 8 个单元内容,第一单元: 生命化学;第二单元: 细胞结构与功能;第三单元: 细胞能量学;第四单元: 细胞通讯和细胞周期;第五单元: 遗传;第六单元: 基因表达与调控;第七单元: 自然选择;第八单元: 生态学。同时还有 12 个实验要求。

A-level 生物课程分 AS 和 A2 两部分。首先,学生要深入地了解和学习有关生物化学、生态学、遗传学、微生物学和生理学等方面的知识。其次,学生要学习和练习实验方法,熟悉并自行掌握各种实验室的技术,特别是显微镜的应用。最后,学生需要学会自我学习的方法,比如如何做研究、如何做数学分析、如何做学习内容的演示、讲解和修订方法等。

IBDP 生物课程旨在帮助学生建立对生物学原理的广泛和整体的理解。4 个生物学概念的思维逻辑会贯穿学习的始终: 结构和功能(Structure and function)相适应的思维,普遍性和多样性(Unity versus diversity)共存的思维,系统内的平衡(Equilibrium within systems)思维、进化(Evolution)的思维。章节包括细胞、生命的化学、生态学、遗传学、人类健康和生理学,这是普通水平和高水平课程都含有的学习内容。此外,还有一些高水平课程的章节,如高级遗传学和生理学、基因的表达、人类的繁殖、植物科学等。除此之外,还需要学习一部分选修的内容。IB的实验课程致力于强化理论教学的内容,培养学生的科学实验操作能力,使学生认识到科学方法的优势与局限性。

　　生物学是以实验为基础的科学,所有的高中生物课程都十分重视实验探索部分。

(二) 高中生物课程的建议学习方法

　　高中生物学习对学生的第一个难点就是生物的专业词汇,高中生物课程有很多平常不会用到的生物专业词汇。第二个难点就是知识点之间的联系,怎样构建知识之间的网络。生物现象不是一个单一的现象,每一个生命体各部分之间的系统都是相关联的。如何构建这种关联是高中生物学习中一定要掌握的。第三个难点就是实验,大概四分之一的教学内容都是关于生物实验的。为什么称实验是学生的一个学习难点呢?因为很多实验学生从来没有做过,也不知道这个实验是如何操作的、用了哪些方法。所以,学生一定要了解实验的目的、实验操作步骤、实验会产生的结果,而且还要对这些结果进行分析,学会从这些结果中得出结论。就以上这些学习难点,我们对学生给出以下几个学习建议:

1. 激发自己的兴趣点

　　兴趣永远是学习的第一动力,面对泛而深的生物学内容,学生需要找到生物体系中自己最感兴趣的点。可以通过一些生活中的例子激发自己的兴趣点。比如,怎么让衰老来得慢一些?每一个人都由一个受精卵发育而来,在长达十个月的发育过程中,这颗受精卵会不断地分裂和分化,最终产生一个具有完整生理结构的个体。如果你好奇这整个过程究竟是怎样运作的,无形中就产生了自己的兴趣点。

　　2. 学会理解课本内容,而非单纯死记硬背

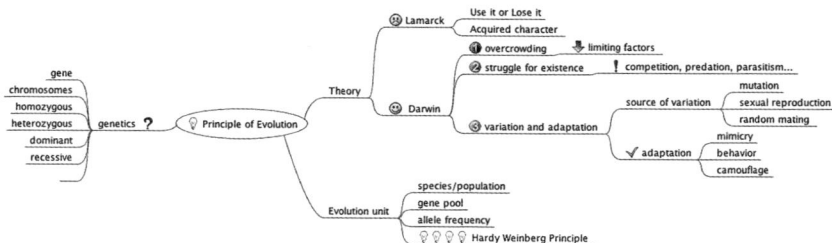

图 3.2　关于进化的总体知识归纳图

　　在梳理理解知识点的过程中,视频或动画对于知识的讲解会更加直观具体,是非常好的辅助资料。学生也可以通过画图把所有相关的分子或因素关联在一起,这样有助于理解难以用文字定义的信息,更有助于了解相互之间的关系。比如思维导图(Mind map),是一种采用图片、线条、文字等元素,借助层与层之间的隶属关系对各主体之间关系进行表示的一种图形。它能让知识的可视化成为可能。同时思维导图的绘制需要对知识体系有比较娴熟的了解和理解,学生通过绘制的思维导图可以看出自己学习目标的达成情况和学习的深度、广度、认真程度。比如,在学习有关生物进化的知识时,用思维导图形式画出生物的进化概况(如图 3.2 所示)。

　　生物词汇也是高中生物学习中的难点和重点。学生要记住许多不同的术语。如果学生想了解自己正在学习的内容,则需要先熟悉所有相关术语。一个好的方法是尝试分解复杂的单词以识别其词根。学生可以利用联系记忆法记忆一些单词,也可以通过寻找相同词根等方式去记忆一些意思比较相近的单词。比如,生物单词中以 trans 开头的单词大多就和运输或转移有关,transcription 转录,transport 运输,translocation 染色体异位。

3. 记好笔记,更要利用好笔记

关于笔记,注意记好关键词,可以在课上或课后进行,及时更新笔记。还可以将生物学中少量的方程式记录在笔记本上。利用一些课余时间或空隙时间翻阅这些关键词,在脑海中回忆以检测自己是否记牢(如图 3.3 所示)。

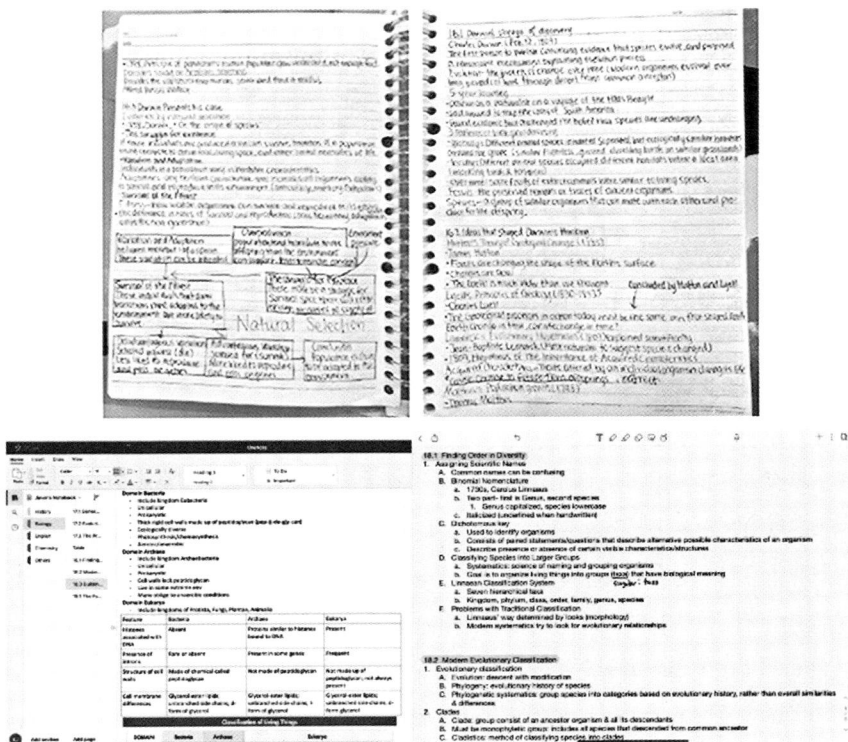

图 3.3 学生用手写、平板电脑、笔记软件整理的笔记

4. 同学间的小组合作学习

这也是最为有效的学习方式。学生可以由学习自主性较高的同学牵头组内探讨交流,实现优生帮中等生、中等生帮差生的学习模式,在组间可形成相互竞争、讨论的机制。

9TH GRADE FIRST SEMESTER MIDTERMS
Biology H Review Guide

3-1 What is Ecology

Ecology: The scientific study of <u>interactions</u> among and between organisms and their physical environment in the biosphere

Different species
Same species

LEVELS OF ORGANIZATION
Individual organism
Species: a group of similar organisms that can breed and produce fertile offspring
Population: a group of individuals that belong to the <u>same species</u> and live in the <u>same area</u> at the same time
Community: an assemblage of <u>different populations</u> that live together in a <u>defined area</u> at the same time
Ecosystem: all the organisms that live in a place, together with their <u>physical environment</u>
Biome: a group of ecosystems that share <u>similar climates and typical organisms</u>
Biosphere: the earth

BIOTIC AND ABIOTIC FACTORS
Biotic factors: the <u>biological influences</u> on organisms (e.g. predation)
Abiotic factors: <u>physical components</u> of an ecosystem (e.g. air, atmosphere, soil)

ECOLOGICAL METHODS
Observation, experimentation, modeling

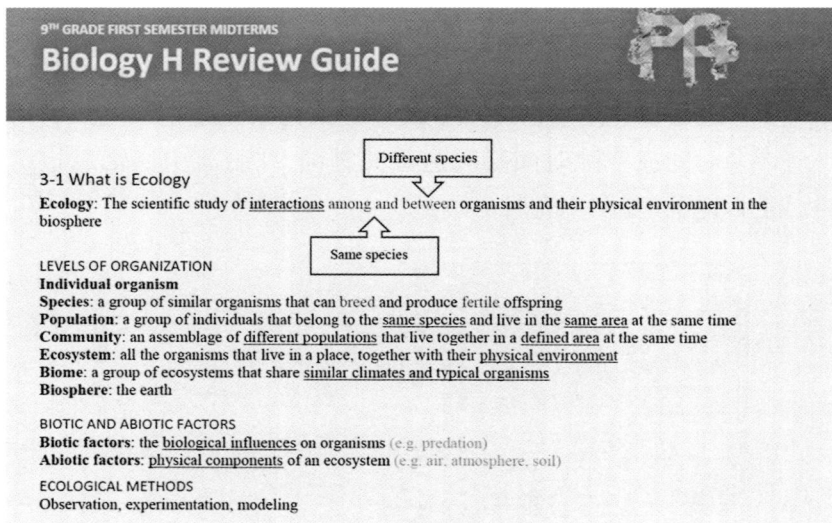

图 3.4　学生学习小组(Peer advisor)成员梳理汇总的复习材料

5. 学习规范的答题技巧

不建议学生进行刷题战术,但学生需要学习规范的答题技巧。做题时要读懂题目,避免大意,题干中加粗的文字要看清楚。一些问答题的答案不需要填写完整的课本文字叙述,只需将答案关联紧密的关键词和短语按照自己理解的表述方式写出来即可。高中生物会有不少基于实验的数据分析题,我们称之为数据分析题(Data based questions),这些问题需要平时学习中尽量多地训练此类问题。任课老师会提供相应的练习,学生也可以在学校图书馆参考书、网上找到很多类似的题型资源。

6. 学有余力后,拓展课堂外的生物学习机会

对学有余力的学生,我们鼓励学生积极参加生物科学社团活动和课题创新。例如,上海青少年科技创新大赛、国际科学与工程大奖赛(ISEF)、环保马拉松大赛(Envirothon)、上海市民观鸟比赛、美国生物奥林匹克竞赛(USABO)、英国生物奥林匹克竞赛(BBO)、

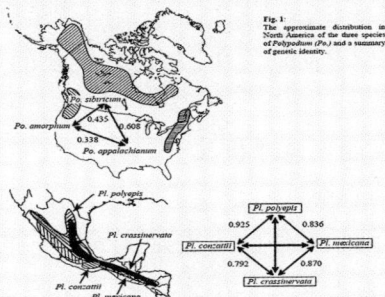

1. The mechanisms of speciation in ferns have been studied in temperate and tropical habitats. One group of three species from the genus Polypodium lives in rocky areas in temperate forests in North America. Members of this group have similar morphology (form and structure). Another group of four species from the genus Pleopeltis live at different altitudes in tropical mountains in Mexico and Central America. Members of this group are morphologically distinct.

Data from the different species within each group was compared in order to study the mechanisms of speciation.

Genetic identity was determined by comparing the similarities of certain proteins and genes in each species. Values between 0 and 1 were assigned to pairs of species to indicate the degree of similarity in genetic identity. A value of 1 would mean that all the genetic factors studied were identical between the species being compared.

Fig. 1:
The approximate distribution in North America of the three species of Polypodium (Po.) and a summary of genetic identity.

Po. sibiricum
Po. amorphum   0.435   0.608
0.338
Po. appalachianum

Pl. polyepis
0.925   0.836
Pl. crassinervata   Pl. conzattii   Pl. mexicana
0.792   0.870
Pl. conzattii   Pl. mexicana   Pl. crassinervata

(a) Compare the geographic distributions of the two groups. (1)

(b) Identify, giving a reason, which group, Polypodium or Pleopeltis, is most genetically diverse. (1)

(c) Suggest how the process of speciation could have occurred in Polypodium. (1)

(d) Explain which of the two groups has most probably been genetically isolated for the longest period of time. (2)

图 3.5　数据分析类题型

国际脑神经科学大赛、国际基因工程机器大赛（iGEM）等众多比赛。在教师的带领引导下，学生开展生物科创研究、学科竞赛等有助于进一步拓展学生的创新思维。

二、教学方法衔接——案例分析

　　初高中学生在心理和能力上具有明显的差异。从生物的学习过程分析，可分为五个阶段：感知阶段→加工阶段→初步形成阶段→联系整合阶段→运用阶段。初中学生可能更多地停留在第一到第三阶段，要求掌握生物学知识在人类生产生活等方面的一些简单应用，其知识层次以要求学生"知其然"为主。而对高中学生更侧重于培养发展第四和第五阶段的能力，因此要求高中学生的生物学习不仅要掌握概念,还要趋向形成系统的、完整的概念体系,并且能够灵活应用。这说明初高中学生在生物学习中存在巨大差异。所以依据学生情况,在高中生物课程教学中,除了运用不同的教学方法外,还需要有针对性地对学生进行学法指导,提高学生的生物学素养非常必要。在"欲学"的基础上做到"会学",进而达到"学会"。为了让学生快速适应高中生物的学习要求,学法指导应渗透于学生的学习活动之中,与优化主要的学习环节、建立学习常规相结合。

（一）初高中生物实验课衔接

生物是一门实验学科,所以实验教学也是很重要的一环,培养学生的探究能力和动手操作能力也是实验科学的一个重要内容和要素。初中生物实验主要要求学生掌握基本的生物实验操作技能和动手能力,如显微镜的使用、固定装片的观察以及一些基于理论知识的验证观察实验。培养学生初步具有生物学实验操作的基本技能、一定的科学探究和实践能力,养成科学思维的习惯。而高中生物的学习要求是生物知识逐渐向系统化、理论化靠近,对所学习的生物学知识不但要求学生要"知其然",而且要"知其所以然"。要让学生"知其所以然",必然要通过许多的实验和探究活动使学生达到对知识的深层次的理解。教师在教学过程中应该鼓励学生通过实验建立和发展自我的知识体系,并能对科学家研究自然世界的过程和方法产生更深层次的认识。在这个过程中学生不但掌握了生物科学探究的方法,也培养了他们较强的生物学实验的基本操作技能、搜集和处理信息的能力、获取新知识的能力、批判思维的能力、分析与解决问题的能力以及交流与合作的能力。学生通过实验操作学会利用所学知识解决具体问题,还能在实际应用中有所创新。

例如,在进行"物质跨膜运输:水分子的跨膜运动"的教学时,教师要引导学生多思考生活中的一些现象:为什么对农作物施肥过多会发生"烧苗"现象？为什么蜂蜜、腌肉等食品可以保存相对比较长的时间？为什么生病打点滴的时候要用生理盐水？……学习水分子的跨膜运动，学生需要从微观水平上理解细胞吸水、细胞失水的过程，理解细胞膜是选择透过性膜，学习内容本身比较抽象，难以理解。教学可以从"问题探讨"引入，通过分析水分子进出哺乳动物红细胞的状况，认识动物细胞的吸水和失水是通过渗透作用完成的。在细胞的吸水和失水问题上，植物细胞和动物细胞相似吗？它们的不同点是什么？影响水分子出入细胞的因素是什么呢？初中关于水的跨膜运动的实验——观察水分子进出洋葱表皮细胞的实验属于验证实验，只需要观察到实验结果，但高中需要更高层次的实验操作和探究技能。高中生物的实验教学，教师一方面要规范学生的实验基本操作，同时也要加强学生对实验原理的深刻理解，"知其然"更要"知其所以然"。还要更多地启发学生主动按照科学探究的一般步骤自行设计一些可行的探究实验，并和学生一起对实验中可能出现的种种问题与现象进行深入探讨，全面提高学生的科学探究的热情与严谨求实的科学素养。

　　例如，在"渗透"内容的教学完成后，学生已有了一定的渗透理论知识，教师给出实验的原理：一个成熟的动植物细胞，放在一定浓度的溶液中，就可构成一个渗透系统，从而可以发生渗透作用。渗透系统建立的条件为：具有半透膜，且半透膜两侧具有浓度差。教师通过引导学生对实验原理的分析，从渗透系统建立的条件思考，布置一个小组合作的关于渗透的设计实验，实验探究影响水分子进出细胞（渗透）的因素。每组学生通过讨论和交流决定本组所要研究的影响因素，可以是温度、溶液浓度、物质的不同表面积等，然后设计实验，包括选择恰当的实验材料（去钙质的鸡蛋、土豆等），可操作的实验步骤、数据收集等。教师在学生实验设计过程中给予适当的指导，最后由学生独立完成实验，完成原始数据的收集，对数据进行分析，得出结论，估测细胞液的浓度，最后完成实验报告。学生通过探究性实验,学会了科学研究的基本方法,培养了观察、记录、设计、操作、分析、统计、合作、交流等能力,学会了查阅文献,写作科学论文。同时,通过探究性的科学研究,可以训练深层次的思维,如对实验研究进展进行有效的评估、评价,对实验结果形成综合性的观点和得出正确结论,提出新的假设,等等。

总之,在生物教学过程中对初高中内容进行衔接,需要教师了解学生在初中阶段掌握的生物学知识,才能有针对性地设计教学,帮助学生掌握知识,形成理论框架。在课堂教学过程中,教师要充分开展和利用各种课堂活动,给学生提供交流和表达的机会,引导学生多思考,也要多多联系实际生活,引导学生发现生活中与所学知识相关的实例,培养学生理论联系实际,并应用于生活的能力。

(二) 生物进化在初高中的教学衔接

1. 初中:侧重生物进化理论学习

对于生物进化内容,初中的学习要求比较基础。学生需要了解达尔文的故事,在当时的时代背景下,达尔文如何用科学的方法研究生物的进化过程;能够解释生物进化的原因,理解并且概述达尔文的自然选择学说:过度繁殖、生存斗争、遗传和变异、适者生存。通过资料分析和案例研究,学生能学会运用自然选择学说解释生活中生物进化的一些实例,如抗生素的耐药性等,增强学生对大自然的敬畏和热爱,提升保护环境的意识。通过对自然选择的

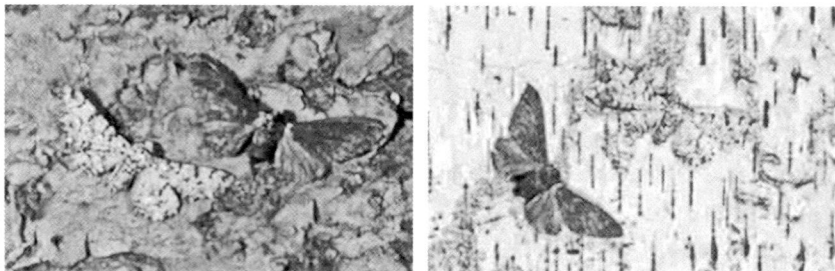

图 3.6　桦尺蛾的工业黑化

学习,学生树立辩证唯物主义自然观的思想,尊重客观事实。在初中教学中,要注重激发学生的学习兴趣,可以通过一些生活实例引导学生自主讨论,分析生物进化的原因。例如,引导学生自主阅读英国曼彻斯特地区浅色桦尺蛾在工业革命后黑化事例。通过提问引导学生自主解释桦尺蛾变色的原因,从而把生物形态结构和环境条件变化联系起来。

2. 高中:侧重协同进化,理解进化与生物统一性、多样性的关系

学生在初中阶段已经学习了进化的内容,了解生物进化的化石证据和达尔文自然选择学说的要点,但是对这个学说的局限性尚不清楚,认识较为表面。所以,在高中阶段,对进化内容采用教师引导、学生自主学习的教学模式,让学生在能够概述生物进化的基础上,理解并解释协同进化的原因和结果,掌握进化与生物统一性、多样性的关系。高中生物教学进一步倡导学生在解决实际问题的过程中理解生物学的核心概念,能够运用生物学的原理和方法思考社会问题。

在具体教学过程中,教师可以先提问学生初中学过的达尔文进化论,引出思考:在生物进化过程中,生物是相互影响的吗? 如果是,它们怎样相互影响彼此的进化? 教师还可以播放视频《达尔文与彗星兰》,兰花为蛾类昆虫提供花蜜,蛾为兰花传粉,两者相辅相成,相互影响。当兰花的花距变得细长,蛾类也进化出了相应的口器来吸食花蜜。学生讨论总结一种

图 3.7　兰花与蛾的协同进化

植物有专门特定的昆虫传粉,这种关系在自然界里很常见,叫做协同进化。学生掌握协同进化概念后,教师会继续要求他们用理论尝试解释一些生活中的实例,如猎豹和羚羊是如何相互影响、共同进化的。从而加深学生对这个概念的理解和消化。当然,教师还可以通过不同案例的展示和分析,引导学生讨论得出结论:不同物种之间、生物和无机环境之间都是相互作用、相互影响、共同进化的。

在高中生物教学中,教师更侧重对学生的自主学习能力的培养。还是以"进化"内容为例,探讨如何运用网络平台和资源对学生的自主学习能力进行培养。

针对 11 年级 AP 班的学生,教师在完成进化内容的大纲要求以后,可以要求学生通过网络数据资源库,完成一个进化模拟实验,该实验运用 BLAST 软件分析一些基因并找出生物在进化图谱上最可能的位置,根据所学的相关知识完成相关的物种亲缘关系构建。

首先,教师在 Blackboard 上创建教学任务和实验要求,设置好教学任务的最后完成期限,学生可以通过邮件接收通知并及时开展和完成相关任务。

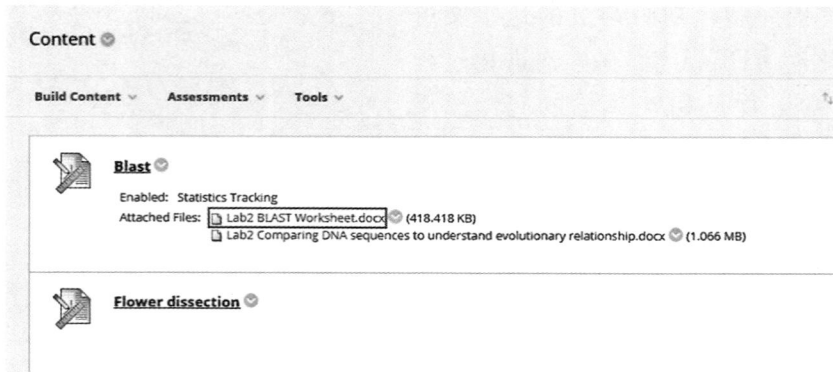

图 3.8　Blackboard 平台发布教学任务"Blast"

学生可以把教师提供的一些生物的基因序列进行比对,也可以通过网络平台寻找自己感兴趣的生物基因序列进行比对。进入 BLAST 的网页 http://blast. ncbi. nlm. nih. gov/Blast. cgi,导入相关基因序列,如图 3.9 所示。

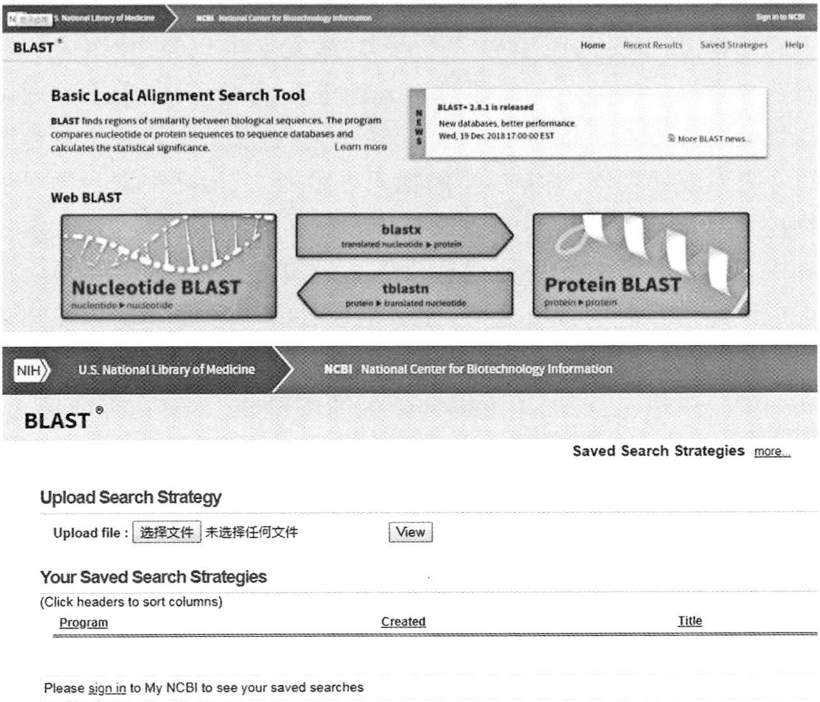

图 3.9　BLAST 网站应用导入相关基因序列

利用网络数据库平台,可以根据数据库中所包含的生物基因序列和导入的基因序列作对比和分析,从而得到该导入基因和库中各种生物基因序列的相似程度,并利用所学知识推断该生物在进化过程中与其他生物的亲缘关系,学生完成进化关系图谱,并在 Blackboard 上传自己的模拟实验结果,教师及时给予反馈。这个任务可以充分调动学生的学习积极性,利用网络数据库资源,学生可以对自己感兴趣的生物进行进化关系的研究,既培养了学生的自主学习能力,又提高了学生的数字素养能力。

专家点评:

生物的进化过程是复杂的,生物与生物之间、生物与环境之间都是相互影响的。针对初中学生的学习特点,教师可以通过展示不同动物进化的图片,引导学生思考,激发学生兴趣,介绍讲解自然选择学说。教师还可以通过对知识进行梳理,引导学生对理论知识及时进行巩固和复习。达尔文的故事启发学生从科学的角度思考自然界的现象,培养学生的抽象思维能力,为高中深入学习生物进化部分打下了扎实的知识基础。对于高中生来说,自主学习和探究性学习能力是一种很重要的品质,在教学过程中教师应该有意识地培养自主学习能力,让学生在脑海中形成进化相关知识的网格,更加深刻理解自然界的万物都是相互影响的。高中阶段和初中阶段相比,更加注重提升学生的逻辑能力、自主探究能力。教师打开了知识的大门,学生以兴趣为主导,在知识的海洋里遨游。

(三)光合作用在初高中的教学衔接

1. 初中:侧重光合作用反应条件、反应物和生成物

初中生物课程和高中生物课程都有涉及光合作用。初中生物课程重点在探究光合作用的产物、原料和条件,侧重于让学生掌握了解光合作用的总反应式,了解绿色植物在碳氧平衡方面发挥的重要作用,培养学生爱护植物、保护环境的意识。教师通过讲述海尔蒙特实验、普利斯特利实验,观看金鱼藻释放氧气实验视频,激发学生的学习兴趣,引导学生进行思考,让学生一步一步探索,在讨论中得出光合作用的原料、产物和反应条件。最终得出结论:绿色植物可以利用光能将水和二氧化碳转化成有机物,并且释放出氧气。通过学习光合作用的探究史,培养学生掌握科学探究的方法,形成严谨的科学态度。同时,教师通过讲解光合作用在农业生

产上的应用,如何利用光合作用原理提高农业生产,如适当增加水量、光照或二氧化碳浓度,让学生认识到绿色植物对生态圈的重要性。

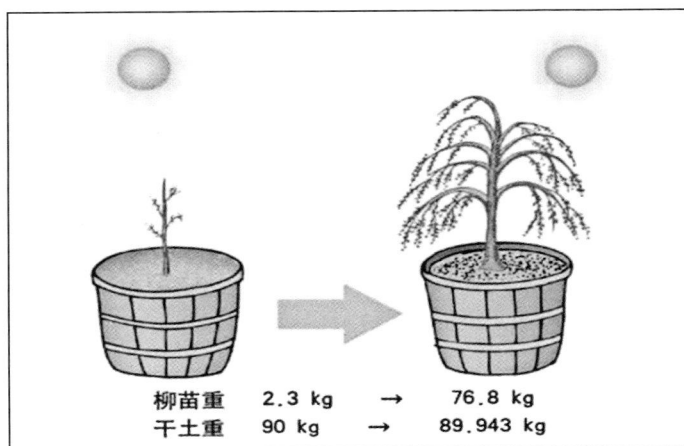

图 3.10 海尔蒙特实验

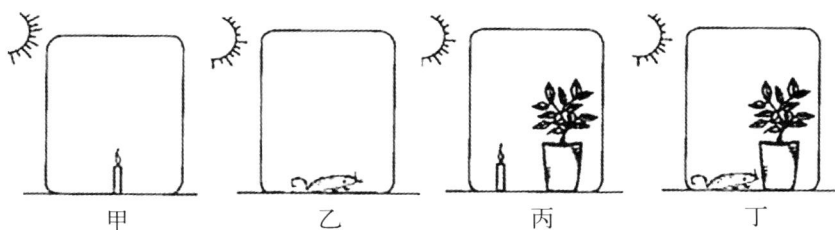

图 3.11 普利斯特利实验

2. 高中:侧重光合作用中物质和能量的转化过程

高中生物对光合作用部分的要求相比初中生物更高一些。基于初中阶段的生物学习,学生了解光合作用是指绿色植物通过叶绿体,利用光能将二氧化碳和水转化成储存着能量的有机物,并且释放出氧气的过程。但高中生物要求学生对光合作用的了解更深入。例如,植物细胞叶绿体如何捕获光能,如何利用光能将水和二氧化碳转化为有机物和氧气的具体过程。

高中阶段,学生需要掌握光合作用根据是否需要光能分为两个过程:光反应和暗反应。光反应的场所是在叶绿体类囊体的薄膜。叶绿体中的色素吸收的光能有两个用途,一部分光能将水分解成 O_2 和 H^+,O_2 被释放出去,而 H^+ 与 $NADP^+$ 结合形成 NADPH,NADPH 作为还原剂,参与暗反应;另一部分光能在酶的催化作用下,促使 ADP 与 Pi 结合形成 ATP,从而将光能转变为储存在 ATP 中的化学能。光反应需要光照、光合色素和酶才能发生。此部分内容比较抽象,学生需要在教师的指导下进行自我探究,明确光反应、暗反应过程中物质和能量的转化,以及它们之间的关系。

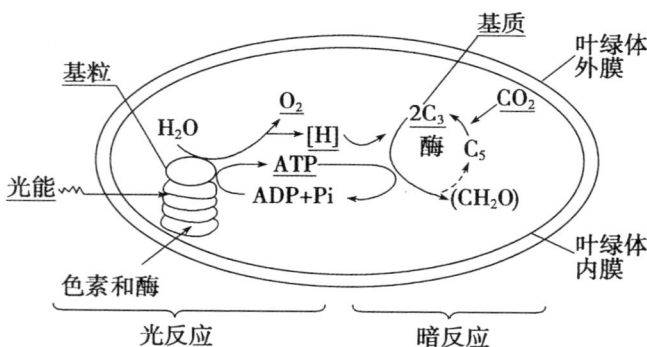

图 3.12   光合作用的两个过程

在具体的教学过程中,教师可以通过介绍科学家的实验来引导学生自我探索、总结光反应、暗反应过程中物质和能量的转化。第一个实验希尔(英国)实验,在光照无 CO_2 条件下可释放出氧气,说明离体叶绿体在适当条件下可以进行水的光解、产生氧气的化学反应。第二个实验中科学家鲁宾和卡门(美国)证明了光合作用产生的氧气来自水分子中的氧,同时介绍同位素标记法,学生了解光合作用产生的氧气是来源于反应物水中的氧原子。第三个实验中卡尔文用^{14}C标记的$^{14}CO_2$(区别于常见的^{12}C),然后进行光合作用,追踪检测其放射性,证明光合作用中CO_2中的碳转化为有机物中的碳。第四个实验阿尔农的实验,在光照下,叶绿体可合成ATP,这一过程总是伴随着水的光解。

同样,在高中生物的教学中,教师需要进一步培养学生的自主学习能力,因此教师会布置一些学生自主阅读材料,如光合作用的原理、暗反应阶段,观看一些光合作用视频,从而让学生自我探寻总结找出发生光反应和暗反应的不同场所,并且分小组对比光反应和暗反应的所需条件、进行场所、物质转变和能量转化。

专家点评：

高中生物对光合作用部分的要求相比初中更高一些。初中生物只要求学生可以阐述光合作用的概念,明确光合作用的反应物、生成物、反应条件和反应场所,而高中生物要求学生对光反应和暗反应的具体过程进行学习。学生不再只是死板地记住具体的反应总方程式,而是能通过分析不同实验结果,总结光反应和暗反应的差异,提高学生的自主学习能力和合作探究能力。

（四）细胞结构与功能在初高中的教学衔接

1. 初中：侧重细胞是生命体和生命活动的基本功能单位

初中生物的教学要求学生通过学习能阐明细胞是生命活动的基本结构和功能单位,认识动植物细胞的基本结构和功能,培养识别生物图的能力;通过实验课让学生学习临时装片的制作并使用显微镜观察细胞,学习动植物细胞亚显微结构的主要相同点和不同点,提高动手能力和操作能力;鼓励学生积极参与科学实验探究,对生物体的微观结构有感性的认识。

通过初中生物的学习,学生初步掌握细胞是生物体结构和生命活动的基本功能单位,细胞中有不同的细胞器,了解主要细胞器的结构和功能、细胞核控制着生物的发育和遗传等内容。

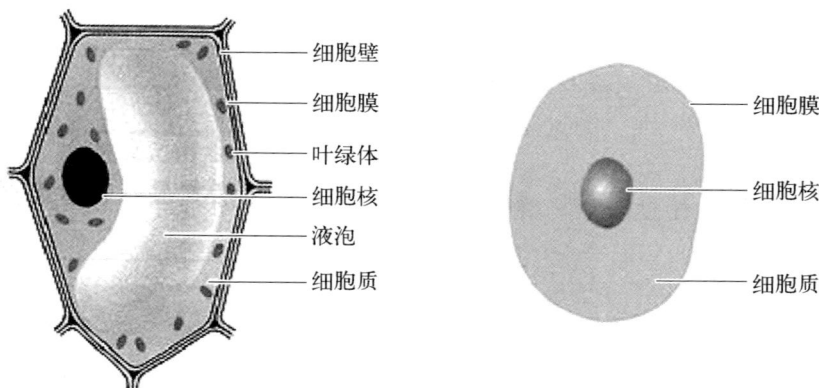

图 3.13　动植物细胞结构

2. 高中：侧重细胞的结构与功能之间的关联

高中生物中"细胞的结构与功能"这一部分属于承上启下的内容，上承"组成细胞的生物大分子"，下启"细胞有丝分裂""基因的表达"等。通过"细胞"这部分内容的学习，学生不仅对细胞内基本物质的组成、细胞的亚显微结构、细胞的功能有比较全面的认识，而且对细胞是一个统一的整体、细胞之间相互协作、生命活动相互联系有更深刻的认识。高中生物的课程标准要求学生更深入地理解各细胞器之间既分工又合作，相互联系，共同执行细胞的各项生命活动；理解染色体和染色质是同一种物质在细胞周期的不同阶段的两种存在形式；理解并能分析结构决定功能的生物学观点。

在教学过程中，教师可以通过创设情境，引入概念，如演示各种细胞，让学生讨论细胞功能和异同之处，引出细胞的共有结构：细胞膜、细胞质、细胞核（真核细胞）以及部分细胞器。也可以设计活动，加深概念理解，如组织学生利用气球，在圆形气球表面画出各种细胞器结构，在绘画过程中深刻体会各种细胞器的结构，结合结构和功能，讨论结构和功能的关系。还可以安排学生动手制作动植物细胞的三维立体模型，让学生运用各种材料，发挥想象力并展示成果,学生可以进行互评,发现各个模型的优缺点,进一步强化学生对细胞结构的理解和知识的掌握。

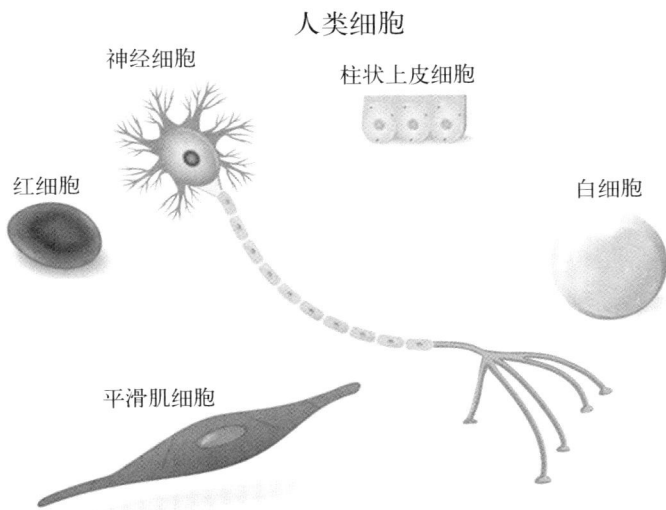

图 3.14　各种细胞

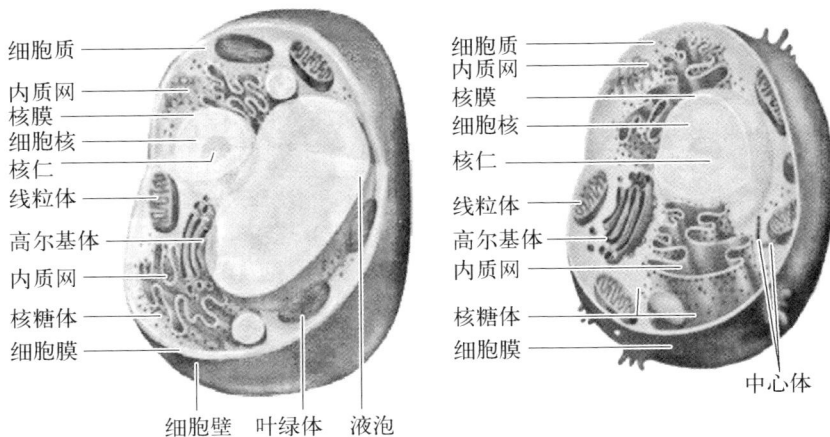

图 3.15　动物细胞与植物细胞亚显微结构

同样,案例介绍和讨论也是教学过程中不可缺少的。例如,教师通过展示高等植物的筛管细胞、哺乳动物的白细胞、神经细胞和红细胞等图片,引导学生通过已掌握的知识思考得出结论:除了高等植物成熟的筛管细胞和哺乳动物成熟的红细胞等极少数细胞外,真核细胞都有细胞核,再次强调结构决定功能这一知识点。通过介绍克隆羊多莉案例,引导学生得出:细胞核控制着细胞的代谢和遗传。通过介绍蝾螈受精卵横缢图片,引导学生得出:细胞核控制细胞的分裂、分化。应用不同的实例介绍和提问,引导学生思考,培养学生的科学思维,在探讨细胞结构和功能相适应的过程中,总结出细胞核是细胞生命系统的控制中心,细胞是一个统一的整体。

学习知识是为了运用所学知识进行分析和实际应用。所以除了案例学习外,教师往往需要进一步培养学生对实验数据或图表的分析应用能力。继续以"细胞"的教学为例,教师可以在课堂上给学生做以下实验分析:

The following data were collected by observing subcellular structures of three different types of eukaryotic cells.

RELATIVE AMOUNTS OF ORGANELLES IN THREE CELL TYPES

Cell Type	Smooth ER	Rough ER	Mitochondria	Cilia	Golgi Bodies
X	Small amount	Small amount	Large number	Present	Small amount
Y	Large amount	Large amount	Moderate number	Absent	Large amount
Z	Absent	Absent	Absent	Absent	Absent

Based on an analysis of the data, **identify** a likely primary function of each cell type and **explain** how the data support the identification.

图 3.16   细胞功能分析和应用

图 3.16 中 X、Y、Z 为三种真核细胞,图中列出了每种细胞所含有的各种细胞器。教师可以让学生结合所学细胞结构知识,分析并解释三种细胞的主要功能,最后让学生分析一下自身身体各处的细胞中哪种细胞器更多。通过分析,学生对细胞的结构和功能

有更灵活、系统的认识和掌握。

除此之外,还有更进一步提升学习能力的方法,鼓励学生通过网络平台和资源库检索相关科研报道和论文,进行自主拓展学习,了解一些与细胞器功能缺失或异常相关的疾病的发病原因、症状、治疗方式等,可以在每节课开始前利用几分钟让学生交流分享自主学习的内容,从而增加学生拓展学习的兴趣。

最后,高中生物中"细胞的结构与功能"部分知识点较初中生物明显增多,及时进行知识巩固是很重要的,所以在教学基础上,教师还可以通过各种形式进行知识点的复习和检查。课堂提问虽然比较及时方便,但是往往不能覆盖全班学生,在数字化教学的时代教师可以考虑课堂在线测试,实时快速了解班级每一位学生的学习反馈。以 Quizizz 在线测试平台为例,教师选择测验或作业模式发布题目,学生通过网页链接进入相应网页开始做题,网页会实时显示学生的做题情况和准确率。学生完成所有题目后会有一个统计报告便于教师查看学生的完成情况和存在的薄弱点。点击

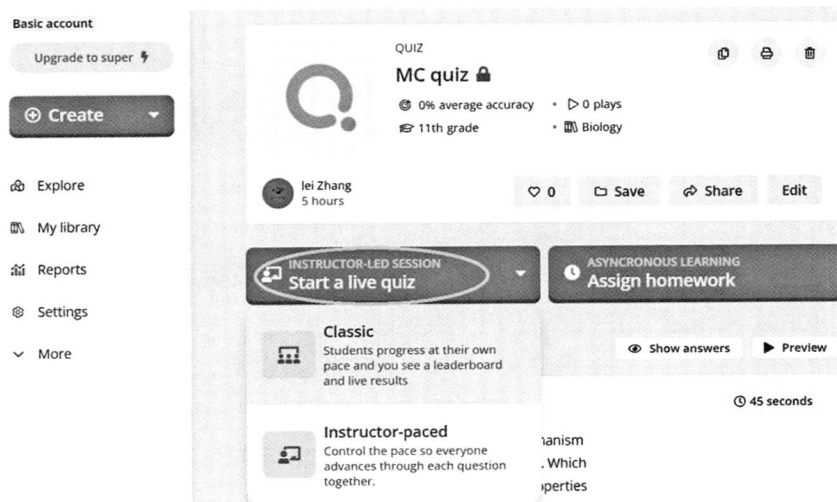

图 3.17 Quizizz 平台设置相关题目,选择不同模式发布题目

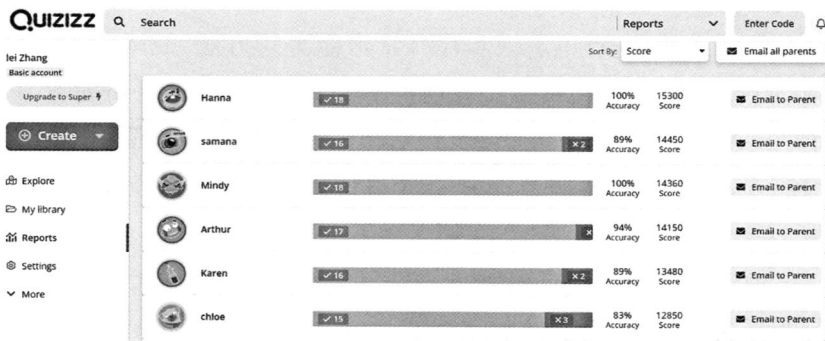

图 3.18   学生的实时答题情况

进入每个学生的页面,会看到学生的具体答题情况,从而及时掌握每一位学生对知识点的掌握程度,便于教师对错误率高的题目进行及时讲解。该方法需要学生用到电子设备,需要教师在课前做好设备安排,也需要教师花较多时间在网站上输入题目和答案,但对于数字化教学和网课期间的教学是一个很好的辅助手段。

专家点评:

细胞是生物体基本的结构和功能的最小单元。初中生物要求掌握的细胞结构和细胞器种类没有高中多,细胞器功能的掌握要求也没有高中细致。高中生物的细胞学习除了需要掌握基本的结构和功能之外,更注重细胞器之间的相互联系,对知识的举一反三的运用要求更高,也会关注特殊结构与功能的细胞案例,为今后的细胞分裂和遗传等内容的学习做好铺垫,进一步加深学生对"结构和功能相统一"生物观念的认识。高中生物也更注重学生的自主学习,注重学生的主体性,提高课堂效率。通过真核细胞三维结构模型的构建培养学生的动手实践能力、小组合作和分工意识、想象力和创造力以及学习生物科学的思维能力。

三、学习方法衔接——学生反思

General introduction

In SHSID, Biology is a mandatory course throughout the entirety of middle school, however, when proceeding in high school, Grade 9 students will be faced with the decision between Biology, Geography, and IT. The following essay will explore differences and similarities between the middle school and high school Biology curriculums, while focusing on preparing students for a smooth transition.

Differences in curriculums

Course content

Starting from Grade 6 the beginning of middle school, SHSID's Biology / Science curriculum focuses on the big topics mainly regarding lives, plants, animals, and human systems while the level of content dives deeper each year. At the end of Grade 8, students will be able to master the basics of three domains of life (domain bacteria, domain archaea, and domain eukarya) along with all fourteen systems in human body. From a handful of current 8th graders I've interviewed, so far the content is not very challenging as they grew up learning it and are quite familiar with it. However, right at the start of 9th grade, students in the Biology curriculum are faced with new contents (ecology and evolution), such as biosphere and population charts. Though the content itself is not particularly challenging, students I've interviewed are often lost between the unfamiliar terms along with the fresh experience of 9th grade. In addition to that, contents would differ among standard level and honored level Biology with the latter learning extra materials with challenging topics. Further into 9th grade and high school curriculum in general, genetics (another new topic) would become a major focus alongside of evolution. Again, some students may find it a bit of a struggle in the realm of new contents, however, ample practices should assist their adjustments.

Evaluation policies

Aside from the addition of contents, evaluations in Biology had quite a major shift from middle school to high school. According to the survey I've conducted among 8th graders, the majority of them agreed that Biology relied heavily on memorization, and when asked to give general advices, some even went as far as saying "just take good notes and memorize them". Eighth grade and middle school Biology intends to build a solid foundation of general for students aiming to dive deeper in the course usually through memory-based methods fill-in-the-blanks, multiple choice and complete the diagram. However, the evaluation policies take a turn as students enter high school. As the intention of high school Biology course is no longer all about the basics, it is more demanding in the understanding and application of knowledge by the students. While a basic understanding is still required, the evaluations shift to focus on experiments and data analysis, especially in honored Biology curriculum, providing students with labs and previous AP / IB questions. In addition to that, evaluations tend to give more credits to students who are more flexible with the given range of contents and would encourage students to apply the knowledge they learn in classrooms by increasing the number of laboratories. Consequently, lab studies and lab reports then become another major focus in high school honored Biology curriculum.

Preparations for Grade 9 and above

Seeing the bigger picture

In order to cope with the major shift in evaluation policies from middle school to high school, it is better for students to begin to see the bigger picture, rather than getting caught up on memorizing details. Activities such as mind maps and diagrams would be helpful in assisting students to see the whole picture of their current chapters. Students could start from section mind maps, then advance onto chapter mind maps, and eventually condense and connect all knowledge in a given semester. With this method of studying, students are no longer studying fragmented knowledge, but instead finding connections and relations among them. This will greatly aid students in their future advances in the field of Biology. As Chinese mathematician Hua Luogeng once described his study process — "from thin to thick and then from thick to thin" — students wishing to excel in the Biology curriculum should adopt a similar approach, understanding the details alongside of the bigger picture.

Applying knowledge in real life

To fully master a certain concept of Biology, application of the knowledge in real life is a crucial factor. There're in general two ways for students to apply their knowledge in real life. First, students should take advantage of the abundance of laboratory opportunities provided by the school. In conducting and participating in lab activities, students not only strengthen their understanding of textbook materials and form a logical thinking process, but also see certain discrepancies in real life situations and reflect based upon it. When comparing their own process and progress to their peers, students may also learn valuable lessons from others while reflecting on their own areas of improvements. Second, observing the nature would be another way for students to apply their knowledge. When observing nature around us, students could attempt to recognize and differentiate types of plants and flowers and try to deduce their ways of pollination. This process not only builds up students' interest in Biology but also lays a solid foundation for future field studies.

Extra readings

Of course, extracurricular readings are always an essential experience in the study of Biology in that it gives students insights on what an "actual paper" looks like, while displaying the depth of many fields in Biology. Magazines such as Nature and Science may be quite tough for students just transitioning into 9th grade, thus students should first start from Biology related news from trust-worthy media sources like the BBC and CNN. In addition to that, students could also follow the Nature podcast on Spotify as it includes summaries of Nature articles, and if students feel drawn to a certain paper, they could download it on the official website and read it at their own interest. Furthermore, as most scientific papers include experimental data (tables, charts), reading and familiarizing oneself with graphs and charts will greatly benefit students in future learning as they will be reading and analyzing a handful of data later.

Inter-connections with other subjects

As students advance in grade level, they will gradually be applying Biology in many fields. For instance, in Chemistry, students will be learning carbon-based organic compounds and the make-up of chemical compounds that has a close connection to Biology's organic substances unit. Examples of cross-field application could also be seen in Physics, as students will be learning waves and light which ties closely to the photosynthesis content in Biology. Other subject like Math shares similarities in data analysis with Biology and accumulation of knowledge regardless of subject would benefit studies in Biology in a long run.

Conclusions

Overall, this essay seeks to summarize structural differences between middle school and high school Biology curriculums along with some recommended methods for students who aspire to excel. All methods and tips mentioned above have been proven to be rather helpful to the majority of students transitioning from 8th grade to 9th grade, however, it is also important to explore and develop one's own method of study, as what works for everyone may not work for you as an individual.

专家点评：

学生在学习反思中总结了初中和高中生物学课程之间的结构差异,为渴望出类拔萃的学生推荐了不少有效的学习方法。上面提到的所有方法和技巧都被证明对大多数从 8 年级到 9 年级的学生有很大帮助,但是,探索和发展自己的学习方法也很重要,因为对大部分人有效的方法可能并不适用另一个个体。

认识初高中生物学习的差异,及时转换观念。初高中生物学习的差异主要体现在学习难度不同,初中生物教材的特点是"浅、少、易",对知识的外延部分没有太高要求,不要求学生有深层次的理解,对生物学的基础知识、基本技能的掌握基本无要求。而高中生物教材的特点是"起点高、难度大、容量足、综合性强",对学生深层次理解提出很高的要求,对学生学习的主动性、自觉性有着较高的期望和要求,注重对知识的理解、思考和归纳总结。如果还用初中生物的学习经验来学习高中课程,就会出现学习效率很低、学习时间不够、学习没有信心等情况。初高中生物知识是连贯的,是一个整体,空缺的初中知识可以随时补上,但学习习惯、学习方式也需要及时转变。

明确高中生物学科的特点,活学活用。经常听学生说生物是一门偏文的学科。生物要背的东西太多,并且还容易记混。确实,生物课本中概念多、知识点庞杂,有些知识点一定要记扎实,"当背则背"。在某些知识点方面,要求学生一字不差地答出概念,比如生长素与生长激素、核酸与核苷酸。有些知识点需要准确表述,如线粒体是有氧呼吸的主要场所,"主要"二字不能少。生物更是一门偏理的综合性学科,如遗传等内容需要一定的化学和数学基础,这也是部分学生学不好生物的原因之一。在生物的学习过程中非常注重理解,要求学生把所学的知识形象化表述出来。生物学还是一门实践性学科,与生活联系非常密切。生物学也是一门实验科学,课本上的实验必须重视,通过学习课本中的实验,掌握科学的实验设计方法。

从初中到高中的生物学习,学习者已经不能只背重点了——因为重点被抽象化了。高中生物内容往往更"活",因为它着重培养学生的科研素养,而非一味地灌输知识。的确,领悟科学的真谛比死记理论条框要重要得多。在生命科学范畴中,每一个学说都可能有它的局限性,但如果学生能领悟什么叫做科学,他就更有可能成为一个打破局限的立论者,而非理论的跟随者。

四、有效评价

爱因斯坦曾说过:"如果把学生的热情激发起来,那学校所规定的功课会被当作一种礼物来接受。"经常采用图片展示、视频效果呈现、实物演示、情景展现等方法来吸引学生的注意力、上课的积极性和好奇心,用这些直观形象的手段来创设情境,也能激发学生评价的兴趣,调动学生参与评价的积极性。

教育教学的评价对于学生和教师都有十分重要的意义。学生通过教师的评价反馈可以了解自己的学习情况,查漏补缺。教师通过学生在评价中的表现,有助于了解学生知识掌握和能力发展等情况,帮助教师了解教学方法的有效性以便进行及时的教学调整。例如,针对学生的短板知识点或欠缺能力进行重点关注并加强指导和训练。高中生物课程的评价主要围绕着提升学生自主学习、合作学习、综合分析、辩证批判等能力的教学目标开展。以生物学中学到的课程内容和学业质量标准为载体,结合显性具体的教学内容,以生物学知识点、概念为主干和依托,显性表现对于生物学科核心素养的达成情况,促进教师的教和学生的学。

评价的方法主要分为过程性评价和总结性评价。过程性评价是对学生学习所经过的各个历程的学习行为和学习成效的评价。它是一种动态评价,既重视学习成果的价值,又注意到学习过程中反映学习质量水平的重要方面,强调过程的价值,采取过程性与目标性并重的取向。过程性评价可以学生的平时成绩来展现。平时成绩的评价包括作业的评价、行为的评价、项目式作业的评价、实验的评价、讲座展示能力的评价以及课堂小测验的评价。学生是课堂学习活动的主体,虽然学习目标已经预设过,但是在教学过程中,学生反映出的学习信息必须受到重视,从初中到高中,学情变了,教学也必须适时调整。这就要求教师在预设教学时不但关注教学目标、重难点等,更应该关注对目标达成的过程性评价内容和方法的设定,以及应对不同评价结果的策略,以此提升教学针对性和教学有效性。过程性评价是真正镶嵌于学习活动中的评价,真正回归课堂本身的评价。美国著名教育评价学者Stiggins,R.认为,"如果评价不能在日常的课堂实践中有效地运行,那么其他层面上的评价完全是浪费时间和金钱"。学生的这份笃定应该与教师在日常教学中进行的精细的过程性评价紧密相关。

过程性评价信息的获取可以借助课堂观察、课堂检测、师生对话、课后作业等多种途径。但仅在一节课里,评价信息就多如牛毛,教师如何在这些动态的评价信息里准确获取有效信息,并迅速给出合理反馈?考验的恐怕不仅是教学智慧或教学经验,更重要的是对评价指标和尚未发生的评价信息的预设,正所谓"运筹帷幄,决胜千里"。高中生物课程全新的核心素养和理念让我们重新思考如何将生命观念、科学思维、科学探究、社会责任的培养渗透到日常教学,这是摆在我们面前最切实际的问题。充分应用过程性评价这一有效工具,让其在"每一节生物课堂""每一位学生成长"两个维度发挥作用,必将成为推动初高中生物学习衔接的重要举措之一。

总结性的评价主要包括期中和期末阶段测验的评价。学生批判性思维能力和科学探究能力可以通过纸笔测验的方式进行探查。但基于能力维度的生物学优质试题的制定对教师的有效出题提出了很高的要求。总结性评价需要优质的高中生物学测评题,因为这是基于能力维度的,侧重考查批判性思维能力和创新能力、能力价值多元的生物学测评题。不仅能测评学生的学业水平,而且有助于培养学生的批判性思维能力。

总而言之,高中生物课程的有效评价更偏重于培养和训练学生的综合分析能力、联系不同生物知识点的能力、举一反三灵活运用的能力、自主学习能力、自主设计实验的能力、自我评价以及同伴学习评价的能力。以上学习能力比初中生物教学中对学生能力的训练更深入一步,更具拓展性和灵活性。教师秉持授人以鱼不如授人以渔的教学理念,学生在学习和完成作业的过程中可以参照以上评价标准,不断优化自己的作业作品,从而不断提升学生的学科能力。下面以案例的形式展示高中生物课程中形式多样的评价方法。

(一)总结性评价中测验的评价案例

初中和高中的生物都会学习植物光合作用的知识点,在总结性评价的题型设计和题目难度上有一定区别。

初中生物例题:一位同学将第一组的两个植物放在纯红光条件下生长,将第二组的两个植物放在纯绿光条件下生长,哪一组的植物生长得更好? 为什么?

此题考查植物中的叶绿素吸收哪个颜色区间的光波效率更高,能更有效地进行光合作用,主要围绕这一知识点的记忆和理解程度进行评价。

高中生物例题:

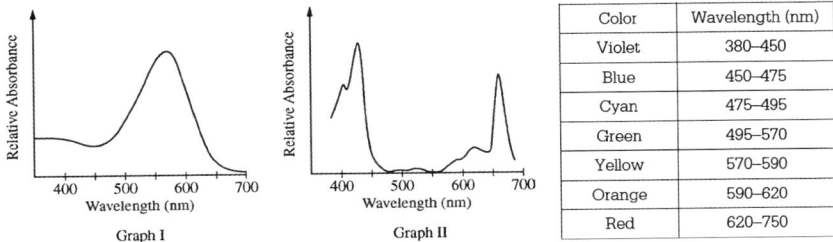

Color	Wavelength (nm)
Violet	380–450
Blue	450–475
Cyan	475–495
Green	495–570
Yellow	570–590
Orange	590–620
Red	620–750

图 3.19 光合作用的吸收光谱与作用光谱

吸收光谱表示在一定波长范围内吸收的相对光量。图3.19所示代表了从两种不同生物体中分离出来的单个色素的吸收光谱。其中一种色素是叶绿素a,常见于绿色植物中。另一种色素是细菌视紫红质,常见于紫色光合细菌中。图3.19显示了可见光谱中不同颜色波长的大致范围。

(1)确定用于生成上述两个吸收光谱的色素(叶绿素a或细菌视紫红质),解释并证明你的结论。

(2)在一项实验中,含有图3.19中的色素作为主要的光捕获色素的同一生物体被分为三组。每一组中的生物体都用单一波长的光照明(第一组为650 nm,第二组为550 nm,第三组为430 nm)。这三种光源的强度相同,所有生物体的照明时间都相同。预测三组中每一组的相对光合作用速率并证明你的预测。

(3)细菌视紫红质在水生生物中被发现,它们的祖先先于植物的祖先在同一环境中进化。提出一个可能的植物进化史,即可能导致植物的一个主要的光合系统,只使用可见光光谱的一部分颜色进行光合作用。

此题给出课堂上未讲授的光合细菌的吸收光谱和植物中叶绿素a的吸收光谱,让学生根据所学判断哪一个是植物的,哪一个是细菌的,并且解释原因。然后此题给出了三个实验组的波长数据,学生需要根据所给的颜色对应的波长范围在叶绿素a的吸收光谱中寻找对应的光吸收率从而预测光合作用的快慢顺序。除了一定的记忆和理解能力考查外,还有对图表的阅读分析能力的考查。最后一问考查植物祖先吸收一部分光谱颜色的可能进化意义。学生从进化的选择压力和进化对植物祖先生存繁殖的优势进行综合分析解答。故而我们可以看出,高中生物的总结性评价将多个知识点串联起来一起考查,拓展了课堂所学,考查学生举一反三的灵活应用和分析的能力。

在总结性评价中,批判性思维能力试题的出题必须具备三个基本要素:论点、论据、论证方式。论点和论据之间必须有清晰的内在联系,但是论点和论据在试题中所扮演的角色和呈现形式都是可以变化的,论点可以充当答案,也可以经过变形充当设问;论点可以隐含在材料(论据)中,被论据所支持,也可以是学生已经学习过的知识,但也有可能被新的论据所否定。基于这样的要素,设问可变成多种方式,试题也会有多种变式。考验学生批判性思维能力的这类试题对知识记忆的关注程度相对来说比较低,命题不是基于知识维度,而是侧重考查批判性思维,对获取信息能力、创新能力也进行了一定程度的考查。

(二)过程性评价中辩论的评价案例

高中生物课程的学习中,有时教师也会设计辩论的学习模式,训练和提升学生辩证批判的能力。教师选择一些学生熟悉或者比较容易准备的辩题。例如,辩题一:我们是否应该喂养校园的野猫? 辩题二:人类直立行走,优势多于劣势吗? 在辩论中一般分成正方和反方。每一方代表团由四位学生组成,分别为一辩、二辩、三辩和四辩。

辩论评价标准如表3.1所示。

表 3.1　辩论评价标准

标　准	优秀(20分)	良好(15分)	合格(10分)
我方观点的陈述,证据的科学合理性和支持力度	陈述观点十分清晰,证据阐述运用了许多可靠的生物知识和研究结果,支持力度强	能清晰陈述观点,证据阐述运用了一些可靠的生物知识和研究结果,有一定的支持力	能陈述观点,证据阐述运用了少量或没有生物知识和研究结果,支持力度有限
反驳对方观点逻辑清晰,证据的科学合理性和反驳力度	逻辑优秀,证据运用了许多生物知识和研究结论,反驳力度强	逻辑良好,证据运用了一些生物知识和研究结果,有一定的反驳力度	逻辑模糊,证据运用欠缺必要的生物知识和研究结果,反驳力度有限

（续表）

标　　准	优秀(20分)	良好(15分)	合格(10分)
每位辩手是否充分完成自己的角色任务	四位辩手都能充分完成自己的角色任务	三位辩手能充分完成角色任务	二位及以下辩手能完成角色任务
团队配合默契度	团队配合十分默契	团队配合有一定的默契	团队配合不够默契
语言表达和辩论技巧的运用	语言表达流畅，技巧运用熟练	语言表达大部分流畅，能运用一些技巧	语言表达不够流畅，只能运用极少技巧

（三）过程性评价中项目式作业的评价案例

在学习完动植物细胞内各个细胞器的知识点之后，教师布置"细胞器小人"项目式作业，让班级学生4—5人一组，完成一个4—6分钟的小组视频，每人上交一篇自我评估文章。在小组视频中需要包括所有罗列的细胞器：细胞核、内质网（光滑和粗糙）、中心粒、叶绿体、中央液泡、线粒体、运输囊泡、高尔基体、核糖体、细胞壁、细胞膜。学生需要在视频中分辨在哪类细胞中可以发现这一细胞器。例如，叶绿体存在于植物细胞中，而非动物细胞中，它可以将制造的葡萄糖给线粒体产生能量分子三磷酸腺苷。每一个小组的成员需要表演出各个细胞器的功能以及不同细胞器之间的相互作用。可以选择任意场地或使用任何道具代表重要的分子。每一位小组成员主要负责一项视频制作过程中的分工工作。一位导演：确保在会议和拍摄活动中完成角色扮演，组织会议和拍摄活动的议程。一位记录员：负责让小组按时完成任务，将会议记录发送给教师。一位道具设备经理：负责收集、分发和跟踪所有的道具服装和相机设备。一位技术员：负责技术和软件，确保最终视频的格式正确,并按时交给教师(若晚交,全组扣 10 分/天)。另外,提醒学生这是一个小组项目。每个成员都可以在其角色之外以任何方式作出贡献。这个角色只是指定负责不同方面的一位主要负责人。

小组的每一位成员同时需要提交一篇一页的分析文章回答以下几个问题:

(1)为你们选取的地点、道具和服装等进行辩护。阐述地点、道具和服装等如何有效地为细胞器提供准确的隐喻。

(2)思考你们的视频如何能够制作得更好。你们还能使用其他哪些道具?你们能否用不同方式搭配服装?哪些因素会让你们更好地制作视频?

(3)评估同伴们的表现。每个人都履行了他们在团队中的角色任务吗?谁为最终的视频成果作出更多贡献?谁表现出了卓越的领导能力?你觉得每个人都尽力了吗?

教师通过以上说明给学生布置了详细的合作式项目作业的内容和要求,以及小组成员如何进行分工,在完成之后如何反思评估小组的作品。接下来教师给出了细致的评分标准:

评分准则

准确性——视频是否正确模拟了细胞器的所有结构和功能?

关系——视频是否正确展示了细胞器之间的相互作用?

创意设计——视频的组织方式是否既有创意又自然流畅?视频的进展顺序是否合理?

自我评估——学生是否能够判断自己的最终作品?学生能否为最终作品的不同方面赋予正面和反面的评价观点?学生能否建设性地批评小组成员?

表 3.2 "细胞器小人"项目式作业评价标准

标　准	完全达标(25 分)	大部分达标(20 分)	小部分达标(15 分)
准确性	视频正确展示了所有细胞器,并有逻辑地模拟了所有结构和功能	视频正确展示了大部分细胞器,并有逻辑地模拟了大部分细胞器的结构和功能	视频正确展示了少数细胞器或未正确展示任何细胞器,模拟其结构和功能缺乏逻辑性
关系	视频正确地描述和展现了细胞器之间的所有重要相互作用,展示了特定产物从一个细胞器到另一个细胞器的运输过程	视频正确地描述和展现了细胞器之间的大多数重要相互作用,展示了特定产物从一个细胞器到另一个细胞器的运输过程	视频正确地描述和展现了细胞器之间一些或极少数的重要相互作用,未正确展示特定产物从一个细胞器到另一个细胞器的运输过程
创意设计	视频组织得很好。细胞器的展现顺序符合逻辑,并且自然流畅。这段视频展示了道具和服装的非凡创意	视频组织有一定的条理。细胞器的展现顺序有时候符合逻辑或自然流畅。这段视频展示了道具和服装的平均创意水平	视频组织不是很有条理。细胞器的呈现顺序不符合逻辑或不流畅。视频显示道具和服装的创意低于平均水平
自我评估	学生能够对小组的视频进行全面评估,指出视频的优点和缺点,并提出改进建议,从而提高视频质量。学生能够对小组成员进行有益的建设性批评,帮助他们在未来的项目中取得更好的结果	学生能够对小组的视频进行某种程度的全面评估,但往往着重于给出视频的优点或缺点,并能够提出一种改进建议以提高质量。学生在某种程度上能够对小组成员提出建设性的批评,但可能只给出模糊或一般性的反馈	学生无法对小组的视频进行全面评估,只能给出视频的优点或缺点(不是两者都给出),也无法提出一个能提高质量的改进建议。学生无法对小组成员进行建设性的批评,以帮助他们在未来的项目中取得更好的成绩

此项目作品的评价方法可以评价学生合作学习能力、创造力以及辩证自我评估的能力。

（四）过程性评价中实验设计和展示报告的评价案例

生物科学属于自然科学，教学中实验课程的安排必不可少，以提升学生观察和动手实践的能力，提升学生自主设计实验的能力。在实验课程周，让学生分组进行关于酶活性的实验设计。教师提供实验材料：含有过氧化氢酶的土豆汁，淀粉酶，凝乳酶，果胶酶；一些基本的化学试剂和实验仪器，如3%过氧化氢溶液、淀粉溶液、碘液、分光光度仪等。学生也可以根据自己的实验设计需要自带其他材料或工具。

先利用网络搜索相关酶的特征以及所催化的化学反应，3人一组，每组选择其中一种酶，提出自己的科学问题，并设计实验探究酶催化活性的最优条件。

实验设计的评价准则如表 3.3 所示。

表 3.3　设计实验探究酶催化活性的最优条件的评价标准

项　　目	评　分　说　明	分值
提出科学问题	问题明确简洁即可得到满分	10 分
假设	在设计之前根据检索的信息提出假设，只要提出假设即可得满分	5 分
确定自变量	准确	10 分
如何量化和控制自变量	设计合理并具可行性	10 分
自变量的水平数值设置	设计自变量区间合适且可以实现	5 分
确定因变量	准确	10 分
如何量化和控制因变量	设计合理并具可行性	10 分
确定对照组	有效性	5 分
恒定变量	需要控制的恒定变量，减少其对实验结果的干扰	5 分

（续表）

项　目	评　分　说　明	分值
实验材料和设备	列出所使用到的材料和设备	5 分
实验步骤	步骤尽可能详尽、清晰、顺序合理	10 分
数据记录表格	包括至少 3 个平行试验，包括平均值和标准误差栏	10 分
预期的实验结果	根据设计的实验预测实验可能的结果	5 分
总　　　分		100 分

　　教师根据标准批改实验设计并给予反馈和指导，然后学生进入实验室。第一节课进行预实验，根据预实验的情况，学生对此前的实验设计进行适当的调整改进，然后第二节课进行正式实验探究和数据的收集，在完成实验过程之后，各组按照要求撰写实验报告呈现实验过程和后续的分析讨论。

　　实验报告的评价准则如表 3.4 所示。

表 3.4　实验探究酶催化活性的最优条件实验报告评价标准

项　目	描　　述	分值
标题	简要说明调查的目的（如增施氮肥对玉米生长速率的影响）	3 分
摘要	－ 实验探究概要小结 － 少于 100 字	3 分
介绍	－ 背景知识介绍	5 分
	－ 实验目的，实验探究如何回答所提问题，课堂学习的知识内容	5 分
	－ 假设	5 分

（续表）

项　目	描　述	分值
实验材料和步骤	－ 列出材料和设备	5 分
	－ 清晰描述步骤	5 分
结果/数据收集/数据分析	－ 原始数据记录（包括表格标题、完成的计算）	10 分
	－ 图表标题正确	2 分
	－ 图表 $X-Y$ 轴设置正确	3 分
	－ 图表类型与数据正确	10 分
	－ 含有统计分析并且正确	5 分
结论与讨论	－ 实验结果的总结	2 分
	－ 实验错误或误差的发现	2 分
	－ 将结果与实验的初始问题和假设进行对比	2 分
	－ 陈述结论/解释实验结果	10 分
	－ 实验的改进建议	4 分
问题	－ 提出可以更进一步研究的问题或者根据此次实验探究有哪些感兴趣的新问题可以探究	12 分
引文	－ 引文信息和格式的正确性	4 分
语言的正确使用	－ 语法	1 分
	－ 标点符号	1 分
	－ 拼写	1 分
总　分		100 分

　　教师根据以上标准评价学生的实验报告之后，让每组学生以 PPT 形式进行酶活性探究实验的专题交流汇报，促进小组与小组

之间的相互学习。

　　展示报告的评价准则如表 3.5 所示。

表 3.5　探究酶催化活性的最优条件展示报告评价标准

标　　准	第一组 淀粉酶	第二组 果胶酶	第三组 过氧 化氢酶	第四组 凝乳酶
1. 酶的介绍(总共 10 分,包括以 　　下细则) (1) 酶的结构(2 分) (2) 酶具体的功能以及所催化 　　的化学反应(6 分) (3) 最优条件(2 分)				
2. 实验设计(总共 20 分,包括以 　　下细则) (1) 科学问题和假设陈述清晰 　　(4 分) (2) 自变量的确定和量化(4 　　分) 　　a) 如何量化? 　　b) 如何调控? (3) 因变量的确定和量化(4 　　分) 　　a) 如何量化? 　　b) 如何调控 (4) 材料与方法(8 分) 　　a) 材料与设备 　　b) 实验步骤				
3. 预实验的探究(总共 10 分,包 　　括以下细则) (1) 小组如何进行讨论与实验 　　设计?（5 分) (2) 预实验之后小组如何改进 　　实验设计?（5 分)				

（续表）

标　　准	第一组 淀粉酶	第二组 果胶酶	第三组 过氧 化氢酶	第四组 凝乳酶
4. 正式实验的探究（总共 10 分， 　包括以下细则） （1）如何开展实验？（5 分） （2）组内如何进行分工？（5 分） （3）如果有任何实验过程的图 　　片，欢迎展示。				
5. 结果与讨论（总共 20 分，包括 　以下细则） （1）实验结果与讨论（15 分） （2）实验结论（5 分）				
6. 反思和进一步的提问（总共 　10 分，包括以下细则） （1）实验误差、困难和可能改进 　　方案的反思（5 分） （2）想进一步探究的问题有哪 　　些？（5 分）				
7. PPT 的制作和展示报告（总共 　20 分，包括以下细则） （1）PPT 结构和格式清晰，便于 　　理解（10 分） （2）展示报告的技巧（5 分） （3）所有小组成员都参与展示 　　报告（5 分）				
总分 （100 分）				

　　实验设计和展示报告的评价可以训练学生像科学家一样体验整个科学研究的流程，从最初提出问题、搜索参考文献等信息到设计实验解决自己的问题，然后开展实验，撰写实验报告，最后在科学研讨会上进行展示汇报。利用评价标准可以帮助学生提升自主

探究、合作学习、实验设计和实践能力、综合分析能力和学术交流表达能力。

五、学科与未来

生物学是一门研究生命体的自然科学。其研究内容包括生命体的生理结构、化学成分、功能、发育、行为、进化和相互作用。生物学学科包罗万象,由许多基于不同生命体研究的分支组成。这些内容被分为四个主要的概念。

进化:进化的过程驱动着生命的多样性和统一性。

能量:生物系统利用自由能和分子结构基础来生长、繁殖和维持动态稳态。

信息:生命系统存储、调取、传输和响应对生命过程至关重要的信息。

互作:生物系统的相互作用,这些系统及其相互作用具有复杂的性质。

(一)生物学的分支

细胞学、遗传学、医学、分子生物学、生物工程、进化学、生态学、神经科学、微生物学、解剖学、植物学、动物学、动物行为学、古生物学、病毒学。

一些跨学科分支:生物化学(生物学和化学)、生物统计学(生物学和数学)、生物信息学(生物学和计算机科学)、生物物理学(生物学和物理)。

(二)生物专业就业方向

生物学有非常广泛的职业选择。与各生物学分支相关的职业如下所示:

生物教育学:科学作家(向公众传播科学信息);生物教师。高校生物教师的主要职责是进行科学研究,同时承担一定的教学任务;中学生物教师的主要的职责是教学与教研。

生态学：生态学家（研究生物及其生存环境）；水文学家（研究水的循环过程及其与生物的相互作用）；保育生物学家（拯救野生动植物，保护生态系统）；气候学家；人口生物学家；生态摄影师，需要具有善于观察、敢于冒险、富有耐心的品质，通过真实美丽的摄影作品唤起大众对生命和自然的敬畏之心。

细胞生物学：法医病理学家；技术代表；技术支持；植物化学家（研究植物相关的化学产品）；生物能量学家（研究细胞中的能量转移）；药品质量控制技术员，运用科学和数学技能确保产品质量。

遗传学：遗传学家，研究生物的基因、遗传和变异，或是遗传疾病诊断和治疗的医生；遗传学实验室技术员；科学研究人员；法医科学家，运用现代生物技术，如 DNA 指纹图谱进行刑事和考古调查。

生物多样性及古生物学：古生物学家（通过化石记录研究地球上生命的起源）；进化生物化学家；生物统计学家，专攻与生物学相关的统计学，帮助设计研究方案和分析结果；野生生物学家；进化遗传学家；系统分类学者（根据进化关系对新物种进行分类）。

细菌、病毒、原生生物和真菌学：食品科学家；病毒学家（研究病毒的起源和进化及其所致疾病）；微生物学家（研究只有在显微镜下才能看到的生物）；藻类学家（研究藻类，可在鱼苗孵化场工作或从事海洋研究）；真菌学家（从事真菌研究）。

植物学：植物学家；木材科学家；草坪科学家（帮助公园或体育场草坪的维持养护工作）；植物生理学家；组织培养技术人员；植物育种家。

无脊椎动物学：兽医寄生虫学家；实验室助理；生物化学家（研究化学及其如何在生物的各项生命活动中发挥作用）；昆虫学家（研究昆虫）；海洋生物学家。

脊椎动物学：鱼类学家（研究鱼类的行为学、生态学、解剖学和生理学）；动物管理员（保护动物园里的动物及其栖息地）；哺乳动物学家;动物行为学家;兽医,预防、诊断和治疗动物疾病的医学专家。

人体生理学:理疗医生(帮助残障人士提高恢复身体机能);医学插画家;脑电图技师(操作脑电图仪来记录大脑活动);眼科医生,研究眼睛结构、功能和疾病的医学专家;运动生理学家;泌尿科医生;注册营养师(帮助患者进行健康的饮食搭配);内分泌学家(研究分泌激素的腺体和相关疾病);超声技术员;流行病学家,研究疾病的分布、传染模式,以帮助预防和控制疾病的传播。

近年来,生物类专业逐渐成为热门,越来越多的学生考虑将生物类专业作为自己的大学专业。在美国,生物专业方向有基础研究类、与工科等其他学科的交叉专业、应用类生物学科和其他生物方向相关专业。

生物专业基础研究类:医学、农业、工业等产业。

与工科等其他学科的交叉专业:生物医学工程。

应用类生物学科:公共卫生、食品、营养、生物统计等学科。

其他生物方向相关专业:药化、药理、药剂。

学生申请生物相关专业,一般从学科学习的延续性和难度递增性的角度考虑,会在 9 年级或 10 年级选修生物课程,打下一定的化学和生物学知识基础后,继续在 11、12 年级深入选读 AP 生物、A-level 生物、IB 生物或普通美高生物课程。

第四章 自然地理课程初高中衔接

提 起自然地理,很多人立即联想到山川、河流之所在,煤矿、油井之分布。诚然,这些都是初中生在一遍遍重复中所记忆的东西,这种偏重"诵读"式的学习方式亦无可厚非。不过,在学生步入高中,走进新的年龄阶段后,随着学习内容的加深则需有所改进,要变简单记忆为古人所说的"学贯",即勤于思考,擅长提问,并能将所学实践于生活。正如鲁迅先生所言,"读书"应该"和现实社会接触,使所读的书活起来",要学会"用自己的眼睛去读世间这一部活书"。譬如,厄尔尼诺现象怎样导致全球多地降水和气温异常,从而对农业生产和我们的生活有何影响。因此,本章内容以自然地理为依托,从学科特征、知识内容、方法技能、评价方式、所期望造就的素养以及未来职业思考等几个方面阐述了初高中自然地理的差异及联系,并提供实际案例,以帮助学生转变思维方式,顺利完成由初中至高中的过渡。

一、高中阶段自然地理课程的主要特征及其与初中自然地理衔接的关注点

地理学讲述的是地球的故事,它是人类科学史上最古老的科学之一,有别于语言学的模糊和数学的抽象,它带给学生更多直观而形象的感受。地理着重于空间分布的研究而具有广阔的空间性,从天至地,万事万物,均是多样与和谐的存在。地理亦可从历史的角度,探究一个原始景观转变成文化景观的过程。地理之美还在于它的严密与科学,任一区域地理要素的组成均非孤立存在,它与本地的位置、气候、地形存在必然的内在联系。

　　最早的地理研究始于四千多年前,其主要目的不过是以地图形式描绘古代中国、埃及和腓尼基等探险家所踏足的新家园。古希腊学者亦对地球的形状、大小及几何形状产生兴趣,历史上首次使得地理实践超越了最初的制图学。譬如,哲学家亚里士多德(Aristotle)借用来自月食的灵感证明了地球是球体,而地理学家埃拉托斯特尼(Eratosthenes)计算出了地球周长,同地球实际周长接近。文艺复兴时期,德国地理学家兼航海家马丁·贝海姆(Martin Behaim)于1492年发明了地球仪,首次以三维形式更逼真地描绘了地球形状和表面特征。17世纪的德国地理学家瓦伦纽斯(Bernhardus Varenius)在他的《普通地理学》(1650年)一书中,将地理学划分为三个分支。第一个分支有关地球形状和维度,第二个分支涉及潮汐和气候的时空变化、太阳和月亮的运转规律。这两个分支共同构成了今天自然地理学的雏形。最后一个分支比较研究区域间的文化差异,即后来的人文地理学。

　　自然地理学和人文地理学相对独立,有时又产生千丝万缕的联系,在实践中往往体现出多学科知识的整合性(图4.1)。譬如,研究由地球温室效应增强而产生的全球变暖现象需要从气象气候

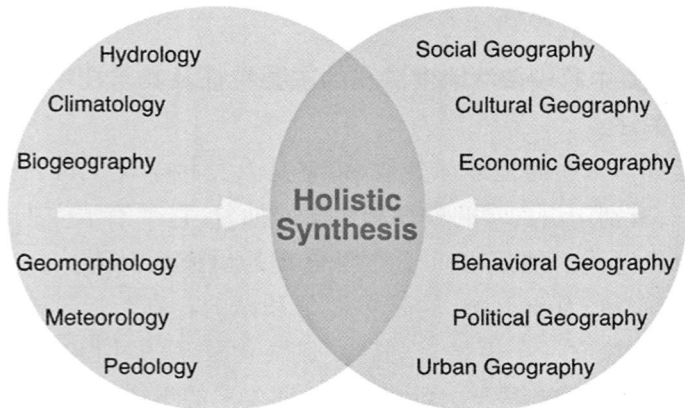

Hydrology
Climatology
Biogeography
Geomorphology
Meteorology
Pedology

Holistic Synthesis

Social Geography
Cultural Geography
Economic Geography
Behavioral Geography
Political Geography
Urban Geography

图4.1　地理学科各领域的整合性

学的角度理解温室气体增多对大气辐射平衡的影响,而经济地理学则可以提供人类如何消耗化石燃料和改变土地利用方式,从而促进温室气体排放的信息。

　　侧重于研究地表自然因素的区域系统、自然环境对人类活动反作用的高中课程自然地理学为本文介绍的重点。本校初中阶段未单独设置自然地理课程,自然地理相关内容仅作为背景介绍存在于世界地理课程的各个区域章节中。高中自然地理课程设置和教学内容大致依照美国 *National Geography Standards* 7–8,并适当参考我国教育部指定的 2020 年修订版《普通高中地理课程标准》。

　　(一)　自然地理课程的学科特征

　　我校初中开设的世界地理课程隶属于区域地理学(Regional Geography),而高中自然地理课程则被纳入系统地理学(Systematic Geography)的范畴。后者以一个特定的自然现象为研究对象,关注其在地球表面的空间分布和结构,如气象气候学、海洋学、地质学、水文学等。前者则针对世界各处不同区域的独特特征,包括地形、气候、地质、生物群落、文化、经济、政治等多方面自然或人文现象,以及这些现象在特定区域内的关联。譬如,当提及美国中西部时,人们会联想到商业化农业、广阔的玉米田、畜牧业、以中产阶级白人新教徒为主的社会群体等。而当说起撒哈拉沙漠或澳大利亚中部时,则可能会想到炎热、干燥、植被稀少等不利于人类居住的环境。

　　区域地理学的诞生在很大程度上归功于 18 世纪和 19 世纪初期大规模殖民探索与开发对特定区域地理知识的需求。如今许多大学提供了特定的区域地理课程,如欧洲或亚洲地理,或者更小规模的区域课程,如加利福尼亚地理。本校初中的世界地理课程覆盖世界上所有主要区域,每个区域的介绍均分为物理特征、历史与文化、和现状三部分。如图 4.2 所示欧洲区域,要求学生在探索人文特征之前,需先了解其位置和独有的自然环境。自然地理相关内容作为自然背景介绍,内容相对浅显,主要涉及国家名称及位置、半岛、岛屿、山川、高地、平原、河流、气候类型、植被、自然资源等的名称及空间分布。

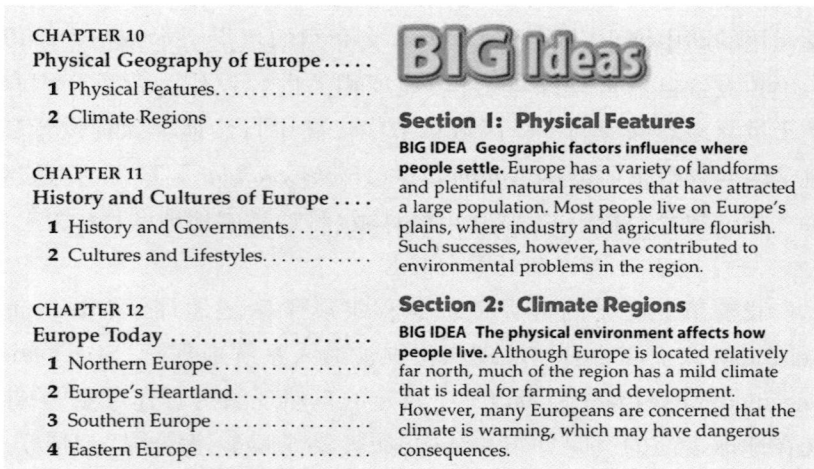

BIG Ideas

Section 1: Physical Features

BIG IDEA **Geographic factors influence where people settle.** Europe has a variety of landforms and plentiful natural resources that have attracted a large population. Most people live on Europe's plains, where industry and agriculture flourish. Such successes, however, have contributed to environmental problems in the region.

Section 2: Climate Regions

BIG IDEA **The physical environment affects how people live.** Although Europe is located relatively far north, much of the region has a mild climate that is ideal for farming and development. However, many Europeans are concerned that the climate is warming, which may have dangerous consequences.

图 4.2 部分初中课程内容示范

系统地理学包括自然地理学和人文地理学,而自然地理学乃地理学之基石,它教会我们如何全面地了解自然地理环境的错综复杂。自然地理环境是指地球表面一个薄薄的圈层,即陆地、空气和水接触并相互渗透、相互作用的特殊圈层。它包括岩石圈、大气圈、水圈和生物圈。自然地理学正是以这个人类赖以生存的地球表层自然系统的区域特征和空间分布为对象,研究其成因、变化规律和运行机制,帮助我们理解地球动态系统的多个空间维度——能量、空气、水、天气、气候、地质构造、地貌、岩石、土壤、生态系统和生物群落等。本学科囊括地质学、气象学、气候学、水文学和海洋学等多个分支,但最希望学生关注的是各分支所关联的自然现象如何相互影响并作用。理解人地关系亦是自然地理学的研究目标之一,因为地球的自然过程会影响人类居住的条件、从地表淡水到地下矿物质等人类发展所需资源的分布。自然地理学不仅关注自然环境对人类的影响,而且对自然环境作出评估和预测以优化管理。譬如,上海气象和水务部门每年夏季对台风路径、风圈半径、风速进行监测和预报,并评估风险和管控防汛减灾等,从而优化政府决策。

　　世界上大部分地区在 1900 年之前都处于未开发状态,所以,那时的自然地理学仅限于基本数据收集,包括地表高程、地貌分类、地表描述、河流流量、气象气候策略、土壤分类、生物群落分类等。而于 1950 年之后,有两种力量在很大程度上给自然地理学定下了新的基调。首先是计量革命,即数理统计、模型、系统分析、模拟分析和计算机技术开始被应用于研究地球现象。譬如,使用人工神经网络模拟和预测水文过程。许多大学的地理学院也增设了计量地理这一专业。其次,因二战后人类对环境的影响愈发显著,人地关系研究的比重大大提高。譬如,环境退化、资源使用、自然灾害及其影响评估、城镇化等。而在 21 世纪的今天,随着现代科技高速发展和第四次工业革命的兴起,我们愈发察觉到自然地理环境正在全球范围内发生着前所未有的变化,而其中无不体现人类对其所施加的或积极或消极的影响。譬如,人们对气候变化等科学及其应用主题的高度关注正是为了回应我们正在经历的那些影响和正在塑造的未来。这些都使得自然地理在 21 世纪成为一门重要学科。

　　本校高中自然地理课程可被视为初中世界地理课程中自然环境部分的延伸,不再满足于简单的特征描述,而是着重逐个讲解不同自然现象的空间分布、形成机制和环境影响等,在深度上要求更高。本课程把环绕地球的四大圈层当作一个地理连续体对地表过程和现象进行表述,帮助学生理解知识的连贯性和内在联系。教学流程从原理的特点入手,再分析其过程,而后讨论与其他相关现象和实际问题的关联,层层深入,利于学生理解抽象化概念和片段化知识点,培养学习思维的系统性。在本课程结束时,学生将对地球上的多种自然元素拥有全面而较深刻的理解。这些元素包括地球与太阳的相互作用、季节、大气成分、大气压力和风、风暴和气候扰动、气候带、小气候、水文循环、土壤、河流和溪流、动植物、风化、侵蚀、自然灾害、沙漠、冰川和冰盖、沿海地形、生态系统、地质系统等。

(二) 自然地理课程的科学素养

本校初高中课程均表明自然地理是一门对生活有用的学科,也都重视地理思维方式的建立。学生若具备一定的自然地理素养,则能够在知识社会中更游刃有余,达成社会融入和自我实现。高中阶段实为以初中为基础的更深层次学习。初中地理旨在初步培养学生的地理学习能力,如了解地球经纬度、地形、气候等在地理环境形成中的作用等基础知识。而高中地理更突出明辨性思维的形成和理论联系实际的能力,如各自然环境要素之间的相互作用、时空演变以及是否促进区域生态环境的可持续发展。以下重点阐述高中自然地理课程的科学素养要求。

未来高中毕业生所面临的自然环境将因人类活动而遭受更大威胁,全球经济亦将更具竞争力和关联性。故而了解和应对 21 世纪世界的挑战和机遇将需要掌握许多技能。为了维护生活质量和环境安全,具备地理素养是必要的。作为个人和社会中的一员,人们时常需要面对抉择,如住在哪里、何种建筑形式最为适宜、如何管理稀缺资源、如何与他人合作或竞争等。而作出所有这些决定,无论是个人的还是集体的,都需要一个拥有地理知识的人,即一个熟知人地关系,通晓地理技能,能够从空间视角观察事物的人。地理技能可以帮助我们更深入地理解河流模式和创造它们的物理过程之间的联系,城市格局与创造它们的人类活动之间的联系,以及我们所在地发生的变故与世界其他地区事件的联系,无论远近。

美国 *National Geography Standards* 和我国 2020 年修订版《普通

高中地理课程标准》在科学素养的要求上存在差异,亦有相通。本校高中自然地理课程兼顾二者,求同存异。两国课标的共同点是都认为自然地理是一门有实际用途的基础学科,不仅能够学到有用的知识,亦能丰富底蕴,提高自我地理素养。在教学上均提倡应以学生为本,让学生在学习的过程中主动产生兴趣。了解的知识愈多,探索世界的渴望随之增加,对这门学科的兴趣亦会愈发盎然。两国课标存在些许差异。我国课标从社会整体考虑,旨在让学生拥有人地协调、综合思维、区域认知、地理实践力这四大地理核心素养,为社会培养有用人才。而美国课标更多地从学生个人发展生涯出发,强调学习自然地理不同于其他学科的优势,致力于将学生培养成在自然地理方面见多识广,能够从空间角度了解人地关系,并熟练运用地理技能的人。同时,强调自然地理学在21世纪的重要性,以期给予学生一种地学思维去应对未来世界,服务社会。同时,亦强调自然地理是一门实用的学科,能在生活中用到,学习自然地理是为了更好地生活。

　　本校高中自然地理教育主要参照美国课标,围绕三个方面展开:基于事实的知识(factual knowledge),思考问题的方式(ways of thinking),意境地图和工具(mental maps and tools)。与其他学科一样,地理学亦重视基础知识的掌握。教师忽视基本训练而促使学生盲目追求深层课题研究无异于搭建空中楼阁,华而不牢。学生在学习地理知识的同时亦要明事理,懂得积跬步方可至千里。地理课程帮助学生学习使用多种工具将空间数据可视化。传统工具是指地球仪、图形、图表等。现代工具包括基于航空和卫星图像的地理空间技术,如地理信息系统(GIS)、遥感(RS)和全球定位系统(GPS),数字地球仪和地理空间可视化等。地理教育尤其强调空间思维方式的培养。一个具备地理知识的人应该能够在头脑中快速组织有关人、地点、环境的空间信息,并且在适当的背景下调出和使用这些信息。那么,如何培养这种能力呢? 一个有效的方法是使用并学会塑造所谓的意境地图,即一个人对地球表面的内化的独特的理解。这些头脑中的地图既客观又主观,它们包含了一个人对所知地方的空间位置的准确记忆、空间特征及联系的个性化的理解和领悟,从局部(如一个房间的布局)到全球(如海陆分布)。这些意境地图为人们提供了一种感知、存储和回忆地球上诸多物理特性及其空间模式的必要而特殊的手段。学生可以通过地理课的学习、课外阅读、对周围世界的观察和思考,循序渐进地开发并完善自己的意境地图,从简单到复杂累积知识层,从而愈来愈准确而创造性地反映这个不断变化的世界。

(三) 自然地理课程的知识内容

本校初高中地理课程在内容上的差异和衔接性主要体现在以下两个方面:

首先,初中地理课程将自然地理融于区域地理之中,在介绍某一国家或地区人文现象之前先介绍其自然背景和地理现象。高中地理课程则在逐类讲解各种自然地理现象的过程中举例以加深理解,而例子可能来自任何国家或地区。

其次,从初中至高中的学习内容呈螺旋式上升,循序渐进,由浅入深。美国地理课标 7-8 中同一条标准内就知识大类而言,初高中覆盖范围几乎相同,从而让其内容有一个良好衔接,但学习的侧重点和深度则要求迥异。初中课程不涉及较深层次的成因问题,而高中课程则要求学生在梳理、分析地理事实的基础上结合地理原理探究成因和规律,并注重与实际案例相结合。以下给出具体说明。

美国 *National Geography Standards* 和我国 2020 年修订版《普通高中地理课程标准》在高中自然地理内容的选取上大体相同,皆体现了高中教育的基础性。本校选用了 Pearson Education Limited 出版的第九版 *Geosystems*: *An Introduction to Physical Geography*,基本涵盖美国地理课标 7-8 要求的所有内容,但在教学上更侧重课标 7。

根据课标 7,高中学生需要了解塑造地表模式的物理过程,共包括三个方面的内容:地球物理系统的组成部分、地球-太阳关系、物理过程。四大圈层即构成我们这个蓝色星球的四个物理系统:大气、生物圈、水圈、岩石圈。清楚认识这四个组成部分内部和相互之间的作用,可以帮助学生深入了解地球如何成为所有生物的共同家园。地球上几乎所有的能量都来自太阳。地球与太阳之间动态平衡的关系和变化对于地球是否适合居住并足够支撑所有已知生命至关重要。地球相对太阳的位置也时刻影响着世界各个角落的自然环境和人类行为。一个地方所接收太阳能量的多寡取决于太阳光入射角度的周期性变化。四季的形成源于地轴以一定角度倾斜着围绕太阳旋转而导致热量分布的纬度地带性差异,从而造就了迥异的气候、天气和人类活动。这部分内容在教学中会详细讲解。物理过程也是教学的重点,包括地壳板块运动、风蚀、水蚀、沉积等。这些过程塑造了地球表面形态,并带来永无休止的变化。了解物理系统的工作原理是必要的,它可以为人们对居住地的选择、建筑物类型、旅行网络、日常生活方式等提供参考。鉴于全球气候变化的不确定性,有关天气和气候的知识对于个人和政府决策尤其重要。这是一个全球性话题,关乎全人类的健康、安全和经济福祉,而理性的政治决定必然来自对地球物理系统之间相互作用的深刻理解。学生对这部分内容领悟愈深,便愈能明白变化中的物理环境如何成为所有人类活动的舞台。

相较之下,初中学生只需了解地球各圈层的相互依存性和单一物理过程对地表的塑造作用。譬如,冲积扇的地貌特征,板块构造怎样导致夏威夷群岛和喜马拉雅山脉形成,等等。而高中教学则侧重解释各种物理过程之间的相互作用以及如何因时间和空间而异。譬如,冲积扇的形成机制和多发地区,飓风和热带风暴的形成机制及其对亚洲和北美洲的气候影响,冰岛的特殊景观源于火山活动、冰川作用、大西洋中脊板块构造运动的相互作用,等等。

根据课标8,学生需要了解地表生态系统和生物群落的特征及空间分布,共包括三个方面的主题:生态系统的构成,生态系统的特征和空间分布,生物群落的特征和空间分布。学生需要知晓并探究,作为生物圈不可分割的一部分,生态系统和生物群落如何与大气、水球和岩石圈相互作用,从而形成形状、规模和复杂性各异的区域。虽然生态系统和生物群落在地球表面相对稳定和平衡,但它们可能因大型自然事件(如火山爆发、长期干旱等)或人为干预(如草原过度放牧、雨林过度伐木等)而改变。人类及其子孙后代对于自己在维护健康的生态系统和生物群落中扮演角色的理解程度,将在很大程度上决定地球上人类的生活质量。这部分内容可以帮助学生思考如何以环境可持续的方式生活,并在将来对未来自然世界的可持续利用作出明智的决定。这部分内容以自学、课堂讨论和小课题为主。

相较之下,初中学生只需了解物理过程如何决定生态系统的特征。譬如,雨影效应导致山地迎风坡和背风坡生态系统的差异,洋流对沿岸生物群落特征的影响,等等。而高中教学除了这些内容,还要求分析物理过程和相应生态系统的岁月变迁。譬如,曲流的河道演变和枯荣如何影响两岸湿地环境,并辅以遥感技术甄别湿地地类,了解湿地健康状况,等等。

本校高中自然地理课程具体内容如下:

• 制图法和读图技巧。

• 大气-能量系统:太阳系与地球,太阳辐射与季节变换,大气层垂直分布结构与大气污染,大气系统与地表能量平衡,全球气温的时空变化,大气环流与洋流,等等。

• 水、天气和气候系统:全球水量分布,云与雾,中纬度气旋系统与极端天气,水文循环与土壤水量平衡,地下水资源,全球气候系统分类及全球气候变化趋势,等等。

● 地表-大气界面：地球内部构造与岩石循环,板块构造与火山地震活动,陆地剥蚀与喀斯特地貌,河流系统与河流地貌,海洋系统的构成与作用,冰川与全球变暖,等等。

● 土壤、生态系统、生物群系：土壤的形成与分类,土壤流失与保持,生态系统分类,等等。

（四）自然地理课程的方法技能

对于应掌握的技能,初高中地理课程要求有所不同,学生需要适应由区域性世界地理向逐类介绍自然元素的系统性自然地理的过渡,而在学习方法上亦需适当调整。在所有技术类技能之上,培养兴趣至关重要,乃快乐学习之根本。抛开考试,对大多数学生来说,自然地理本身还是有趣的。当你不得不坐在教室里发呆而内心却向往自由和远方时,地理可以把大千世界的美好一一展现于眼前。当你发现秘鲁寒流使得位于热带的加拉帕戈斯群岛成为企鹅栖息地时,会感到大自然竟如此奇妙。当你因明白雾霾形成与逆温层的关系而切实感受到环境保护之重时,可能会从此多骑单车而少乘出租车。此外,如果家里挂着世界地图和中国地图,且时时有意或无意观察,你会发现地理其实如此易学。

初中地理学习除了"预习—专心听课—做好笔记—复习巩固—有疑则问"的基本学习方法外,亦注重读图技能和比较学习法,以下举例说明。

1. 阅读世界地图和不同比例尺的区域地图

不同比例尺的地图所包含信息的详尽程度不同。初中阶段的地图主要用来帮助学生记忆国家、城市、半岛、岛屿、山川、高地、平原、河流、气候类型等的名称和空间分布,以及对地图上的信息作浅显分析。譬如,落基山脉位于哪个大陆？地中海气候只存在于地中海区域吗？世界最大内陆湖在哪里？当然,用空白地图测试记忆也是一种有效的学习方式。

2. 比较学习法

可以要求学生将不同国家或地区进行对比,发现其差异或相似之处,并通过课本阅读或网络小调研尽量作出解释以加深记忆和理解。譬如,就位置、地形、河流、气候类型、降水等几方面将印度和巴西作比较,会发现两个国家虽位于不同大洲,却有多处相似。它们都是位于热带的临海国家,地形皆以平原和高原为主;都降水丰富,且有大河流过;都是世界上主要的热带经济作物的出口国,等等。再如,将长江三角洲和珠江三角洲区域对比,会察觉二者虽地貌相似,皆为平原,但三角洲的形状、气候类型及一年中的降水模式差异明显。当然,加深对一个区域或地方了解的最佳方式恐怕非旅游莫属,尤其在细节方面。

如上所述,地理技能的初步培养可在初中实现,而高中实为在初中基础上的提升,即更重视明辨性思维和理论联系实际能力的塑造,而在读图能力上的要求亦更高。下面举例以具体阐述。

1. 读图能力

对高中学生来说,这里的"图"不仅指地图,亦包括示意图、图像和图表,譬如日照图、统计图表、地形剖面图、地质图、地理原理示意图、地理结构图、等值线图等。学生要掌握正确的读图方法,按照图名、图例、比例尺和方向、图形所表现的范围以及具体内容的顺序仔细观察,读懂并熟练地从图形资料中获取有用信息。本课程还借用教材中丰富的图片和航空航天图像将真实世界的场景带入课堂,将重要的自然物理过程高度可视化,并设置任务,要求学生根据提供的信息进行分析、解释、推断或预测。

例一:

学生首先观察图 4.3 中密西西比河三角洲 5 000 年来的位置变迁趋势,描述各个时期三角洲形态特征。然后假设在最坏情况下的洪水可能导致河道不稳定,河流可能从其现有河道中挣脱出来并寻求一个通往墨西哥湾的新航线,要求学生借此分析人工堤坝系统的作用。接着推测上游筑坝、开挖运河和水道对河口沉积物,乃至河口城市的影响。最后,将其与萎缩的科罗拉多三角洲相比较,讨论海水入侵问题。

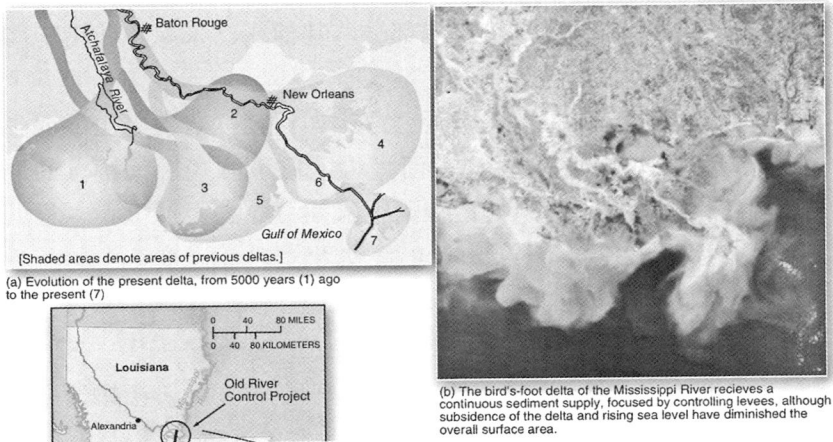

(a) Evolution of the present delta, from 5000 years (1) ago to the present (7)

[Shaded areas denote areas of previous deltas.]

Louisiana
Old River Control Project
Alexandria

(b) The bird's-foot delta of the Mississippi River recieves a continuous sediment supply, focused by controlling levees, although subsidence of the delta and rising sea level have diminished the overall surface area.

图 4.3 密西西比河三角洲历史变迁(选自教材)

例二:

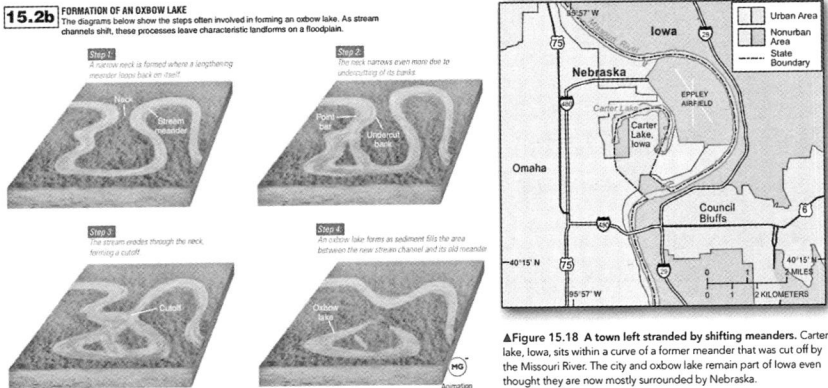

15.2b FORMATION OF AN OXBOW LAKE
The diagrams below show the steps often involved in forming an oxbow lake. As stream channels shift, these processes leave characteristic landforms on a floodplain.

Step 1:
A narrow neck is formed where a lengthening meander loops back on itself.

Step 2:
The neck narrows even more due to undercutting of its banks.

Step 3:
The stream erodes through the neck, forming a cutoff.

Step 4:
An oxbow lake forms as sediment fills the area between the new stream channel and its old meander.

▲Figure 15.18 A town left stranded by shifting meanders. Carter lake, Iowa, sits within a curve of a former meander that was cut off by the Missouri River. The city and oxbow lake remain part of Iowa even thought they are now mostly surrounded by Nebraska.

图 4.4 牛轭湖的形成和影响(选自教材)

图 4.4 所示分别为牛轭湖的形成和影响。右图显示,河流经常形成天然的政治边界,而在洪水期间变道时,可能引起边界纷争。以内布拉斯加州和爱荷华州的边界为例,它最初位于密苏里河的中段。1877 年,由于弯道的裁弯取直,该镇被内布拉斯加州"占领"。新的牛轭湖被称为卡特湖,仍然是州界,而卡特湖市成为爱荷华州唯一位于密苏里河以西的部分。其他州已采取预防措施防止此类事件发生。

首先让学生观察并描述蜿蜒型河道如何裁弯取直以至形成牛轭湖的过程,以及这些过程会在河漫滩上留下哪些极具特点的地貌。然后推测在河流弯道处横截面上流速分布与侵蚀沉积过程的关系。最后展示右图,引导学生思考,如果这种动态变化中的河流弯处恰为政治边界,可能引发什么问题。

2. 独立的明辨性思维能力

孔子曰:"学而不思则罔,思而不学则殆。"当下刻苦的学生比比皆是,而勤于思考的学生却不算很多。希望通过本学科的学习,学生能够拥有独立的明辨性思考能力,把自己变成"十万个为什么",而不盲从于教师或教材。本课程的每个章节都贯穿了培养这种能力的活动,为学生提供了时时暂停脚步,回顾所学,思考所惑,并在实例应用中加深理解的机会。以下举例说明本课程对明辨性思维能力的实践。

图 4.5 所示分别为常见的水系类型及实例。首先要求学生观察并描述 7 种水系模式各自的特征,鼓励学生推测不同类型水系所反映的地势陡峭程度、倾斜或褶曲地形、断层和断裂缝、水文及气候变化等特征。然后对比左图,推测右边航拍图像中最可能出现了哪两种模式,并给出理由。还可以鼓励学生,如果有机会飞越密斯米雪山附近上空时,可以观察窗外实景。

3. 关注现实世界,学有所用

古人云,纸上得来终觉浅,绝知此事要躬行。可见学习这件事

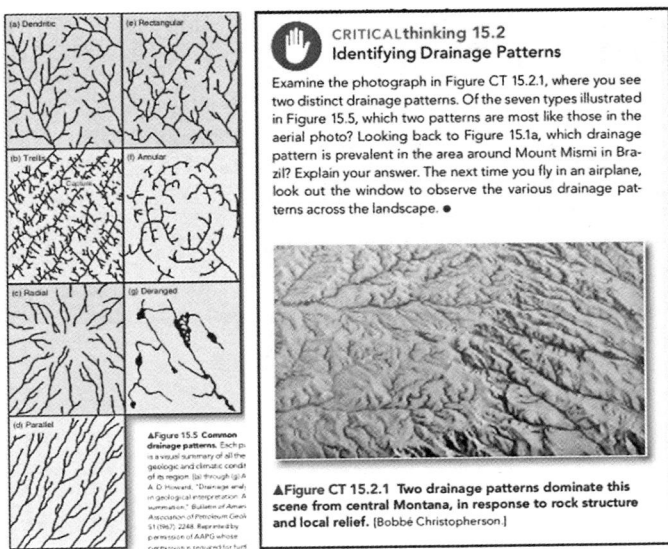

图 4.5　常见的水系类型及实例(选自教材)

绝不可止步于课本上空洞乏味的理论,而应引导学生观察地理现象,在生活中学习地理知识并解释生活中的现象,了解社会热点,使学生感知到这些知识对生活是有用的,从而激发继续学习的兴趣。下面以三个例子说明。

例如,在讲解天文学相关内容时,可以鼓励学生观察月相变化的规律,并自制示意图以分析发生变化的原因。如此,学生不仅知晓月亮有时像圆盘有时又呈月牙状,且能够在不参考历书(农历)的情况下,根据月相来大致判断当日处于一个月中的哪个时段。图 4.6 可用于让学生判断北半球朔日是从左端还是右端开始,以检验学习效果。

再如,在讲解地表能量平衡时,可以引导学生在上海市 2019 年 10 月 15 日的瞬时温度空间分布图上将相似数值连线,绘出等温线图,以证明城市热岛效应的存在,并划出市中心与郊区的粗略界限,同时鼓励学生分析此效应产生的多种原因及其带来的环境影响。

图 4.6　月相变化示意简图

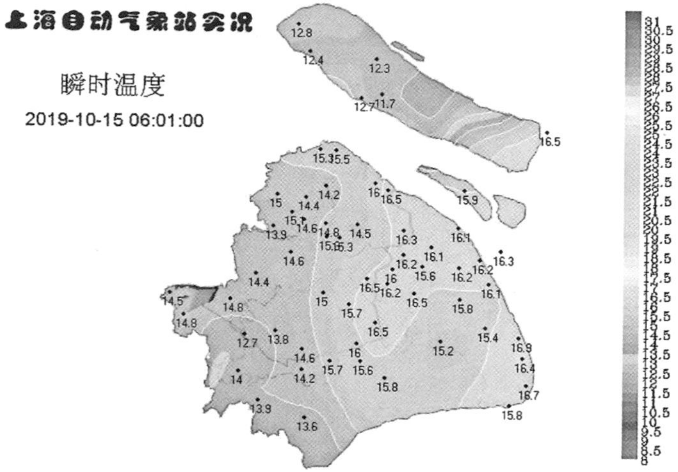

图 4.7　上海市 2019 年 10 月 15 日瞬时温度空间分布图

又如,通过比较我国南方与北方居住人群的生活习惯,来推断其所反映的自然地理环境差异。"南米北面"的饮食习惯与南北方的农业结构有关,而农业结构又与南北方迥异的气候相关。我国南方高温多雨,宜种植水稻,而北方低温少雨,多为旱地,适合小麦生长。虽然在交通高度发达的今天,食物选择不再受限于地理位置,但几千年来的农业社会养成了人们南喜米饭北好面食的习惯。

　　本课程还选用教材中部分原创文章（如图 4.8 所示）和地理报告（如图 4.9 所示），辅以课外在线阅读和地学谚语，为学生提供了诸多与现实世界相关的自然地理学示例。譬如，美国页岩气新能源，加利福尼亚州沿海红杉树和夏雾，2013 冬季飓风 Sandy 造成的海岸侵蚀，大西洋南部洋流系统与 2006 年特里斯坦岛附近新物种

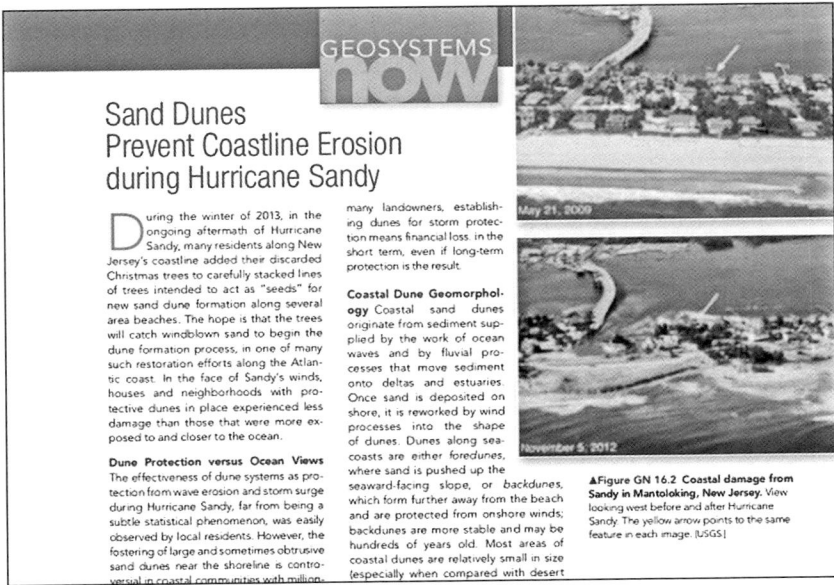

图 4.8　Geosystem Now 范例（选自教材）

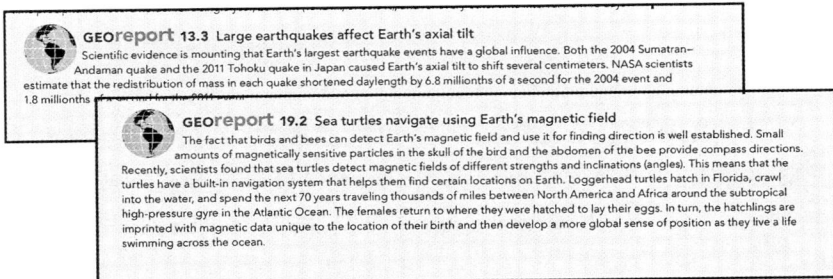

图 4.9　Georeport 范例（选自教材）

入侵,等等。其中许多实例强调了各章节之间,即不同地球系统之间的关联,很好地验证了地球系统学方法。这种通过真实事件和现象呈现自然地理现实意义的方法,更令人信服地给予了学生学习自然地理学的理由。

4. 高中阶段学习方法建议

(1) 合理利用教材中的关键词列表和要点总结,力求理解基本概念与原理(concepts and theories)。高中自然地理具有鲜明的理科特点,需要较多的逻辑思维,故强调理解重于记忆,强调对地理原理与规律的领悟与运用。那么如何确认自己已经掌握了某个原理呢? 一个非常简单易行的方法是做同伴指导(peer advisor)或同伴互助(peer helper),把自己的理解讲给同学听,力求思路清晰,既帮助了别人又能锻炼自己。如果把同学讲得更困惑了,不要怀疑他人的理解能力,而应反思是否自己理解得不够透彻,该怎样深入浅出地讲明白。

(2) 采用分解成块(chunking)和思维导图(mind map)的方法提高学习效率。到了高中,自然地理的一些知识会变得抽象起来。习惯了初中背地名的简易学习方法后,到了学习地理规律的时候会不适应。这时,分解成块和思维导图就可以发挥威力。分解成块是指将学习的内容组合成若干组块,并形成上下文,使之关联并巩固。而思维导图则以画体系图的方式梳理知识点,适合处理相对较复杂的信息,可以帮助加深理解,梳理思路,且让知识变得易记。思维导图可初建于预习,完善于复习,并与课堂笔记结合使用。

(3) 高中学生应更具学习主动性,掌握更多方便学习的技术手段。譬如,在班级微信群或在线论坛上就疑难之处提问或发起讨论,使用 Google Earth 了解地图相关知识,借助 Quizlet, StudyStack, Prezi 温习功课,等等。

(4) 学习拖沓、临渴掘井不可取。

二、教学方法衔接——案例分析

就授课方式的技术层面而言,初高中教学皆乐于依照以学生为主体的原则,采用课堂讨论或小组合作等形式,引导学生自主学习新知识,并尝试用所学分析实际问题。而以学生为主体的教学方式则需要建立民主、和谐的学习氛围,这对教师和学生的相处方式提出了更高要求。孔子曾在其学生因担心想法与他人不同而犹豫不决时,鼓励他:"何伤乎?亦各言其志也。"吾辈亦当如此,以平等的态度对待学生,不总以师者自居,为学生提供一个宽松的心理环境。每个人都有展示自己的欲望,不论精彩与否,而青少年的这种欲望或许更强烈。教师应鼓励学生大胆提出自己的见解和质疑,即使不完美甚至怪诞,也要让他们把话说完。长此以往,学生必能真正享受到学习的乐趣,从而变得更勤于思考、善于发问、乐于体验。

而在知识的难易程度和能力培养方面,初高中地理教学方法也有所不同。根据美国地理课标 7-8,知识技能和垂直性原则息息相关,学习难度呈螺旋式上升,由浅入深。对初中和高中学生应该掌握什么知识内容和地理技能,主要由识别、描述、创建模型、解释、分析、比较、评价这 7 个动词来定义。初中重在识别、描述,亦开始培养学生的解释和分析能力。而在高中,创建模型、解释、分析和比较、评估的比例大大提高。下面分别以传统案例和新技术案例分别予以说明。

（一）传统案例：降水模式、中纬度气旋和地转偏向力

初高中对知识的深度和广度要求不同。初中地理课标的要求是必须能够分析和解释由不同地球物理过程相互作用产生的物理特性的空间模式。关于这个知识点,初中地理仅需要使用示意图、对比归纳等手段,分析 4 种降水模式的异同及其相关的气流上升机制(如图 4.10 所示：辐合抬升、对流抬升、地形抬升、锋面抬升)这些基础知识。然后可以引导学生思考,哪些生活中的实例可以印

证这几种降水类型的存在,在教学方法上可以采取分组讨论的形式。譬如,台风雨,炎热夏季午后时常伴随雷电的阵雨,山地雨影效应导致的地形雨,长江中下游地区六月中旬的锋面雨(即梅雨),等等。

(a) Convergent lifting
(b) Convectional lifting
(c) Orographic lifting
(d) Frontal lifting, cold-front example

图4.10　气流上升机制类型及降雨模式(选自教材)

　　而高中地理除了要求充分理解4种过程的差异之外,还要求细分图4.10(d)中的锋面过程,并分析哪些锋面过程对中纬度气旋的形成贡献甚伟。课标要求学生必须能够解释物理过程的影响及为何因世界不同地区和时间而异,并举例分析说明对不同纬度气候的影响。因此,在教学方法上,使用示意图分析和对比归纳的过程基本由学生分组自学,课堂演讲和讨论完成。而锋面作用促使中纬度气旋形成的机制则需要教师引导理解,并辅以实例分析(图

4.11）。然后,鼓励学生将之与热带气旋相比较,包括初始形成所在的纬度、形成原因、尺度、持续时长、多发季节等方面。这个任务可以作为课外小课题,鼓励学生使用网络资源,分为课堂展示、讨论、教师评价补充几个步骤完成。最后,要求学生使用教材中提供的一些网址来源,找出几张中纬度气旋的卫星图像,列出日期并在课堂上分享,一起识别冷暖气团和几种锋面类型。

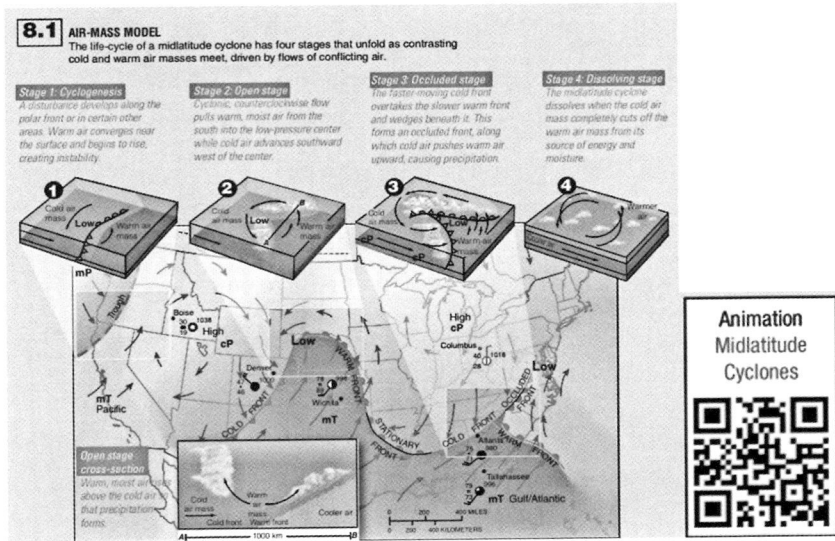

图 4.11　中纬度气旋形成机制(选自教材)

在讲解中纬度气旋的时候,勤于思考的学生会问,气旋在南北半球的旋转方向都是逆时针吗? 这涉及本案例的拓展知识——地转偏向力。首先,从地球自转线速度因纬度而异引入,鼓励学生思考地转偏向力如何形成,气流为何在北半球向右偏却在南半球向左偏。继而提问,跨纬度和沿着纬线运动的气流都会偏向吗? 如果沿着零纬度的赤道运动呢? 其次,和学生一起温习初中曾学过的全球大气环流图,假设抹去地转偏向力的作用,大气环流可能呈现的模样(图 4.12),通过比较加深学生对地转偏向力的理解。

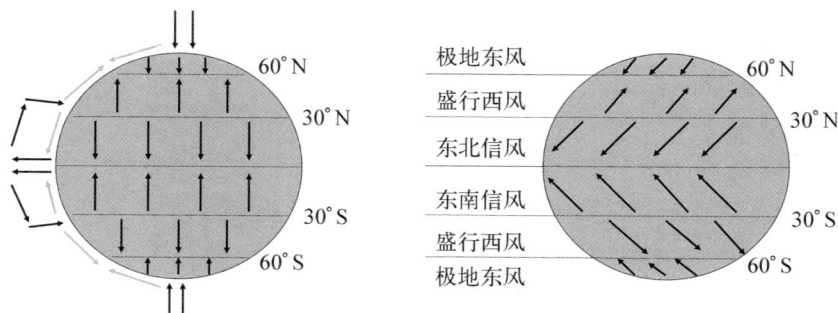

图 4.12　全球大气循环与地转偏向力

　　最后,回到气旋的话题。分组讨论北半球近地面辐合气流(气旋,cyclonic flow)和辐散气流(反气旋,anti-cyclonic flow)的旋转方向(图 4.13),并分别解释给其他同学听这样认为的因由。而南半球的情况则可布置为课后思考题。

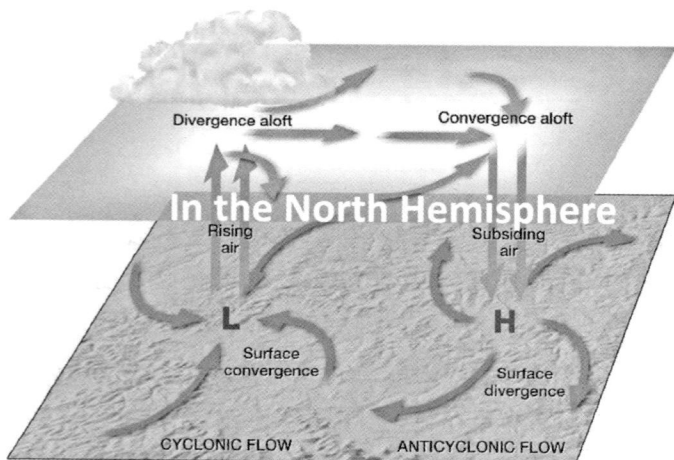

图 4.13　北半球气旋与反气旋示意图(选自教材)

专家点评：

以上案例从教学内容的深度、广度以及教学方法上展示了初高中地理的区别。案例具有传统性和代表性。

（二）新技术案例：地理信息系统（GIS，Geographical Information System）及其应用

地理信息系统技术起源于 1960 年加拿大测量学家 R. F. Tomlinson 提出的把纸质地图变成数字地图的想法，并于 1963 年提出 GIS 这一术语且建立了第一个 GIS 系统。近年来，GIS 理论和技术日臻完善，在社会、经济、生活中应用的深度和广度不断加强，包括从最初的简单绘制静态电子地图到进行动态监测和分析，从单纯的地理数据管理到辅助宏观规划，从 GIS 信息孤岛到网络化 GIS，等等。本校针对这部分知识的教学，在初中地理和高中地理的要求有所差异。

初中地理的课标要求是理解 GIS 基本概念，能够简单使用 GIS 技术探索不同比例下地理信息及其联系，分析分辨率对内容展示的影响。所以，了解 GIS 图层的基本概念及其简单应用成为教学的重点。首先，需要告知学生在 GIS 技术中，空间数据集中体现在图层中，包含不同类型的数据，远比传统纸质地图省时高效。GPS（全球定位系统）于保证 GIS 图层准确性的意义以及栅格和矢量地图的区别亦需提及。其次，可以播放并讨论火奴鲁鲁或其他已将 GIS 成熟应用于城市规划的短视频，帮助学生理解图层的概念。再次，举例说明 GIS 的简单应用，如计算给定森林区域内道路和河流的密度（图 4.14）。最后，以学生熟悉的上海市或校园为对象分组讨论，每组创建至少 5 个他们认为重要的图层，并给出理由。

高中地理的课标要求是能够解释如何使用 GIS 技术来解决实际问题。所以，高中学生除了对图层概念有基本理解，还要有一定深度地了解其在现实世界中的应用。首先学生应该明白任何 GIS 的起始组件都是包含坐标系信息的基础地图，如由 GPS 定位的经

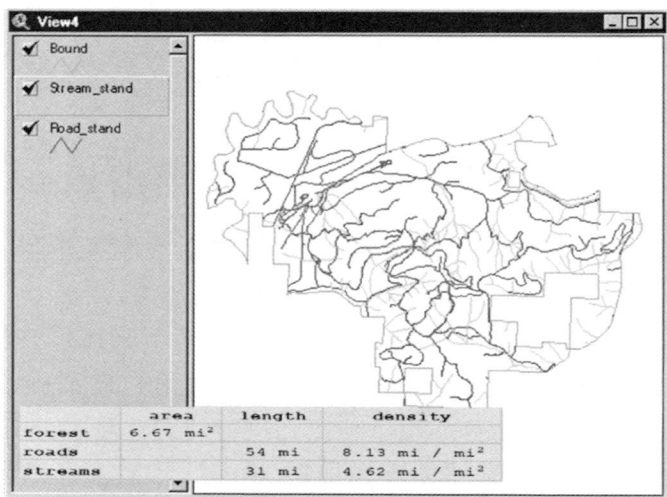

图 4.14　GIS 图层示范

纬度。然后,向学生介绍图层的基本概念,GIS 能够分析单个数据图层上的信息,亦可叠加分析两个或多个图层。最后通过两个例子说明 GIS 在现实世界的应用。

应用例一:美国西北差异分析项目(GAP)

美国地质调查局于 2004 年开始的美国西北差异分析项目(GAP)是全国 GAP 环境质量评估的一部分,旨在物种保护。首先,向学生展示图 4.15(a)中的 GIS 数据示意图,包括植被类型、物种分别、土地所有权以及其他环境变量等多个图层。图(b)和(c)显示的该项目的两个图层,计划对五个州(Utah, Wyoming, Montana, Washington, Hawaii)的陆地物种和栖息地、土地管理状况进行评估。然后,可以让学生讨论图(c)中的四个分类如何为土地管理提供便利。

最后,鼓励学生使用 Google Earth 或其他可从互联网上下载的类似程序,在地球上的任何地方"飞行",放大不同分辨率的卫星和航空图像,以观察所感兴趣的景观及其特征。譬如,教师向学生展

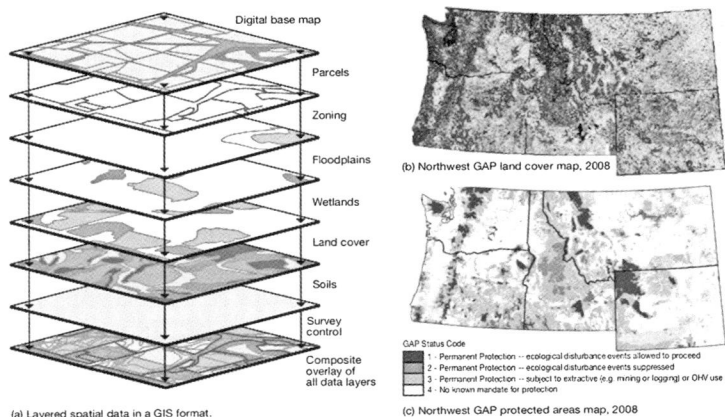

图 4.15　GIS 模型及美国西北差异分析项目（选自教材）

示美国 Landsat 8 卫星于 2013 年 9 月 9 日拍摄的哈萨克斯坦 Alokol 湖西侧 Tente 河冲出 Dzungarian Alatau 山口形成的冲积扇的卫星图像（图 4.16），要求学生找出辫状河流、牧场、铁路（穿越 Beskol 的直线）、小路、城镇等。然后鼓励学生使用 Google Earth 或其他程序找到较新的卫片，找出二者的区别并作简单分析和预测。譬如，辫状河是否依旧干涸？牧场是否出现沙漠化？人们出行更依赖铁路或高速公路？城镇化程度增加了还是降低了？

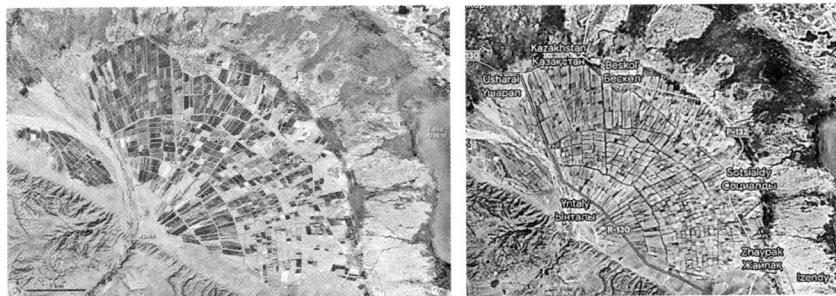

(September 9, 2013)　　　　　　（使用 Google Earth 找到的较新卫片）

图 4.16　冲积扇实例——Google Earth 遥感图

应用例二：上海市智慧水务平台之防汛 WebGIS

首先，向学生介绍该系统。上海市智慧水务平台隶属上海市大数据中心，其中政府防汛 WebGIS 可由微信公众号"上海防汛"进入。此 WebGIS 系统集成并实时发布市级和各区县空间数据的基础信息，包含基础地形、道路、行政区划、建筑物、重要单位、高程、等高线、卫星遥感影像、航空遥感影像等图层。系统还涵盖防汛指挥基础信息，包括防汛物资、防汛人员、抢险车辆、抢险路线、撤退路线等图层。完整的系统供水务部门内部使用，以快速应对水灾的发生，尤其是夏季台风盛行期间。仅有部分功能对公众开放。

然后，引导学生使用手机进入"上海防汛"公众号，重点浏览系统的道路积水和台风路径功能（图 4.17），以感受 WebGIS 给生活带来的便利。

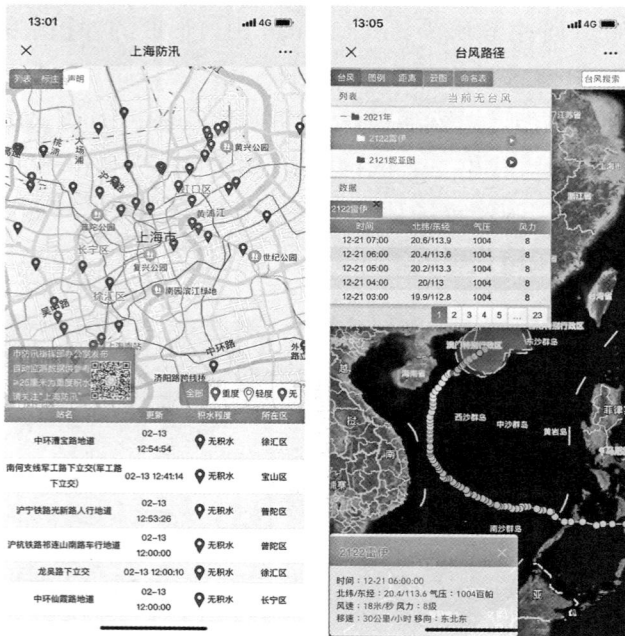

图 4.17　"上海防汛"公众号

专家点评:

以上案例选取的知识点为地理信息系统这个起始于 20 世纪中叶的较先进技术,教学内容和方法皆能体现国际课程的优势,并妥善照顾到初高中学生理解能力的差异。

三、学习方法衔接——学生反思

学生反思例一:

Overview

The ninth-grade geography course for both SL and HL emphasizes a fundamental understanding of physical geography incorporated with graphing skills and real-life applications. Although the level of difficulty for the 9th grade curriculum does not drastically differ from the previous year, this course will be demanding more self-discipline in terms of self-studying, asking questions, and comprehensively reviewing materials with efficiency.

What is new / What to expect

Many students around me dislike physical geography (or prefer human geography to physical) and I see their point: memorizing is exhausting. While memorization is a major component of physical geography—arguably, the amount of memorizing is acceptable to say the least—it is not the single determinant; equally important is the ability to instinctively associate graphs and images with the topic of discussion. While teachers in middle school would usually hand you a narrow range for graphs you should know, that is not the case in 9th grade; you are essentially expected to correctly identify geographic features with the given images (which can sometimes be rather confusing), even if we haven't exactly brought them up in class.

Similarly, unlike the usual 8th grade geography classes from what I recall—where teachers generally provide all necessary information through including them on presentation slides, or assigning corresponding readings—9th grade geography is more intense in the sense that you are most likely unable to capture all the content covered on assessments. In other words, the content we study in class does not always perfectly align with the provided textbook materials.

Study methods / Preparing for Exams

You may feel like the textbook is disposable at first, but it is the essence of your journey with 9th grade geography. Other than the fact that it is absolutely necessary to achieve satisfactory completion of the worksheets (homework) for each chapter, the textbook is your key to maximizing efficiency in studying geography. The content covered is extensive and mostly expands on what we cover in class. Speaking of which, I would recommend taking notes on or at least reading each chapter before the next class, as this would facilitate your grasping of the concepts discussed in class. If you have *any* questions—especially questions on your homework packets or test papers—you are always encouraged to ask your teacher during or after class.

Physical geography tests are simple: as long as you've fully *understood* the concepts and the graphs. Middle school students (including me myself when I was in 8th grade) tend to merely memorize the surface definitions of specific terms yet fail to interpret the term when placed in the larger context of a phenomenon or concept. I myself made this severe mistake on my very first midterm; because of my heavy reliance on pure memorization, I found myself struggling to use my prior knowledge to answer the multiple choice and the short answer questions. Other than the definitions, I was also clueless for the graphing section. Thus, instead of simply compiling and memorizing a list of definitions as your reviewing mechanism, you can try to write about or talk about the concepts and/or phenomena in range in full sentences using your own words, as if you were answering an exam question. For concepts that require graphing, you should most definitely graph them out and label everything as accurately as possible on your notebook. I would like to emphasize that no matter how well you think you know the graphs, you should always graph them repeatedly before an exam, and make sure that you're not missing any details. Comprehensively analyzing and connecting the concepts you know is pivotal to studying physical geography, and I believe this method would be of help in the future.

10th grade & Beyond

For those who are considering taking human geography in 10th grade, or even AP Human Geography in 11th grade, 9th grade physical geography will be the fundamental basis for you. The content is not necessarily relevant to 10th grade geography, but the essential skills that you'll develop in the 9th grade course will naturally extend into your next few years with geography.

— written by Crystal Zhao

专家点评：

这篇学生反思清楚地点出了初高中自然地理学习方法上的差异，建议高中生应以理解为主、记忆为辅，并重视自主学习和图表分析能力，不失为一篇上乘的建议书。

学生反思例二：

Physical Geography is a subject all upcoming ninth graders should be familiar with, but a major misconception is that the subject is solely memory-based. Though an exceptional memory would most definitely aid in succeeding within the course, acquiring a broader understanding of global trends (ex. climate patterns) would be the most beneficial course of action for the average student. However, this is not to say that the subject is not somewhat memory dependent; much like subjects such as biology and psychology, geography is also memory intensive. It's simply that the subject of geography often follows many trends that can be spotted and used to deduce correct answers.

As for Physical Geography, and a holistic understanding of world maps will be vital. Rather than fully memorizing each detail about each specific location around the world, a much better approach would be to simply commit certain maps to memory (the world map, climate trends, etc). When committing maps to memory I would recommend the method of active recall — essentially the practice of testing yourself repeatedly to commit facts to memory. By effectively utilizing active recall, memorizing maps should not be very time consuming. To test yourself, you can either make your own hard copies of maps or find quizzes online. Overall, I personally don't suggest blindly memorizing textbook facts, but rather focusing on the bigger picture and giving yourself a more overarching understand of the subject. This does not mean you can depend solely on maps/context and neglect facts presented in your textbook — basically, you still have to study.

Honestly, the course as a whole is not a difficult one. With a strong understanding of certain concepts and patterns, the memorization of more specific facts will come very naturally as they all logically fit into their own places within these trends. Physical Geography is also a subject intimately tied to our daily lives and thus most facts come rather intuitively. A high score within the subject should not be difficult given that the student understands core concepts and can spot general trends on a broader scale.

— written by Joshua Chang

专家点评:

这篇学生反思亦表明,若只重记忆而忽略理解,则无法学好这门学科。同时,高中生还应善于梳理知识碎片,注重不同知识的关联性。

四、有效评价

初高中自然地理评价体系基本一致,都包括过程性评价和期中、期末考试,使得学生升入高中后并无陌生感,过渡自然而平顺。然而,这并不意味着初高中评价方式毫无差别。高中地理内容包含更多地理原理和规律,图表分析也更复杂,需要较多的逻辑思维,故强调学生应注重理解力,而非像在初中时依赖记忆力。同时,更强调自主学习、合作、演讲、明辨思维和理论联系实际等能力的培养。这些能力部分体现在期中、期末考试中,因为考题样式明显提高了根据图表进行解释、分析或预测之类开放性题目的比例。这些能力也展现在过程性评价中,由于其囊括了演讲、分组合作、课后和课内作业、章节测验以及月考等多方面的考查。下面分别以基本原理类考题、图表类考题、应用类考题、辨析类考题、课堂演讲及分组活动为例,详细说明高中自然地理的更高层次要求。

（一）基本原理类考题

高中阶段地理原理和规律的比重大大增加,包括地球运动、大气运动、地表能量平衡、地质过程、自然环境地域分异等。学生只有透彻理解这些基本知识,才有可能运用它们解释生活中的自然现象。因此,基本原理规律类考题作为检验学习效果的工具之一,必不可少。以下分别以地表能量平衡和地球运动中的例子予以说明。

例一:什么是瑞利散射(Rayleigh Scattering)？什么是米氏散射(Mie Scattering)？两种散射如何影响天空的颜色？

这个题目要求学生首先了解成功到达地球表面的太阳光包括哪几种,然后阐述两种散射各在什么情况下发生,即散射行为与太阳光波长、散射颗粒尺寸的关系,最后解释对天空颜色的影响。譬如,晴朗的天空为何呈蓝色？太阳为何白天偏黄,而早晚变成橘红色？为何云为白色,而厚实的云和雾霾天呈灰色？

学生可以借助简易示意图(图4.18)来说明,瑞利散射发生于光波遇到直径比它小很多的氧分子和氮分子时,光会向四面八方散射,且光的波长越短,散射强度越大,即波长较短的蓝紫光大量被散射,导致天空呈蓝色。米氏散射则于光波遇到直径与其波长相当,甚至更大的烟雾、水汽或尘埃时发生,且所有波长的光均发生散射,故而云朵呈白色。太阳早晚色泽更重则与光线穿过大气层的厚度有关,而云层厚重的阴天和雾霾天则是由于遮蔽作用导致太阳辐射衰减。

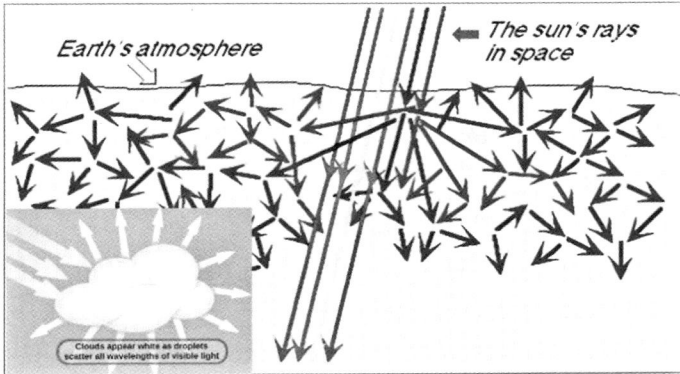

图4.18 瑞利散射示意简图

例二:绘制简略的地球-太阳位置关系图,并回答以下问题。

(1) 地球上季节形成取决于哪些主要因素?

(2) 太阳直射点在一年之中如何移动?

(3) 为什么赤道附近的季节变化不如中纬度地区那么明显?

(4) 北半球在一年之中什么时候昼最长?为什么?

(5) 北半球在一年之中什么时候夜最长?为什么?

(6) 一年之中什么时候地球上所有地方的昼夜长度都相等?为什么?

(7) 地球上哪里昼夜长度在一年之中总是相等?为什么?

(8) 地球上哪里会出现极昼或极夜?为什么?

(9) 地球上哪里会出现半年极昼或半年极夜?地球上哪里会只出现一天极昼或极夜?

(10) 昼夜长度差异在高纬度还是低纬度更显著?为什么?

(11) 在你的家乡所在地,昼夜长度和太阳高度角在一年中是如何变化的?

　　11 个问题基本上层层递进,从季节形成的根本原因到太阳直射点的周期性移动,从晨昏线与昼夜长短的关系到个例分析。若要完美回答这些问题,学生首先必须理解地球公转和自转、地轴倾斜、平行地轴以及地球呈椭球状几个因素对季节形成的影响,并能够绘出粗略的示意图(完整示意图如图 4.19 所示)。在这部分知识的教学中,还可以鼓励学生尝试反向思维,如果地球停止公转或自转,地轴倾斜度大幅度增减或不再平行,太阳热量在地表分布状况将会发生何种变化? 季节和昼夜长短又会如何不同? 回答这些问题需要学生具备一定的想象力。在平时的教学中,可以让两个学生假充太阳和地球,并手举地球仪和箭头示意图,模拟地球绕太阳公转以观察太阳直射点移动、季节变换以及昼夜交替。在初中阶段,学生只需了解从冬至、春分到夏至、秋分的昼夜长短变换,以及极昼、极夜等自然现象,并不要求掌握导致这些现象发生的原理和规律。

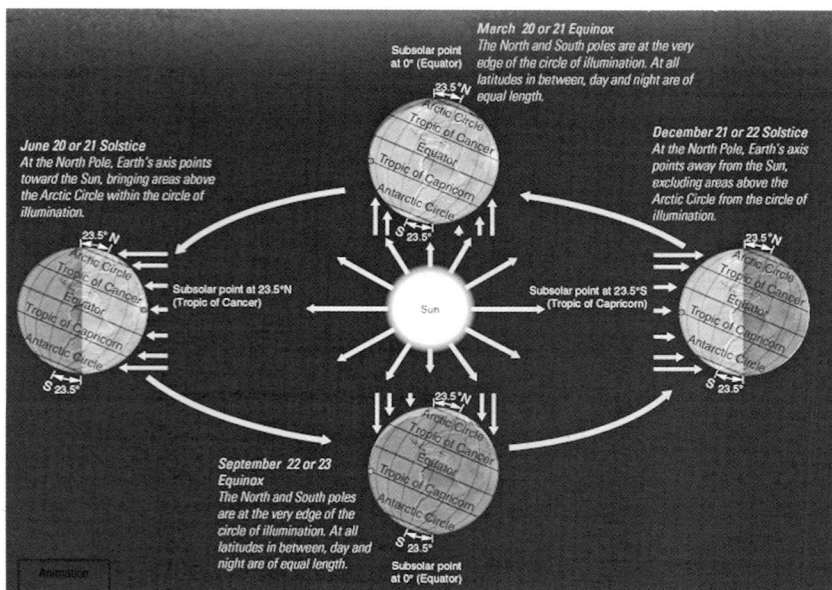

图 4.19　地球四季形成图解

（二）图表类考题

图表分析是高中阶段重点培养的能力之一，自然也会在考试中体现。以下例子与地球表面的水量收支平衡（Water Budget）相关（图 4.20）。建立水量收支平衡需要用到降水量、蒸发量、蒸腾量、地表径流以及土壤湿度等。在尺度上，可以覆盖任何区域（大陆、国家、地区、田野，甚至家里后院）及任何时间范围（几分钟到几年）。下面的考题提供了某城市一年中水量收支平衡情况和多年月平均气温。

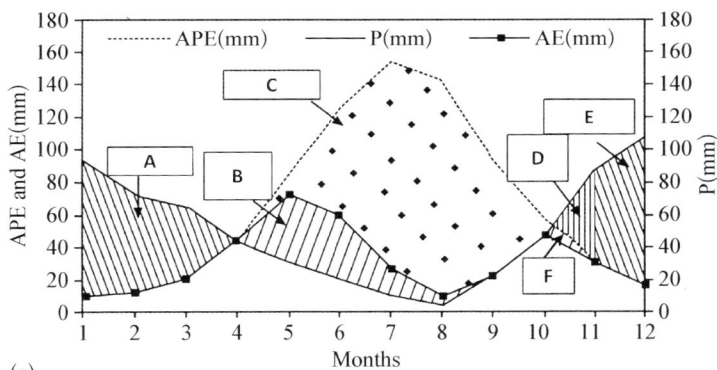

(a)

其中 APE 是每月的调整潜在蒸发散量（mm），AE 是每月实际蒸发散量（mm），P 是月降水量（mm）。

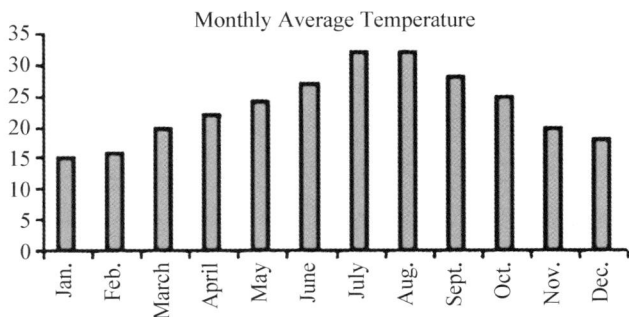

(b)

图 4.20　某城市一年中水量收支平衡情况和多年月平均气温图

（1）按时间顺序填写水量收支平衡的 4 种情况。A—F 可以重复。

（2）描述这个城市的水量收支平衡模式。

（3）根据水量收支平衡和多年月平均气温两个图表判断该城市可能属于哪种气候类型，并陈述理由。

这道考题要求学生对水量收支平衡活学活用，不但理解概念，而且能够将其与其他信息整合以推断一个城市或区域的气候类型。水量收支平衡在功能上类似于货币预算：降水作为收入，必须与蒸发、蒸腾和径流的支出持平。土壤中的水分储存好比储蓄账户，接受蓄水或用水。当所有支出需求都得到满足时，额外的降水会导致盈余（Surplus）。当水分需求超过降水供应时，植物开始吸收土壤中贮存的水分（Soil Water Usage）。随着土壤贮存水分的减少，植物生存越来越艰难，最终无水可用，植物开始枯萎。这种降水和土壤所储水分皆不足以满足蒸发、蒸腾需求且土壤中植物可用水分丧失殆尽的情况，称为赤字（Deficit）。不过，当再次降水或人工灌溉时，水分渗入土壤以补给，称为水补给（Water Recharge）。如果对这 4 种情况不求甚解，就无法顺利完成第一个和第二个问题。而第三个问题要求学生对世界气候分类和各类型的特征胸有成竹，否则会感觉无从下手。这种难度的题目不会在初中阶段出现。

（三）应用类考题

气象谚语读来朗朗上口，预测精准，凝聚了千百年来民众的智慧。它们来自生活经验的累积，多是农业社会的产物。而实际上，不论是要耕种的农夫、草场上的牧民，还是来往贸易的商贾，都明了能够预知次日天气有时候可能关乎一件事情的成败。人类的智慧是相通的，一些耳熟能详的东方谚语在西方亦存在类似的描述。这些谚语在当时受知识水平所限，往往难以探究其原理，而今天的科学发展使之成为可能。这类考题就是要学生明白，自然地理的学习不仅能丰富个人知识,亦可助人明理,使生活更便易。

以下两句天气谚语分别流传自唐代和明代:"冬寒有雾露,无水做酒醋"和"朝霞不出门,晚霞行万里"。而在西方出现的相似描述为"Red sky in the morning, sailors take warning. Red sky at night, sailors' delight." 和"When the dew is on the grass, rain will never come to pass. When grass is dry at morning light, look for rain before the night." 第二个天气谚语甚至在基督教圣经新约马太福音第 16 章出现过:"When it is evening, ye say, fair weather: for the heaven is red. And in the morning, foul weather today for the heaven is red and lowering." 高中学生在考试时被要求依据大气环流、地球自转方向、气压与降水的关系、逆温层的形成等现代知识对这两条谚语进行解释以证明其合理性,而初中仅要求学生了解天气谚语所描述的天气,不会出现此类考题。

（四）辨析类考题

辨析类考题在初高中都会出现,但所要求的深度明显不同,以下题为例。

高中学生被要求通过阅读下面的新闻回答问题:

（1）判断其谈及的自然现象并提供判断依据。

（2）讨论这种现象初始形成的若干必要条件及发展过程。

（3）从所在纬度、规模、形成的决定性因素、最强风力出现的高度、迁移性以及多发季节几个方面,将这种现象与中纬度气旋进行比较。

> …… …… Japan's southern islands are braced for one of the country's worst storms for years …… …… with almost half a million people advised to evacuate and power cuts in more than 50,000 homes. TV images showed deserted streets strewn with fallen

> trees on the main Okinawan island as residents heeded warnings to stay away from the coast and low-lying areas being battered by gusts of up to 155 mph（250 km/h）, storm surges and waves of up to 14 metres（46 ft）high. Hundreds of flights were cancelled and the US military, which has a strong presence on the main island, called off all outdoor exercises. … … "When the wind is at its strongest, it's impossible to stand. You have to hold on to something," Kei Shima, an Okinawa resident in her 30s, told Reuters. "The lights are fading in and out, like the house is haunted. The rain is getting stronger and falling sideways." … … .
>
> — written by Justin McCurry in Tokyo on July 8, 2014

若想顺利回答以上问题,高中学生必须对低纬度热带气旋和中纬度锋面气旋都有全面而细致的了解,尤其是较难的结构和运行机制等,而这些对初中生而言过于复杂。因此,初中类似考题仅要求学生了解相对较简单的热带气旋,并着重于其形成的纬度、多发地区、多发季节及其所带来的环境影响等基础知识。

（五）课堂演讲

作为过程性评价不可或缺的一部分,课堂演讲主要考查了学生利用网络资源进行探究式学习、分析总结,并制作出幻灯片或视频在课堂上展示、表达自己的能力。表4.1将高中学生自然地理课堂演讲的表现分为4个等级,并从内容的组织和展示、对知识的掌握程度、图表的使用、拼写和语法、与听众的眼神交流、演讲技巧等几个方面进行评估。譬如,学生曾被要求使用网络资源、以往阅读或亲身经历,就21世纪沿海环境可能面临的挑战来选材、收集资料、整理归纳,并在课堂上演讲。学生的选材相当广泛,包括从气候变化引起的海平面上升到沿海生态系统的退化和丧失,从人类继续向沿海地区扩张到航运和钻井带来的污染,从厄尔尼诺现象对某些国家沿岸气候的影响到学生自行组织的海洋保护社团,等等。初高中的课堂演讲皆注重内容的清晰表达、演讲技巧以及与观众的交流。相较之下,高中课堂演讲对内容的深度和广度可能要求更高。

表 4.1　课堂演讲评估标准

	4 超越预期	3 达到预期	2 未完全达到预期	1 未达最低预期
内容组织和展示	内容展示过程有趣且合乎逻辑,可以很好地引导听众	内容展示过程基本合乎逻辑,可以较好地引导听众	内容展示过程缺乏逻辑,跳跃性强,无法很好地引导听众	内容展示过程混乱,听众完全无法理解
对知识的掌握程度	能够完美回答听众所提问题,给出合理解释,体现了对相应知识的良好掌握	能够轻松回答听众提出的大部分问题,解释不够完美	对相应知识的掌握欠缺,只能回答比较基本浅显的问题	思维混乱,无法回答任何听众提出的问题
图表的使用	擅长通过使用图表来增强文本内容和演示过程的说服力	所使用的图表基本与文本内容和演示过程相关,具有一定的支撑作用	偶尔使用图表,且对文本内容和演示过程的支撑有限	鲜少使用图表或图表与文本内容完全无关
拼写和语法	演示文稿几乎不存在任何拼写或语法错误	演示文稿的拼写或语法错误不超过两个	演示文稿存在三个拼写或语法错误	演示文稿至少存在四个拼写或语法错误
与听众的眼神交流	与听众始终保持眼神交流,基本脱稿	大部分时间与听众保持眼神交流,但时常需要借助手稿	偶尔会与听众有眼神接触,比较依赖手稿	与听众无眼神接触,全程阅读手稿

	4 超越预期	3 达到预期	2 未完全达到预期	1 未达最低预期
演讲技巧	吐字清晰,发音准确,尤其在提到关键术语的时候,观众听得清楚,容易理解	吐字清晰,发音基本准确,尤其在提到关键术语的时候,大部分观众能够听得清楚	声音较低,发音时常出错,部分听众可能听不清楚	声音过低如耳语,发音时常出错,教室后排的同学根本听不到

（六）分组活动

分组活动是过程性评价重要组成之一,亦可视为反转式教学的一种手段,益处良多。首先,扬长避短,相得益彰。本着"组内异质、组间同质"的原则,将学生根据学习水准、交流技能、自觉程度等合理搭配,可使每个人都有机会获得成功的体验,尤其学习迟缓者更易在组内得到同龄人的帮助。其次,合作精神。为了达成共同目标,小组成员必然分工协作、各司其职,学生的合作意识从而得以培养。最后,轻松氛围。不再限于单一的倾听形式,师生间的互动趋向多元化,学习氛围更融洽轻松。表4.2将高中学生自然地理课堂分组活动中学生的表现分为4个等级,并从贡献值、合作能力、专注力、领导力及执行力等几个方面进行评估。譬如,在讨论海岸和海洋过程时,学生曾被要求分成3组,分别自主学习有关波浪、潮汐和海啸的知识,然后将要点归纳总结,包括成因、多发地点、强度、频率、运动方向、内部分类等。最后在课堂上展示给其他同学,以作组间比较,加深对3种海洋过程的理解。初高中皆注重借助分组活动的手段来提高学生学习的积极性和主动性。相较之下,高中学生的自学能力较强,合作和交流亦更擅长,因此即便布置较深较难的内容,大部分学生也能轻松应对。

表 4.2　小组合作学习评估标准

	4 超越预期	3 达到预期	2 未完全达到预期	1 未达最低预期
贡献值及参与程度	总是积极参与，总能提出新颖而有用的想法，并热心帮助其他组员	积极参与，乐意与其他组员合作，通常能够提出新颖而有用的想法	有时愿意与其他组员合作，偶尔也能提出新颖而有用的想法，但总体态度不够积极	很少与同学合作，亦很少提出新颖而有用的想法
合作能力	总比其他人做得更多，与其他组员高效合作，从不引起纷争	能够做好自己分内的工作，与其他组员有效合作，很少引起纷争	不能独立完成自己分内的工作，需要其他组员的帮助和引导，偶尔引起纷争	拒绝合作，无任何贡献，并常与队友争吵
专注力	能够主动促进组员合作，以专注于所布置的任务。非常自觉	是个好组员，大部分时候能够专注于任务的完成。比较自觉	并不总是一个好组员，有时能够专注于任务。需要督促	不是一个好的团队成员，无法专注于任务的完成
领导力和执行力	参与所有小组讨论，通常成为众望所归的组长，亦能积极完成自己所被分配的任务	参与大部分小组讨论，必要时能够胜任组长职务，亦能积极完成自己所被分配的大部分任务	参与部分小组讨论，偶尔担任组长职务，能部分完成自己所被分配的任务	很少参与小组讨论，无法胜任组长职务，亦不能完成自己所被分配的任务

五、学科与未来

作为一门经世致用的学科，自然地理古老而又生机盎然，它在发展过程中不断创新，成为人类了解地球表层系统的科学支撑，亦为某些全球和区域问题的治理提供了决策依据，如国土规划、资源利用、环境保护、自然灾害防治等。自然地理学的发展趋势大致体现在以下几个方面,而这些趋势又与高中毕业生将来的职业选择息息相关。

(一)耦合人文要素,继续发展应用自然地理学

人类活动对地表过程影响的范围和强度正在不断增大,已成为地表环境变化的主要驱动力之一。因此,现代自然地理除了学习气象、地质学、水文学、地球概论等基础知识外,更考虑到其应用,即如何利用理论和知识来管理和解决与自然现象有关的问题。土地利用和土地覆被变化可谓自然与人文要素交叉最为典型的例子。耕地、森林、湿地等土地覆被的变化与工业化和城镇化过程不无关系。此外,人类活动对脆弱生态区和自然地理过渡带的影响尤甚,如海岸带、半干旱农牧交错带、高原和河口三角洲等。所以,从自然地理学的角度探索环境演变规律和环境影响,分析自然作用和人类活动的相互作用成为必要。

拥有自然地理学学位的人有资格从事土地规划、林业规划、湿地研究、水资源、天气预报、土地管理及城市规划等多方面职业。他们可以是环境管理者,以保护我们的自然资源为己任,参与水管理、土地复垦、海岸污染管控、危险物处置等。他们可以做中小学教师,早早地助学生对所处世界形成一个基本了解。他们可能成为大学教授,为社会培养专业人才。他们也可能选择远赴海外教学,在与学生分享地球奥秘的同时感受旅行和文化探索的乐趣。

(二)新技术的应用——3S(RS, GIS, GPS)

遥感(RS)、地理信息系统(GIS)与全球定位系统(GPS)的一体化技术,称为3S。遥感技术的进步使得从空中监测地球上的资源和环境成为可能,并通过迅速记录地表的电磁波辐射特征来客观而实时地反映地表景观实况。遥感可同时提供图像信息和数字化数据信息,亦能同时获得实时的二维平面及三维空间信息。这大大拓宽了研究的广度和深度,成为自然地理研究的重要信息源。

遥感技术在本学科运用广泛,包括使用摄影测量法推导高程和绘制等高线,监测海洋温度和盐度异常,测量洋流运动以估计漂移污染,观测云系特征以助气象学家预测天气,等等。

精通 RS 的毕业生或能成为遥感分析师,通过判读航空照片和卫星图像,分析其所蕴含的信息,为管理者或政府部门提供决策依据。譬如,在冷战期间,美国就曾借助遥感分析人员的工作,对苏联的农作物生产、军队调动、导弹发射和核试验了解甚多。

GIS 为自然地理研究提供了强有力的分析手段,将数据库中的信息与数字地图上的空间坐标(GPS)完美融合,而自然地理研究又为 GIS 提供了数据源和研究对象,二者结合而开拓出新应用领域。譬如,GIS 可应用于地震监测,日常收集并完善城市防震减灾空间数据库,在地震发生时则可快速跟踪灾情,模拟地震冲击,提供救灾方案。再如,GIS 可应用于森林管理。GIS 可用来储存大量信息空间数据,并进行植被类型区划、成熟林生长状况、森林规划方案实施情况等分析,为森林管理员提供及时而准确的信息。

精通 GIS 的毕业生有资格成为地理信息系统专家,服务于城市规划机构、土地开发公司、房产行业、公共事业部门以及市政单位等,因为他们都需要使用 GIS 而使现代规划得以顺利开展。譬如,可以使用 GIS 来评估道路、垃圾填埋场或其他设施的设置合理性,分析交通流量、房地产价格、土壤类型及城市洪灾影响等,以助地方政府作出明智决策。

第五章　跨学科课程初高中衔接

跨学科概念是国际科学教育研究中的一个重要领域,它体现了科学概念的相通性和交融性。跨学科概念反复出现在国外科学课程标准文件中,关键词为"通用主题"和"统一概念"①。跨学科教育中,科学课程教育显得尤为重要。跨学科教育的关键点在于"真实科学",也更多以"真实问题解决"为导向进行科学素养的训练。基于这个目标,上海中学国际部以建设创新型、研究型名校为指引,在课程、学生创新和学生社团三个方面进行了实施与探索,为科学教育的跨学科实践打下了坚实的基础。初高中跨学科路径的基本出发点是相同的,即都是以"真实问题解决"为目标,对学生进行训练。由于初中学生在学科知识应用方面还处于基础层面的补充,相较于高中学生而言掌握的知识较少。因此初中跨学科教育以兴趣为出发点,以知识拓展为主要发展方向;而高中学生已有比较明确的兴趣点和相对较扎实的基础,因此高中的跨学科教育更加强调探索和研究素养。本章主要就课程、学生创新和学生社团三个方面讨论了国际部初高中学生所经历的"以学生为中心"的跨学科实践的异同点和衔接。

一、初高中衔接中科学课程跨学科路径分析与实施

创新,是跨学科项目的实现之基。将科技的不同方面结合,或是将科技与人文社科结合,都是跨学科项目实施的方向。上海中

---

① 廖婷婷:《跨学科概念融入初中科学教育的初步研究》,硕士学位论文,南京师范大学课程与教学论,2015。

学国际部以现有课程体系为基础,以学生兴趣为导向,以科技前沿为拓展,分不同层次地开展跨学科项目的教学实践,提供更多的平台让学生自由选择。在这些跨学科平台中,课程是最基本和直观的实践方式。初高中的科学课程均以学生为中心,初中主要以兴趣为课程开发的基点,而高中则随着学生知识体系的加深而更加重视深入探索。在共同的目标下,高中科学类跨学科课程主要以项目驱动式课程(Project-based Learning, PBL)和超越课程(Beyond)的方式实施。这些课程目前在 9—10 年级开设,承载了初高中跨学科科技类课程的衔接作用。

（一）高中项目驱动式课程和超越课程简介

上海中学国际部高中项目驱动式课程(Project-based Learning,简称 PBL)是开设于 2017 学年的学生自主创新实践类课程。PBL通过问题引发学生对概念的思考和探索,是以问题为学习的起点并围绕问题解决而展开的学习[1]。课程中,学生通过团队协作完成项目的方式加深对知识的应用。学生所做的项目可以是复杂问题解决、现实问题解决,也可以是课题和小制作。PBL 课程以学生为主体,教师引导学生利用所学知识完成既定或自定项目。课程锻炼学生对核心知识的理解和应用,训练科学研究的流程和方式。PBL 课程打破了常规课堂灌输式教学的模式,开启了教师引导、学生自主学习的新型混合式教学方法。课程提供给高中学生更多的成为自主探究者的机会,他们也能在团队协作中形成独立思考的能力。此外,在项目实施的过程中,反思和修正这两种重要的思维方式也会得到加强。PBL 以人本主义教育观和建构主义学习理论为基础,是学生在教师的引导下,以学科的概念和原理为中心,围绕着项目而进行的探究性的学习。该模式以学习者为中心,有利

---

① 杨敏、邹安琪、章勤琼:《项目驱动,让数学问题解决更具生命力——小学数学项目式学习教学实践与启示》,《小学数学教师》2020 年第 1 期,第 4 页。

于学生在模拟真实的项目中建构知识并把知识转化成技能,实现在实际工作中的迁移①。

随着课程内容的多元化,PBL 的目的性已不再狭隘。课程通过师生交互协作产生可见的成果,拓展学生在某一方向或学科交叉融合的能力。课程通过团队项目的考评,评价学生的自主思考和团队协作能力,最终产生许多探索和创新的成果。基于此,项目驱动式教学提高了学生的学习效率,培养了学生的创新和协作能力,也能激发学生的学习、探究动力②。PBL 课程不拘泥于课堂所学知识,拓展延伸性强。通过 PBL 所架设的台阶,学生可以拓展各种相关平台,以竞赛、创新项目为起点丰富自己的学业平台。所以,PBL 的成果不仅仅是学生的优秀项目,还可以是各类学术比赛的成果。对于教师而言,PBL 的学科交叉特点能够让教师在知识面上得到拓展,与学生共同学习。授课教师也可以在新颖的教学实践中探索更多的教学方法,提升课堂效率。如果教师将 PBL 的教学探索整合为教育科研成果,对自身能力的提升也很有帮助。综上所述,项目驱动式教学是教学相长的过程,在师生相互探索的过程中互相提升。高中 PBL 课程的一般授课方式为教师引导、案例分析、项目布置、分组讨论、探索实践、成果展示。其中,在布置项目课题后,学生需要自主完成项目,教师只在学生探索的过程中引导和帮助学生解决问题。

在上海中学国际部高中,PBL 课程目前实施分年级、分层教学的方式。9 年级课程只设标准水平,由教师直接给出课题交由学生研究;10 年级设置标准与挑战水平,标准水平与 9 年级相同,而挑战水平的 PBL 课程中,教师只负责引导学生通过讨论等方式确定课题,具体课题由学生自行设计。

---

　　① 　梁砾文:《项目驱动模式下的博士生公共英语教学——"博士研究生国际会议英语"课程的组织设计与实施》,《现代教育科学:高教研究》2009 年第 5 期,第 4 页。
　　② 　刘慧敏:《高中生物教学中激发学生学习动机的策略研究——以郑州市为例》,硕士学位论文,河南大学,2014。

与初中的拓展性课程类似,高中 PBL 课程的授课教师主要通过专业领域拓展和学科拓展两方面进行课程设计。上海中学国际部的教师团队本身都具有极强的海内外高等教育的专业背景。充分发挥教师的优势,鼓励刚毕业的教师在从教之时重拾自己的专业,利用自己强大的科学背景将研究探索之心植根于高中学生。而对于长期从教、已对科学研究有些生疏的教师,我们希望教师利用自己的教学经验进行学科拓展,将课本外的内容带给学生,鼓励学生将所学知识更多应用在自己的生活中。

"应用"是科学教育的一大基础模块。在实际生活中,跨学科应用无处不在,即便是同样的跨学科分支,解决的问题也不尽相同。仅凭校内教师的参与,还不能达到跨学科教育的要求。因此,一些极具专业应用背景的外聘教师也参与了每个学期的 PBL 课程教学。他们或是让城市"低碳化"的工程师,或是在工程学应用中极为突出的"大国工匠",又或是青少年理工类挑战赛的资深教练。这些外聘教师在讲课方面并不如专职教师,但他们通常能够将研究的问题具象化,带来跨学科在实际层面上的应用示范,启发学生对于跨学科的探索。

此外,在研究拓展方面,教师的专业科学背景也不一定能满足探索欲强烈的学生。基于此,我们每学期都会邀请合作的研究院校(如同济大学、华东师范大学、华东理工大学、上海科技大学等)的专家们为一些对深入学习有更高要求的学生带来更前沿、更具挑战的"超越课程"(Beyond)。这一类课程往往基于大学平台打造,经历了大学生的打磨。它们相较于 PBL 课程,学术成分更高,也能让学有余力的学生更早地接触到自己感兴趣的方向的前沿研究。为高中阶段的志趣聚焦添砖加瓦的同时,也为学生未来的大学申请和专业选择提供更多的导向。

(二)初高中跨学科学习的异同

上海中学国际部初高中的跨学科创新课程项目均以学生为中

心,以学生兴趣为导向,以学生知识水平为基础;同时,许多课程又以教师本身的专业拓展或学科拓展为课程的主要内容。然而,在实施过程中,初高中的课程呈现了一定差异。表 5.1 从学生情况和课程开展情况简单比较了上海中学国际部初高中跨学科学习的异同。

表 5.1　初高中跨学科学习的比较

课程内容或对象	初 中 课 程	高中课程(9—10 年级)
学生学习水平	较基础,以认知为主	由基础转向深层次的认知
课程导向	兴趣为主,加以探究式学习	探究为主,强调团队合作
教师的作用	知识拓展和引导、辅助完成项目	引导学生讨论和自主完成项目
项目的完成	根据参与度打分,不作强制要求	学生必须分组完成项目并展示

除心智成熟度以外,初高中学生的学习基础、学习方法都有很大的差别。初中学生在跨学科学习方面主要由兴趣导向,学科基础较为薄弱;而高中学生(以 9—10 年级学生为例)则正在发生从兴趣导向到专业领域导向的变化。因此,初高中的跨学科课程的学习和探索的过程又有很大不同。由于学生本身更强的知识基础和探索能力,高中跨学科课程更强调学生的自主探索。在授课过程中,学生在课堂内外主要进行分组自我探索和学习,高中课程教师的讲授性内容被进一步压缩,大多数课堂时间留给学生的项目实践与讨论。

此外,初中学生由于抽象思维能力较低,处于身心发展、成长过程中,课程中容易出现注意力分散情况,不具有完全自主探索能力的特点。跨学科课程并不依托教材,能够让学生保持专注度和探索之心的要点是让他们保持兴趣。因此,跨学科课程需要在教师的引导下,通过分组学习与上台展示,不断调动学生的参与度,教学环节更加注意抽象概念与方法的可视化。我们以计算机应用跨学科课程为例。每节课上,教师需结合动画效果的短视频教学,从身边熟悉的软件与硬件配置入手以拓展学生知识面。其次,在课程中,教师应当有意识地安排几个学生作整理与归纳,鼓励学生在课程中不断总结寻找解决问题的通用方法。比如,当学生碰到上不了网的问题时,不再束手无策,不再只能找别人解决,可以利用课上学到的简单排查问题的方法,逐步排除问题,并最终得到解决问题的方案。教学过程中,教师不仅可以培养学生应用学科知识、自主分析问题、解决问题的核心素养,而且在此过程中培养学生对信息技术的兴趣,鼓励学生通过团队协作完成项目的方式加深知识的应用。此外,当学生今后学习其他编程语言时,通过初中跨学科课程学习,他们具有一定的学习迁移能力,能为将来的自主学习做准备。

高中的 PBL 课程则以学生自主探索与实践为主。不同于初中学生,高中生自身具有一定的抽象思维能力,需要更多自由探索的时间与空间。与初中阶段的跨学科课程的教学方式相比,高中教师在设计 PBL 项目活动时,应将项目分解成若干个子问题、子任务,按任务的难易程度由浅入深,层层递进、依次进行。一个项目通常比较复杂,学生无法立即找到突破口,这时候就需要教师预先安排合理的子任务,每个子任务应当具有可操作性、容易上手。例如,给定学习单,出几个小问题,给一些小提示与参考的自学材料,引导学生自主学习逐步探索,从而逐步实现教学目标。其次,教师应当注意设计活动的子任务难度与学生的能力相匹配,根据不同项目的实际需求与学生的学习程度,并作及时的调整。初级难度往往由教师打下框架,学生以分组讨论的方式进行填补;而在后续的中高级难度活动中,可以让学生自主设计活动流程。此外,在项目实践过程中,某些子任务不仅会涉及主要学科的核心素养相关的内容,同时也与其他学科相关。在"双新"背景下,跨学科的融入与基于项目驱动的教学的引入,对现有的教学模式提出了更高的要求。如何打破学科之间的壁垒,将不同学科的知识与方法有机融合在一起,又不失去主要学科在项目中教学的主导地位,是跨学科设计的重中之重。教师需要注意在教学实践中更多地体现多学科的核心素养与培养解决问题的通用方法,不仅要体现其跨学科的特征,并且要注重其科学性与可操作性。同时,在实践过程中,引导学生有意识地综合运用多学科的知识与通用方法来解决问题。当学生逐渐熟悉了整个实践流程后,教师应当细心观察与聆听学生的观点,给予学生更多的时间与空间自由度,可以注重培养学生在实践中所展现的思维过程与跨学科应用的意识,而不仅仅通过单一方法来完成任务。此外,教师在 PBL 项目实践教学过程中,不仅需要培养学生的思维,还需要启发学生关注技术背后的社会责任与意义。这些内容都是 PBL 教学中必不可少的信息应用的责任意识,需要学生知晓。

在课程最终评价方面,初中学生一般以班级为单位,每学期完成一个项目(总共开设 5 个跨学科课程),以每周次课程项目完成度与参与度作为课程学习的总体评价。教师给定三个方向,学生完成其中一个或两个方向,最终以个人为单位完成程序的设计与过程的展示;而高中的最终评价则以小组为单位,通过项目的设计、构建、测试、应用与分析,实现自主探索与创新实践。学生项目研究内容必须与课程的大方向密切相关,但结果呈现方式则可以自选。学生的自由度更高,自主探索也就更加深入了。

总的来说,高中的跨学科课程教育相对于初中,有学科框架性更强、教师引导更深入、学生自主性更高、跨学科应用与社会影响的探索更多的优势。而初中跨学科课程则有兴趣度更高、项目完成周期较短等优势。

（三）初高中跨学科课程的转换与衔接

初高中跨学科课程的要求不同，因此，部分刚经历初高中升学的学生必然无法适应高中课程的要求。基于此，9 年级的跨学科课程承载了初高中课程的转换和衔接（图 5.1）。学生在升入高中后，跨学科课程体系会以 9 年级为过渡，裂解为多项不同的课程。

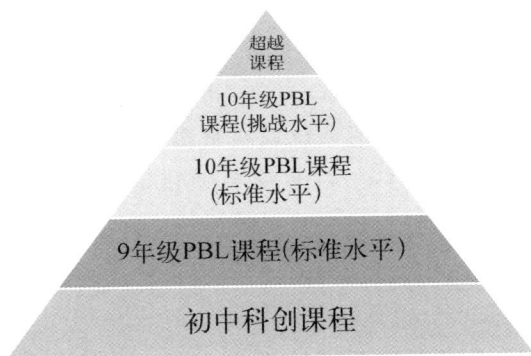

图 5.1　上海中学国际部初高中跨学科课程的衔接与递进

首先，跨学科课程有很高的课程多样性，学生通过自由选课选择自己所喜欢的课程。因此，跨学科课程更易基于学生本身的情况进行分层教学。一些学生在初中时已经开始了自己的创新课题研究。对于这些勇于探索的学生而言，他们已经具备了高中创新课程的良好适应性，也做好了进行高中创新课题的准备（详见下一节）；而一些学生在初中创新课程中表现积极，但仍以兴趣为导向。9 年级的课程仍会聚焦于这些学生的志趣，他们可以通过课程探索自己的兴趣所在，作出进一步的选择；而在初中创新课程中表现得对科学方向并不感兴趣的学生，他们仍需通过一系列跨学科教学，系统地学习研究的方法。不管这些学生聚焦于哪些专业方向，研究的过程具有高度相似性。因此，偏重于科学教育的 PBL 课程是对学生探究过程的系统式训练。

　　值得一提的是,课程是学生对自己兴趣面的自主选择。在同样的课程中,教师利用混合式教学开展上述分层教学。教师可以就探究的想法对学生进行不同的分组,也可以在同一分组中对学生进行不同的分工。这样,在掌握探究方法的同时,学生可以各司其职,合力完成一个项目。课堂上的 40 分钟并不足以让师生之间互相了解。9 年级的授课教师也会在课程中发掘、观察对跨学科方向有浓厚兴趣和探究欲的学生,与班主任、生涯指导联动,以期为这些学生拓展更多的机会进行更深入的探索。

　　此外,9 年级的 PBL 课程仅设置标准水平(Standard Level),学生的项目课题由教师指定,且有样板项目供学习。而学生在升入 10 年级以后,课程本身有进一步的细分,以满足探究层次不同的学生。PBL 课程分为挑战水平(Challenge Level)和标准水平(Standard Level)两个层次,前者提供给对于拓展学习要求较高的学生,而后者则继续系统化训练学生在某一个学科方面的探索能力。除 PBL 课程外,10 年级还提供了相当于大学探究型课程的超越课程(Beyond),以供在某一方面有特长的学生接触专业最前沿的知识。三者相辅相成,不以学生学业水平为区分(表 5.2)。

表 5.2　高中跨学科课程的比较

课　程	PBL 课程		超越课程
	标准水平	挑战水平	
开设年级	9 年级和 10 年级	仅 10 年级	仅 10 年级
开设目的	发掘学生兴趣,培养学生团队探究能力	培养学生创新、自主研究和团队合作能力	拓宽视野,培养学生自主和专业的科学研究能力
课程内容	学科拓展	专业领域拓展	大学专业领域探究

值得一提的是,PBL 和超越课程只是学生跨学科探索的课程之一。贯穿高中 9—12 年级的学院课程(Academy)提供给学生完全开放和自主的探索机遇(见前述章节)。在人性化、步进式的跨学科教学中,初高中科学教学有了渐进和衔接。这样的课程体系也有助于学生更好地适应高中创新探究的要求,聚焦自己的志趣,明晰自己的未来方向,有更明确的定位。

(四)高中跨学科课程案例展示

跨学科课程强调学科交叉与拓展,科学类跨学科课程按照授课主要内容可大致分类如下:竞赛准备、实验、应用实践、大学平台课程等。

1. 竞赛准备类:数学建模与竞赛准备、生物竞赛、化学竞赛、CAP 物理竞赛等

教师在各大竞赛准备过程中,拓展学科的深度,并在 PBL 课程的设置中有意识地挖掘学生在竞赛中的能力。学科竞赛的知识范围远超课本,除了理论的深入外,重点在于学科交叉和应用。这些课程设计通过解析历届竞赛试题,培养学生的逻辑思维能力、学习迁移能力。教学方法上,教师巧妙地把结果导向型转变为过程导向型;课程更为关注学生的自主性、合作性与创新实践能力,把由教师为主导的课程,慢慢引导到学生相互组队,由学长带动别的学生共同参与到学科竞赛的准备中,也让更多的学生发现自我的志趣方向,变被动接受知识为主动发现问题、解决问题的学术氛围。

该类课程的直接成果为学生报名参加竞赛。由于竞赛的准备周期通常比较长,故而其中的一些竞赛类课程,如生物竞赛、化学竞赛、CAP 物理竞赛在 PBL 课后以社团的方式继续开展,充分发挥学生优势,取得了不错的结果,关于跨学科课程和课后社团的联动,请参考本章节的第三节。

2. 实验类:非洲猪瘟快速检测、A-level 物理实验、趣味物理力学实验、生物统计学趣味实验、材料科学与工程

实验性课程旨在让学生参与从采集数据、设计实验、分析数

据、改进实验操作到最终完成实验的整个过程。这些课程培养了学生自主探究和合作能力,为学生在志趣上的拓展发挥了重要的作用。将趣味性与实践性有机结合起来,把抽象、枯燥的科学理论与实验数据转变为有趣味的小实验,不仅锻炼了学生的动手能力,也帮助学生建立了有效的逻辑思维,为今后的科研与竞赛打下坚实的基础。

如图5.2所示为A-level物理实验课程项目,该课程补充了9—10年级物理学习中一些空缺的实验,为后续课程打下了基础。

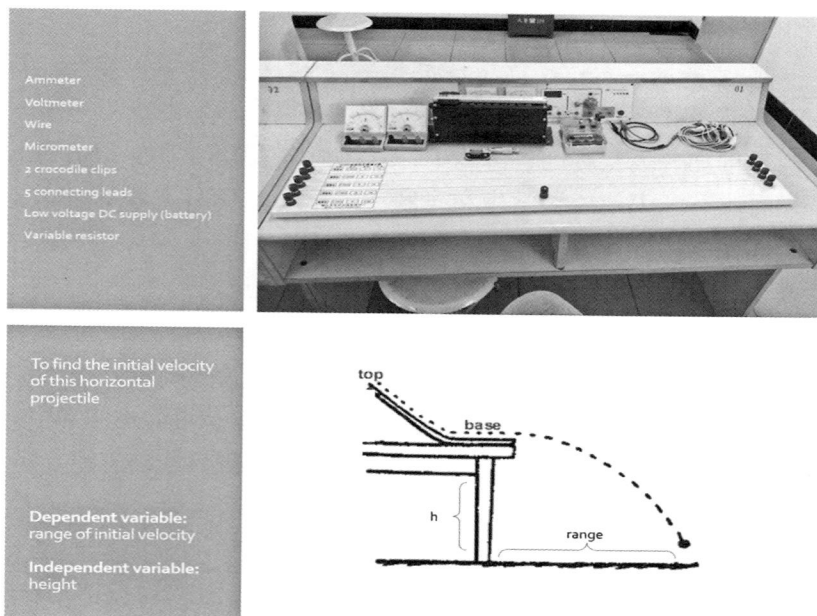

图5.2　A-level物理实验课程项目展示

这里以实验课程为例,在初中阶段,学生在教师的引导下观察果蝇幼虫唾腺染色体实验,学习动植物细胞的有丝分裂的知识、减数分裂的知识。通过分组讨论与分享、网上自主搜索资料学习、翻转课堂以及向教师请教等方式,确保了知识的正确性,增强了学生学习的自主参与度与学习兴趣。可见,初中阶段的实验性课程在拓展学生的志趣的过程中,更加注重知识面和知识深度的拓展。而在高中阶段,教师一方面注重培养学生自身的创新意识和探索兴趣,从被动学习者转变为主动学习者;另一方面,通过启发学生思考问题,引导学生探索问题的多个解决方案,并自主创设新情境下可能会产生的新问题。而后者,恰恰是高中阶段学习的一个显著特点,更多的问题情境的创设者,不再局限于教师。学生通过学习过程中产生的新问题所产生的新思路,自主分析并解决问题。

学生在自主互动学习与课堂分享活动之外,相比初中阶段,更注重创设情境的多样性与问题的深度与广度,以兴趣为导向,自主尝试一些学术类课题的研究。高中 PBL 课程通过实验与理论相结合的方式,学生逐步形成一种将新知识的技能与科研创新实践相结合的意识,并在团队协作的思维碰撞中找到新的思考方向,在分享探讨学习中找到自身的不足与改进的契机。高中 PBL 实验课程在过程外也注重成果产出,往往以一些比赛的参赛为目的。下面以快速检测非洲猪瘟病毒 PBL 课程为例,阐述整个高中阶段 PBL 课程的教学实施过程与学生自主研究过程。在快速检测非洲猪瘟病毒 PBL 课程中,学生发挥了极大的科研自由度,分组深入开展了自主项目研究,并取得了不错的项目成果。

其中一组从抗原抗体反应的成因与过程入手,了解抗原与抗体的研制过程,如何实现单克隆抗体的生产、多克隆抗体的生产,阐述了抗体多样性是什么,如何实现。学生学习了从疫苗研制的原理到抗原是如何激发体内生成抗体的过程,并且由此思考特制疫苗的研发过程。最后,对如何快速预测 PD-1 免疫治疗效果的生物标志物进行了深入研究。值得称赞的是,此 PBL 项目已完成了论文的撰写,并准备深入研究,完成相关课题。

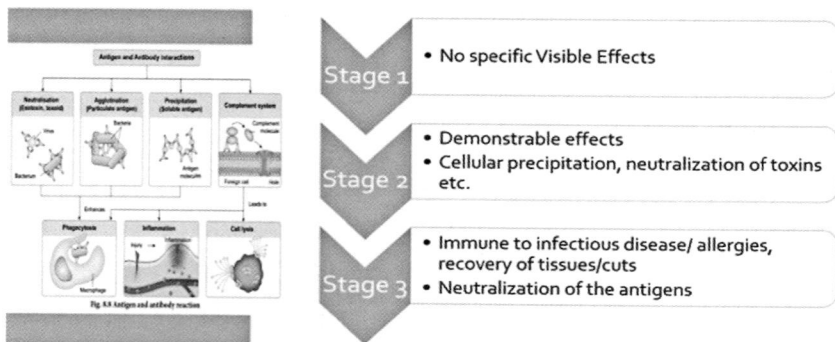

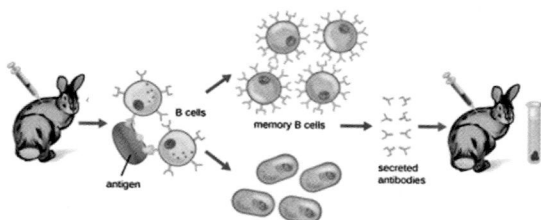

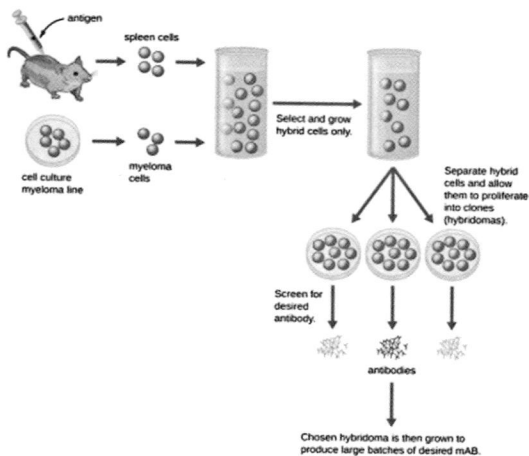

图 5.3 快速检测非洲猪瘟病毒 PBL 课程项目展示

课程的结束并不意味着探索的终止。该课程同时为国际基因工程机器大赛(iGEM比赛)做准备,学生在课程结束后将其成果寻求拓展延伸,随后参赛并获得银奖。

材料科学与工程课程应用交叉性强,单纯授课很难让学生接触到学科前沿。课程以自主拓展学习方式进行教学,通过各种探究型实验让学生以直观的方式学习基本的分析方法、提纯方法、检验方法和计量方法。学生结合3D打印进一步了解不同材料的内部结构和各种用途,并以课件方式对不同材料进行自主学习与课堂讨论,为学生后续科学类、工程类课程的学习打下了扎实的基础。此外,这门课程还鼓励学生在科研方面进行多种探索,一些学生尝试在PBL课后完成科学论文,为以后的研究性学习做准备(图5.4和5.5)。

图5.4 学生自主选材、设计并3D打印的作品

3. 应用实践类:统计调查和数据分析、环境可持续发展、竞速赛车挑战赛、无人机-真实世界设计挑战赛、软件绘画下的奇妙几何、营销赏析与策划、股票投资等

统计调查和数据分析课程简单介绍了各种数据的收集方式。

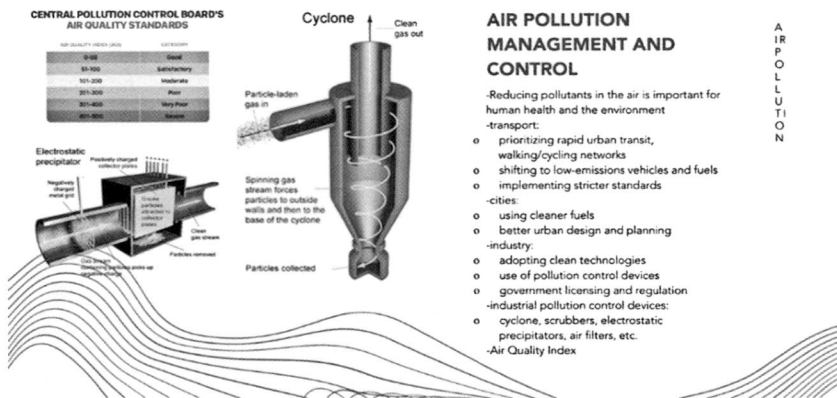

图 5.5　学生根据主题制作的课件

学生挑选感兴趣的主题完成统计调查和数据收集活动,结合不同案例,让学生在数据收集、调查研究、数据处理与数据展示等方面的探索中,找到科学、合理的策略。例如,一个课题是调研高中生对周边文化低估的成因和结果,学生通过历史课本与论文、社会调查问卷形式、访谈形式、内隐联想测验等多种研究手段,结合数据统计的方法,对这一现象背后的成因进行深入分析。

实现可持续性已成为世界面临的挑战。我们如何平衡人与环境的关系?环境可持续发展课程的教师从人类与生态链如何相处的角度,设计了包括对气候变化、可持续发展背后的生态链的介绍以及分析其可能的解决方案。学生在现实世界中应用所学知识进行案例研究,并在课程完成后,了解到在未来如何用可持续的生活方式来保护我们的地球。

竞速赛车挑战赛则让学生从赛车的机械结构、动力驱动的原理、各类零部件、赛车设计与编程调试过程中,了解了赛车的启动原理,并体会到赛车奔驰的魅力。课程将科学性与趣味性有机整合于一体,让学生能相互分工、共同解决赛车从无到有的过程中存在的各类问题。

该课程由竞赛带动,并与校内社团(GT racing)联动,在开设一学期后,即以 9 年级学生为班底参与了 2021NSL 竞速挑战中国赛,并取得了竞速挑战中国赛区第一名的好成绩,项目成果喜人。此外,授课教师已利用课程成果发表了 STEM 教学论文一篇。

无人机-真实世界设计挑战赛课程则在介绍了无人机系统的各组成部分,包括空气动力学、结构系统、航电系统、导航系统、链路系统和任务载荷系统等以后,由教师引导学生设计无人机。以运营公司的成本和盈利为目标,分析并了解各零部件和方案使用的优劣势,开拓学生的创造性思维。在后续的设计改进中,该课程逐步加深学生对于飞行器与无人机的了解。

图 5.6 为学生在课程中设计的无人机模型。在随后的半年中,该模型被不断优化,并代表上海中学国际部参加了第二届真实世界无人机设计挑战赛,取得了全国赛第一名的佳绩。

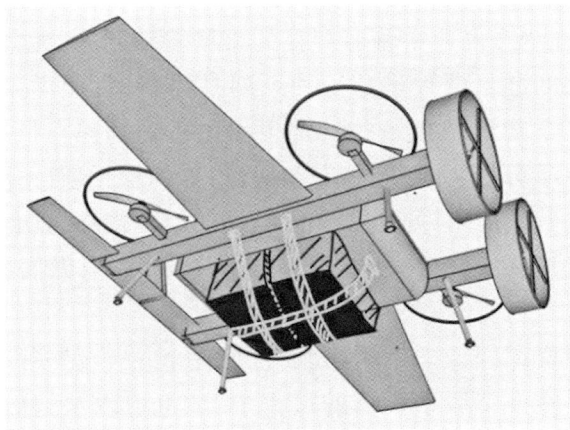

图 5.6 学生设计的无人机作品

软件绘画下的奇妙几何课程(图 5.7)尝试用计算机将数学与艺术创作相结合,开启了软件的自行探索与发现几何图形的过程。学生在课上尝试构建各种不同图形和立体模型,展示了各自的空间想象能力。在课程展示环节,学生利用软件将数学公式以各种不同造型进行呈现,并制作成了动画效果。

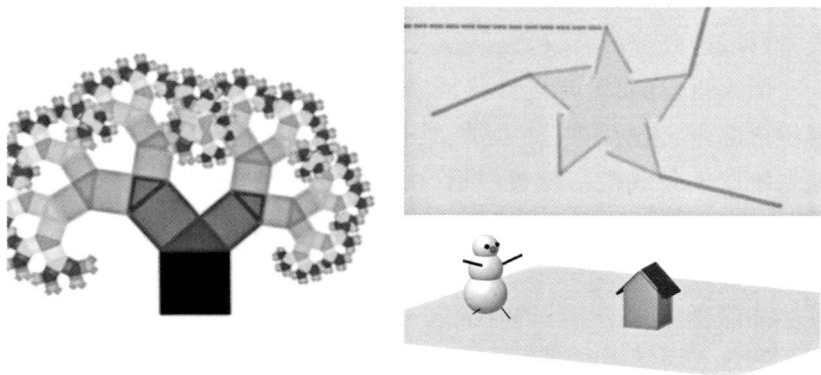

图 5.7 学生利用函数、方程等坐标轴作图工具绘画的艺术作品

营销赏析与策划课程着重于用数学建模的方法,结合经济学原理,分析在当今商业中普遍存在的市场营销问题,尤其是消费类产品存在的问题。课程贯穿了一系列具体案例,让学生可以利用学过的经济学知识分析一些日常生活中碰到的热点问题。比如,如何做 SWOT 分析,如何做好市场调研,如何根据实际用户的需求指定合理的营销策略,如何开展营销类的活动准备,如何用线性规划为产品品牌做一个引人注意的广告文案,如何做海报或画册,等等。

股票投资课程让学生运用软件、网站和数学建模的方法模拟股票投资。在模拟股票投资的过程中,学生可以了解股票和股票市场的基本知识,并通过建立数学模型来模拟实际交易的案例,锻炼自己的交易技能,更好地理解如何将经济学知识应用到现实股票的交易中。案例学习中,让学生从互联网巨头 Apple 股价、辉瑞制药股价的曲线图走势中,了解不同 MACD 曲线变化代表的含义。并且结合经济学的相关知识,对每个季度的收益率做精确的计算,从而分析各股的资产收益率,对未来的投资做风险评估。此外,学生在课堂上组队,分别提出自己的交易策略,竞相展示自己的观点,并通过模拟股票投资过程的收益和风险的计算,了解真实股票交易的风险。

值得一提的是,初高中阶段有不少渐进和衔接的地方。以工程学科应用实践为例,在初中阶段 mBot 机器人拼装课程必然需要学生协作来完成多个项目。不同于传统意义上的课程,此课程不仅需要学生小组内交流,更注重在班级不同组之间进行交流与合作。课程中,在学生拼装完机器人后,各个小组之间需要进行机器人巡线比赛,不同小组的学生围坐在一起,学生由组内交流转为了组间交流。因此,初中阶段的课程在培养学生团队合作方面独树一帜——这对于学生的后续学习显得尤为重要。不过,初中的机器人多为模块化机器人,其本身的组度比较高,比起技术性的探索,初中的机器人类工程实践更注重学生在操作和合作中的乐趣性。高中阶段的一些机械工程课程,如 FRC 机器人课程、竞速赛车挑战课程等,同样少不了学生的协作氛围、组内交流的重要环节。在此基础上,高中学生更注重将机械学、工程学原理、设计思路、编程思维有机结合起来(赛车的机械结构、动力驱动的原理、各类零部件的搭配、赛车设计与编程调试)。高中阶段的这些课程,其机械模块化程度并不高,在机器人的组装方面,往往只有底盘有技术指标,其他的参数都可以由学生自由探索和设计。因此,机器的组度并不高,模块化程度也较低,需要学生在实践中进行更多的设计和优化。同时在完成赛车、机器人的搭建与参与比赛的过程中,学生需要反复摸索、优化和拓展其性能和设计。学生从跨学科的学习与实践中掌握了各类技能,并为后续的课程与竞赛做准备。综上所述,初中的工程类跨学科课程以乐趣的培养和团队协作的训练为主要目标,而高中的此类课程则更强调学生在领域中的技术实践和创新。可以说,没有初中课程的基础,高中的课程很难做技术类的衍生。

4. 大学平台课程(超越课程):河口海岸学、化学与艺术课程等

为了拓宽学生的视野,让学生提前接触科学研究,我们会邀请大学或研究院所的专家授课、作报告或者开发实验性的探索课程,这些课程具有更广泛的研究视野和更深入的研究对象。由于学生的知识基础并不强,初中的课程普及性较强,以打开学生的兴趣点为主要目标,不同主题的课程频次并不高。高中的课程则更注重研究性,因此课程本身频次较高,是常规课程。此外,高中课程对学生的最终考核标准较严格,不再以兴趣为主,而是需要学生自己熟悉科学研究的过程,因此高中的这类课程的系统性要求较高。以中科院神经所专家开设的神经科学系列初中实验课程为例,课程深入浅出地介绍一些神经学原理和现象,伴随着许多趣味实验,加强兴趣引导。此外,斑马鱼这样的模式生物也为学生所熟知,为学生初入神经生物学研究做了准备。

高中河口海岸学课程是我校与华东师范大学河口海岸国家重点实验室合作开发的超越课程,这门课程也是华东师范大学的大学平台课程之一。课程邀请了12位教授深入浅出地介绍生态学的重要分支——湿地研究中的不少课题方向。10年级的学习内容相对于大学的理论而言有一定的脱节,所幸课程以理论和案例分析并行,用一些实际生活中的项目让学生更容易理解研究方向。此外,课程也设有一些实验的观察,学生有机会参观国家重点实验室,在专业的实验室中解锁自己的科学研究之心。课程评价要求学生以河口海岸学为方向,组队完成一篇综述性的文章,在格式和内容上完全遵循科学综述,由教师打分。评估要求与大学生课程要求完全一致,只是大学生为个人考核,而高中生为团队考核。身临其境的创新才能让学生感受到最真实的探究。

化学与艺术课程邀请了华东理工大学化学工程学院的教授和

图 5.8　学生探索华东师范大学河口海岸实验室

一些非遗传承人联合授课,将传统文化与化学紧密结合在一起。在该课程中,授课教师通过介绍中国工艺品技艺的发展历程,让学生了解艺术品背后的历史故事,并从工艺材料中认识到其中用到的化学知识。学生也在课程中体验了艺术品制作过程。比如,在化学艺术的宋代五大名窑陶瓷鉴赏课中,课程内容集历史、文化、艺术、化学于一体,首创了在教室中体验陶瓷文物与鉴赏,并了解这些艺术品背后蕴含的化学知识。课程中,首先介绍了中国陶瓷器艺术的发展历程,了解艺术品背后的历史故事,并从陶瓷品的工艺材料中认识到其中用到的化学知识。接着,授课教师通过知识有奖竞答环节,让学生了解文物背后的知识。然后,学生上台观赏瞻仰了一些唐宋五代十国时期出土的文物瓷器,其中有一些还是国家一级保护文物。最后,授课教师介绍陶瓷制作工艺流程,让学生用所学的化学知识上台制作陶土,为一些现代瓷器艺术品画上美丽的釉质。学生从中学到其中用到的化学材料、制作工艺流程,也亲身感受了传统文化的精粹(图 5.9)。

课程不仅将化学与文化结合,还重视最后的"产出"。课程的最终目标是让学生自行收集、设计、合成上海中学校园植物的十二种香料——"上中十二香"。课程授课教授不仅将自己的实验室开

图 5.9　化学与艺术课上的陶瓷展品

放给学生探究,还鼓励学生产出自己的产品,将化学、文化与工业生产有机结合。

　　以上为部分跨学科课程的成功案例介绍。课程经历了多年磨合后,学生了解了科学研究的过程,不少课程也有了可观的产出。其中,最直接的产出成果是高中学生团队比赛。一些 PBL 课程中的佼佼者在要求团队合作和学科交叉应用的综合类、工程类比赛中逐渐崭露头角。但是,课程并不以结果作为唯一的衡量指标。不少学生在课程结束后有了明确的探索方向,抽出更多时间潜心研究自己的兴趣,这才是跨学科平台所预期的成果。

　　跨学科课程的初高中衔接不仅是对学生培养的承接,更是理想化教学的试验田。在"双减"政策大力推广的今天,学生的学业已跃出课本,超出了"课业"的范畴。他们有更多的时间探索自己的志趣,也可能利用高中生涯创新实践。PBL 课程为学生提供了这样一个创新实践的平台,也为未来的教学模式提供了理想的模式。得益于习近平总书记关于教师要做"大先生"的殷切期待,高中教师努力拓展自己的业务与技术领域,充实学生的跨学科学习平台。在"双减"政策下,学生也有更多的课外活动时间,更多的想法也会随之迸发出来。PBL 课程不仅是他们将想法转化为实践的理想平台,也是他们找到未来志趣的跑道。目前,PBL 教学仍有许多模式化课堂的影子,但随着教学实践的继续,未来的 PBL 课程将融合更多创新,成为真正的特色平台课程。

二、学生科创课题研究的培养路径分析

科创课题的研究是培养学生科学素养,鼓励学生深入探索志趣领域的重要途径,上海中学国际部根据初高中学生的知识储备和年龄特征,结合学情分析和课题研究的培养目标,对如何展开科创课题路径进行了探索。

（一）上海中学国际部初高中科创课题研究培养模式介绍

初中阶段,基于学生的科学基础知识尚在构建和夯实、科学思维的训练正在起步和发展阶段这一学情,科创课题研究的侧重点在于综合科学素养和科创兴趣的培养。学生在 7 年级下学期开始在校内参加科创培训班,进行科学研究方法的学习和训练。在科创培训班中,学生会学习到基本的文献搜索、文献阅读、数据分析、图表绘制及论文写作技巧。7 年级结束后的暑假,基于在科创培训班的表现和个人兴趣,学生在校内教师的指导下分组到对接的高校课题组完成实验和数据收集。8 年级上学期,在教师的指导下,学生完成论文写作、数据补录和课题申请。初中段学生跟随学校的安排,可以完成一个比较完整的长达一年左右的从学习到应用的循环,并在这个过程中拓宽眼界,发现自己的兴趣点,完成基本科学素养和科研技巧的培养,为高中段的学习和研究打下基础。

高中阶段,随着自然科学课程进入分科教学和学生学科知识的积累,科创课题研究培养的侧重点逐渐转向前沿领域的深入学习和独立研究能力的培养上。由于高中阶段学生对课题的参与程度、自主性更高,时间跨度和学习深度也更深,高中段的科创课题

研究呈现百花齐放的多样性。上海中学国际部高中段在科创培养模式的探究过程中始终坚持"鼓励学生自主探究,深入科学领域前沿"的目标,致力于使参加科创课题研究的学生能够切身体会在一个领域深入自主学习、独立思考和探究的完整过程。下面以上海中学国际部高中段计算化学课题组与生物创新课题组为例,介绍高中段学生科创课题的流程和模式。

9年级上学期,学生通过社团、任课教师的宣传及校内科技节、讲座等方式了解课程领域和课题组的研究方向。9年级下学期,对计算化学感兴趣的学生通过自主报名进入科创课程的学习。在科创课程内,学生会学习计算化学相关基础软件的原理和操作,完成相关文献阅读。9年级下学期结束时,根据学生课程内完成作业的质量和学习过程中展现的自主学习能力,结合学生的个人兴趣进入课题组,在暑假期间完成与高校教师的对接工作。

从10年级上学期开始,学生在高校教师和校内教师的共同指导下进行为期一年左右的课题研究,完成自主选题、文献阅读、设计实验、与课题组沟通实验计划、数据收集及分析等环节。在11年级上学期开始学生在教师的指导下完成论文写作、论文投稿和科

初中段科创课题研究培养流程

初高中段科创课题研究培养流程

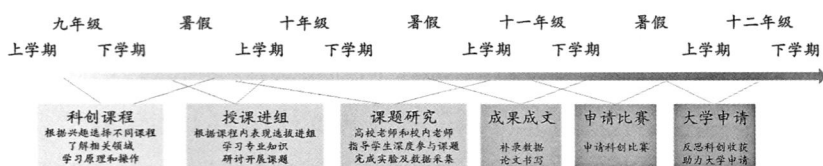

图5.10 上海中学国际部初高中段科创课题研究培养流程图

创比赛申请。12 年级学生基本完成课题,进入反思收获和大学申请阶段。整个课题研究过程从 9 年级下学期开始,持续到 11 年级下学期,两年的过程可以让学生有更多的试错和探究空间,有更多与高校、校内指导教师沟通的机会,也能够敦促学生更好地进行自我管理,将科学研究融入学习生活中,为进入大学后的科学研究夯实基础。

（二）上海中学国际部初高中科创课题研究培养模式的区别

在对于中学生科创课题研究培养模式的探究上,上海中学国际部基于初高中段学生的不同情况,为学生设计了相对独立却又相辅相成的科创课题研究培养路径。本节将从培养目标、实施方法、评价方法三个方面对比初高中段科创课题研究培养模式的区别。

1. 培养目标

科创课题是培养学生独立思考和严谨思维的重要途径,上海中学国际部通过搭建科创课题平台,致力于培养具有科学素养、钻研精神、独立思考能力的学生。

初中阶段,上海中学国际部在设计科创课题研究培养路径时侧重科学知识的相互融合,初步培养学生的科学思维能力,激发学生的科创兴趣。通过 7 年级的科创培训班对学生进行科学素养类的通识教育,培养文献搜索、阅读、数据处理、图表绘制等科学研究技能。在此基础上,通过学校和高校合作搭建平台,使得学生有机会加入课题组,亲身体验科学探究的乐趣,从而激发学生的兴趣,为后续的学习打下基础。

高中阶段,科学课程的学习进入物理、化学、生物和自然地理的分科领域中。科创课题研究培养路径也更加侧重与课程内知识点相结合,鼓励学生深入理解某一领域,自主提出问题并参与实验设计探究,独立思考解决问题。同时通过相对长期、规律的组会进行汇报、反馈、讨论,帮助学生强化自我管理能力并逐渐建立稳定的自我评价体系。这一阶段学生将逐渐成为科创活动的主体,在指导教师的引导下,建立自己的知识体系和框架,尝试自己解决问题。

2. 实施方法

实施方案上,初高中段的科创课题研究培养方案也有所区别。由于高中段的时间跨度比初中段更长,相应的,高中段的科创课题研究培养过程比初中段更久,对学生钻研课题的深度要求也更高。

初中阶段的科创课题研究培养方案采取的是先统一再分组的模式。7年级时,通过科创培训班对学有余力的学生进行统一的科学素养教育,之后再基于学生个人的兴趣和选择,让其进入相应的科创课题组,在教师的指导下完成实验数据收集、分析和论文书写、比赛申请等后续工作。

高中阶段的科创课题研究培养方案采取的是先分组再培训的模式。9年级上学期,通过任课教师、社团和科技节等多种方式进行宣传,将尽量多的课题和课程展现在学生面前供选择。选定相应课程后在9年级下学期进行专业基础教学,让学生了解相应领域的前沿发展,结合校内课程内容深入学习课题相关知识。在10年级时,基于对相关领域的了解,鼓励学生自己提出课题,与校内外导师商讨后展开课题研究,以定期组会汇报的方式保持沟通。让学生自主把握课题进度、数据的收集、分析,自己解决遇到的问题。课题完成后在教师的指导下进行论文书写、比赛申请等后续工作。

从校内指导教师的工作内容和侧重点上来看,对于初中阶段的科创课题,指导教师的工作内容主要涵盖与高校沟通对接、科创培训班的教学等,相对来说侧重于师生沟通、校际沟通、科学素养教育,教师需要积极和学生沟通,鼓励学生聚焦志趣进行科研探究。高中阶段,指导教师的工作主要涵盖课题组专业基础教学、与高校沟通对接、在定期沟通中给出针对性意见、跟进指导课题等，相对而言更侧重于相关领域的学习和了解，鼓励学生自我管理，支持学生自主探究。

3. 评价方法

初高中段的科创课题研究培养方案从评价方式上也有所区别。整体来说，初中段的培养方案由于更侧重激发兴趣和通识教育，对学生的评价方式相对来说系统性更强，统一的科创培训班也为评价教学效果和学习效果提供了可能性。高中段的培养方案由于更侧重于专题深入和自主研究，对学生的评价方式相对来说更具有个体性和差异性，长期专向的课题跟进和规律的汇报使得指导教师更了解学生的个性特征和课题特点，为更高比重的过程性评价提供了基础。

初中阶段，对学生培养侧重于科学素养和科研能力，对学习效果的评价也综合了多种方式。科创培训班的教学内容涵盖数据分析、文献搜索和阅读、表格绘制、论文书写等。在学习过程中，教师有足够的机会关注和引导学生，对他们采取过程性评价与终结性评价结合的方式，统一教授的方式也使得学校可以通过评价量规对学生的学习能力和科学素养进行评价。

高中阶段对于科创学生的评价方式更具有个体性和差异性。在课题组学习的过程中，指导教师在教学中也可以对学生进行专业知识和学习能力的评价。但在高中阶段更为重要的评价方式是在长期的跟进和规律的汇报中，对学生的自主探究、自我管理、沟通合作、自我评价等方面的能力进行评价。此外，高中段科创旨在促进学生形成稳定的自我评价体系，因此鼓励学生进行自我反思尤为重要，组会中学生要对近期工作进行汇报和集中讨论，通过这一过程培养学生的自我评价能力。

在对于科创教师的培养和评价方面，初高中段基于教师工作内容的不同，也有不同的侧重。初中阶段科创教师需要善于激发学生的兴趣,具有广博的知识,熟知科学教育的方法论,在严谨教学的同时能够因势利导,引导学生基于兴趣进行探究。高中阶段倾向于让学生成为科创探究的主导,这要求科创教师懂得专业领域的知识,能够结合课程内容帮助学生快速建立自己的知识体系,同时擅长反思不断学习,做学生的支持者和引路人。

(三)典型案例分析:上海中学国际部高中段计算化学课题组与生物创新课题组运作模式和培养路径

上海中学国际部高中段在近几年对于中学生科创培养做了一些尝试,本节中我们将按照时间顺序,对于上海中学国际部高中段计算化学课题组与生物创新课题组的运作模式和培养路径作简要介绍。

计算化学是理论化学的一个分支,主要目的是利用有效的数学近似和电脑程序计算分子的性质,并解释一些具体的化学问题。在课题组设立之初,我们就对这个课题的优势和重难点进行了讨论,并针对性地提出了课题组的运行模式。计算化学涉及大量理论知识和计算软件的学习,会有较长的学习周期。但完成学习后,前置知识作为有力的武器,不受场地、试剂、实验室的限制,足以支持学生自主地进行相对广泛的探究。基于以上课题的特点,上海中学国际部与华东理工大学计算化学中心达成了合作意向,进行了高校和中学间的合作培养模式探究。

9年级上学期,课题组通过科技节、俱乐部、讲座和任课教师等多种途径进行宣传和科普,旨在使更多学生了解计算化学领域到底在做什么,对这一领域产生好奇心,有基本的了解。

9年级下学期,课题组开始进行相关领域教学课程,考虑到计算量的大小以及与课程的相关性,教学内容选定为使用高斯软件进行小分子的优化计算。对于学生来说,普通笔记本电脑就足以支撑课程的全部计算要求,大大降低了学习的成本。通过大约两周一次的课程,9 年级学生可以亲身体验计算化学软件的使用,并在这个过程中将学习内容与校本化学课程内容相结合,促进课内的学习。通过科创课程的学习,学生可以自己建模和测量键长、键角等参数,亲眼看到分子的优化过程,这也能帮助他们更好地理解化学课程第八章、第九章分子构型的内容。每次课程后的作业,旨在促进学生养成自我管理的习惯,为后续的科创课题展开环节打下基础。9 年级下学期计算化学课程结束后,学生可以根据自己的了解和兴趣,结合课程的评价决定是否进课题组进行进一步的学习和探究。

10 年级上学期,进入课题组的学生开始在教师的引导下,继续计算化学相关领域的学习。这些学生已有一些计算化学的基础,开始学习更多的软件诸如 Materials Studio, ibo-view 的操作方法,以及如何远程将计算作业投到超级计算机节点进行更大体量的计算。同时在这个时间段鼓励学生独立或以小组为单位探索自己感兴趣的课题,与指导教师商讨课题可行性和计算量,进行调整后逐步展开自主探索环节。

10 年级下学期,学生开始自主地进行课题的研究和探索。随着课程内学习内容的深入,学生也会提出更多与课程内容相关的小课题,在时间充足的情况下我们也鼓励学生自主展开科创小项目,为校内课程提供一些素材。

11 年级开始,课题进入补录数据和收尾成文阶段,这个阶段指导教师加强与学生的沟通和针对性指导,协助学生完成论文撰写与项目申请。在课题完成后,12 年级学生的重点通常会慢慢转向总结反思自己的所得和大学申请上。

在过去的两年里,计算化学课题组在市级和国家级的科创比赛中,如上海市科创比赛、丘成桐科学奖等都有所斩获,取得了不错的成绩。值得一提的是,课题结束后我们仍然鼓励学生用所学的知识和资源探索其他感兴趣的课题,保持学以致用、终身学习的习惯。

而在生物创新课题组的引导下,学生从 9 年级开始对感兴趣的方向展开生物研究摸索。

从知识层面上而言,学生在 9—10 年级高中生物的摸索过程非常重要。在 10 年级分子生物学学习基础的强化下,学生更容易理解生物创新研究过程中的基本原理和实验方法。

从基础的科学素养的训练而言,生物创新课题研究很好地培养了学生的科学素养,帮助他们科学地思考和解决问题,从而在过渡到 11 年级 IB、AP 等课程的学习时,学生能够已经掌握良好的科学研究方法。

生物创新课题研究的实施经历了学生的志趣选择、与相关实验室进行对接、实验研究以及研究报告撰写等几个步骤。考虑到学生的基础知识水平,我们选择一些难度不高但具有高度创新性的课题,在聚焦学生志趣的同时注重培养他们的科研基本能力。一味注重课题兴趣可能会让学生产生畏难情绪从而失去兴趣的萌芽。

在课题的实施过程中,校内指导教师会跟进学生的进度,进行类研究式的开题、中期、结题报告,并在学生撰写研究报告时给予一定支持。

在研究报告产出后,教师并不强求学生一定要通过创新比赛等方式进行成果产出,但会在校内进行结题答辩,更注重让学生明白其所做研究的意义。

以上是创新实践的两个例子。在 9—10 年级,科创课题研究培养不只是计算化学和生物创新,我们还细分了科学研究的方向,在每个方向都有校内导师引导学生参与、投入。

如同我们希望看到的那样,学生通过项目学到东西,建立属于自己的知识体系,学会独立思考和解决问题,从而建立独立稳定的内部评价体系。科学研究是一个漫长而求索的过程,科创项目的目标不应只是奖项,而应当是培养人,如何在科创项目的培养过程中鼓励学生发现自我,激发他们的求知欲,培养一个严谨、有责任心的研究者,将是科创课题研究培养的最终目标。

（四）基于上海中学国际部高中段计算化学课题组实践的初高中衔接要点概述

学生刚进入高中段时,身心发展和学业都面临一些变化和调整。随着学习内容的分科细化和深入,科创的重心和实施方案上也有一些不同。做好初高中段科创课题研究培养方案的衔接,使之相互独立又相辅相成,才能够帮助学生完成科创思路的进阶发展。本节将结合上海中学国际部高中段科创课题的实践经验,探讨初高中段科创课题的衔接要点和工作侧重点。

1. 与相应阶段课程内容紧密结合,相互促进

进入高中段后,科创课题研究的培养应当尽量结合课内专业知识,帮助学生理解科学研究与生活和学习紧密相关,这样能够更好地激发学生的兴趣,打消他们对科创课题比较艰深的刻板印象,从而同时促进课程内学习和科创研究。随着高中段的自然科学课程分科和深入,学生的专业知识也逐步增强,足以理解一些科创内容中的原理;同时通过科创课题的研究,获得切实的体验,也能够反过来促进学生更好地理解课程内容。

首先,科创宣传材料和教学课程的设计应当与日常生活和校内课程知识紧密结合。譬如,9 年级计算化学课题组在准备宣传讲座时选取的案例有一个是"分子动力学研究氯化钠溶解的微观过程"（如图 5.11 所示）。区别于深奥的计算催化或计算药物设计领域,食盐是日用品,学生对于食盐的溶解过程有直观印象;同时 9 年级学生已经逐步接触到离子化合物的结构和溶解的微观过程,课程内也学习过氯化钠的晶胞结构,那么溶解过程中到底是氯离子先溶解还是钠离子先溶解呢? 这个问题的提出引起了学生的兴趣和讨论,在讲解计算机模拟溶解的动力学过程视频和论文的过程

中,学生的参与度很高,也收获了比较好的反馈。通过这个例子,课题组生动地展示了计算化学并没有那么高深,它可以用来理解生活中一些相当有趣的过程和现象。同时通过这个例子可以引导学生提问,是否在日常生活中遇到过有趣的化学现象,讨论一下如何将其转变为一个科创课题。

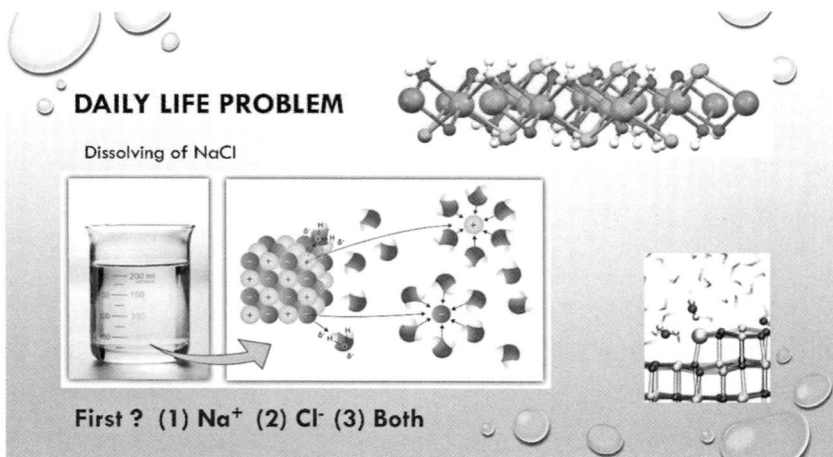

图 5.11　计算化学课题组讲座 PPT 图例

　　其次,科创课程内容的设计也应当与课程相结合,达到相互促进的效果。在 10 年级的科创课程中,计算化学课题组选取了成键过程、简单分子构型的优化及红外光谱的计算等内容进行讲授和实践,其中成键过程和简单分子构型正是 10 年级化学课程必修内容,也是授课的重难点。通过体验优化过程,学生可以自行选择感兴趣的分子,实际测量键长、键角,进行对比加深对课程内容的理解。同时,课程内容的学习也能够有效地促进学生对于科创课题的理解,如在 10 年级学习的价层电子互斥理论和杂化理论,可以更好地帮助学生理解计算结果和一些参数,如电子密度、NBO 自然键轨道等。

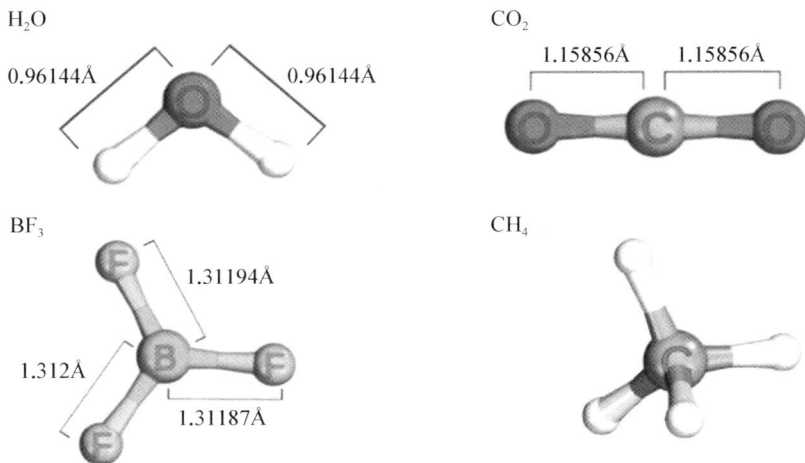

H₂O

H_2O

0.96144Å　　　0.96144Å

CO_2

1.15856Å　　1.15856Å

BF_3

1.31194Å

1.312Å

1.31187Å

CH_4

图 5.12　计算化学课题组学生完成简单分子的计算为化学教学提供素材

　　而在其他的如计算机创新的培养过程中,我们期望通过课程来完善学生的知识积累,利用项目引导兴趣。因此,我校 9—10 年级开设了 AI 人工智能课后兴趣课程。人工智能课程为我校与上海交通大学人工智能实验室的合作课程。每次课程的实践时间较长,所以只有对人工智能具有浓厚兴趣的学生才能坚持下来。这样一来,有兴趣和潜力并且肯坚持的学生便被筛选了出来。

　　在课程中,除了一些基本的编程语言,教师会引导学生创作自己的项目,项目的难度一般是螺旋式上升的——从最基本的 AI 爬虫搜索网上的词频到人脸识别、AI 作画艺术等。最终,学生的课程作品必须是与人工智能相关的创新项目成果。

　　在摸索的过程中,学生不仅收获了知识,也跟上了科学技术的前沿。他们最终所呈现的作品也在各类青少年学术会议上展示,更重要的是,在摸索的过程中,他们明白了科学研究的意义。在高中生科学素养培养中有很多像这样的长期课程,更可喜的是,对计算机产生浓厚兴趣的学生也因此越来越多了。

最后,科创课题应当有支持课程教育、服务更多学生和教师的作用。学生通过科创了解了相对前沿的科学领域和高于课程要求的知识,因此设定一些与课题相关的项目和任务,鼓励科创学生参与科普与教学,服务更多师生是有所裨益的。以计算化学课题组为例,10 年级的学生在科创过程中要求完成分子构型数据库资源的建立,根据教学内容计算和测量简单分子的数据,做成视频、图片等多种格式,为校内教学提供素材。学生学以致用,参与科创活动的同时反哺课程教学,使他们有成就感的同时唤醒责任感。

2. 科创课题应注重培养品质力

中学阶段是学生品质力形成的关键时期,学生在面临学业压力的同时,也在学习如何承担责任、如何解决问题,并通过这个过程建立自尊自信。高中阶段科创课题由于时间跨度较长,难度也是循序渐进,从被动型学习逐渐转向自主型探究,可以借此培养学生的自律坚毅的品格和自主解决问题的能力,并通过定期组会相互讨论和反馈,逐步引导学生建立稳定的自我评价体系,为后续阶段的学习和生活提供后劲。

首先,在科创课程的作业设计上给学生尽量多的自主权和试错空间。譬如,在学习高斯软件的时候,教师只教授建模和优化的方法,让学生选择一个自己喜欢的分子进行优化和计算作为作业。因为 10 年级的学生还没有学习过有机化学的内容,有时候学生会建一些奇怪的或者不稳定的初始结构,此时指导教师也宜鼓励学生继续探究,当优化结构"跑崩"了的时候,针对学生产生的问题可以讲解分子的稳定性、位阻、张力等内容。在这一过程中,教师更多扮演的是引导者与支持者的角色,面对学生的错误和挫败,应尽量做到少评价、多引导。科学创新没有标准答案,让学生体验到"错了也没关系""为什么报错""如何解决问题"这一系列过程将对后续的自主探究产生积极影响。

其次,科创课题项目的指导过程中,顺畅的反馈途径以及建立稳定、规律的沟通和讨论是非常必要的。在科创课题实施过程中，从 9 年级下学期的科创课程开始尽量保持两周一次的组会，组会内容慢慢从教师授课、学生提问转变为学生汇报、共同讨论。及时的答疑沟通可以帮助学生削弱畏难情绪，规律的汇报和反馈可以引导学生对比自我评价、学生评价和教师评价，从这个过程中建立稳定的自我评价体系。在这一过程中教师应尊重学生的自我评价，多提问、多鼓励。个人成长和科学研究中学生会遇到各种外部评价体系，让学生体会到"达不到外部的期待不等同于自己不够好""珍贵的过程在于自己的成长"能够使他们有更稳定的心性去面对挫折，保持终身成长。

最后，科创团队的培养过程应注重合作精神的培养。通常科创项目是由两到三个学生为小组进行，在小组创立初期，应当鼓励学生基于自己的兴趣和课题分组，并探究各自在团队合作中擅长的角色。分组完成后鼓励组内分工合作，共同承担任务，在这个过程中让学生体会到团队的力量、合作和交流能力的重要性，从而为今后打下扎实的基础。科学研究不能故步自封，学会表达自己聆听别人，求同存异的合作对于学生品质力的培养具有重要意义。

3. 科创指导教师队伍的培养需要侧重专业性，鼓励不断学习

中学阶段科创指导教师队伍的培养是开展科创课题培训工作的基础，高中段科创指导教师的工作主要涵盖与课题组对接、开设课题组相关课程、定期组织组会、跟进每位学生的进度、指导学生撰写论文等。相比于初中段的基本科学素养培养，高中段科创指导教师的工作内容需要他们对于相应课题组的研究领域和课题背景有更深入的了解。

从学校操作层面来看，上海中学国际部高中段实行"双导师制"，对于每一个科创课题安排校内指导教师专门负责，与高校课题组的指导教师对接，共同指导学生的科创项目。学校对外需要积极搭建与各个高校的合作平台，拓展新的课题，为学生提供更多

的科创课题选择;对内需要建立机制,鼓励更多的青年教师加入科创指导教师的队伍。

从教师个人发展的层面来看,指导中学生科创课题是大有裨益的。随着中学教师的学历走高,越来越多的青年教师在工作之前都有科学研究经历,将自己的专业知识和研究经验应用于工作实践中能够更好地助力职业发展。校内导师在教学一线,对课程内容和学生特点十分了解,同时对科学研究过程有亲身体会,可以更好地推进科创课题项目。而与学生的互动也可以促进教师保持学习者的心态,了解相关领域的最新进展,促进青年教师的个人成长。

三、贯穿初高中的科学类社团的探索与研究

科学类社团是上海中学国际部为学生搭建的重要的学科实践平台,也是学生进行跨学科实践的土壤。本章节根据上海中学国际部初高中生的不同特点,并结合科学类社团在初高中的开展状况进行阐述,旨在针对初高中科学类社团的衔接给出些许建议,进而更好地为学生提供平台,聚焦志趣,激发潜能,助力学生未来的大学选择与专业选择。

（一）上海中学国际部初高中科学类社团的特点概述

社团是现代教育的一种创新方式,是学生个人素质提高和能力拓展的有效载体。学生社团作为课堂教学的有益补充,具有课堂教学无法替代的功能和作用。在参加社团活动期间,学生不仅可以巩固课堂所学的知识,锻炼相关的技能,还可以将理论知识应用于解决日常生活存在的问题。社团活动在个性化教学实践中作用明显,它可以弥补课堂教学灵活性弱、针对性不强的不足,同时能够提升学生的自主意识和创新意识。另外,社团活动提升了学生能力培养的针对性,指导教师可以根据学生的特点,设计开展适合学生水平的活动内容,学生的积极性更高。这反向激励了教师,

调动了教师的积极性和主动性,自身专业能力也可得到进一步提升。

上海中学国际部初高中科学类社团对学生科学能力和素养的培育起着至关重要的作用。初中阶段,学生的学科知识体系尚未构建完成,科学类的教育还处在通识教育的阶段,学生的科学思维开始萌芽,但还不深入,科学类课程也没有明显的学科划分,学生还不能非常了解不同科学课程的区别与联系。在初中阶段,学生的科学课内容大部分是与生物相关的,有一部分物理内容,而化学内容较少。目前初中段开设的科学类相关社团主要有智能驾驶与Python 编程、发现物理、未来问题解决、OM 头脑奥林匹克创新大赛社团、乐高机器人、VEX 机器人、实验物理、未来城市研究项目、科学社等。这些社团属于大科学类社团,依托于既定的科创项目、比赛、研究课题。学生通过参加社团能够对于某一领域产生兴趣,掌握更多的前沿学科知识,开阔眼界,进而帮助学生在科研项目、课题研究和比赛中收获一定成果。

高中阶段,随着科学类课程科目的细分,学生开始深入每一个具体的科学课程的学习中,学生开始渐渐对不同学科有了深入的理解。基于此,高中阶段的科学类社团更注重学科知识的延伸,分为竞赛类社团(生物奥林匹克竞赛社团、化学奥林匹克竞赛社团、物理奥林匹克竞赛社团、AMC 社团等)、科创类社团(iGEM 社团、Envirothon 社团、观鸟社等)、工程类社团(GTracing、女子编程社、3D 打印等)以及科学综合类社团(理工狗社团等)。

高中的科创类社团和工程类社团中,与初中的一些相关社团通常有较高的延续性。学生参加过初中的社团,进入高中后可以快速投入科创项目或者工程类项目研究中,对课题的理解也会更加准确并且有个人见解。学生随着自己学科内知识的积累,才能更好地深入跨学科创新项目中,更容易在各大顶尖的比赛中取得成绩,如丘成桐科学奖、英特尔国际科学与工程大奖赛(Intel

International Science and Engineering Fair，Intel ISEF）、国际基因工程机器大赛（International Genetically Engineered Machine competition，iGEM）等。这样的"综合—分科—跨学科"螺旋式递进的培养模式与上海中学国际部的课程结构相互促进统一，与学生的认知模式相统一，也使得学生能够有能力更好地适应当下各类热门的交叉学科。

工程类社团以具体的工程类课程为大背景，相关的培养模式和初高中衔接已在第一节进行了详细叙述。科创类社团以课题为依托，相关的培养模式和初高中衔接已在第二节进行了详细叙述。接下来的科学类社团初高中衔接的探索与研究将集中在学科竞赛类社团和科学综合类社团。

（二）上海中学国际部初高中科学类社团培养模式的区别

在对上海中学国际部初高中科学类社团特点的分析基础上，上海中学国际部为学生搭建了全面的科学类社团平台。接下来将从竞赛类社团和科学综合类社团来对比初高中科学类社团的区别，竞赛类社团主要以化学竞赛社为例，科学综合类社团主要以理工狗社团为例。下面将从培养目标、活动内容、组织形式和评价方式四个方面阐述初高中科学综合类社团培养模式的区别。

1. 培养目标：初中社团以兴趣激发为主，高中社团专注于志趣聚焦

在初中阶段，学生对于科学类课程的学习主要集中在生物学科，8 年级加入了一部分物理、化学知识，对于大部分学科知识的感知和认识仍处于起步阶段。以发现物理社团为例，该社团在指导教师的带领下，学生通过观察记录生活中的物理相关的现象和事件，进而用物理相关的知识进行研究和分析，理解这些物理现象，分享给其他同学后可以启发学生更大的物理学习兴趣。

在高中阶段，由于学生进入细分的学科学习，一些学有余力的学生希望能够挑战更高年级的学科知识或者更高水平的竞赛内

容,这些学生大多是希望在大学进入相关专业学习的。高中段的竞赛类社团有很多,如上文所述,有着起点高、难度大的特点,很多竞赛类的社团根据这一特点对培养模式进行了相应的探索。

2. 活动内容:初中社团侧重科普,高中社团侧重学科内容

① 科学社和理工狗

在初中阶段,科学综合类社团主要是科学社。科学社(SciAcademy)是上海中学国际部初中学生成立的一个服务性学习小组(Service Learning Group)。通过让学生自主进行科学问题研究,将研究成果以讲座的形式进行知识科普宣传,同时将成果制作成科普视频,通过视频网站和微信公众号向公众发布。在科学社社团的带动下,初中学生对于科学学习的热情日渐高涨。

科学社的学生成员基于对科学的兴趣,自发地在课余时间讨论日常生活中相关的各类科学问题,在指导教师的引导下,通过资料的收集整理和归纳分析,找到这些问题的答案。这种自主学习、实践动手的研究方式吸引了越来越多的学生加入社团。目前该社团已经推出了多期自主创作的科普视频、面向初小段各年级学生举办的科普讲座和一本科普杂志(图5.13)。学生在参加社团的过程中,不仅可以将所学到的知识应用到问题研究中,还可以促进自己学习更多的学科知识,同时可以将对于很多问题的探讨过程与结果传播给更多的同学。通过浏览科学社发表的视频和文章,可以看出标题和内容非常生活化,并不是专注在某一学科领域,更多是在学科大融合的背景下进行探究讨论。

在高中阶段,科学综合类社团以理工狗的日常(下面简称"理工狗"或"理工狗联盟")为代表,社团创立初期涵盖了化学、物理、数学、交互设计社、3D打印等方向,希望打造一个上海中学国际部理工科学生可以分享自己对于理工科的热爱的平台,可以在学生群体中营造更好的理工科学习交流氛围,进而提升上海中学国际部学生对理工科的整体学习热情。

图 5.13　科学社推出的作品

　　理工狗公众号中既有社团的基本介绍,可以让感兴趣的学生第一时间参加自己感兴趣的理工科社团,也有上海中学国际部首创的科普文章版块,各个学科的顶尖学生针对某个话题通过查阅资料来撰写科普文章,其原创性高,文字诙谐幽默,充满学生对于学科的理解和热爱。

　　随着更多学生对于理工狗的关注,理工狗在学生群体中的影响力越来越大,许多理工科社团和学生兴趣团体也相继开设公众号,设立了各具特色的内容版块。鉴于此,理工狗社团开始承办上海中学国际部高中段的各个理工科学科日,如计算机日(Bit Day),化学日(Mole Day),物理日(New Day),数学日(Pie Day Math Knockout),科技节(Science Fair),等等。整个活动在校内教师的指导下,理工狗的学生成员独立完成了方案提出、沟通调节、前期宣传、材料购买和活动组织的全过程。

　　理工狗社团在几届学生的努力下,已经开创出"每日三题""复习指南""每日一笑""理工科漫画""学科数据库""语音播客"
(podcast)等多个内容版块(图5.14),多个部门通力协作,保持着
理工狗公众号较高的活跃度。可以看出,理工狗社团提供了多个
版块让学生进行学科方面的探索。例如,学生在科普文版块(图
5.14)发表的文章在不同学科理论知识的基础上进行拓展思考,目
前该版块涵盖了数学、物理、化学、生物等多个领域的学生原创
文章。

图5.14　理工狗内容版块汇总

② 化学竞赛社团

升入9年级,学生基于自己的兴趣选择不同的科学领域学习,
若能尽早抓住每门科学课程的本质特征,理解每门课程的逻辑体
系,总结各科学课程相联系的点,比较不同科学课程独特的思维方
式和学习方法,可为后期的跨学科项目式学习和交叉学科的学习
打好基础。这些学科竞赛社团能有效培养学生的综合思考和分析
能力,为进一步跨学科学习打下基础,如果缺乏坚实的学科基础,
后期的交叉融合无疑是空中楼阁。

在初中阶段学生接触到少量的化学概念,无法形成清晰的化学学科思维,但是初中各类科学社团的化学相关内容为学生充分打开了视野,激发了兴趣,使学生对高中9年级开始的化学课程充满着期待与自信。在接触化学学习两个月后,教师会对所有学生的水平进行评估。通过评估结果,学生可以对自己的学习能力有一个参考,进入不同水平课程后将开始接触到内容涵盖面相似,但难度略有区分的化学知识的学习,其间学生还可以根据自己的学习状况来调整自己的课程水平。结合校内不同水平的课程,化学竞赛社也为学生提供了更多的机会来探索、强化自己的学习能力。

参加社团的少部分学生处于学生群体中的平均水平,这类学生以兴趣为动力,也可助力课程学习。他们将在9年级寒假之前了解整个高中化学教学内容大纲后,尽早、充分、全面地思考自己接下来的课程规划和未来的择校、择业规划。而绝大部分参加化学社团的学生是化学学习能力较为突出的学生,这类学生往往对自己的化学学习充满信心,希望在化学竞赛中进一步证明自己的能力。在经过社团训练后,再结合自己的课程内学习,逐步完善自己的薄弱环节,创建更为有效的学习模式。

3. 组织形式上初中以教师引领为主,高中以学生自发为主

在初中阶段,科学综合类社团的科学社已经发展成一个活跃成员超过30人的社团,作品主要发表在视频网站和微信公众号上,每一个作品的发表都离不开编辑部、内容部、排版部和视频剪辑等多个部门的通力合作,社团组织架构清晰明了,这也与初中段的学生自主管理社团的意识开始萌芽相吻合。社团指导教师会给予他们更加专业的问题解答与引导,同时也给学生提供更多的校外资源去更深入地了解问题、解决问题,引领社团的发展。目前,科学社的运行已经较为成熟,发出的视频和科普文章获得了师生较好的评价,激发更多学生对科学的学习热情。

在高中阶段,科学综合类社团主要是理工狗联盟。理工狗社

团的管理采取的是学生的高度自治管理。社团指导教师在社团的结构框架、栏目的开拓创新以及社团管理工作交接等方面进行把关和建议。

对于一些发展上遇到的问题，管理团队会结合教师给出的建议进行自主调整。社团建立初期，理工狗受到了校内的很多师生的关注，这使得理工狗公众号迅速在教师、学生和家长间推广开来，"科普文"和"每日三题"这样新颖的形式也受到了大家的喜爱。最初负责撰写科普文和发布每日三题的学生都是理工科学习能力极强的学生，内容深度和专业性很强，很多学生觉得自己与他们差距较大，这样导致大部分学生没有信心和积极性去参与理工狗的社团工作。于是，理工狗开始将科普文的要求限定为任意一个课内学习的知识点的总结或者应用，每日三题也从原来的竞赛题细分成两类题目，一类是难度较低的与课堂难度水平相当的题目，一类是接近竞赛水平的高难度题目。

同时，理工狗的学生在高度自治的管理下，不断创新，还开拓出了"语音播客""每日一笑""学科数据库"等栏目，这样的一个平台真正践行了最初由社团指导教师和创立者一同设定的宗旨：分享、启发、探索、终身学习价值观的传递（Sharing, Inspiring, Exploring. Pass on the virtue of lifelong learning.）。同时，理工狗的学生在各种活动中将理工狗的精神和自己对理科的热爱传递给周围的同学，激发更多的同学参与到科学的探究活动中。

4. 评价方式上初中社团注重整体评价，高中社团注重差异化

在初中阶段，科学类社团注重对学生兴趣的培养、科学思维的启蒙。通过一段时间，在社团教师的引导下，学生可以比较深入地了解研究问题的方向，理解很多专业术语，同时找到对这个领域的兴趣点。对于学生的评价相对来说更加整体。高中阶段，科学类社团的指导教师不仅希望能够把学生领进门，更希望学生能够钻研下去，聚焦志趣，激发潜能，找到接下来能够努力的方向。评价

方式更加注重过程中的差异化,希望每个参加社团的学生都能取得属于自己的收获。

初中阶段,受到学生知识储备的限制,指导教师在开展社团活动时往往会从生活中的实际现象出发,观察学生是否有足够的好奇心,是否具有一定的探索精神,是否具备一定的科学素养。对于一些工程类社团,指导教师会考查学生是否具有一定的动手能力、学习能力和知识迁移能力。这样的评价方式可以较为整体地给学生以反馈是否适合发展这方面的兴趣爱好。

高中阶段,学生进入细化的科学分科学习,这些科目很有可能是他们未来大学专业学习或者职业发展的方向。指导教师在开展社团活动时,会着重于学生科学思维的提升、对科学本质的理解。同时会根据学生在社团活动过程中的表现给予不同的评价,促使学生实现个性化发展。以化学竞赛社团为例,指导教师会对学生的学习能力、理解能力、探究能力、团队合作能力、沟通表达能力和领导力等给出评价,希望学生在社团活动过程中能够不断反思自己的能力与兴趣的匹配程度。如果一个学生在化学竞赛中并未取得理想成绩但是一直坚持参加社团,指导教师会帮助其不断寻找适合自己的学习方法,促进其思维的提升,将来继续学习化学相关的专业;如果一个学生在各类化学竞赛中都能有出色的表现,指导教师会帮助其更深层次的志趣聚焦,建议其未来可以深耕化学相关的前沿学术研究,能够在化学研究领域有不凡的突破;对于领导力突出的学生会选拔其作为社团的管理者。

(三)上海中学国际部初高中科学类社团衔接的要素分析

学生进入高中阶段,初步接触细化的化学、物理、生物和地理各个科学类学科,这需要他们从心态、学习习惯以及能力上都要有一个调整和适应阶段。学生在探索和调整的过程中,肯定会遇到各种各样的问题,如果这些问题能够被很好地解决,学生在学习高中科学类课程时就会更加有信心。科学类社团作为校内课程的一个有力补充,在日常活动实施的过程中更加精细化,因材施教、个性化培养助力每一个学生的发展。

1. 注重能力培养的多元化

相当一部分参加竞赛社团的学生的学习基础和理解力都非常强,对各类化学竞赛充满激情,在 10 年级时就可以在很多化学竞赛中崭露头角。对于这类学生,在学术指导和资源提供方面,学校要给予足够的支持。而还有一部分学生参加社团的主要目的是提高自己对课本化学内容的理解力,提高自己课内的化学成绩,保持对化学这一学科的持续兴趣,为未来高中学年的选课和大学专业选择提供更深入的了解。针对不同类型的学生,学校都会提供与其水平相匹配的资源,推荐他们去参加化学相关的研究项目,继续探索自己的兴趣爱好。同时也会根据学生实际情况,推荐他们参与到社团的日常管理当中,从而锻炼他们的领导能力和管理能力,进一步提升学生的责任心。

化学竞赛社团同时还注重对于学生的团队合作能力的培养。在团队比赛中,不同年级学生组队,高年级的学生可以更加了解低年级学生的问题,进行更加有针对性的讲解,这一过程同时也是对自身知识体系的梳理。高年级学生是低年级学生学术成就的榜样,低年级学生是高年级学生学习过程的催化剂,相互激励,共同进步。

2. 注重内容的多元化

理工狗社团也在初高中衔接方面进行了实践。在初中阶段,学生对于科学社非常熟悉,也有一套成熟的管理流程,这个社团的主要内容集中在科普视频和科普文章上。这类学生在进入高中阶段后,如果对于理工科仍比较感兴趣,可以加入理工狗社团的科普文部门,而文章对原创性和深度上都有一定要求。那么对于理工科比较感兴趣,但是不擅长写作的学生可以加入周题部门,可以根据自身经历发布难度各异的趣味练习题。理工狗是一个让广大学生分享对于理工科热爱的平台、一个激发广大学生探索理工科的平台,使大家不断学习着理工科、保持着对理工科的热爱。

3. 注重科学思维的转变与提升

加入高中科学类社团的学生,都是对科学充满着热情和兴趣的学生。在经过初中科学类社团的培养后,他们都具备一定的科学探究能力,科学思维得到了启蒙,对于一些生活现象有了一定的理解,可以用一些科学知识来解释一些科学问题,但是他们对于很多科学术语的含义并不是特别清楚,往往是一知半解。那么进入高中后,通过不同的科学课程内学习,他们的科学知识会更加具体和扎实,对于知识之间的联系也会更加清楚。高中科学类社团为学生提供了一个继续探索和深入学习科学知识的平台。在这里,他们需要更加严谨的科学态度,提升自己的科学思维,完善自己的科学素养,增强自主发展与终身学习的品质力。学生在具备了必备的知识和技能基础后,在科学社团中进行跨学科实践的真实体验,学生才能对科学的本质和科学教育的意义有充分的反思,形成自身的层层递进、层层聚焦的知识体系,为自己高中及未来人生的科学学习的可持续发展奠定坚实的基础。

(四)上海中学国际部初高中科学类社团衔接探索的案例分析

高中段科学类社团在初高中衔接方面不断探索、研究和实践,助力每一位学生的发展和成长,接下来是两个典型案例的介绍。

1. 聚焦志趣,激发潜能

工程类的社团实践活动对于学生在不同环境条件下正确理解应用数理模型、培养科学素养、理解学科本质大有裨益。同时作为对于传统教学的补充,工程类社团实践要求学生之间应该通过相互交流合作调动学生学习科学的积极性,开阔学生的创造性思维,培养学生的交流合作能力和项目管理能力。此处以本校通过提前批次被美国宾夕法尼亚州立大学的管理和工程双学位专业录取的张同学为例,对高中工程类社团实践进行展示。

9 年级高中第一年——热爱与激情激发社团的成立

刚刚踏入 9 年级的张同学便迎来了重要的选择,究竟是要创办自己的社团还是加入现有的社团呢?张同学选择了那条更艰难的路,成功的张同学建议 9 年级新生在正式创办属于自己的社团前心中先要有一个清晰的主题,而后需要明确其在年级中的受众规模,做好前期的调研后再做决定。其实创立社团是非常非常艰难的,他回忆到,现在大部分的社团都在一年之内创办,却又因管理不善而结束。这就像是创业,市场上的大部分公司活不过三年。其实张同学当时也想过要不要加入其他社团,但是张同学觉得创业就是他的真爱,所以就一直坚持到了现在。"如果在学校找不到足够多与自己志同道合的同学,那么这个社团肯定是不会存活的。"他总结道。当年张同学之所以能如此坚定不移地迷上赛车,还要从一堂学院课程(Academy)说起。在众多的课程中,张同学一眼相中了由笔者开设的一门与赛车相关的课程。在为期一年的课程中,张同学不仅学到了许多关于赛车的知识,更结交了许多志同道合的同学。在同学和指导教师的支持与鼓励下,他终于下定决心,建立了社团。可等真正建立了社团,张同学又陷入困境,参加社团的同学本来就不是很多,在参加了几次社团活动后很多同学便忙于学业而消失不见了。可他并没有气馁,因为他身旁还有一群志同道合、不离不弃的挚友。社长的责任像是一块巨石压在肩上,但他直面困难、毫无畏惧地将社团重担扛了起来。

10 年级高中第二年——用知识武装"真爱"

在 10 年级通过与赛车的接触,他慢慢爱上了物理这门学科和相关的许多领域。所以在选专业的时候,他也犹豫过——到底是继续追寻生物还是选择物理?最终,还是因为对赛车的热爱,他选择了物理。就像他所说的,"工程学就是我的真爱,我非常喜欢物理"!一边适应快节奏的高中生活,一边还要关心社团发展、研究赛车设计,因此,自学便成了张同学不可缺失的一项能力,这和 IB 提倡的独立自主学习非常契合。在繁忙的课业活动之外,他不仅预习了大学课程,还自学电脑制图软件并完成相关制图,使自己的知识结构更完善。张同学主要是通过网上的视频讲解并配合着相关的教科书一起学习。比如,在自学工程学的时候,他会先去阅读 *Engineering Fundamentals* 这本书,它包含了所有工程学必备的基本技能。此外,如果有疑惑的话,他还会去寻找一些网上的免费视频讲解资源,如 CAD 或者 Autodesk,都是他常用的网站。当然,如果遇到了一些自学无法解决的难题时,他还会去寻求学科教师的帮助。总的来说,一切遵循"不懂就问,一定要搞懂"的原则,对知识的热爱,便是张同学自学成才的一大秘诀。

　　说到独立学习,张同学最骄傲的就是自己接触到了空气动力学这个领域。在赛车场上,他一直在思考空气对赛车和性能的影响。他说道:"空气这个东西,虽然看不见也摸不着,但其实对赛车的动态有着极大的影响。"在这之后,他便自学了空气动力学,不断研究气体对高速运动赛车的受力特性、气体的运动物理规律。功夫不负有心人,在不断的学习与潜心钻研下,GT-Racing 社团参加美国的邀请赛并获得了空气动力学的冠军。从此,GT-Racing 的名声便在校园传了开来,慕名而来的同学也日渐增多,社团越做越大,逐渐形成了各个分部门:有研究赛车的,有设计火星车的,有组装无人机的,等等。10 年级结束的时候,GT-Racing 已是校园的传奇理工科社团了。

11 年级高中第三年——带着社友一起勇闯天涯

　　高中几年来,张同学带着自己的社团参加了许多比赛,也拿到了许多奖项。回望这位同学的高中学习,就是在逆境中成长起来的。随着社团的壮大,所参加比赛的规模也越来越大。有一次,社员们带着自主设计的火星车兴冲冲地落地美国,打开行李箱,却傻了眼。历经 12 小时的长途颠簸,火星车在碰撞中受到了多处结构损坏。眼看比赛迫在眉睫,危急关头,张同学与社团骨干站了出来,他们先是稳住了同学们的情绪,而后有条不紊地安排社员们去往美国当地的商店采购用于维修的部件。终于,赶在开赛前,把火星车修复了。令张同学最自豪的是他们整个团队非常团结,这样的社团所向披靡。从美国比赛回来后,张同学一直在思考,如何增加赛车运行过程中的稳定与安全系数。张同学善于联想,但从不空想。一回到家,他便开始上网查阅资料,无意间目光扫到了一艘航空母舰的图片。灵感总是在最出其不意之处迸发。他忽然想起,航空母舰上帮助战机降落的阻拦索系统与他所构思的阻拦系统很是相似。找到了足够的资料,他便动起手来。功夫不负有心人,在不断的电脑模拟后得到数据,经过无数试验后,他终于建造出满意的发明成品。通过此事,张同学也意识到,在比赛中获胜终究只是科研路上的阶段性胜利。想要达成最终的目标,这是远远不够的。目前,他设计的阻拦系统已经成功申请了专利。作为 GT-Racing 的创始人,张同学表示会将宝贵经验无私地传授给下一届社长。

12 年级高中第四年——如果真爱,请深爱

在 12 年级大学申请时,张同学申请了美国非常顶尖的院校,功夫不负有心人,他被美国藤校宾夕法尼亚州立大学录取,并且录取了工程与商科的双学位。美国大学招生官读过成千上万的文书,所以对于自己未来的梦想,要真实地表达自我的情感,而且要与所申请的专业有"陷入爱河"的感觉,具体而真实地规划自己的人生,坦诚 who I am(我是谁)——非常真实地体现自己对于大学、专业的热爱。大学申请的活动列表只能填写十个课外活动,那么,如何体现自己的闪光点? 张同学给出的经验是"看质不看量",没必要参加太多的课外活动,专注几项活动,认真挖掘深度。说到对于未来的展望,张同学坚定地说出了"想改变世界"这五个字。他之所以能够如此坚定,正是因为在平凡的每一天里,他都在向自己的梦想迈进。他希望通过自己发明的高性能阻拦系统,集合商业的传

播途径,让身边的人,乃至整个世界都知道自己团队的产品,从而贡献出自己绵薄的力量,尽可能为人们的生活带来便捷。改变世界是一个宏大的目标,但对于张同学而言,他踏踏实实通过每一天的努力,接近这个看似遥不可及的梦想。

2. 热情伴随坚持,聚焦小众兴趣,激发无限潜能

兴趣的种子等待萌芽

从初中起,小松开始对学校里的鸟类进行观察和拍摄。上海中学校园占地面积广、绿化丰富多样,又毗邻上海植物园,常年吸引着不少野生鸟类。在这样美丽的环境里,他开始思考,校园里面究竟能看到多少种鸟类?有人告诉他,在学校里面大概能看到 10 种鸟。但是没过多久,他在学校的鸟类记录已经扩充到了 30 多种。他和朋友们还持续记录了一只每日访问校园的翠鸟,直到一次施工活动后,这只美丽的鸟儿再也没有回来。他开始有了更多的思考,人类的活动是怎样影响生物多样性的?我们该做些什么来照顾我们身边多种多样的生物?生物的活动规律能够被人类完整地观察到吗?也就是在 9 年级,他向学校提交了自己的第一个关于鸟类的提案:在教学楼前的小树林里安置两个供小鸟休息的鸟屋。直到现在,这两个鸟屋仍然挂在小树林里,它们见证了当年小松同学兴趣种子即将萌发!

广阔校园提供绽放平台

进入 10 年级后,早晨、中午休息和晚上放学后的时间,都能容易认出在学校小树林带着望远镜、背着长焦相机、守候鸟类的小松同学。与此同时,越来越多的人开始注意到他这个独特的爱好。教师鼓励小松同学将这些年拍摄的照片做成一个校园鸟类摄影展览,在整理、观察数据的同时也能让更多的同学了解校园里的鸟类生物多样性。经过一个多月的整理、策划和布展,在 10 年级下学期,小松和他的两位朋友通过展览展出了 39 种校园内发现的鸟类照片。展览在小学、初中和高中巡回进行,吸引了不少同学和老师

的关注,成为轰动一时的校园新闻。之后,他们更是在学校的大力支持下,把校园里的鸟类资料编撰成《SHS Birding Guide 上中观鸟指南》进行出版。这本指南可以帮助学生在校园内更好地观察相关鸟类。

　　观鸟展成功举办之后,小松成立了观鸟社团。不到一年就发展到了二十几位成员,覆盖了初中到高中各个年级的观鸟爱好者。虽然大家来自不同的年级,但通过观鸟这个共同的兴趣走到了一起。观鸟社的一个日常活动是观察和记录校园内的鸟种类,大家也希望能为学校增加新的记录。目前,这个数字已经增长到了 98种,包括上海市区的稀有物种,如堪察加柳莺、斑姬啄木鸟、暗灰鹃鵙、紫寿带和栗鹀等!除了在校园内观鸟,社团成员平时还会一起去市区的公园和郊区的湿地观鸟,对上海的生态有了更深刻的认识。

热爱与行动激励校园社群

　　进入 11、12 年级后,哪怕是在繁忙的大学申请季,小松同学仍然会坚持与其他社员一起观鸟。他也会特别关心社团里面的"小朋友"——那些还在读初中的同学。他去初中部办了鸟类讲座,吸引不少人。同时,他还非常乐于将自己的观鸟装备(望远镜、长焦相机、观鸟图鉴等)分享给刚开始接触观鸟的学弟学妹。社团中有几位十分活跃的成员,都是从初中时候听闻小松同学的事迹,并开始了他们在校园里的自然观察之旅的。在学校鼓励学生参与研究探索的氛围中及教师专业的指导下,社团成员积极参与公民科学项目,如社团成员会在 eBird(康奈尔大学鸟类学实验室所创办的数据库)上更新上海中学校园及周边地区的鸟类多样性的数据。小松与其他社员也基于自己观鸟的经验,开展了观鸟相关的科学研究项目,如小松同学的"基于越冬和度夏范围预测鸟类迁徙经过上海南汇的时间",成同学的"基于 Matlab 的鸟鸣叫声辨识软件",姚同学的"南汇湿地震旦鸦雀现状记录"及多位社团成员共同开展的"校园鸟撞现状调查",等等。

附录 初高中科学课程衔接
阶段学习方法指导

在初高中衔接的重要阶段,从理科素养的提升角度来讲,初中偏重通过感受实践类课程活动培养学生形象思维,而高中则更加注重形象思维与理性思维的统一,强调培养学生的抽象思维、逻辑推理能力、独立分析和解决问题的能力。因此,本篇附录提供了一些高中理科学习的高效方法建议,以期学生能够初步建立起以实验为标准、以逻辑推理为辅助的自然科学研究方法。同时提供科学研究的范式流程和正规的引用方法以提供一些保证学术诚信的方法,培养学生对待学术的严谨态度,用各种样例为学生指明了一条充满正气的学术之路。结合高中理科学习的学业要求和内容,逐步明确学生的人格特质和时间管理倾向,从而更有针对性地进行时间管理的策略调整。最后,从学生视角,提供了一个理科生对于高中理科学习的切身感受和经验分享,反思如何在"以学生为主体"的学习模式下充分发挥学生的自主性、能动性和创造性。

一、高中理科学习的高效方法建议

高中理科的学习能够促进学生在生活和其他学科的学习当中对逻辑推理能力的提高和应用,帮助学生在社会生活和学习过程中增强竞争力。高中理科知识概念并不是孤立的、静态的,而是充满联系、动态平衡的。知识和概念从可观测的宏观可见的事例逐渐渗透抽象的理论和微观模型;高中理科的学习更偏重思考和实践,对学生思维能力要求很高,单纯通过记忆的方法显然是不够的。本文主要以 6 个高效学习方法为例，以期帮助学生提高高中理科学习效率。

（一）课前预习，了解框架

作为高中理科生，需要积极培养自学的能力。而预习功课可以作为培养这种能力的重要途径之一。预习不是简单地通读课本，而应该是引发积极的思考，同时保持对知识的好奇和渴求。预习时利用课本上的章节引导进行积极思考是一个不错的选择。例如，9 年级化学课本中，每个章节都有引发学生思考的模块，有这部分内容作为预习素材引发思考，梳理知识点之间的关联并做好预习规划。

图 1　9 年级化学教材中的导引模块

另外，有针对性地通读课本，把自己认为重要的内容记在课本、课堂笔记或电子设备上。虽然预习可能并不能全面深入掌握知识内涵，但有助于学生对知识体系和重点难点有大致了解，从而内化为自我的知识框架，以便在课堂上将存疑的核心部分进行深化掌握，提高听课效率；对课本上的概念、定理、公式推理一遍，以形成对知识的整体认识。整体上来讲，对于知识点繁杂的章节，可以利用思维导图和总结表等工具，分层次地将这章节的知识点列举出来,这样不仅可以在听课时头脑清晰,而且可以降低复习时的难度,一举两得。以化学键和物质结构的章节为线索,预习时可以通过以下思维导图进行信息汇总。

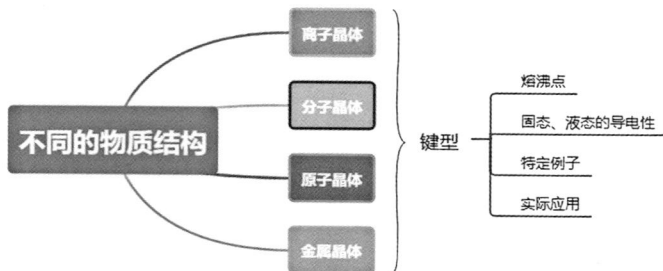

图 2　预习中思维导图的建立——以物质结构为例

另外,提前预习课本或者大纲中的学科核心知识架构和学科大概念,有助于调整学习重心、合理安排,并从宏观的角度理解学科本质。例如,学习 AP 物理 2 的"热力学"这个章节前,可以宏观了解大纲中的大概念,并以其提出的问题为引导,进行有针对性的预习和思考。

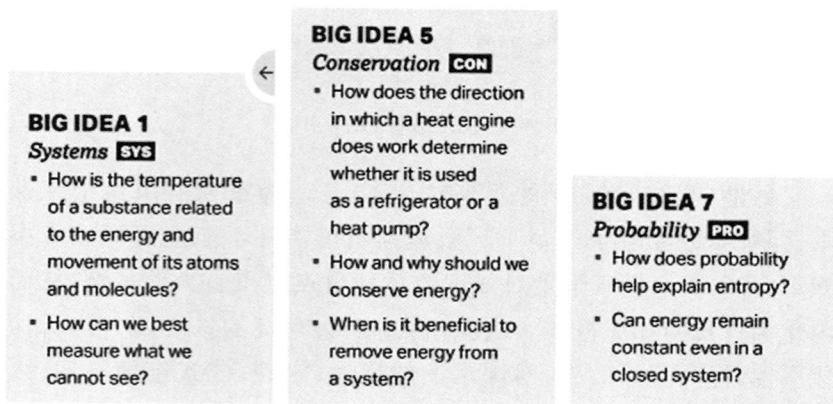

BIG IDEA 1
Systems SYS
- How is the temperature of a substance related to the energy and movement of its atoms and molecules?
- How can we best measure what we cannot see?

BIG IDEA 5
Conservation CON
- How does the direction in which a heat engine does work determine whether it is used as a refrigerator or a heat pump?
- How and why should we conserve energy?
- When is it beneficial to remove energy from a system?

BIG IDEA 7
Probability PRO
- How does probability help explain entropy?
- Can energy remain constant even in a closed system?

图 3　学科核心概念和引导问题

（二）参与课堂，巧做笔记

配合教师的课堂活动安排，积极主动参与问答和课堂互动，及时给予教师反馈，能够有助于课堂内容的及时理解和吸收。高中理科教师重视自主学习能力、合作学习能力、探究能力的培养，构建"教师主导、学生主体"的新型教学模式，这就要求学生利用反转课堂、PBL 和混合式教学等多样的课堂教学形式，体现学习的主动性，并积极提升逻辑思维能力。可以根据预习内容，跟着教师的教学进度积极思考，并在答疑时间积极提出问题，与教师和同学们讨论；在课堂讨论中，积极表达自己的观点，如果有不同的理解和解题思路也可以分享交流；在反转课堂中，将自己的调查结果呈现出来，以讲解者的角度进一步将内容梳理、串联，提出自己的思考等。

课堂笔记是体现学习者元认知策略、信息加工策略、资源管理策略的统一体现。对于理科课堂笔记的记录，应有别于文科的笔记方法，将重点难点、解题思路、解题步骤、解题策略等合理归类记录，特别是教师补充的拓展知识点和实际应用的事例、板书中的提纲、图表、易混淆及易错知识点等。记笔记时应避免出现以下几种倾向：一是一切都记，抓不住核心和要点从而影响听课效果；二是所有笔记都随意记在一本笔记本上，导致复习时四处搜寻，没有头绪。建议可以利用符号法、批语法和康奈尔分区笔记等传统方式或在 iPad 等电子设备中选择合适的记录软件做笔记，如 Bear、Notability、Goodnotes。

（三）复习总结，知识串联

高中理科的知识点学习密度较高，所以这就要求学生需要及时进行复习，除了利用教师布置的学科作业进行知识点回顾，还需要根据各科和各章节的特点进行复习。对于一些需要基于一定记忆的概念和逻辑关系，学生需要选择最有效的记忆方式将概念内化和巩固。例如，化学学习中的化学物质命名和化学式的书写，需要掌握基本规则，同时基于对不同物质的正确分类，逐渐熟练运用命名规则。高中理科中的很多章节内容不可能简单靠背诵和记忆能够掌握，需要通过运算、举例、实践等方式，强化理解和记忆，因此多做练习题、巧做练习题非常有必要。例如，利用每天教师批改过的作业题，每一个步骤都仔细对照标准答案解析，分析自己错误的原因和遗忘知识点等，并做好记录；学会巧妙地利用定义、概念解题，掌握答题的规范性的表述；做题过程中学会分类规划，每种题型有相应的例子和详细的解答，这样才能做到举一反三，拓展答题思路。

高中理科知识的关联性加强，更加注重知识的关联性，后面学习的内容都建立先前学习和理解的基础上。比如，在物理的学习中，即使学到光和电磁部分的时候，还是需要用到力学中的受力分析作为学习的基础骨架，以便于理解不同情境下的受力分析。高中理科学习像是在织一张知识网，在学习新的知识时得在网上找到这个知识应处的位置，随后将新的知识织入网中，也就是把新的知识与自己现有的体系联系起来；在内心去除学科与学科的藩篱，将所学的各科知识联系起来，有助于拓展认知边界，创造更多可能。[1] 例如，9 年级生物课中所涉及的碳循环的主题内容，与化学中涉及的碳单质及化合物的性质和变化有很强的联系，同时也与地理课程中的地质和海洋循环的内容息息相关，为理解"碳中和""碳达峰"等全球关注的环境科学理念做准备，将这些不同学科所学的知识内容串联在一起，不仅能够更好地理解概念，还可以打通知识点之间的联系，从而进一步提升素养。

（四）拓展探索，善用资源

高中理科复习中需要善用课后拓展资源，包括教师提供的补充资源材料（文章、书籍、研究资料等）、媒体材料（视频、播客）或配

---

[1]　杨舒婷：《高中生物学课堂中跨学科教学对学生思维能力培养研究》，硕士学位论文，湖南师范大学，2021。

合上课内容出的练习题目。在阅读补充材料时,学生应该努力把正在阅读的内容与在课堂上学到的概念和想法联系起来,同时多思考这些内容与生活经验、具体应用的联系从而加强学习效果,加深理解;通过课外的阅读和学习,学生可以进一步提升这一学科的学习自信。每天预先安排好半小时到一小时的缓冲时间,确保在学有余力的情况下可以空出时间研学拓展材料。

网络上优质的空中课堂和在线视频课资源也为学生的学习提供了有力的支持和复习资源。例如,国内的空中课堂和各大名校免费的慕课,极大拓展了学生学习的途径;国外的知名学习交流平台 Khan Academy 和各大高校的免费网课,也为学生提供了整理复习思路、拓展探索的平台。

(五) 重视实验,科学思考

高中课堂实验是自然科学学科教学中非常重要的一个环节。不论是教师的课堂演示实验,还是学生走进实验室的亲手操作,都可以帮助学生更加直观地理解自然现象和原理。因此,用好课堂实验可以很大程度上提升学生的理解深度和学习的效率。高中理科实验一般分为定性实验和定量实验两类,因学科教学内容而异,定性实验可以有针对性地培养学生观察和记录习惯,定量实验及其数据处理方式是锻炼理科思维的一种方式。

上课前,预习实验相关知识是必不可少的一步。为了更好地利用课堂实验学习知识,学生在实验课之前,应当先对实验涉及的知识和实验目的作充分的了解,如这次实验是为了观察什么现象、验证什么定理,这样才能在实验过程中有更大的收获。当学生带着思考和好奇走进实验室的时候,课堂实验的效果也更为明显。同时,学生应该养成良好的记录习惯,在实验前撰写实验报告的背景知识部分和实验流程部分。学生在课前熟悉实验流程有助于在课堂实验实际开展的过程中充分规划好时间,避免因为手忙脚乱发生的意外事故。

实验课上,学生应当首先再次阅读实验流程或听教师讲解实验流程,如有涉及加热、明火、有毒有害和易燃易爆物品的操作步骤,一定要更加注意听清实验步骤,做好防护,预防可能的危险。同时,在实验开始前,学生应当正确穿戴实验服、手套、眼罩等防护物品。在实验室,学生应当随时注意观察实验现象并加以记录,学生应当如实准确地记录实验中发生的变化。涉及称量、读取实验数据等,学生需要首先熟悉测量仪器的量程和精确度,并准确读取和估读数据,加以记录。在完成实验之后离开实验室之前,学生需要整理实验室台面,将所有仪器药品归位,并确保需要关闭的电、热、水、气等均已关闭。实验过程能够提升科学素养和严谨的科学态度,同时养成良好的实验习惯。

课堂实验结束之后,学生应当对实验数据进行分析处理,并完成实验报告中的分析总结部分,同时将实验中观察到的现象和测量到的数据与自然科学学科中的知识加以连接和整合,进一步巩固知识。

（六）共同学习,同伴互助

高中理科学习内容有助于培养学生的思辨性和批判性思维,很多问题和应用并没有唯一的标准答案,参与合作模式的学习活动中,能够有效提高学生之间的有效互动,并能够展现学生对于同一知识概念的差异化理解,有利于互相查漏补缺。[①]

利用校内的社团和同伴辅导项目进行分组学习,根据理论基础、实践能力、总结能力等组成学习小组,通过集体备课、模拟课堂、答疑讨论、主题分享然后总结,充分保证每个小组的合作效率与学习效率。这样的方式能让学生都参与到对知识的探讨与应用当中,不仅能感受到良好的学习氛围,还能对知识点有更加熟练的认知与掌握,同时,也有利于培养学生全面的综合素质发展。以上

---

①　杨淼:《高中理科生高效学习方法探究》,《试题与研究》2020 年第 1 期,第 161 页。

海中学国际部同伴辅导项目为例,日常在学习小组的带领和安排下,定期组织安排学生根据学习进度和需求进行共同阅读、编制复习卷、创建易错题、整理课堂笔记、小组教学讨论等,可以对理科学习的课堂学习提供有力支持和补充。

理科思维的培养和核心素养的理解是一个日积月累的过程,根据学生个体的思维模式找到最优化的学习策略能够进一步提升理科学习效果和学业表现。

二、课题研究与学术诚信

（一）如何开展课题研究

开展课题研究可以帮助高中生更好地探索自己感兴趣的领域,同时也能为高中生提供运用多学科知识的机会,还能展现高中生追求知识的决心。培养高中生开展课题研究的能力时,可以把课题研究分解为多个阶段,并就每个阶段对学生进行引导。通过完成每一个阶段的任务,学生最终可以完成整个课题研究,并在此过程中提升多方面的能力。

1. 选取课题方向

研究课题通常来源于一个令人感兴趣的问题。当学生对某一领域产生兴趣、好奇心被激发时,一个有趣的研究项目可能就悄悄诞生了。

当学生观察周围的各种有趣现象时,可以尝试多问几个为什么。在一个问题的基础上,可以多次尝试提出更加深入的问题。比如,看到秋天落下的树叶,通常可以想到的问题是"为什么叶子会落下"。在此基础上可以提出更加深入的问题,如"为什么叶子通常会在秋天落下""为什么叶子通常会在秋天温度产生变化的时候落下"。在此基础上,问题甚至可以演化为"温度变化与叶子落下呈何种相关性""温度变化是否影响了叶片内的某一生物过程从而导致叶片的落下"。

当学生尝试回答感兴趣的问题,这个找寻未知答案的过程可能就是一个研究课题的开端了。有时学生可以在已有的课题列表里面进行选择,这种情况仍然需要考虑兴趣因素。

2. 课题可行性分析

当课题的大致方向确定之后,就需要进行可行性分析。如果是数学、社会科学、计算机等类别的课题,可能需要考虑是否能够找到足够的资料、是否能获取相关软件的使用权限等。如果是实验科学类的课题,可能需要考虑是否能找到合适的实验场地、是否能获取相关实验仪器的使用权限等。

除此之外,还需要考虑课题方向是否符合高中生的学术能力和认知水平。如果经过分析后发现课题可行性较低,则需要对课题方向进行修改。

3. 文献调研

确定好课题方向具备一定的可行性后,学生需要进行文献调研,以获取更多与课题相关的背景资料。学生可以尝试从多个途径获取课题相关资料,如校内外的图书馆和网络数据库。

在图书馆,学生可以使用图书管理系统来搜索相关书目。网络数据库也是开展课题研究的重要资料来源。谷歌学术(Google Scholar)和微软学术(Microsoft Academic)都是高质量的免费学术搜索引擎。除此之外,学生还可以在学校订阅的学术数据库上获取学术资料,如中国知网和 JSTOR,这些数据库汇总了许多学术期刊。文献调研的过程中需要特别注意文献的质量。

4. 获取研究指导

开展课题研究的过程中,高中生需要获取足够的指导,所以找到一位愿意指导并在课题方向有专业背景的指导教师是非常重要的。

学生也可以尝试联络校外的指导教师。有一些大学或科研院所的研究人员可能会愿意在工作之余对高中生进行指导。在联系指导教师特别是外校指导教师之前,学生需要熟悉对方的研究背景,并能够在见面时候陈述清楚为什么希望获取该教师的指导,并且最好能说明所需要指导教师付出多少精力。

找到合适的指导教师后,学生需要在开展课题研究的过程中与指导教师保持良好的沟通、积极获取指导教师的反馈、及时针对指导教师的反馈来改进自己的研究。

5. 撰写研究计划

确定好课题的指导教师后,学生就可以开始撰写一个详细的研究计划了。研究计划中要包含明确的时间节点,并且尽量列明研究项目所需要完成的每一个步骤。比如,何时完成课题的背景研究,何时与导师讨论课题细节,何时进行数据分析,何时撰写研究报告的大纲,何时完成研究报告,等等。

如果学生参加的是竞赛类的学术研究项目,他们还需要特别关注竞赛的各种时间节点,为自己开展研究与撰写研究报告预留足够的时间。制订研究计划时,还需要考虑课题研究的相关日程是否与校内外其他的重要日程冲突。当研究计划正式出炉后,学生需要高效地执行计划。可以利用日历本或者日历软件将重要的日程标出,并时时查看课题开展的进度。

6. 开展研究

当一切就绪时,就可以正式开展课题研究了。虽然前期已经做了一定量的文献调研,但此时学生还是可以继续参考前述方法搜集相关资料。同时,学生可能会需要针对课题进行数据收集。不同课题可能会用到不同的数据收集方法。比如,一项关于社会现状的课题,学生可以考虑采用问卷或者访谈的方法收集所需数据;但一项关于细胞行为的课题,学生就很可能需要在实验室里使用相关仪器设备来收集所需数据了。

所有的数据都需要有正确和规范的记录,最好能够有一个专用的课题记录本来汇总研究的所有进展和数据。学生可以借助观点(Claim)-证据(Evidence)-推理(Reasoning)CER 框架来不断地推进自己的思考。"观点"是针对初始研究课题方向中的问题所给出的答案,或者说是研究过程中所得到的结论。"证据"则是可以用来支持观点的数据,这些数据可能是定量的也可能是定性的,可能是通过实验获取的也可能是通过文献调研得到的。"推理"则是"观点"和"证据"之间的桥梁,并让这两者之间建立逻辑联系。正确的"推理"可以帮助解答"证据"为什么/怎样能支持"观点"。通过 CER 框架,学生可以更好地搜集课题相关的"证据",也能更好地完善自己通过课题研究所得出的"观点",同时也能不断训练自己的"推理"技能。

7. 撰写研究报告/论文

一旦完成或阶段性完成了研究,学生便可以开始整理研究结果并开始撰写研究报告/论文了。在正式起草研究报告/论文之前,学生应该列出一个大纲,确定报告/论文包括哪几个部分。

一份正式的研究报告/论文常常包括下面几个部分:研究背景、研究方法、数据与分析、结果与讨论。研究报告/论文的初稿通常需要几轮的自我修改才能比较完善。自我修订之后,学生可以把修订后的初稿交给指导教师,并开展多轮的修改和打磨。

(二)如何确保学术诚信

学术诚信是在学术活动(日常作业、实验报告、研究论文、考试等)中坚持诚实、公平的基本行为准则。避免抄袭是学生必须遵守的学术底线。

1. 抄袭的常见类型

● **直接抄袭**:对他人作品中某些段落逐字逐句地抄写,没有署名,也不加引号,作为自己的作品呈现出来。

● **自我抄袭**:往往发生在同一学生多次提交自己以前的作品时。例如,学生对特定主题感兴趣,于是在类似课程中均提交了相似的论文

- **转述式抄袭**：偷换他人著作中的一些语汇，将其作为自己的作品，未对原作进行引用。

- **马赛克抄袭**：从相关来源借用术语时不使用引号，同时保持与原文相同的结构和含义。

2. 勤做笔记避免抄袭

进行项目研究时，学生通常会打开许多不同的网站。如果忘记引用或引用了错误的来源，就会发生抄袭。研究时做笔记是避免无意抄袭的好方法。当你从网站上复制并粘贴引文，在引文周围添加引号，并添加括号注明来源。笔记不必是完美的文本引用，只是概述了可能在论文中使用的潜在来源，并提醒自己，引用的不是自己的原创作品。

3. 如何正确引用参考文献

引文表明某些引用的来源，可以通过脚注或引用的方式来完成。

引用英文文献的格式主要有两种：MLA（美国现代语言协会，常用于人文学科）和 APA（美国心理学会，常用于社会科学）。

学生写论文等学术作品时，应按照正确的引文格式在论文中正确引用相关出处，否则未明确标注出处的错误引用仍将被视作抄袭。

一些网站可以提供帮助生成正确格式的引文，如 Easybib（https://www. easybib. com/）和 Citation Machine（https://www. citationmachine. net/）。

4. 抄袭检测器

抄袭检测器可以检查论文中是否存在抄袭行为。在提交作业之前使用抄袭检测器可以帮助避免无意抄袭，并进行相应的修改。常见的抄袭检测器包括 Grammarly（https://app. grammarly. com/）、Scribbr（https://www. scribbr. com/）和 Easybib（https://www. easybib. com/）。

三、高中理科学习时间管理的具体策略

从初中毕业升入高中的阶段,随着各科学习内容难度的增加和课外活动的开展,学生会遇到一个比较棘手的问题,那就是如何在有限的时间里保质保量地完成课业任务,积极参与校内外活动竞赛的同时发展兴趣爱好并完成高中阶段的学习。特别是对于高中理科学习,有意识地在初高中过渡时期培养良好的时间管理技巧将帮助学生顺利地完成各项作业和任务,更好地体会理科学习的乐趣,提高学习效率。对于高中生来说,下面将从工作日、周末、寒暑假等方面对时间管理的技巧和策略方面提出一些建议。

(一)合理安排放学时间

可以在每天放学后给自己留一些自由发展兴趣爱好和保证充足休息的时间。

1. 充分利用放学留校时间

从高中开始,学生可以自由参与社团的组建和组织、学校乐团及校队的训练。建议学生积极探索兴趣的同时,合理安排留校的次数和时间,以保证充足的时间完成学业任务。参加理科社团和学习小组,能够很好地提升理科思维,同时以合作的方式拓展知识领域。例如,数学竞赛社的学生可以结合辅导教师讲解、社员展示、小组分层互助的形式准备竞赛,不仅能够提升课内的学业表现,同时培养多方面的能力。

2. 根据不同任务类型合理安排

合理安排时间管理模式和学习习惯,安排文科、理科功课交替完成或相关学科功课归类完成。长时间做同一门科目的功课容易倦怠并失去灵感,在专心一门学科的学习后,不妨转换思路,激发另一种学习思路。另外,建议把最需要花费时间和脑力的功课放在每天精力较为旺盛的时间段,如计算、背诵、分析、写作等;把不太需要记忆和高质量输出的功课放在后面,如泛读、预习等。

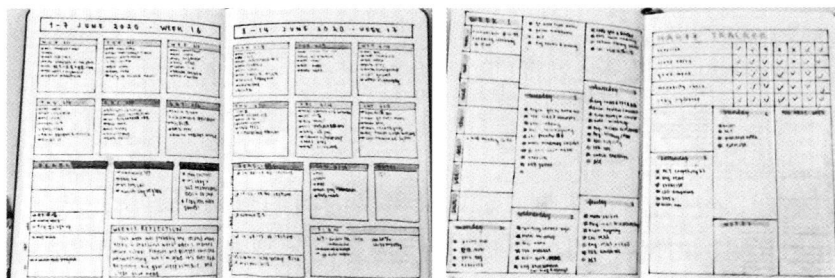

图 4 高中生时间安排范例

3. 劳逸结合,提高效率

按照每天功课和任务的优先级,做好每天晚上的时间规划,首先把时间划分为几个大致区间(运动充电时间/晚餐家庭时间/做功课复习时间/兴趣探索自由时间)并基本固定下来形成习惯。生于信息时代的学生,很容易被各类社交网络和多媒体消息所围绕和影响,从而导致专注力不断下降,同时长时间的高强度学习也会导致效率下降。建议尝试最著名的番茄时间管理法(Pomodoro Technique),一般为 25 分钟的专注学习时间和 5 分钟的休息时间,或者根据自己的实际情况控制时间配比。

(二)合理安排周末、小长假及寒暑假

每周两天的休息时间是大家放松身心、调整生活节奏的好机会,寒假、暑假也是最考验学生时间管理能力的时间段,同时也是最容易提升自己并在各方面飞速成长的好机会。以下是对假期安排计划的一些建议。

1. 增加体育运动,坚持兴趣爱好

利用周末时间可以更好地休息,进行户外活动和体育运动,参加体育比赛或户外野营训练等,不仅能够增强体质,也能够放松身心,同时调整学业生活节奏以更高效地应对新一周的挑战;坚持自己的兴趣爱好,如练习乐器、坚持阅读课外书籍、参与志愿者活动或科研项目等,不仅能够提升自己的软实力,也能给自己找一个合适的方式释放情绪。练习乐器和研学乐理有助于思维的发展,从另一个角度促进理科思维的养成。

2. 学业上的查漏补缺

每周的周末时间可以及时复习一整周各科所学习的内容,同时做好预习工作,在期中或者期末考试前两周尽早做好学习规划,利用充足的时间梳理知识脉络。提醒自己不要把功课拖到周日晚上,尽早规划且保质保量完成功课。寒暑假虽然没有考试前的紧张感,但是能够前瞻性地做好学业方面的规划以减轻下学期的学业压力。根据自己的能力和压力承受限度,对学业相关的预习、标化考试进行备考,同时有规划地完成假期功课任务。

3. 参加夏校活动

在 9—12 年级的寒暑假,建议安排 2 次夏校活动,每次为期 1—2 周。理科方向的夏校可以分为课程类、交流类和科研类,根据学习能力和认知水平选择与自己以后发展方向相关的领域,在较为集中的时间段深入了解大学和专业,与此同时可以结识更多对自己的发展和成长起到积极影响的优秀同龄人。

4. 阅读课外书籍

理科学习中的拓展材料和书籍也需要学生安排时间精心品读,以达到更好的阅读效果。不管是课内指定书目还是拓展兴趣的课外阅读书目都是拓宽知识面、激发兴趣、深入学习的最好选择。根据所读所想,利用整段的时间多进行写作练习。例如,配合校内化学课程的学习,可以进行相应主题的课外书进行阅读,在学习原子结构的时候可以阅读 Jack Challoner 在 2018 年出版的 *The Atom: The building block of everything*,了解化学发展史和著名化学家的科研经历,从而加深对知识点的理解。

(三)课外活动和竞赛准备中的时间管理

学生力求在高中阶段通过各类活动和竞赛丰富自己并得到成长和锻炼,在周末、寒暑假及其他课余时间将时间利用率最大化,才能更好地探索自己感兴趣的领域。报名前,学生可以对照我校校历安排,尽量选择与期中、期末考试及标化考试等重要活动不冲突的竞赛活动,合理安排同一时期的竞赛数目,从容安排时间进行准备。建议根据比赛难度,至少提前 2—3 个月开始安排充足的时间复习竞赛内容。根据具体的主办方规划,完成每一项任务。例如,综合性要求学生分阶段完成开题、调查研究、结论分析、实践应用等任务,所以报名比赛后,积极关注比赛流程,及时与指导教师沟通进展。

(四)完成长期作业或项目的时间规划

在完成学科项目的时候根据学科教师的时间安排和引导做好长期规划,我们可以提前规划进度,如何在集体项目中合理分工,同时在最终的目标驱动下,尽量减少不利于项目完成的活动以提高完成的效率。建议根据以下模板中的几个重要步骤分阶段完成项目。完成长篇学科论文作业的时候,不要拖延到最后一天利用短时间完成,因为教师在布置阅读和写作任务时,期待看到你一边接受新知一边不断迸发出的新观点而不是泛泛而谈的陈述。例如,在"拍摄物理现象和原理解释的视频"这项假期作业时,需要在

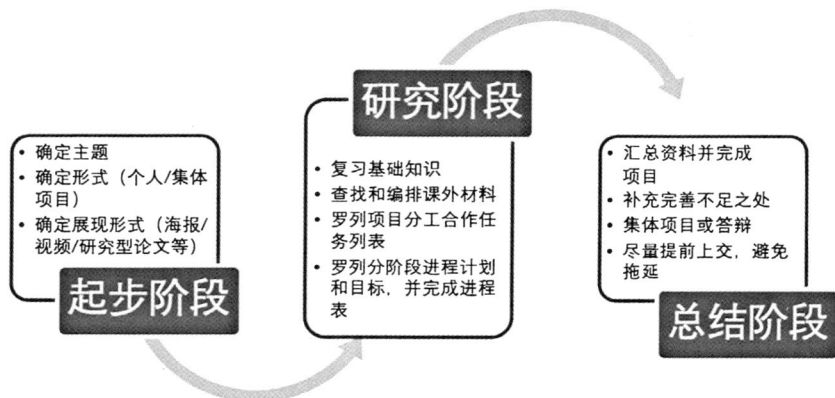

图 5 项目化任务完成步骤

拍摄前做好规划,包括材料的选择、合理的实验、步骤的呈现和原理的解释等。

明确了自己的人格特质和时间管理倾向,就可以有针对性地进行调整;掌握了科学的策略和辅助工具,如计划本、可视化任务板、各类时间管理程序软件等,为自己打造一个适宜的学习环境,有意识地保持专注度就可以在不断的练习中得到更好的时间管理能力。时间管理能力的培养并非一蹴而就,最重要的是实践和坚持,找到适合自己的时间管理模式。

四、学生视角:自然科学领域初中到高中的课程衔接

在上海中学国际部,自然科学类学科一直是必修科目。不过,自然科学课程在不同的年级、不同的学科之间有着巨大的差异,同时也有着截然不同的学习方法。下面,我将以自己的学习经历为基础,阐述自己对于初高中科学课程学习的理解。

初中的科学课程以主题板块来划分,如"物质的性质""电与磁""生命科学"等。科学课程教授的内容以生物、自然现象等可以观测的知识为主。此时的自然科学类课程偏向通识教育:学习的内容是具象的,且学生能在现实生活中看见并亲身感受。考试也主要考查学生对于知识的记忆,并不要求学生能够灵活运用所学的知识去回答未见过的题目。

步入高中后,学生便有了一定的选课机会,不过在 9、10 年级时大多数课程仍旧是必修科目。此时,物理和化学都是必修的课程,除此之外学生还可以从地理、生物、计算机科学三门学科中选修一门(注:计算机科学不算自然科学)。这标志着初中"通识教育"开始向高中的"具体学科领域"过渡。在这个场景下,每门学科的特征也开始逐渐清晰。

先从物理讲起,物理虽说是自然科学,但其内核跟数学是分不开关系的。物理知识来源于实验,物理学家将实验中发现的规律

抽象成物理概念,并最终用数学公式来描述。与之类似,做物理题一般也分为两个步骤:第一个是将物理关系转化为数学公式,第二个则是将数学公式解出来,得到答案。在我们所学的物理中,第二步通常是比较简单的,困难的是如何运用学过的物理知识将题目给的信息识别成公式。比如,9 年级时物理的一大难点便是力的分析。学生需要依据题目所给的条件分析作用在一个物体上的所有力,随后再通过数学的方法得到净力和其余的物理量。在这个过程中,分析力的方法永远都是将力分解成两个垂直的分力,难点是将这个方法运用到各个不同的系统当中。这一步其实便是物理抽象化成数学模型的过程。

　　然后是化学,跟物理相同的是,化学知识也是从实验和观测得来的;不同的是我们接触的化学与数字和计算并没有太多关系,更多的是去理解一个一个化学理论。很多化学量是无法被量化的(或者需要用到极其高深的数学知识),因此很多时候我们只能停留在文字描述的阶段,很难进一步地理解其中的缘由。而且,化学中的很多知识和规则都存在例外,而这些例外解释起来是很困难的。要么需要用到更难的知识,要么就是实验观测结果,无法给出解释。我在学习化学时就曾经对于元素的电负性表感到疑惑。在学习中,我了解到电负性是描述一个原子在化合物中吸引电子的能力的指标,它被用来判断一个化合物是离子化合物还是分子化合物,形成的键是极性共价键还是非极性共价键。不过,为何量化这个指标的时候要把它设计成从 0.0—0.4? 为何两个元素的值相差大于 1.7 就是离子化合物,反之就是分子化合物? 为何用这个方法判断会有特例? 在我自己进行研究之后我明白了在科学上有许多分类方法并不能将事物完美地分开,尤其是当研究的对象从模型变成具体的物质的时候。作为学生,我们需要改变思路,从以往的那种学习一个定律就能解释所有理想问题的阶段转变到学会辩证地看待事物,学会处理特例与普通规律之间的关系。在高中阶段,我们可能无法完美解释一些超出我们所学知识范畴的东西,但我们应该要学会如何去挖掘学科分析问题的方法。例如,电负性与化学键的本质都是电磁力。只要掌握这点,即便不能完全理解所谓的完美解释,但也不难去理解大概的原因。许多同学会觉得化学知识的学习有些缺乏逻辑性,只能依靠记忆。但这正是要求我们要学会抓住主要矛盾并合理地略去一些次要矛盾。这一建模的思想本质上与物理的学习没有差别。

与化学相比,生物和地理更加偏于描述。与此同时,它们研究的对象也更加具体,更加形象。生物中所研究的人体系统和动植物都是我们能够亲身想象并用肉眼看到的,地理中的地形、自然天气等也是如此。基于这个原因,这两门学科没有过高的学习门槛,不过记忆性的知识在自然科学类学科中是最多的。

进入高中后,各个学科的特点逐渐凸显,学科之间的差异性也持续增加。不过,所有学科都越来越注重抽象化能力的培养。这体现在两方面:一是考试偏向考查学生抽象提炼知识的能力,二是学习的内容越来越抽象。从考试来看,高中科学课程评价的题目偏向于考查学生对于知识的理解和运用。在物理中,很多计算题都是对于变量的操作而不涉及具体的数字,同时还加入了公式推导、简答题等考查逻辑的题目。另外,每门自然科学类学科都加入了实验题,考查学生能否将课上所学的知识以"科学方法"(Scientific Method)的方式运用在新的场景中。从学习内容来看,高中科学课程已变得十分专一,每门学科都已经深入到了一定程度。因此,学习的内容变得越来越抽象。物理中所学的内容已从一开始的速度、位移等变为了电磁波、光的干涉等需要借助物理模型才能描述的概念,化学学习内容也从一开始常见的化学物质到了电子云的分布等看不见、摸不着的理论。知识的抽象化使得它更难被理解,不过一旦能想明白,学会把新知识容纳进自己现有的知识体系当中,那么对于知识的理解将会比纯粹的记忆更加深刻。

　　这就不得不提到高中科学课程的另一个特点：知识之间的关联性。高中的科学课程，尤其是高水平的课程考试前很少有明确的知识范围。高中科学注重知识的关联性，后面学习的内容都建立在之前的学习之上。比如物理，就算学到了比较困难的光和电磁部分，还是会需要用到力学中的受力分析作为学习的骨架。由于知识之间的关联性增加，学习不应像是往袋子里装弹珠，因为这样新的知识和旧的知识都混在了一起，无法形成一个框架。与之相对，学习更像是在织一张属于自己的知识之网，在加入新的知识时得在网上找到这个知识应处的位置，随后将新的知识织入网中，也就是把新的知识与自己现有的体系联系起来。

　　总而言之，自然科学课程随着年级的增加而变得更加抽象，同时知识之间的联系也更加重要。低年级时，单纯的记忆不失为一种取得好成绩的方式；不过随着年级的提高，每门学科都越来越注重学生理解抽象概念的能力和提炼要点并灵活运用的能力。在物理、化学、生物、地理几门自然科学课中，物理更加偏向于利用数学建造模型，生物和地理偏向于结合常识和观测进行解释，化学则是处于两者之间。不过殊途同归，所有的自然科学课程在其本质上都是从现实生活的观测和实验中总结出一个能够推广的规律，每门课程的不同仅是将同样的科学方法论应用在了不同的对象之上。

后　记

课程衔接是关注课程实施过程中的一个重要环节,初高中衔接阶段属于青春期的后期,从少年向青年过渡的阶段。学生的身心发育渐趋成熟,同时认知能力也在经历一个大的提升,实现从低阶到高阶的转变,具体主要表现在学生自我管理意识的增强,能够对学什么、如何学、何时学以及达到何种学习结果等产生明晰的认知意识和自我体验。另外,在思维能力的发展上,开始逐渐形成系统的抽象思维能力、逻辑推理和逆向思考。初高科学课程的衔接,我们要关注学生思维能力的培养和课程结构的变化,形成初高中科学课程一体化的整体框架。

我们在国际视野下研究了不同课程体系在初高中衔接的重要阶段,如何根据初高中学生思维特点的进阶,有层次、有重点地贯穿科学知识的学习、科学方法的培养及科学精神的塑造。通过研究不同课程体系的学习方法论与学科架构思想,借鉴其中有益和实用的思路,可以帮助我们形成更好的初高中科学课程的衔接项目。上海中学国际部针对科学课程从初中的"通识教育"到高中的"具体学科领域"衔接过程,在策略和方法方面做了大量的实践探索。通过课内外研究项目的实施,强调科学方法的实践与应用,不断提高学生高阶思维能力,从而加深对科学本质的进一步理解和科学素养的进一步提升。

随着素养时代的到来,我国 2017 年版 2020 年修订的普通高中学科课程标准也都详细描述了科学学科的核心素养,其中物理、化学、生物和自然地理等科学课程的核心素养中都包含了科学方法的应用、科学素养和科学探究能力的提升。通过国际视野下的初高中科学课程的衔接研究和探索,对我国的科学教育也有着重要的借鉴意义。

本书分为上下两编,上编为"国际视野下初高中科学课程衔接的研究与借鉴"。其中第一章"国际视野下初高中科学课程衔接的要素分析与价值探索"和第五章"基于上海中学国际部实践的初高中科学课程衔接概述"由刘敏撰写,第二章"IB课程体系从MYP到DP的衔接概述"由吴建京撰写,第三章"美国K-12科学教育初高中衔接概述"由马凯成撰写,第四章"英国课程体系从KS3到A-level科学课程的衔接概述"由蒋敏撰写,附录部分由陈琳、杨敏、曾琼玉和崔梦迪撰写,由陈琳老师统稿。

下编为"初高中科学课程衔接的学校实施与探索",其中物理篇由徐臻成、陈沁、戴雩文、张东升撰写,由徐臻成负责统稿;化学篇由孙灏、杨敏、张悦粤、赵涛撰写,由孙灏负责统稿;生物篇由顾颖、李泳池、马妍博、张赪蕾撰写,由顾颖负责统稿;自然地理篇由杨萌撰写;跨学科实践篇由廖辉、刘佳龙、赵涛撰写,由廖辉负责统稿。同时也要感谢何丰名、郑文贺、胡栩锋、袁子奕、陈乐一、熊依辰、赵紫荆、张润洙等同学分享了他们在初高中科学课程学习中的宝贵经验。

全书策划、统稿由刘敏完成,上海中学校长冯志刚、国际部高中段校长马峰等领导给予了诸多指导与支持。鉴于时间和水平的关系,编者提到的案例数量还不够,有的比较、分析与衔接还是停留在主观和定性方面,还需要更多客观的、定量的分析,恳请广大读者包容,也希望更多工作在一线的老师和同学能够结合自己的工作和学习经验提出宝贵的建议,并不吝对全书内容予以批评指正。

刘 敏

2022 年 6 月 22 日

图书在版编目（CIP）数据

跨跃之桥：科学课程初高中衔接中西比较实践探索 / 刘敏编著. — 上海：上海教育出版社，2023.7
ISBN 978-7-5720-1871-8

Ⅰ.①跨… Ⅱ.①刘… Ⅲ.①科学知识 – 教学研究 – 初中 Ⅳ.①G633.72

中国国家版本馆CIP数据核字(2023)第096536号

责任编辑　王俊芳
封面设计　金一哲

跨跃之桥——科学课程初高中衔接中西比较实践探索
刘　敏　编著

出版发行　上海教育出版社有限公司
官　　网　www.seph.com.cn
地　　址　上海市闵行区号景路159弄C座
邮　　编　201101
印　　刷　上海盛通时代印刷有限公司
开　　本　890×1240　1/32　印张 14.5　插页 4
字　　数　364 千字
版　　次　2024年3月第1版
印　　次　2024年3月第1次印刷
书　　号　ISBN 978-7-5720-1871-8/G·2226
定　　价　88.00 元

如发现质量问题，读者可向本社调换　电话：021-64373213